“十四五”国家重点出版物出版规划项目
中国教育出版传媒集团出版资助项目

新中国教材建设文献汇编（1949年前后）

教科书机构卷

郭 戈 李云龙 编

中国教育出版传媒集团
人民教育出版社
·北京·

图书在版编目（CIP）数据

新中国教材建设文献汇编：1949年前后．教科书机构卷 / 郭戈，李云龙编．—北京：人民教育出版社，2024.10

ISBN 978-7-107-37767-9

Ⅰ．①新… Ⅱ．①郭… ②李… Ⅲ．①教材—文献—汇编—中国—近现代 Ⅳ．①G423.3-092

中国国家版本馆CIP数据核字（2024）第075815号

丛书责任编辑 李 喆
责 任 编 辑 田文芳 卢 欣
责 任 设 计 于 艳
责 任 校 对 田 莉
责 任 印 制 邢同锐

新中国教材建设文献汇编（1949年前后） 教科书机构卷
XIN ZHONGGUO JIAOCAI JIANSHE WENXIAN HUIBIAN (1949 NIAN QIANHOU)
JIAOKESHU JIGOU JUAN

出版发行 人民教育出版社
（北京市海淀区中关村南大街17号院1号楼 邮编：100081）
网 址 http://www.pep.com.cn
经 销 全国新华书店
印 刷 北京中科印刷有限公司
版 次 2024年10月第1版
印 次 2025年2月第1次印刷
开 本 787毫米 ×1 092毫米 1/16
印 张 33.75
字 数 511千字
定 价 173.00元

如发现内容质量问题、印装质量问题，请与本社联系。电话：400-810-5788
有关内容意见可反馈至电子邮箱：kwfk@pep.com.cn

编者简介

郭　戈　人民教育出版社课程教材研究所所长、研究员，《课程·教材·教法》《中国教育科学》《教育史研究》杂志主编。西北师范大学兼职教授、博士生导师，并兼任叶圣陶研究会副会长、中国教育学会教育学分会理事长。发表论文200余篇，出版著作10多部。主要从事课程教学论、中小学教材研究。

李云龙　中国教育出版传媒集团编审，人教版义务教育课程标准实验教科书小学语文、新加坡华文教材编者，北京师范大学在读博士研究生。发表论文80余篇，独著、参与撰写著作4部，主要从事课程与教学论、中小学教材与汉语言文字学研究。

序言：新中国教材建设的“第一幕”

一

人间正道是沧桑，天翻地覆慨而慷。1949 年，是历史长河中的一瞬间，却是中国历史上最为伟大的一个年份，中国共产党带领中国人民在历经 28 年浴血奋战后，建立了中华人民共和国，开辟了中国历史的新纪元。从这一标志性的年份开始，近代以来 100 多年中国积贫积弱、人民受人欺凌的悲惨命运彻底改变，中华民族站起来了，并走上了富起来、强起来的壮阔道路，也使世界发展的格局发生了深刻变化。就在新民主主义革命即将取得胜利的前夕，1949 年 3 月，中共中央在西柏坡召开七届二中全会，确定了促进革命迅速取得全国胜利的各项方针，并决定和规划了党在全国胜利后如何建设新中国的一系列基本政策。毛泽东同志在会上强调：“夺取全国胜利，这只是万里长征走完了第一步。如果这一步也值得骄傲，那是比较渺小的，更值得骄傲的还在后头。在过了几十年之后来看中国人民民主革命的胜利，就会使人们感觉那好像只是一出长剧的一个短小的序幕。剧是必须从序幕开始的，但序幕还不是高潮。”他还指出：“我们不但善于破坏一个旧世界，我们还将善于建设一个新世界。”面对即将诞生的新中国，中国共产党以谦虚谨慎的姿态、艰苦奋斗的作风、宽广深邃的眼光，开始谋划并迈出了坚实有力的开创性一步。

1949 年 10 月 1 日中华人民共和国的成立，也开启了包括教材建设在内的文化教育事业发展的新篇章。70 多年来，我国学校、社会和家庭教育发展迅速、成效显著，从最早实行扫除文盲、普及教育，包括工农、干部、妇女、幼儿在内的群体普遍地接受了教育，到普通教育、职业教育、高等教育、特殊教育等各级各类教育协调发展，极大地提高了国民素质，培养了德智体美劳全面发展的一代又一代社会主义建设者和接班人，为国家社会经济全面发展奠定了坚实基础，也成为改革开放以来我国发展取得奇效、走在世界前列的一个重要支撑。与此同时，党中央、国务院高度重视教材工作，将其作为“建设一个新世界”的有力武器、育人载体和铸魂工程，积极推进各级各类课程教材的改革和发展，从而使教材的管理和规划逐步规范，教学计划和课程标准的制订有条不紊，高素质、专业化教材队伍和机构逐渐壮大，教材编写、审查、出版和发行的水平进一步提高，培根铸魂、启智增慧的精品教材不断涌现，统筹为主、统分结合、分类指导的国家教材制度基本形成，具有中国特色、世界一流的教材体系正在建立，为促进教育事业发展、建设教育强国作出了积极贡献。

二

万事开头难，首幕最关键。建国大业，万象更新，百废待举，及时向1949年秋季以及1950年春季全国大中小学校供应新课本，以取代国民党统治时期的教科书，无疑是一件迫在眉睫的大事。虽然新生政权接管的学校可“暂维现状，即日开学”，但是教学的内容、科目，尤其是师生用的教科书必须立刻更新，且教材的定价和发行体系也需全面规整。为此，党中央作出了统一教科书的大政方针，明确提出，教科书、马列著作、毛主席的著作都是要赶紧做到统一出版，并强调“教科书对国计民生，影响特别巨大，所以非国营不可”。在中央人民政府成立以前，中共中央宣传部实际上暂时代行管理国家文化教育工作之责。1949年1月7日，中共中央华北局宣传部发出决定，把“保证供应中小学课本”以及做好教科书的印制、发行和统一定价，作为出版工作尤其是新华书店的“首要任务”。接着，中共中央宣传部通过成立中央出版委员会、华北人民政府教育部教科书编审委员会（主任叶圣陶，副主任周建人、胡绳）与华北联合出版社、上海联合出版社以及各地新华书店，并通过发布《中小学教科用书审读意见书》（1949年7月）、《中小学教科书审读补充意见书》（1950年2月）以及给各地宣传部的有关指示，编审、出版和发行了新中国第一套中小学和师范教科书，也称新中国“开国教科书”，及时供应了1949年秋季以及1950年春季的教材，立下了为新中国教科书奠基之功。

新中国成立后，全国教材的选用、编审和出版权，由中宣部转交中央人民政府教育部和出版总署管理。一方面，教育部于 1949 年 12 月召开第一次全国教育工作会议，宣示对“全国教育的制度，各级学校的课程、教材、教学方法、师资等等，都要求一个彻底的、同时是有计划有步骤的变革和解决”，并确定“以老解放区教育经验为基础，吸收旧教育有用经验，借助苏联经验，建设新民主主义教育”的工作方略，用以指导包括教材建设在内的各级各类教育的改造和革新。会议提出：“巩固与提高的关键是师资和教材问题的适当解决”，“为了解决教材问题，这次会议决定了加强教科书编审工作的具体计划，我们一定要努力促其实现”。其中，会议认为“编辑与改编中、小学教科书是目前亟待解决的中心问题之一，决定集中一批干部并组织一部分有经验的教员，来进行这项工作”。1951 年 5 月 18 日，政务院批准的教育部《关于一九五零年全国教育工作总结和一九五一年全国教育工作的方针和任务的报告》指出，1950 年“在全国范围内实行旧教育的改革……其步骤为先从改革教育内容着手，开始进行改革课程、改编教材、改进教学方法、改变教学组织等一系列的工作。首先开展了革命的政治思想教育，取消了反动的课程；进而力求课程内容适合国家建设需要，并设法精简不必要的课程与教材。在高等教育方面，公布了高等学校课程改革的决定……课程教材教法方面，都进行了初步改革，并获得了成绩。全国中、小学的课程教材在语文、政治、史地方面有初步改进”。1951 年的工作任务是：“大力编印各级学校的教科书：根据新定学制，重编小学及中学教科书。首先着手编辑政治常识、语文、历史、地理教科书。其次，参考苏联教科书，改编数学、物理、化学、生物等自然科学教科书，编辑师范学校的教育学、教材教法等教科书。同时编辑工农速成中学、工农业余学校的课本。组织教授专家编译高等学校教科书。并开始组织编订小学教师的参考用书。”

另一方面，1949 年 11 月 1 日，在中央出版委员会、教科书编审委员会和新华书店的基础上，正式成立了中央人民政府出版总署，继续负责全国教科书的编审、出版和发行工作。为了进一步落实中央统一教科书的大政方针，实行出版事业统一分工和专业化政策，加强教材编审出版工作的协调管理，并解决存在的教科书供应迟缓、版本不一、定价虚高、新编不足、发行不畅等问题，1950 年 12 月，中央教育部和出版总署在总署编审局、华北联合出版社和上海联合出版社的基础上，共同组建了人民教育出版社，逐渐统一了全国教科书的编辑出版工作。1951 年 2 月，政务院批准的出版总署《1951 年出版工作计划大纲》要求："人民教育出版社开始重编中小学课本，并于本年内建立全国中小学课本由国家统一供应的基础。"经过一两年努力，便推出了第二套全国中小学和师范教科书（人教版第一套教材）。如开国教科书一样，这套教科书只有部分重编，多为新华书店版本的修订再版，其中文科多选取老解放区的课本，理科一部分选取国统区的课本，一部分是苏联课本的翻译改编。因此，这套教科书既不是真正意义上的自编成套本，也不完全是全国统一使用的版本，可谓"过渡时期的教科书"。

在 1949 年前后新中国教材建设的基础上，随着人民政权的巩固和国民经济的恢复，党中央在 1953 年提出了过渡时期的总路线和总任务，其实质是改变生产资料的资本主义私有制为社会主义公有制。与此相适应，伴随全国教育事业国有化和统一化进程，开发一套全新的中小学教材，既是社会主义教育体制改革和教育内容完善的迫切要求，又是"三大改造"与第一个五年计划（1953—1957）实施的客观需要。1953 年 5 月，在毛泽东同志的倡议和主持下，中共中央政治局会议作出"重视教材，抽调大批干部编教材"的决定，"并决定成立语文和历史两个教学问题委员会，分别研究语文、历史教学和教材的编辑方针、原则"。接着，由教育部具体实施，中共中央组织部协助负责选调，很快从全国各地陆续调来了 150 名学科专家、一线名师和教育干部充实人教社编辑和领导力量，于 1954—1957 年进行了新中国第一次教材编写大会战，编出了第一套全学科的统编教科书、教学参考书和教学大纲，涵盖普通中小学、师范学校和工农速成中学。这可以说是新中国教材建设的"第二幕"，也是我们下一步文献整理和学术研究努力的方向。

三

文献是历史的记载、文明的记录，也是历史的组成部分；文献史料是我们了解历史真相的第一手资料，又是我们认识和研究历史问题的主要依据。为了更好地认识和研究新中国成立前后教材建设的实际情况和各种问题，我们以人民教育出版社图书馆所藏资料为依托，借助全国各大档案馆、图书馆有关馆藏，同时从私人藏书者手中搜集到部分稀见资料，纂辑而成了这部涵盖8个门类的教材建设史料汇编，取名为“新中国教材建设文献汇编（1949年前后）”。本套书共分8卷，计有“教材方针政策卷”“课程标准、教学大纲卷”“教科书选用卷”“教科书机构卷”“教科书出版、发行卷”“教科书卷”“教科书研究卷”“教科书编审者日记卷”等。这些文献史料主要来自当时党和政府发布的有关文件和规章制度、领导讲话和文稿、重要报刊发表的文章和新闻报道、出版的书籍、名家的日记和信函、课本实物和前言说明、教材编者活动和工作实录等。所选篇目涵盖的时间大致从1949年1月开始到1952年12月为止，均为原始材料，并标明其出处。

研究创新需要站在前人肩膀上一步步深入下去，文献编纂也是如此。此前，教育史、课程教学论、学科教育研究者以及编辑出版界，曾经搜集、编写过有关教材建设或教育出版的史料，并散见于一些书籍中。但是，其中关于1949年前后新中国教材建设的史料，所占比例极其微小，在涵盖几十年乃至百年的文献资料当中，不过是一小部分。无论是在资料广度上，还是在细分门类上，它们都远远无法满足系统、深入研究当时教材建设与教育出版情形的需要。在学界常见的一些通史性著作中，因为史料收集的不全不足，或缺乏一手史料的支持，而使研究成果和结论受到种种限制，论述失据的情况甚至屡见不鲜。因此，竭力将散见于各处的这一重要历史节点的教材文献抢救下来、汇集成册，无疑是个新的补充和大的发展，甚至可谓一个空白的填补。“新中国教材建设文献汇编（1949年前后）”的集成和出版，不仅对于新中国教材史、教育出版史的建设具有重要意义，而且对于中华人民共和国建国史、编辑出版史的建设也有着重要的参考价值。

需要指出的是，1949年前后几年，战争尚未完全结束，新中国建设百废待兴，有关史料档案管理并不是特别规范，且历经了70多年的风雨，致使很多资料遗失流散，其中有的已经遗憾地永远无法见到了。这部多卷本的史料汇编工程浩繁，虽然我们在资料查找、鉴别、整理上竭尽所能，但限于资料条件和编者学识水平，定有不少遗漏或错讹之处，敬请读者批评指正，以便我们在后续修订再版时进一步补充完善。

最后，谨向为本书编纂提供资料支持的中国人民大学董正存教授、国家图书馆蔡成普副研究馆员、陕西学前师范学院牛文明教授、北京大学图书馆巩梅副研究馆员，以及人民教育出版社图书馆主任陈兵编审、周金莉馆员等表达诚挚的谢意！对支持本书出版的中国教育出版传媒集团有限公司、人民教育出版社的领导和参与本书编辑、出版工作的同人们，表示衷心的感谢！

编者

2022 年 8 月 7 日

凡　例

（一）本书所录1949年前后新中国教材建设文献，分为教材方针政策卷，课程标准、教学大纲卷，教科书选用卷，教科书机构卷，教科书出版、发行卷，教科书卷，教科书研究卷，教科书编审者日记卷，共计8个门类。

（二）本书按类立卷，一般为一卷一册，文献丰富的门类，分成一卷多册。

（三）同一门类中的单篇文献，按印发或出版年代排序，个别文献的排序会稍作调整。

（四）单篇文献注明出处，以备读者查考，有的还简单介绍文献形成背景、变化情况。文献出处的著录形式，沿用原文献版本记录，不作统一。

（五）文献原稿为繁体字，本书统一转换为简化字。转换后有可能引起歧义或体现特殊历史时期用字习惯的繁体字、异体字，不作转换。

（六）文献中出现的国名、人名、地名、书报刊名、机构团体名等专名及其简称、别称或外语译名，一般保持原貌，影响理解者注释说明。

（七）文献原稿脱字、模糊不清或无法辨认的字，以□代替。对于明显的脱文、衍文、别字、讹字，径直改正，或用〔〕括注说明。

（八）标点符号一般保持文献原貌，对于形式与现行规范不一致的标点符号如书名号等，酌情修改。数字用法保持文献原貌。

（九）为保持文献原貌，文献原稿中个别表达即使明显不符合现今规范，也不作改动。

（十）文献原稿版式繁杂多样，一概重新统一版式。

目　录

出版委员会

华北人民政府教育部教科书编审委员会

上海中小学教材编审会

中央人民政府教育部、各大区教育部

中央人民政府出版总署编审局

华北联合出版社

上海联合出版社

人民教育出版社

陆定一关于出版局工作方针等问题向周恩来的请示※

（1949年3月17日）

副主席：

今晚与洛峰同志到你处，你在开会，未遇。洛峰离平已12日，原约好半月回去，急想动身。故将商量经过写出，请给以指示，俾早点回去。

（一）出版局工作方针，对于教科书，党内教材（12本书，初级党校读本，党员须知，党员识字课本等），毛主席主要著作，时事及政策书籍，充分供给。对于除此以外的书籍杂志，作有限度的供给，种数多而份数少。

（二）纸张主要用途，是用于充分供给的书。其中教科书一项，东北是4万中学生，一百余万小学生，每年用纸900吨。我新占9省后，关内中学生将达40万人，小学生1000万人（约略估计），其中除一部分小学生可用土纸解决课本外，均须用报纸。故教科书用纸，约为东北之10倍或9倍，即8千至9千吨。教科书以外的各种书籍杂志，所须用纸，须再加一倍（这是东北书店的比例），即共1.6万至1.8万吨（附带说一句，北平现在三个报，每月需纸100吨，每年1200吨。沪、宁、武汉、平、津等大中城市，估计共每年用纸1200吨，此数在外）。

（三）出版局资金，与洛峰同志商量后，定出如下方案：请中央拨给人民币2亿；并每月拨给纸张600吨，拨6个月（3600吨现值3.6亿）。以后即行

※　周恩来的批示附后。

自给，除缴获之物资及购纸之方便外，不再向中央要钱要东西。此数较洛峰原提出之10亿，减少将及一半。估计做到自给有困难，但可以克服，主要办法为：（1）减少每个书店的人员，合理使用；（2）减少赠送（党内发行者由党付钱）；（3）合理的书价（出版毛利20%，即如定价百元的书，纸张印刷稿费占50元，出版毛利占20元，发行毛利30元。这比现在新华书店稍高，与光华书店差不多）。

附上洛峰同志所写出版工作计划书节略一份，及出版工作计划书草案一份。

敬礼

陆定一

3月17日晚

附

黄洛峰拟的《出版工作计划书》

（1949年3月15日）

一、出版工作的领导方针

过去，由于战争环境，由于解放区的分割状态，由于我区与国民党区的隔绝，在党所领导下的出版事业，不可能统一集中；因而，不论在解放区或国民党区都出现了某些混乱状态，或多或少的浪费了人力、物力和财力。近来在解放区的每一个战略地区内的出版事业，虽渐渐走向集中，但是各个地区之间截至目前仍然保持各自为政的情况，没有统一集中和合理的分工合作。在国民党区内的生活书店、新知书店、读书出版社，在去年10月实行彻底合并，正是为求党所领导的出版事业走上统一集中的道路的一个标志。

目前由于各种条件已与过去不同，全国范围的统一集中不仅成为可能，而且成为迫切的需要了。和文化建设的客观要求比较起来，我们在出版事业上现有的物力（纸张、印刷设备）与资力是非常不够的，而且可以估计到在相当时期内，这种物力资力的大大扩充还是不可能的。因此为避免浪费，而充分发挥效力，非走统一集中的路不可。其次，从全国范围说，我们现在和可能有的出版事业，比起商务印书馆等大出版企业，毕竟还是弱小的。只有统一集中，方能充分发挥我们的力量，而与大的私营出版事业竞争，以求在业务上超过它们并在政治经济上逐渐能控制它们。再其次，我们的干部，一般说质量不够高，数量也不够多，如以有限的人力分成几个包括编辑、出版、印刷、发行的综合出版系统，各成一套，就难免处处显得薄弱，处处感到不够，只有统一集中，才能合理分配干部，很快的把全国规模的出版工作建立起来，而负担庞大的出版任务。因此，在党领导下的出版事业，应该有步骤的统一集中，重新并编，在出版上分成党的和国家的两个系统，在发行上创立一元化发行网，单独由国家系统的出版局负责。在中央出版局内部，要分别建立编辑、出版、印刷、发行系统，以期各别专业化，更加提高和改造自己的出版工作，肩负起新民主主义文化建设的重要任务。

二、出版工作的分工及其任务

党的和国家的两个系统，各别分成下述的两个单位：

（一）解放社——在中央宣传部下，恢复解放社的组织，专门做代表党的出版工作，它的出版任务是：

1. 经党审定的马列主义译作

2. 党的代表性的文件

3. 党的领袖的言论与著作

4. 经党审定的阐扬党的政策的论著

5. 党内教育教材

6. 党的代表性刊物

解放社只作出版工作，编译工作由中宣部编审组、党内教育组和其他有关部门担任。发行工作，除党内发行外，都交给中央出版局，经过出版局的发行系统发行到全国。

（二）中央出版局——在中宣部领导下，透过政府机构，在中央政府的文化部下面设立中央出版局，经营国家出版事业，担负解放社以外的出版任务：

1. 马列主义译作
2. 各级学校教科书
3. 各种著作
4. 各种刊物
5. 其他著作

中央出版局不仅担负出版工作，还得积极的领导私营出版事业，适当地分配任务给他们，并帮助他们组织稿件，争取他们作新民主主义文化建设的友军。对于商务印书馆、中华书局等企业，除没收其资本中之官僚资本外，还得透过政权和运用投资关系，去领导它、掌握它。

三、中央出版局的建立步骤

（一）临时出版委员会已接受华北局宣传部的决定，首先将华北新华书店，并归出版委员会领导，这可以说，就是建立出版局的开始，但由于各种条件，只有在出版局如何建立的一切问题确定后，这种归并才能更有利于出版初步任务的完成。

（二）在本年内，首先归并华北新华书店，其次归并三联书店，再次归并东北书店，把三店的人力、物力、财力作合理的运用、调整和加强各个据点。经过三店的归并，可以总结出若干经验教训，更顺利地在明年度全部统一集中各出版单位，完成出版局的建立工作。

（三）出版局创立的时候，由于各种条件的限制，出版工作只能先以供应明年度中学教科书为中心任务，至于小学和大学教科书的供应，只好由出版局供给范本，由各战略地区暂时自行设法印刷、发行。

（四）在重新编组时，党所属各地区的各出版单位的重要干部，仍然全部拨归出版局，以资熟手。

（五）在统一集中过程中，打算一方面很快的集中现有各单位编辑人员，尽速建立编译工作，另一方面还要要求党把散在各行政部门的文化高级干部抽掉〔调〕一些出来；只有集中50人以上得力的编辑人员，才能配合今后三年内的初步宣传教育工作，否则以现有的阵容说，是很难做出更多的事来的。

（六）为了提高我们自己，为了可以学习企业化的各种经营管理方法，希望党能批准在明年组织一个出版事业考察团，调集出版局各主要部门的负责人，前往苏联考察，作为建立和改进我们的出版工作的借镜。

（七）出版委员会在事实上已成为出版局的筹备机构，但由于出委会只是一种临时性的组织，不论从布置长期工作上来说，和作为出版局的筹备机构来说，都因为资本、组织、人事、任务等等没有明确的决定，在开展工作上，就不免感觉到难于部署，我希望中央很快的决定这些问题，同时请求很快的批准初步预算。

（八）在人民政府没有成立以前，可以把出版局首先建立起来，作为党的一个企业机构，等到人民政府成立后，又再移转。建立方针确定后，许多工作更可按照计划，分阶段有步骤的实施起来了。

附件：

中央出版局组织大纲（草案）

中央出版局组织系统表（草案）①

附

中央出版局组织大纲（草案）

第一章　组织

第一条　出版局隶属中央政府之文化部，为经营国家的出版事业之企业，其经营方法，均以企业化为准绳，以加强及提高新民主主义之文化建设。

① 附件《中央出版局组织系统表》（草案），略。

第二条　出版局设下列处室，处理日常业务。

编译处

出版处

印务处

发行处

投资事业处

教科书编纂处

秘书室

会计室

第三条　各处室下得分设科、股，分掌各项事务，各科股视需要逐渐分别设立之。

第四条　出版局为积极领导私营出版事业，得邀集全国各出版单位，组织出版协会，集体领导全国出版事业。

第五条　出版局为延揽出版界硕彦，得聘用顾问若干人，组织顾问会议，辅助出版局工作。

第六条　出版局由局长、副局长负责行政领导，并设局务会议，由局长、副局长及各处室处长主任组织之。局务会议定期举行，以讨论和决定有关全局的工作，确定各处室的工作计划，并调整各处室工作之相互配合。

第七条　出版局下各处得因应需要，在各冲要地区，设立分处，处理该地区之地方性出版工作。

第八条　出版局下之发行处，即为新华书店总店，该店得逐渐在各地区设立分支店，建立普遍深入之发行网。

第二章　业务

第九条　出版局出版之书刊册页，均由编译处分约作家、编译、经审定后刊行。各级学校教科用书，则经教科书编纂处编审后送经教育部审定刊行。

第十条　出版局除刊行本局所编译之书刊外，得承接中央研究院及其他文化机关编译之著作予以刊行。

第十一条　出版局出版之书刊得斟酌情形，分别用出版局、新华书店、某某杂志社等名义刊行之。

第十二条　所有出版局自行编译和其他文教机关送请出版之稿件，一经审定，即由出版处设计、发印、校勘。迨印制完成，交由发行处发布全国。

第十三条　出版局所属印刷厂得承印外件，增益其营业收入，至印刷本局书刊，其帐务处理，视同外件。

第十四条　发行处所辖各分支店，对外一律用新华书店名义，发行处亦得用新华书店总管理处名义。

第十五条　发行处所辖各分支店，经编译处审定许可，得代理其他书刊之发行。

第十六条　投资事业处专营对私营出版事业之投资，从而逐渐合并私营出版事业为国家出版事业；以期全国出版事业均为国营事业，然后按性质分别改组为若干出版局，分负出版事务。

第三章　资本

第十七条　出版局资本暂定为人民币10亿元，由国家财政部门，分次拨付之，如有盈余，皆作扩大再生产之用。

第十八条　归并出版局之各单位，经审正其资产负债后，按其所值，分期拨还其资产总值予各单位之资本所有者。

第十九条　凡属接收敌伪产业之店厂及其物资，定时作价，转作出版局之一部分资本。

第四章　人事

第二十条　出版局局长、副局长、各处正副处长、各室正副主任，按行政铨叙法任用之。其余员工统由出版局聘用雇用之，其升迁解雇，均按出版局人事规章办理之。

第二十一条　出版局得分批招考工作人员，举办各种分业训练班，在三年内培养训练干部 1000 人，期能陆续在全国城镇设立分支机构。

第二十二条　所有工作人员，一律采用薪金制，按劳给酬，为肆应一时困难，创局伊始，得保留部分之供给制。

第五章　附则

第二十三条　出版局组织规程，按本大纲精神另行制定之。

第二十四条　所有企业化之规章制度，即分别草拟，暂时施行。

第二十五条　本草案经中央批准后，即分别逐步实行。

周恩来批示

请董老、乔木先阅，提意见告我。

周恩来

临时出版委员会筹备会第一次谈话会记录 ※

（1949年2月16日）

地　点：华北局宣传部

出席者：周　扬　黄洛峰　平杰三　华应申　王　钊　卢鸣谷　欧建新

周扬同志报告及决定：

关于平、津解放后之华北出版问题，陆部长于本人来平前决定暂先在华北局宣传部领导下，由中宣部出版组、新华书店、新中国书局等处同志合组临时出版委员会统筹华北出版工作。临出委会委员，除陆部长函中指定的黄洛峰、祝志澄、华应申、平杰三、王子野、史育才、欧建新诸同志外，再加卢鸣谷、王钊两同志。

目前急切需要待印的文件甚多，除中央决定付印的各种文件外，妇委会也决定在“三八”节前出版一些文献。另外有些文件也需要在“五四”前如期赶出。这样多的出版工作在中央出版局未正式成立前如何能使它好好的有计划有步骤地顺利开展进行，希望临出委会先订出一个三个月出版计划，同时立即把这个计划逐步实施。

平市印刷方面的生产力，并没有如想像中的那样完整，那样好，为了要保证出版的顺利进行，临出委会第一步要组织印刷生产力，这个工作可分两方面来进行，一方面调整已接收之现有生产力，一方面尽可能利用民营生产力。此外在出版与发行的分工上，也须赶快予以调整。

首要的工作当然是先把临出委会这个机构建立起来，这个会议黄洛峰同志主持，并由王钊同志负责找会址。王子野、华应申两同志拟具三个月出版

※　此为节录。

计划。

临出委会所需经费预算，造就后送交平杰三同志核拨。

临出委会成立后，除了上述任务外审查目前发售之书刊和小学教科书的生产问题，两项工作也是需要立即筹划开始的。

出版委员会第一次会议记录※

（1949年2月22日）

地　点：华北局宣传部

出席者：周　扬　黄洛峰　祝志澄　王子野　王　剑　卢鸣谷　华应申

郭　敬　欧建新

主　席：黄洛峰

报告事项：

一、祝志澄同志报告：我首先报告一下来平后的经过。我们由中宣部派出来的一个出版小组，由祝志澄、华应申、徐律、朱执诚等组成。来平后先找上市委，经洽商后，暂定在市委领导下工作，组织关系则经市委同意暂予保留。我们来的时候，是由李克农同志领导的，迄今仍然如此。前两天我与克农同志商谈，他同意把领导和组织关系都正式移转出版委员会。

到平后的工作步骤是先找办公地址，后找店址，最后筹备工厂。……今天出委会[①]既由华北局领导，那么，房子的事，以后还是通过华北局宣传部正式去办理较好。

我们未抵平前，中央那时的决定，只是东北供给书，由我们来筹设总店，来平后晤及钱俊瑞同志，才知道东北已来书来人。且已决定把正中、独立两店店址拨归中央运用，在中央未决定前，暂先拨交东北书店先开书店。后来我们又同卢鸣谷同志接谈，卢同志当即表示东北书店的问题，一切服从中央决定。同时我们因来的人少，搞总店也无力，所以初步的计划只是打算在市

※　此为节录。

①　出委会系出版委员会的简称。下同。

委领导下先做点出版工作。此项意见，并曾呈报中央，得到复电同意。

但是做出版工作，也很困难，首先是没有纸；第二是没有钱，卢同志处所卖的书款，他需要调回东北，换书来平。在这种情形之下，我们的工作，一方面放在了解北平书店情况，一方面也调查民营的印刷情况。

后来印厂的事，经中央来电指拨正中印刷厂给我们应用，这个厂曾被特务一把火，把全部精华都烧光，只剩下四十余部残余机器，可是这一部分残余的东西，又被人民印刷厂把最重要的 5 部密勒机、4 部胶版机迁去了。余下这些部分，要恢复起来倒很不容易。这个厂除了剩余机器修理后尚可应用外，最主要的是缺少排字设备。

正中印厂的装修、整理和购买部分的材料，估计在 3 个月内需 300 万元至 500 万元人民券。这个厂的复工日期，要在电力的修复速度而定。本来早先看到破坏太大，也曾一度想另找房子做印厂，后来因找房子和新建工厂都很困难，才仍然计划利用原址。目前的计划是先复工，后整理建筑。

还有以前《解放三日刊》的两个小厂，一个未曾公开的，叫工合印刷厂，明天就可以并入正中印厂，另一个叫立华印刷局，因承印《解放三日刊》而暴露，致被特务强迫侵占，并由此而发生产权纠纷，最后恐尚须诉之法律，始能解决。又独立出版社也附设有一个小厂，今天也可以迁并于正中印厂。

办公处尚无适当地点，刻暂借拨配新华社的大院胡同 5 号冯治安公馆办公，因新华社的房子已部分解决，所以这个房子是暂时可以借用，只家具一点也没有，分配还做不到，买则平杰三同志不同意，最后仍然是借了一点来应付应付。

附带报告一点，钱的支取，业经平杰三同志同意，可先在王钊同志处先临时挪用。

二、王钊同志报告：钱的事情，我也同平杰三同志谈过，他说大批是不可能，少数的在不妨碍书店的任务的情况下可以酌量帮助解决。若照刚才祝同志所说的要三五百万元，那却是书店所担负不起的。

三、周扬同志报告：今天的会，才可说是出版委员会的第一次正式会议，我趁此报告一下成立出委会的经过。

平津解放后，出版上的第一件事首先应该做到是统一，因为华北、东北各地的人货都集中在这里，如果在出版上不先求统一，那么，混乱、浪费人力、物力的现象，是一定会发生的。所以我同陆部长谈的时候，他同意在原则上是应当如此办，并指定先成立出版委员会，在中央未来前由华北局宣传部领导。既然在原则上决定统一，那么在条件可能的时候，能统一的就该先统一起来。由地区来说，华北最接近中央，而平、津又是属于华北，将来无疑的全国出版都要统一，所以在步骤上首先把平、津先统一起来，作为一个试验的开端，一个示范，是有此必要的。由出版计划来说，首先应谈统一的是出版，如教科书，马恩列斯的著作，毛主席的著作都是要赶快做到统一出版，只有先求得出版的统一，业务才能统一。

华北的统一步骤，大致可以把石家庄总店改做一个总分店，把邯郸总分店并入石家庄，冀中的总分店搬到保定，和保定的店合并起来成立一个总分店。张家口（包括北岳区）也可以成立一个总分店，太原也可以成立一个总分店，等铁路一通，太行、太岳、冀鲁豫和以上所说各地总分店都可以合并于华北，再全部归并中央，并作总店。

至于将来的新华书店各地分店的领导关系和与当地党政的关系是这样的：在经济上，业务上，人事上应该是由总店领导统筹，在组织上却应归区委或市委领导。

目前的工作重点在北平，首先解决平、津的统一，将来再召集各区，再商讨整个合并，出委会为华北最高出版机关，各种出版物都应该经过核准始得出版。

出版机构与在计划中的统一步骤略如上述。目前的力量，初步只能做到有计划的翻印，首先注意出版的有统一性、计划性，避免重复、浪费、不合需要，避免以往的无政府状态和自流主义等现象，要尽力做到可能达到的计划性、统一性。

洛峰同志去中央前，我们还可以找机会多作磋商，并将翻印出版的计划带一份去，这一份计划必须把字数统计一下，出版物的比重估计一下，有型或无型以及印数的多少也需要统计起来。

同时做一个华北 4 个月出版计划的预算，把资本和已有资产活动资金都包括在内，做成后由我先提向华北局要求分期拨付。

现在，第一步是先把出委会机构建立起来，正式办公，另请中央正式决定负责人事与干部的调动和分工。总之，这个出委会的机构是一个集中的领导机构，不是一个联席会议，不是协同，而是统一。出委会的建立的目的和意义，大概是这几点。

四、黄洛峰同志报告：我先把今天的议事程序报告一下：

（一）报告事项。

（二）讨论事项——1. 出版计划，2. 统一出版工作（初版、再版），3. 统一交印，4. 统一发行，5. 调整业务关系，6. 教科书印制问题，7. 预算经费问题。

（三）临时动议及其他

出委会经过情形，已由祝志澄同志报告过了，我现在再补充几点：第一、是上次谈话会，就决定首先建立机构和办公处所。第二、出委会在月底前的工作重心只能放在接管上，3 月份中的工作重心放在恢复建厂的工作上。在厂未恢复前，可以先把《中国时报》、《晚报》和新华社接管的几个小厂，暂先临时借用。第三、印刷机构，在原则上是集中管理，只有这样，才可以节省人力和物力，适当的解决干部恐慌的问题。第四、正中印厂的修复，决定用拆东墙补西墙的办法，使之能尽快动作起来和迅速恢复与加强排字房及其设备。第五、是经费问题，要把正中厂很快复工，至少需 200 万元，加上《中国时报》等等的预算，数字上是相当庞大的，不知华北局能否拨发？目前用费，已向华北新华书店借了 50 万元，这笔款只是一种短期借贷关系。第六、是统一出版，统一发印的问题，已请朱执诚同志负责，并由新华书店派两个人协助，暂时在和平门的正中印厂办公。发印印件，将来也需要统一运用，以免造成市场的波动。

五、华应申同志报告：目前我们所掌握的排字，每天只能排 10 余万字，每月估计只能排 300 万到 400 万字，可是印刷倒可印到 3000 令，印与排的比例，很不相称。另外装订也要组织一下，正中厂留下的装订工恐也不多。正中厂原尚有存纸千余令，被人民印刷厂拿去，这批纸交涉后可能拿得回来。纸缺的很多，是否可以向天津调点纸来用，在北平买纸是比较困难的。

六、黄洛峰同志报告：津纸的事已同平杰三同志谈过，俟得津回电如何再作打算。假如正中有1000令，津调2000令，那么在3月份内勉强可应付了。

出版计划中须把初版、再版与印数等加以确定。将来出版的版式、格式也须统一，普及本和袖珍本的出版和发行，将来也必须要做。至于计划中出版的书的印行秩序，请王钊、卢鸣谷、欧建新三同志去订正。

七、王钊同志报告：出版的事如在技术上求统一，则必须先在机构上统一。个人的意见，可以把平、津统一起来，史育才同志不日可到，等史同志一到即可会同李长彬同志具体提出计划并入出委会。平、津两地现存1000余万元，也可并在出委会统一运用。另，平市两个门市部每天约可收入10余万元，亦可作出委会的经常补助。

八、周扬同志报告：将来出委会也需要企业化，整个的人事、经济、业务上都由出委会统一处理。

讨论事项：

一、平、津两地新华书店如何统一领导案？

决议：天津新华书店第二门市部与北平新华书店第一门市部及天津新华书店第一门市部与北平新华书店第二门市部，由3月16日起全部并归出委会领导。为实现上项目的，天津两店由华北局宣传部正式函征天津市委同意，将两店拨归出委会。俟史育才、李长彬两同志来平后，连同华北新华总店亦并入出委会，并即开始作具体合并工作并调整机构人事。一面并由洛峰同志去中央向中宣部建议去电东北局及东北书店总店，将平津东北书店全部人员及开设之门市部划归出版局领导，东北运来的书籍，作为往来，由平总店负责偿还。

二、教科书之出版，应如何办理，请公决案？

决议：

（一）初小二、四、六（册）国语拟暂用国民党课本。

（二）初小第八，高小二、四册国语暂采用开明本。

（三）初高小算术、自然以及初中自然科学用书，都暂用国民党旧课本。

（四）其余高小和初中的历史、地理以及初中国文都由出委会统一编印

（地理如不可能印，亦可暂沿用蒋区课本）。

（五）开明出售之《二千年间》（作）初中历史补充教材，有先了解其内容一下之必要。

（六）平市学生数目，请市委宣传部调查统计后告知出委会，以便统筹印制教科书。

（七）初中二、三册国文及初中历史 3 月 9 日可出版。

（八）初中课本《政治经济学》3 月中旬可出版。

（九）发稿时间由王子野同志制定计划。

（十）中等国文一册，已有纸版，但尚未发稿。

（十一）目前迫切需要解决资金或报纸（纸张）问题，最好请华北局邀集物资接管委员会等有关部门负责人，协商解决纸张问题。

三、出版计划是否即按原计划实施案？

决议：出版计划，由王子野同志再行审定后确定。

出版委员会第二次会议记录

（1949年2月26日）

地　点：大院胡同本会

出席者：黄洛峰　王子野　王　钊　史育才　李长彬　华应申　卢鸣谷　欧建新

列席者：朱　希　徐　律

主　席：黄洛峰

报告事项：

一、王子野同志报告：昨天周扬、平杰三、史育才、李长彬、王钊、王子野诸同志在华北局宣传部会谈了一下，都认为新华书店的合并出委会并无大问题，而且以快为好。不合并在业务上不能做到真正统一，业务也不能充分展开。我们认为初步可以这样办理：在华北各重要据点成立总分店，如津、石、太、张、邯、唐、平以及绥蒙等地，另在北平成立总店（总分店的业务主要是出版小学教科书和当地学习文件）。各总分店的人事主要是将就新华原有班底初步编排了一个编制表，等一下让史同志报告详细情形。

各地总分店与区党委的关系，是在政治和业务上有监督权和负责政治领导，最后决定权仍归总店。

平店的移转是很方便的，只要原则决定，即可办理移转；津店的移转也不会很困难，只要李长彬同志回去向市委办理一下手续即可。只史同志处须回去稍为布置。大约3月底即可布置就绪，陆续移转。

昨天有一个问题未解决，就是出委会与总店的关系，究竟是出委会与总店分工呢？还是出委会与总店彻底合并成为一个整体呢？这是今天要考虑讨论的。

二、李长彬同志：昨天谈的还有一个总分店只是一个临时的组织，而不是永久如此的。其次是东北书店与新华书店的统一问题。

三、王钊同志：我个人的意见，只有彻底合并，才能使人事上、工作上容易推动和发挥最大的工作效率，避免人事上、经济上、工作上的浪费和杂乱等现象。

四、史育才同志：合并只是一个方式问题，而以快为好。因为出委会与华北局宣传部与新华书店的关系，不明朗，事情不好推动，我以为这种关系应当明确起来，才能使工作容易推动。平、津刚才建立，要交代很容易，我那面回去办理一下，也很容易做结束和交代。

我们认为出委会应当和书店并成一起，才能成为一个真正的权力机关，才能真正成为一个执行机构。

五、华应申同志：我认为目前首要的是一个组织问题，首先要把机构建立起来，组织健全，才好进行工作。

六、朱希同志：出委会应当是一个工作机构，他应当有权力具体来执行与处理许多问题。

七、欧建新同志：原则上东北书店、华北新华书店合并在总店内是毫无疑问可以确定的，只是步骤上或须视实际情况分期办理。至于新华书店与出委会的关系和新华、东北、新中国等店间的关系，根据周扬同志上次谈话会所说的话来了解，新华书店是直接隶属于出委会，因为这个会的性质，周扬同志说过，是一个统一的集中的领导机构，不是一个联席会议。至于东北书店与新华书店、新中国书局间的关系，暂时是维持现状，但是业务上必须先协调起来，同时也同是出委会领导下的一个单位。

八、黄洛峰同志：综合各同志的意见，可以归纳为下面的几个问题：

（一）出委会的性质问题；

（二）出委会工作机构建立问题；

（三）出委会领导平、津、石等各店的问题（行政、业务）；

（四）出委会工作如何开展问题。

关于第一点，我也同意各位同志对出委会的性质问题所抱的疑问，我以为究竟出委会的性质如何？在未得中央更明确指示前，根据陆部长的信和周扬同志的传达，出委会目前的暂时解释，是在华北局宣传部领导下兼管出版与发行的事，新华、新中国都是在其领导下。

第二个问题，出委会必须先健全自己，才能推动工作，现在房屋已确定大院胡同5号，地方自然太小，只能勉敷目前已有的人应用，将来还要另设办法。人事分工方面在第二次谈话会中，我们初步拟定了一个方案，现在又新添了由新华书店第二门市部调来的几个同志，也可暂予分配工作。经费方面，还须等中央把出委会4个月的生产方案计划批准指拨，才能初步解决。

第三，平、津两地的领导问题，津市的应请华北局直接函知天津市委交涉，将其拨归出委会直辖领导管理，另应请华北局对此事追补正式书面公文，分别通知出委会与各有关机关。至于东北书店与新华书店的业务、行政的统一问题还须等中央去电东北商洽后，才能正式确定来办理，在未得指示前，只能暂维现状。

第四，关于出委会的工作如何开展的问题，出委会目前的工作重点在建厂。这是一个基本问题。至于发行则还可以沿用旧有的一套机构，不要打烂它，而是加强它。其次，在编审上是要立即加强，才能应付。

九、史育才同志：我认为出委会今天的性质虽然还不明确，但是任务是明确的。建立总的统一的机构问题，已刻不容缓。

我想书店与出委会的关系，暂时仍照以前办法，仍由华北局领导，出委会则通过这一个关系来领导工作。

帐务上则先把去年的已结算过的帐移交出委会，然后在3月间做一个假结算（限于总分店）提交出委会，7月间则做决算正式移转出委会。

十、黄洛峰同志：领导关系仍以照前议办理为是，结帐办法同意史育才同志的办法。

十一、史育才同志：今天是不是可以解决书店领导关系的问题和规定石家庄店的管辖范围?

十二、黄洛峰同志：领导关系的正式决议，应请王子野同志提请华北局补做正式决议用书面通知出委会。

十三、华应申同志：根据上次周扬同志的意见，新华书店的领导关系是单元的由出委会领导。但书店的组织机构、人事都不打烂。

我以为出委会与书店仍旧应当做两个机构，出委会是一个计划机构，偏重在原则上的领导，书店才是一个业务机构。

十四、李长彬同志：我个人的意见，第一、需要赶快把新华书店移交出委会的手续办好，正式确定领导关系。第二、要把出委会赶快组织起来，人事分工迅速确定。第三、把出版预算造出来。第四、平津的出版工作，应当赶快掌握起来加以运用。所以我很同意洛峰同志的意见，把建厂作为目前工作的第一步重心。

今天的各项工作，都可以说是一个初步的实验，我们要在这中间积累经验，因为目前不仅是准备应付华北的问题，同样也急需准备全国的问题。平、津的工作，将是全国的一个范例。

十五、王钊同志：我同意李长彬同志的意见。

十六、王子野同志：我以为出委会不仅是管理新华书店，其任务应广泛包括全华北区的出版工作与领导组织全区的发行出版与出版物的审查等工作。出委会与书店不可能并为一个机构，出委会的工作，应当是编辑、审核、计划、设计等工作，而书店工作则可以专任印刷、发行等工作。

十七、史育才同志：我有两个疑问：第一、是将来的新华书店是不是只专管发行业务，目前的兼理只是临时的过渡性质？第二、将来的总店的店址等筹备工作，究应为何人负责？

讨论事项：

一、华北新华书店的领导关系，应如何确定，请公决案？

决议：华北新华书店的领导关系，应提请华北局正式做成决定，分别用书面通知出委会与华北新华书店及各有关机构，正式移转。

二、请决定各地印刷厂工作的领导关系案？

决议：平、津的工厂出版与印刷直接归出委会领导，石家庄工厂设备除酌留一部分市委需用的印刷规模设备外，全部陆续迁平并入新华印刷厂，平、津发行及各总分店的工厂印刷出版发行等则暂由出委会通过总店间接领导。

三、请确定本会人事分工，以利工作案？

决议：出委会组织的具体分工和人事分配，仍照第二次谈话会记录的工作分配表办理，在黄洛峰、祝志澄、王子野三同志未在时，本部工作暂由华应申同志代理负责领导。王钊同志除仍负责领导北平分店外，另负责筹备总店店址等工作。

四、纸张问题如何解决案？

决议：纸张方面除人民印刷厂交回的1400令纸外，新华第二门市部尚存有二百余令亦可移交出委会运用。

五、新华印刷厂流动金，如何拨付案？

决议：流动金由新华第二门市部暂先拨借100万元作新华印刷厂初步修建费和复工费。

六、新华印刷厂复工经费预算，请核定案？

决议：印刷厂预算照周永生同志所拟如数通过，呈请华北局核拨。

七、请核定油墨厂经费预算案？

决议：油墨厂的复工预算，照徐律同志等所拟通过，并按原预算先拨付半数应用，油墨品种及数量另拟候核。

八、请核定出版计划及其用纸数额案？

决议：出版计划照王子野同志等所拟通过，所需纸数除去天津接收的约3000令，封面纸1000令，北平接收的约1500令，余欠5500令附计划中呈请核拨。

九、请补充津厂工作人员案？

决议：张启亚暂调天津印刷厂工作，张正路调天津印刷厂工作。

十、请确定复印纸型数量案？

决议：以后不论任何稿子，打型至少打3付，《人民文艺丛书》暂打4付。

十一、年画社是否迁平，请公决案？

决议：年画社随新华总店移平。

十二、请确定本会定期会议时期案？

决议：3月2日再行会报一次，并自下周起开始建立周会制，每周三下午一时起。每次周会以不超过3小时为原则。

出版委员会第四次会议记录※

（1949年3月23日）

地　点：出版委员会

出席者：黄洛峰　王子野　华应申　祝志澄　卢鸣谷　王　钊　欧建新

列席者：朱执诚　周永生　李力行

主　席：黄洛峰

报告事项：

一、黄洛峰同志报告向中央请示经过

这次去石家庄向中央请示后，根据初步计划，今后的工作，大致可分如下几点：

1. 今后工作的方针

出版工作，计划分成两个系统，一为解放社，专一出版党的各种文件书籍；一为出版局，是国家企业机构，出版党文件以外的其他书刊和教科书。解放社暂时只是一个虚设机构，具体的出版工作，由出版局来做。为了适应今后的政治局势、干部条件等等，出版机构可能分为两个，发行准备一元化。

2. 出版局的经营方针和组织

出版局决定企业化，要做到保本自给，下面的各单位，就各别专业化，内部分工和组成，大致可分为下列六处：（1）教科书编纂处，（2）编译处，（3）出版处，（4）印务处，（5）发行处，（6）投资事业处。

3. 今后工作的实施

步骤上是逐渐由分散而集中，首先把华北新华书店合并于出版局，然后

※　此为节录。

再考虑合并东北书店、三联书店的问题，以次推及华东、华中、西北各地。

4. 经费

初步计划的预算是人民券10亿元，后与陆部长商讨，经陆部长考虑后认为数目稍大，具体的意见，是总数改为5.6亿元，其中2亿现款，3.6亿元折纸3600吨分6个月拨付，每月拨付600吨。可是中央因对纸量的控制，尚无具体把握。除已电东北陈复外，拨纸的事还须重加考虑，现款亦未批准，目前用款，要我们仍向华北局请求批准预算。

5. 领导问题

目前仍属华北局领导，并暂沿用出版委员会名义。

6. 华北新华书店合并出委会后教科书的出版问题

（1）下半年先只供应平、津等各大城市，华北所属各区暂仍自行解决。（2）中央编纂的教科书交由出委会出版，俟出版有余力时，再考虑统一供应其他各区。

7. 教科书的编纂问题

（1）目前暂采取拼凑办法等解决了今年秋季需要后，就着手编纂新教科书。（2）教科书编纂委员会俟胡绳来后即建立，并暂在华北政府教育部领导下工作。出委会与编纂会的关系暂维持一种横的联系。

8. 平、津两地东北书店的合并问题

平、津两地原东北书店门市部已由中央电东北局洽商，拨归出委会领导。

9. 干部必读文件问题

中央发交的干部必读文件12种，版式必须一律，请由朱执诚同志负责办理。

10. 纸张生产与消耗情形的估计

（1）东北纸在原料充足、条件良好的情况下，年约可出纸4万吨，其中报纸约25000吨。（2）国民党统治时期，外纸进口年约2万吨。（3）初步估计，我们年需纸6万吨，除上述两项纸数外，年缺纸约15000吨。

二、朱执诚同志报告出版情况

1. 京华印书馆目前主要是承印妇委的妇运丛书一套，计12种。已发稿10种，已出版6种，即出4种。该厂每月只能排100万字。振华印刷厂每月约可排60万字，《中国时报》现排第四期《中国青年》，北大出版部排第五期《中国青年》。可以承印的还有教育局办的新北平印刷厂与《北平时报》。

2. 已发排的有高中国文一、二册，《青年修养》，《中国共产党党章教材》等书，4月出版计划中已出版者计11种。

3. 石家庄排印概况（从略）。

三、华应申同志补充报告出版情况

1. 4月出版计划中已出版者计15种。

2. 天津出版情况（从略）。

3. 出委会已出版各书，均已六五折交新华第二门市部总发行。

四、王子野同志报告

1. 已编纂的教科书拟继续进行，俟教编会成立后再全盘移交，以免工作脱节。

2. 天津新华第一门市部的工作概况

（1）已出版41.9万字，正装订中者有34万本。（2）津店刻以全部力量排印"人民文艺丛书"55种。（3）拟从事进行组织印刷力量的工作，估计天津约存20吨铅。民营印刷力，每月可生产200万字。已使用者40余家。（4）天津印刷厂最感困难的是缺乏器材，缺万能机，质量也比较低，尤缺纸。交民营印刷厂承印的书刊，一般均须先垫5/10至8/10的款项。

五、周永生同志报告厂务情况

1. 等电路修好即可开工。

2. 能开工者计3架全张机、5架对开机、2架四开机、2个圆盘机、5个万能机。

3. 缺铅8万斤（已有2万斤）。

4. 计划中日可排出20万字。

5. 接收过来印书的纸，可用者只800令，仅敷15天左右的用度。

6. 全厂职工共142人，职员25人，临时小工90余人。

7. 厂中缺乏装钉工及校对。

六、祝志澄同志报告总务情况（从略）。

七、华应申同志补充报告经济情况　经费已借到600万元，以200万购纸，余款作付印刷费与开支用。

讨论事项：

一、天津新华书店前此送核所拟出版新书一单，是否仍旧照办，请议决案？

决议：函知将前所拟出版各书，凡不符于出委会4月出版计划者暂予停印。目前生产，应配合4月出版计划出版。“人民文艺丛书”印数以3000至5000为限（本项由王子野同志传达）。

二、津新华书店出版新书，均在新华书店上冠以“天津”字样，是否恰当，请公决案？

决议：嗣后津店出书，统用新华书店名义，不加冠“天津”字样。如系津市委所出书刊，应另用其他名义，不得引用新华名义。再非经中宣部签字批准之出版书刊，一律不得引用解放社名义。除由王子野同志转请华北局函知津市委照办外，并由华应申同志用出委会名义函知李长彬同志照办（本项由王子野、华应申两同志办理）。

三、津店函报缺乏教科书，应如何办复案？

决议：在我们未能出版教科书前，所缺乏之教科书，暂时无法兼顾（本项由王钊同志传达）。

四、津店与平店之往来货款及津店代出委会出版之货款，应如何处理案？

决议：1. 津店与平店间之往来货款，暂按同行往来或分店往来办法办理。2. 代出委会造货，可援照平店办法办理，以六五折实收记入出委会帐户内，所垫付之造货成本及其他杂费，则核实记入代付出委会帐户内（本项由朱希同志传达办理）。

五、造货成本应如何规定定价原则，以凭办理案？

决议：凡含有宣传性之文件，其售价毛利不得超过20%，其他书刊定价另案商讨，原则上可高于上项文件之定价（本项由王钊、卢鸣谷、朱希、欧建新四同志会办）。

六、津店函询轮转机如何处理案？

决议：轮转机暂存津店，并暂勿装置。但津店小印刷厂可迁并于轮转机厂（本项由王钊同志传达）。

七、本会垫付第五期《中国青年》纸100令，应如何办理案？

决议：第五期《中国青年》由出委会代垫纸张，应折合实物立即交涉收还（本项由朱希同志办理）。

八、本会对平新华书店代理发行之货款，应如何结算案？

决议：每半月一结，视新华书店现金结存情形机动结算（本项由王钊同志办理）。

九、晋绥教育厅函购教科书，应如何办复案？

决议：由华应申同志电复，请该厅汇款向新华书店第二门市部配购。

十、毛主席、朱总司令像应否即予印行案？

决议：须俟新像画好后，检好新中国书局已收之像，送呈中央核定制为标准像再行付印，目前暂缓印制。

十一、调整出版计划案。

决议：由王子野、华应申两同志拟定修正意见，交下次出委会讨论决定。

十二、出版版式应否一律案？

决议：由徐律同志拟订并设计方案提交下次常会讨论决定。

十三、4月出版计划书刊数量如何厘定案？

决议：并同第十一案由王、华两同志会办。

十四、为适应需要，应如何加紧培植新干部案？

决议：由出委会筹办短期业务训练班，人数暂定40至50人，修学期两月，由王钊、卢鸣谷、华应申、程浩飞、欧建新5人组成教育委员会，具体拟出实施方案提交下次出委会会议决定，由华应申同志为召集人。

十五、纸张缺乏，应如何迅予设法筹措案？

决议：1. 由祝志澄同志向大信洽购。2. 由黄洛峰同志抽暇去津一次，进一步彻底了解天津纸厂情况。3. 随时在市场收购。

十六、新华印刷厂拟停用之旧有员工，应如何处理案？

决议：所拟停用者暂予保留。

十七、华北新华总店铁工厂及张家口铁工厂迁平问题应如何处理案？

决议：1. 华北新华总店铁工厂暂缓迁平，并由王子野同志商请平杰三同志函商工业部同意，将该厂全部人员、器材划归工业部接管。2. 张家口印刷厂原则上最好与平印刷厂对冲调拨。如察省[①]委不同意此项办法，则张厂、平厂均全拨归察省委接管。如察省委只要平厂不要张厂时，则将张厂机器暂予封存，人员遣散、铅字运平（本项由王子野同志洽办）。

十八、华北新华总店编余人员，应如何安置案?

决议：编余干部由总店斟酌各别情况函送参加南下工作，或酌予留用。如自愿回乡里者听其自由，勤杂人员除必需留用者外全部遣散。

十九、两厂投资问题，如何解决案?

决议：照原预算解决。

二十、美术出版工作，如何办理案?

决议：暂予保留。

二十一、员工薪津，应如何分别处理案?

决议：原为薪金制者仍照发薪，供给制者仍按规定供给暂不予变动。

---

① 察省，即旧察哈尔省的简称。

出版委员会第五次会议记录※

（1949 年 3 月 30 日）

地　点：司法部街本会

出席者：黄洛峰　王子野　祝志澄　华应申　卢鸣谷　欧建新

列席者：周永生　李力行　何耀椿　徐伯昕　朱　希

主　席：黄洛峰

报告事项：

一、王子野同志报告：

（一）第四次会议决定重行厘定出版计划，兹经改订成 3 个月（4—6 月）计划，其大要为：（1）再版书 13 种。（2）新版书共一百余种。其中干部读物各印 3 万—4 万册，“文艺丛书”各印 5000 册，其他书共印三十余万册，共计约印书一百余万册。

（二）华北局给任务代替中原局印制武汉需要图书，此事因任务紧迫，在 5 月底前即须完成，只好分散印刷。

（三）秋季教科书如何解决，华北局已有决定：（1）华北区乡村，一律用原来课本。（2）平、津尚未确定。（3）平、津、保三地共计小学生约 40 万人，其中北平约 12 万人。（4）平、津、保三地中学生共约 10 万人，平、津两地约 6 万人（北平中学共有 120 余所）。（5）中小学课本共需用纸 5000 令左右。

（四）张家口教科书问题：下半年察哈尔省教科书由察哈尔省自行解决。

（五）《华北文艺月刊》是否继续出版，俟请示陆部长决定。

※　此为节录。

（六）华北新华书店过去无津贴，华北局曾投资3000余万元。

（七）稿费、版税问题要快求解决。

二、华应申同志报告：

（一）业务训练班

关于业务训练班事，教育委员会已开过会，决定：

（1）学员人数总数确定50人，分由本会抽调5人，新华书店一、二门市部各15人，新中国书局15人。

（2）教授问题

① 业务课由出版委员会分配。② 政治课除部分由本会自聘外，余请华大教授担任，并请王子野同志前往接洽。③ 教务主任程浩飞。④ 指导员蒋齐生。⑤ 干事6人（由各单位分别抽出）。

（二）书籍定价问题

（1）本会出书要确定基本定价，目前暂与东北书店同（次报纸每面人民券2分，好报纸每面人民券2分5厘）。

（2）平、津两地目前售价必须统一，其他分区目前暂不统一。

（3）政策、领袖言论定价应该低些（如《新民主主义论》等）。

（4）解款问题　　总店向出委会应随时交款，书款不要停滞总店，要使书款很快地应用到生产上去。

（5）各地书价

石家庄　　4角（麻纸）

　　　　　6角（报纸）

山　东　　2角5分（麻纸）

　　　　　2角6分

东　北　　3角5分（报纸）

东　北　　4角5分

天　津　　5角5分

（三）干部读物版式　　拟定为下列数种，如何请公决：

第一方案　　25开本

第二方案　　32开本

第三方案　25 开本和 32 开本都用。

共 12 本，200 余万字。

（四）新青团要我们协助印两种书：

（1）《中国青年运动文献》。

（2）《国际青年运动文献》。

三、祝志澄同志报告：

（一）房子问题

司法部街大房子，原定与新华社各分一半，现在新华社要求家具用品由他们分配。

（二）凡代售及代印书刊，我们似应确定不借纸张。

四、王钊同志报告：

（一）张家口工厂的老工人最好调回。

（二）石家庄来人不超过 80 人事，已函知史育才同志。

（三）铁工厂已交平秘书长。

（四）油墨厂问题

（1）人员与工资

有两个工人要去人民印刷厂，因为人民印刷厂工资高（最高 940 斤小米，最低 145 斤小米），所以工资问题亟应确定。

（2）成本计算由这里决定，还是由厂里决定？

（3）商标是否照原样（骆驼牌）招牌。

（4）是否还叫新华油墨厂？

（5）房子问题，石碑胡同 25 号，已被军管会接收，如何解决？

（6）开工后最好在天津设一人专门采购原料，推销成品。

讨论事项：

一、关于油墨厂问题

决议：1. 厂名决定用新华油墨厂。

2. 成本计算由厂里了解原料市价后自定。

3. 石碑胡同房子由油墨厂办手续收回。

4. 仍用“骆驼牌”商标。

5. 资本照预算再取 100 万元。

6. 天津购买原料，开单交李长彬同志代为办理。

7. 工资问题须与各有关方面取得联络，然后确定。

8. 人员问题争取很快开工，使原有工人回厂，从政治上感情上争取他们。

9. 定 4 月 1 日开工。

二、关于印书问题

决议：1. 一般书印行数量，交由 3 个分店负责人商讨后确定。

2. 平、津、保教科书供应在半月——一月内确定（争取快些确定）。

3. 课本用纸需要 5000 令（供给平、津、保、唐，纸张来源东北、香港及平津纸厂），5 月底争取集中 5000 令纸完成任务，此事由祝志澄同志办理。

4.《华北文艺》是否续出，请示中央宣传部确定，第四期仍行出版。

5. 稿费、版税在第七次会议上专门讨论。根据王子野、华应申两同志及新中国书局所提方案讨论。

6. 中原托印武汉方面需用的书，由出版科分配石家庄等地完成。

三、训练班问题

决议：1. 调训练办事人员 5 日集中。

2. 训练班的主要任务是政治训练，步骤：第一个月政治训练，全脱离生产，第二个月业务训练，半脱离生产。

四、第二门市部所提问题

决议：1. 第二门市部借书部洽交北平图书馆代办。

2. 鼓楼门市事，等史育才同志到后再商。

五、定价问题

决议：1. 以后本会及所属各店书价均采用基本定价。

2. 解款问题，各店尽量少存款，随时解会。

3. 调整书价问题　（1）最多只能每月调整一次。

（2）4 月 1 日起，三店定价改为：

新中国书店　　　　每面 7 角

新华书店　（白报纸）每面 6 角　（次报纸）每面 5 角

4. 4 月份以前，由三店负责人拟定定价办法，交由本会通过后，统一实行。

5. 毛主席、刘少奇同志等的著作和党的政策等书，此次不涨价。

六、青年团托印书问题

决议：青年团托印书除代排印外，可视我们需要情形加印若干。如他们要排印费，可酌量补给。

七、与新华社分配房子问题

决议：由黄洛峰同志交涉解决。

八、石家庄工厂工友精简问题

决议：工友政治上好的，技术强的，可以来平。其他人员尽可能在当地精简。

九、华北各地分支店及总店调款问题

决议：总店、总分店、分店、支店调款，等史育才同志来后再行讨论。

出版委员会第七次会议记录※

（1949年4月13日）

地　点：司法部街75号本会

出席者：黄洛峰　祝志澄　王子野　华应申　史育才　卢鸣谷

列席者：徐伯昕　周永生

主　席：黄洛峰

报告事项：

一、黄洛峰同志报告：

（一）组织关系：中宣部原决定将本会组织关系移转华北局直属党委领导，后与中央组织部接洽结果，认为仍直属中央为较简便，原则上在本会成立总支部筹备会，各单位成立支部，由本会与各单位各推选一人成立小组会，讨论提出总支部筹委会名单，名单中仍包括行政负责同志参加，藉便于工作推进，名单拟定后提请中宣部陆部长核转中央组织部核办。

（二）（略）。

（三）采购纸张：大信纸仍继续购买，津纸也已由李长彬同志携款千余万元于回津后向贸与［兴］① 公司洽购，昨得来信，略称已与贸总订约12000令，价每令约4000元，五月底交货。

（四）东北书店合并问题：经与史育才、卢鸣谷、史修德、华应申诸同志洽谈后：

1. 东北书店定于4月底决算，合并的具体实施办法，俟将结算结果提交

※　此为节录。

①　“与”字疑为“兴”字之误，因两者的繁体字形相似易混。

本会商讨后再定。

2. 津两店合并问题，原定并后津店归李长彬同志领导，史修德同志调平，经研讨后，得知第一门市部工作人员远比第二门市部为少，并后人事领导似应重加调整。

3. 合并后与东北总店帐款结算问题，经商讨后拟具初步方案交史修德同志携沈洽办，洽办结果如何？顷俟回信后始能再作考虑，其初步方案如次：

（1）已汇沈款 80 亿折为货款，如有不敷，俟结算后立即汇还。

（2）本次发来之货，记入新帐，按往来帐款办理。

（3）今后东北发货，希望改照东北售价七五折，由华北按汇率折合东北币偿付。

4. 华北新华总店同时定于四月底作决算。

5. 在两店决算未做好前，暂仍维持原状。

二、徐伯昕同志报告：

（一）南下人员已于 10 日下午集中 24 人（暂分三组）。

（二）南下任务经初步集体研讨后，已得初步结论：

1. 接收京沪问题

（1）教科书印行问题：组织商务、开明的工作

（2）领袖言论与政策等书的印刷问题

（3）组织民营印刷力问题

（4）组织纸厂与文具业的问题

2. 与华东局的关系问题：在领导关系上，本部门的接管，最好分为两部份，接的部分，由华东局领导，管的部份，由本会领导，并在京沪区另组出委会（本会的分会）直接领导京沪出版工作。此点原则上已得陆部长同意，人选须俟届时与华东局商讨后再提请中央决定。

三、祝志澄同志报告（略）

四、周永生同志报告厂务概况（略）

五、史育才同志报告：

昨天小组会参照新中国书局、新华书店、企业部的薪工标准的精神来讨论，已得初步决定（决定办法从略）。职工福利事业按工商业规定办理，工资

暂按企业部的轻工业工资制度试办三个月，积累经验后再讨论决定。

六、华应申同志报告：

出版方面，已出版者27种，付排29种，政策8种中除《民族主义与国际主义》尚只排1/3外，余7种毛坯均已做出。印刷厂方面除已往来的部份外，另新添北大出版部，五十年代出版社两个往来户，领袖像的预算，初步估计需款600万元，可印15万份，每张成本约40元。

七、史育才同志补充报告：

（一）各地分店售价应否统一？

（二）三店联席会议决定的营业办法请迅予批准？

讨论事项：

（一）晋西北小学教科书，已决定不在邯店印，改在保定、石家庄两地分印，初步交谈的意见，是实付代印费每面人民券3角（每面成本约合5角），由他们先付款，但后来他们要求改为代印刷，实用实结拟请公决案？

决议：原则上仍尽可能照顾他们，代办利润最多不超过10%（本项请由华应申、史育才两同志合办）。

（二）画刊估计需款250万元，始能印行，是否举办，请公决案？

决议：暂予保留。

（三）业务训练班应否设立班主任？办事人员何日集中案？

决议：训练班设班主任，班副主任各一人，由黄洛峰，华应申两同志分兼。办事人员定15日集中筹办。

（四）出版处因工作开展，亟须加调新人，参加工作，以利进行案？

决议：由新华总店加调二人（李子祥）新中国书局酌调一人补充。

（五）华北区中小学教科书书目，应请从速厘定案？

决议：由王子野同志拟定交下次常会讨论。

（六）领袖像是否即予印行案？

决议：俟标准像发下，即予印行。

（七）员工薪资草案请予核定案？

黄洛峰同志补提修正意见：

1. 等级太多。

2. 医务所不便举办。

3. 应包括供给伙食。

4. 酌予住屋津贴。

5. 为加强人民对人民券信心，薪资应改以人民券为单位实发，而不以小米或其他实物计算。

6. 薪资调整应改为一年调整一次。

7. 为保证员工生活最低水准，伙食可依照新中国伙食标准办理。

卢鸣谷同志补提修正意见：

应先把各分店组织系统先予规定，以利厘定整个薪资。

决议：仍由华、史、欧三同志按修正意见详予考虑，补充修正，提交下次会议讨论。另员工伙食决定在薪资中折付现金，支付自理。保健灶办法可参照新中国书局办法厘定。

（八）书价定价问题及各地分店售价统一问题，如何办理，请公决案？

决议：由史育才同志会同薛迪畅、张问松两同志于下星期二以前拟具基本定价计算草案提交下次会议讨论。

（九）新华印刷厂工资等级请予核定案？

决议：新华印刷厂工资，照周永生同志所提修正通过：

学徒：120 斤至 150 斤[①]

什工：150 斤至 250 斤

技工：200 斤至 400 斤

股长：300 斤至 450 斤

① 为小米。

出版委员会第八次会议记录※

（1949年4月20日）

地　点：司法部街本会

出席者：黄洛峰　华应申　史育才　王　钊　欧建新

列席者：周永生　朱　希

主　席：黄洛峰

报告事项：

一、检查上次会议的决案：

（一）史育才同志报告：

1. 晋西北委托代印小学教科书案：已根据上次决议与晋西北来人洽商，代印教科书成本如每面不超过人民券3角，则按实计算，并另酌收10%以内的代办费用，但总成本以不超过3角为原则。如成本超过3角，则改为包办制，按3角计算，不另补还。

2. 增调出版科工作人员案：华北新华书店准备加调2人，工厂准备加调1人。

（二）黄洛峰同志报告：

1. 画刊案：画刊经向陆部长请示结果，原则上决定《华北文艺》、《中国妇女》、《中国青年》等几个杂志，本年内仍暂由各单位分别自行负责。画刊出版，亦如其他刊物，无法时，单独由会负责。

2. 业务训练班办事人员集中案：已如议集中。

3. 华北教科书数目已否拟定案：据王子野同志谈，须22日始能核准

※　此为节录。

发下。

4. 领袖像办理情形案：尚须俟标准像制好发下始能举办。

5. 员工薪金案：须俟小组报告研议结果，始能再行提付讨论。

6. 基本定价与各地分店售价案：须俟史育才与薛迪畅两同志报告研议结果始能提付讨论。

7. 工厂工资案：等级已初步核定，容再予讨论公决。

二、报告事项：

（一）史育才同志报告：

1. 员工薪金已根据原草案分别抄送参加小组人员继续研讨，综结研讨结果，有两项意见应先予决定：第一、薪金是否应酌予普遍降低，另按新中国书局办法增给津贴，以解决员工生活实际困难。第二、员工福利应由店方举办抑为职工会办理?

2. 基本定价及各分店售价事正搜集材料，准备再仔细整个考虑。

（二）周永生同志报告工厂情况：

1. 工厂中工友已增至 237 人，办事人员尚不敷用。

2. 本厂职工会筹备会已成立。

3. 缺打版大板刷、铅、橡皮等。

（三）华应申同志报告出版情况：

1. 校对方面：工作很忙，现有的工作人员 5 人中，1 人只做过 3 个月校对，余 4 人均系初由华大毕业分配来的，工作都不熟练。……“干部必读”12 种，已发下 9 稿，《毛选》也即将发下，加上其他各项工作，真是越来越忙。校对人员如不能很好解决，工作的开展是要受很大影响。

2. 书价：一般的反映是书卖的太贵。还有一个读者写信给新华书店，向店提出意见，说书卖得贵而不合理。所以这个问题也是值得我们慎重考虑的。

3. 画刊：邹雅同志等希望把画刊缩成小型，仍予出版。

4. 毛主席著作单行本封面式样，已重新设计（见附件）请予公决。

5. 代中原印书案：（1）函津店将“人民文艺丛书”55 种各加印 5000 册备发中原。（2）政策、文件等四十余种准备仍在平印。（3）各地分店尚存有纸型的俟与史育才同志商讨决定后分发邯、石、保各总分店分别代印。这批书希望能在5月底前完成。

（四）朱希同志补充报告出版情况：

1. 计划以后每周填制排印情况表，分送各有关主管备查。

2.“政策丛书”现为北大出版部承印。“干部必读”已发一种交京华印书馆承印。

3.《毛选》因本厂排印条件不够好，是否可交京华承印。

4. 文协拟办《文艺报》、《文艺丛刊》两种刊物，已代其设计两项办法和预算，这刊物如需我们代办，则必须迅速增添发稿及校对人员。

讨论事项：

一、读者反映新华书店的售价不合理，应如何办理案？

决议：责成第二门市部负责先加以详细调查，再妥慎坦白对读者作详明解释。办理结果报会备查。

二、文协委托代办《文艺报》及本会拟逐步发行《画刊》、《华北文艺》、《新音乐》等各种刊物，请予公决案？

决议：1. 原则上决定接受委托代办各种刊物。

2.《文艺报》亦决定代办。

3.《画刊》俟与邹雅同志再详为商讨后再作决定。

4.《华北文艺》因编稿费等未商定，由黄洛峰同志再为洽办。

5.《新音乐》刊物亦由黄洛峰同志洽办。

三、本会出版科人事如何补充案？

决议：由新华总店调李子光、李志强二人，新华印刷厂调杨维新、戴素封、王光利三人来出版科工作。另由印厂提升工友张之维为厂校对。

四、代中原印书事如何加紧进行案？

决议：1. 由朱希同志主办，史育才同志协助。

2. 平、津代印书由朱希同志直接负责洽办。

3. 邯、保、石代印书由史育才同志负责洽办。

五、《毛选》单行本封面设计新样式是否适宜请公决案？

决议：另行设计修正，再提会公决。

六、印厂添置零件设备案。

决议：由周永生同志草拟预算呈会核示后再行函津购办。

七、请核定工厂工资案。

决议：1. 工厂工资按《人民日报》批发小米价（伏地小米）折合人民券发付。

2. 工资于每月 5 日、20 日发放一次，以每月 4 日、19 日报载米价为准。

3. 资深的股长或领班、技工，可酌情各别提高，最高工资以 450 斤为限，一般工资普遍酌予减低，并由周永生同志将原拟草案带回。照上项原则另拟候核。

八、本会员工薪金如何厘定案？

决议：1. 仍由原小组按普遍降低一般照顾的原则来重新拟定草案候核。

2. 本会员工薪金在上项新办法未订定前，二、三、四、五、六月份暂先按华应申同志所拟草案薪金，酌予降低施行。原为供给制人员，一律改自 5 月份起实行。

3. 第二项办法由黄洛峰、华应申、徐律、史育才四同志组织小组会商决定具体支付办法、等级数目及实施细则，呈请陆、周两部长核准执行。

出版委员会第十次会议记录※

（1949年5月4日）

地　点：本会第三办公室

出席者：黄洛峰　华应申　王　钊　欧建新　史育才

列席者：沈静芷　周永生　史修德　张问松　朱　希

主　席：黄洛峰

一、检查事项

九次会决议。

（一）追缴正中印刷厂盗卖纸张案

黄洛峰同志报告：正由李力行同志负责追缴中。

（二）核定油墨厂经费预算及流动金案

黄洛峰同志报告：开办费已照上次决议拨付。与人民银行立户订约事尚未办理。油墨厂所出油墨，尽先供应本会印刷厂应用，已通知照办。

（三）核定新华印刷厂工资案

周永生同志报告：已照上次核定原则，个别酌予调整另行送会核定。

（四）合并平、津新华书店第一、二门市部案

史育才同志报告：去津时曾召开两店干部会，先进行思想动员，大体上均一致赞成合并，仅技术问题，尚待详商。

（五）人事局部调整案

黄洛峰同志报告：王钊、刘麟两同志均已报到工作。

（六）筹备召开出版界座谈会案

※　此为节录。

史育才同志报告：尚未召开三单位会议，先事准备。

（七）代中原印书案（略）

（八）人民印刷厂修理胶版机案（略）

二、报告事项

（一）朱希同志报告出版情况

1.“政策丛书”已付排 9 种，出版 2 种，余数定于 5 月 10 日前提出。

2.“干部必读”16 种中宣部已来催过，已发本厂承排 3 种，京华承排 6 种。

3. 华北区中学下半年教科书已发交本厂，《初中国文》4 册，《高中国文》2 册承印。小学教科书交石、邯、保三分店承印。

（二）华应申同志补充报告出版情况

1. 校对科如曹志国同志调动工作，校对科尚无适当人选负责，暂时似可请徐律同志暂兼。

2.《毛主席文选》的校对工作，已大体分工。初校由厂做，二、三校由本会做，四、五、六校由王子野、陈伯达、田家英同志做，清样由本会负责，最近即可发排。

3. 最近翻版书很多，如《目前形势与我们的任务》(即下文《目前形势和我们的任务》) 的标准本，《新人生观》、《社会发展史》等书，翻印本错误很多，或根本上就不应该再翻印。这个问题，已与有关各方磋商过，均无具体办法，结果恐怕还是要由我们来主办这件事。

4. 审查各方交来的稿已陆续有几种，估计今后还要有来的，我们得确定一个原则来处理这些工作。

（三）张问松同志报告

现售书价，按现行汇率（人民券与东北券）一比三百计算，至少应加价 50 倍，始勉可维持成本。

（四）史育才同志报告

1. 总店与总分店的经营方针应明确规定，才好进行工作，如太原现已接收了一个厂，有工人 50 人，且已开始工作，就与原来本会决定原则不符。我们打算原则上总分店的印厂尽量精简，不必要的机器、人员均设法转业遣散，总分店印厂的任务只负承印各区小学教科书的责任，其余的书统一由总店印发。这个方针，如能确定，不仅保店可以这样做，石、邯两店也可以照样办理。

2. 定价问题：各地反映书价赶不上物价上涨的快，吃亏很大，尤以最近为更厉害。所以书价实在需要调整一下。

3. 华北总店的决算已交来。总店及石、保、邯三分店及印厂设备、存书等总计总资本约 9000 余万元，这项资金除固定资产外，可供 3 个总分店 6 个月的造货开支周转，但如太原仍要搞厂，那么这项款就不会够用了。

4. 天津分店的总资本共 4000 余万元，内计津市委拨付 1900 万元，总店拨付 1000 万元，津店赢余 1000 余万元。

（五）史修德同志报告

1. 因“五・一”“五・五”廉价的关系，所以帐未结出。

2. 因与东北汇兑的比率变动很大，书的成本按现售价已是赔本出卖。

3. 合并后员工薪给如何统一与调整，也需要事先加以考虑。

4. 与东北书店的联系希望加强，以便彼此了解情况。

（六）王钊同志报告

1. 各总分店的工厂的经营原则须先确定。

2. 上项原则确定后，编余人员应先代为考虑他们的出路。

（七）周永生同志报告

1. 5 月份打算加 5 个 32 页机器。

2. 印封面机器一时无法解决，正打算要《人民日报》胶板机。

3. 老五号字已铸三组，预备在 5 月份加成五组。

4. 新五号本周准备完成两组。

5. 新四号黑体一付本周可完成。

6. 新四号老宋本月可完成。

7. 二号长仿宋、三号黑体、三号长仿宋等均准备本月完成。

8.（略）

（八）欧建新同志报告

1. 书价根据与东北汇兑率及纸价与印刷工价来计算必须即加调整。

2. 翻版书日渐增多也应由本会拟定办法呈请核行的必要。

（九）黄洛峰同志报告

1. 天津印刷厂决定精简，其办法：

5 月 18 日完成“文艺丛书”后，进行精简，具体决定如下：

（1）排字股：以每天生产 3 万字计算，留用排字 15 人，刻字 2 人，零活 3 人，多余人员，调北平 10 人，其余介绍转业遣散。

（2）印刷股：以每月 500 令纸计，留用 20 人，多余机器拍卖。多余人员能掌握 32 页机的技术人材调北平，余遣散。

（3）打版人员调北平 4 人。

（4）铅：天津厂调平 3000 斤，购买 10 吨。

锑：天津厂调平 200 斤，购买 800 斤。

2. 津两门市合并仍本上次会议决定原则，即予进行，并先由史育才、史修德两同志对各干部进行思想动员。具体情形，请史育才同志补充。

3. 4 月 27 日向人民银行平行贷进 1 亿元，准备尽速买好纸头，现已买好 300 吨。

（十）程浩飞同志报告业务训练班概况

1. 组织：（1）教务处分教材、缮印、文书、保管、收发、课卷等组，由程浩飞同志及四位干事主持；（2）指导处负责学员生活辅导及思想教育工作，由邹雅及干事 1 人负责主持。

2. 学员：共有 53 人，内女性 14 人，男性 39 人。新华一门市 22 人，二门市 13 人，新中国 15 人，新时代 1 人，印刷厂 1 人，出委会 1 人。

3. 课程：a. 政治课分《新民主主义论》、《中国革命与中国共产党》、《社会发展简史》、《新人生观》与《新社会观》、《目前形势和我们的任务》、《在延安文艺座谈会上的讲话》、《改造我们的学习》等；b. 业务课分发行、会计、出版工作及《中国新出版业简史》；c. 文化课分地理常识、应用文等。

4. 讲师：政治课有蒋齐生、吴敏、马适安、华应申、胡绳、艾思奇、何其芳等同志担任，业务文化课讲师由本会及三店聘请同志担任。

5. 学习方法及生活辅导：学习上除听课外以分组讨论为主，现共分五组，按其文化水平及思想水平加以划分。由教务处负责领导；生活上则以宿舍为单位分六组，由指导处负责领导（每日规定的读报，即由生活小组集体阅读）。

6. 课外作业：每日记日记，指导员批阅；每周做作文一篇至两篇，由教务处批阅。

（十一）沈静芷同志报告东北出版工作概况

1. 东北出版工作：我的报告以出委会工作为报告中心，出委会系东宣部[①]领导，参加单位为东北书店、东北画报社、新中国书局3个单位。从3月初成立到现在，已开过4次会。

2. 出委会成立后的工作，可分几点：

（1）审查原稿及东北、新中国两店的出版物。审毕停印的有48种。新出版的须经出委会核定始发印，借免重复浪费。

（2）重订过渡时期暂行稿费条例，以字数为单位，出版1万本计算初步每千字为5分至25分。

（3）举办业务训练班，第一期5月10日结业，东北书店调30人，新中国书局调14人。但因系半脱离生产的，时间浪费很大。又因业务的讲授者多为行政干部，讲课内容预备不充分，也是一个缺点。还有学员感觉笔记时间太多，学习时期太短，已经针对这些意见个别修正。

（4）东北出委会对书店的集中统一的意见：（略）

（5）东北书店印刷厂已集中沈阳。

a. 约有40余架机器（6—8架全张，余全为对开）。

b. 万能铸字机有3架。

c. 排字量很大。

（6）出委会所属机构可向工业部买到250吨到300吨纸，价钱均低于市价40%。大连纸价较沈阳为低，在沈购纸50吨，在大连约可购65吨。

（7）书价仍限于120倍发售。

（8）对华北出版情况很隔膜，很希望能了解得更多一点。

三、讨论事项

（一）校对科长工作，由何人继任案？

---

① 即“中共中央东北局宣传部”。

决议：由徐律同志暂兼校对科长。

（二）本会编审工作如何进行案？

决议：（1）向华北局宣传部请示，为适应工作需要定期成立编审处。

（2）商请教科书编审委员会代为审阅各项稿件。

（三）确定关于各店门市进货办法案。

决议：（1）关于政策“干部必读”等类全国性的书，不论系何战略区所出版，概不再进；已进货的仍予发售，售完为止。

（2）地方性的书籍，仍可照旧进货。

（3）凡新华书店、新中国书局出版的普通书刊，自行负责，一般不予审查。

（4）凡普通同行出版书籍，概不得用新华书店名义总经售或经售字样。

（5）有关政策重要文件的书，均应交华北局宣传部审查。

（6）普通读物由书店进行初步审查后提交本会审查。本会人手不足由黄洛峰同志加请教科书编审委员会代为审查。

（四）平津两地教科书如何印行案？

决议：（1）秋季华北区中学教科书及平、津两地小学教科书原则上招商承印。

（2）由史育才同志于本月 10 日以前筹备召集出版界座谈会，加紧解决承印教科书的工作。

（3）本会已付印者仍照印，未印者暂行停印。

（五）应如何防止翻版书案？

决议：用解放社、新华书店名义登报声明：今后凡翻印解放社、新华书店的书籍必须事先征取同意，否则依法办理。

（六）请确定天津印厂的领导工作案。

决议：津印厂工作，在两门市部未合并前先行分开改归本会厂务处直接领导。划分日期另行函商后再为确定。

（七）请确定调整书籍售价倍数及实行日期案。

决议：由三门市部即日会商决定调整售价倍数及实行日期提会核议。普通书涨价以不超过 40% 为原则。毛主席著作及各科政策文件涨价不超过上次涨价限度（每面 7 角）。

（八）平津两地售价应如何统一案？

决议：原则上平、津两地书价一定要统一。由三店门市部联席会议商定具体实施办法，各别通知平、津分店统一办理。

（九）请确定各总分店经营方针及资金案。

决议：（1）除当地所属小学教科书及地方性的书籍外，其他的书刊，各总分店均不再出版翻印。

（2）原则上印刷厂是决定总的集中发展，分支逐步紧散，走向统一集中。

（3）各总分店所属印厂自 5 月中起不得再吸收新工人参加工作。

（4）旧有工作人员能使法转业者，尽可能逐渐介绍转业。技术优良及在厂工作历史较久而不须转业者，逐步集中来平厂工作。

（5）各总分店资金等候各店决算送核后，再行核议。

（十）本会员工薪金如何确定案（单指无所属及供给制者）？

决议：照昨拟草案通过，暂行实施 3 月，7 月起与本会所属各店同时全部改订。

（十一）本会会本部是否应经常举行汇报案？

决议：确定每星期二、四、六上午十一时至十二时举行汇报，时间每次以一小时为限，参加人员为：黄洛峰、华应申、朱希、徐律、程浩飞、邹雅、王钊、刘麟、陈正为、孙清泉、袁清芳。

（十二）与各地区联系应如何加强案？

决议：（1）决定出版《出版通讯》作非正式联系的文件。（2）由徐律、王钊、程浩飞、刘麟、邹雅组成编委会，徐律为主编。（3）每月出版两期，每期字数暂定 2 万字。

（十三）东北出委会来函提陈意见应如何回复案？

决议：来函中所提及有关出版发行工作的统一集中，须请示上级后始能决定作复。

（十四）本会会议记录决议事项，应分别抄送有关单位，以便照办案。

决议：第十次会议起由秘书室抄发决议案，分发各单位，有关个人者，另行抄发通知。

出版委员会第十一次会议记录※

（1949年5月11日）

地　点：本会第三办公室

出席者：黄洛峰　华应申　史育才　欧建新

列席者：王　钊　史修德　徐　律　朱　希　何耀椿　刘　麟　李力行　邹　雅

主　席：黄洛峰

报告事项：

一、检查上次决议案执行结果：

（一）徐律同志兼任出版科长案

华应申同志报告：因原任科长曹志国同志尚未离职，故未到职。

（二）本会编审工作案

黄洛峰同志报告：（1）正向上级请示中。（2）已与教科书编审委员会接洽，可代做部分审阅工作。

（三）关于确定各部门进货办法案（略）

（四）平津两地教科书印行案（略）

（五）防止翻版书案

黄洛峰同志报告：决定用解放社、新华书店名义，登广告声明版权送交上级核定刊登。

（六）天津印刷厂领导工作案（略）

（七）调整书价案（略）

※　此为节录。

（八）平津两地售价统一案（略）

（九）确定各总分店经营方针及资金案（略）

（十）确定本会无所属及供给制员工薪给案（略）

（十一）会本部经常举行汇报案（略）

（十二）出版《出版通讯》案

华应申同志报告：主编徐律同志，因工作繁忙，不克兼顾，拟请改推主编，以利进行。

（十三）东北出委会函提出版与发行应迅速统一集中案

黄洛峰同志报告：除改换名称须请示上级外，其余意见业已函复，交由沈静芷同志带返沈阳。

（十四）本会会议议决事项，分别报送有关单位案（略）

二、本周工作概况汇报

（一）朱希同志报告本周出版概况：

1. 已出版 4 种。

2. 连续付排 40 种。

3. “干部必读” 12 种，已发排 9 种，本厂承排 3 种，京华承排 6 种，决定全部分装 8 册。

4. “政策丛书”已出 1 种，发排 6 种。

5. “干部必读” 3 万本（内精装 11000 本）为全部用穿线装订，则每令纸裁余单页很多，总计 5000 令纸，裁后单页约有一千令纸之数，此项裁余单页用途甚狭，应如何处置必须先设法解决。

6. 新华印刷厂生产量迄今为止，尚未能完成原定任务，如印 3 万本封面需时半个月，装订 1 万本需时 5 天，全部产量，每月只能印纸 1500 令，排 100 余万字，距离任务甚远。

7. 清样校对工作，张仲实同志来信，要在送给他们校对后，再由我们仔细校对一遍。校对清样目前只徐律同志和我二人，将校的书有“干部必读” 12 种，政策 12 种，《毛选》亦将发排，为免积压延误工作，校对清样，宜迅予补充干练人手。

（二）华应申同志补充报告出版概况

1.（略）

2.（略）

3. 教科书印行事，王子野同志来电话说："商务声称，如能予承印，成本可能比新华书店所印者低一半"，因之教育部对此项意见极为注意，并希望能予考虑交商务承印的可能性。

4. 出版成本，从3月初开始到今天纸由4000元一令涨至一万元左右一令，印刷费也约涨一倍。

（三）李力行同志报告本周厂务概况

1. 印刷情况

全部印完装出:《唯物辩证法》10000本,《二千年间》15000本。

全部印完，装出一部分者:《华北文艺》15000本，已装出5000本。

正文全部印完，封面印出一部分，正在装订中者:《目前形势》3万本，封面印出1万，扉页3万完。《中国革命》1万本，封面印出5000，扉页上版中，今日可印出一部。

正文全部印完，封面扉页正在付印中者：

《论联合政府》10000本封面未印，扉页上版中。

《新民主主义论》10000本封面未印，扉页未印。

《列宁主义问题》10000本封面未印，扉页未印。

《中国近代史》10000本封面未印，扉页未印。

《初中国文》（二）10000本未完。

《初中国文》（四）10000本未完。

《初中国文》（三）未上机。

《修改党章报告》未上机。

2.（略）

3.（略）

4. 学习问题

成立学委会开始进行正规学习，按测验成绩，分5个班，一个小组，每班40—60人，每早规定学习1小时，第一阶段学时事2星期，然后学习中国革命基本问题6星期，一般情绪很高。

5. 纸案

正请公安局协助解决，可收回原有纸张210令，40磅片艳纸1870令。

（四）邹雅同志报告业务训练班及美术科概况（略）

（五）何耀椿同志报告油墨厂本周工作概况（略）

（六）王钊同志报告秘书室本周工作概况（略）

（七）史育才同志报告

1. 9号举行本市出版界座谈会一次，出席者有一、二门市部、新中国、开明、海燕、群益、新群、文供、文光、中外、天下等十家，出席代表18人。

2. 座谈会中提出许多问题，其主要者有：

（1）今天出版界困难很大，要赔本。

（2）开明书店要求代为解决发行问题与干部改造教育问题。

（3）希望政府能援助外汇，解决购买原料的困难，或由政府配发纸张。

（4）希望能与银行建立活存放款往来关系。

（5）希望稿费能有统一规定。

（6）希望能承印教科书。

（7）希望扩大座谈会范围，并经常举行。

3. 座谈会决定事项

（1）扩大下次座谈会单位范围，加邀商务、中华、世界参加。

（2）下次座谈会公推新华书店任召集人。

4. 张家口分店来函，说《察哈尔日报》要求本店承印察绥两地课本，总印数约50万册，售价可与总店一致，资本要求总店垫付一部分，不敷余数找当地省委设法解决，函覆大意如次：

（1）资本由总店拨垫100万元。

（2）须先与《察哈尔日报》订立合同，订明教科书为代印代销性质，卖完付款，售余收退。

（八）史修德同志报告（略）

（九）欧建新同志报告（略）

（十）黄洛峰同志报告

1. 本会迄今为止，员工共计 54 人，职员只 37 人。除少数人外，一般业务水平、文化水平都不高，故工作效率不强，干部配备急待加强。

2. 出版校对两科任重事繁，而得力人手少，应急待加强。

3. 储备材料已由津购入纸 320 吨，平均每磅不超过 100 元，加上运平运费，平均约 5000 元一令，此项纸张预计可用到 7 月间，另购精装用白布 500 匹，交中纺染坊染成各种色布，染工布价，合计一匹布不到 11000 元。

4. 津纸厂造纸因原料贵故成本高，目前纸价是津造纸厂比东北纸贵，东北纸比大连进口苏联纸贵，连纸又比港来纸贵，为减轻成本计，已拨付津贸易公司几百万元订购港来纸张。

5. 书价诚然应按照成本斟酌调整，但为了完成文化宣传任务，就不能从局部单独强调成本，而应顾到读者负担能力，由全部情况来了解，只能合理的适度的提价。

讨论事项：

一、干部必读装订问题如何解决请予公决案？（略）

二、书价如何调整，请予公决案？

决议：1. 为便经常处理涨价问题，由出版科及三门市联席会议商讨拟定涨价公式，交由三门市掌握运用。

2. 本月份涨价倍数，仍照上次决定办理。

3. 苏联版来书定价，按本版基价八折定价发售。

三—八（略）

九、调整《出版通讯》编委案？

决议：程浩飞、邹雅两同志全力主持业训班，编委专由徐律、王钊、刘麟三同志负责，改由王钊同志兼任主编，另调张启亚同志担任助理编辑。

十、（略）

十一、《出版通讯》稿费如何规定案？

决议：每千字致送稿酬小米二斤至五斤。

十二、本会及所属稿费办法须迅速决定案？

决议：由秘书室分函各有关机构，征集各方稿费版税办法，以凭研究决定。

出版委员会第十二次会议记录※

（1949年5月18日）

地　点：本会203室

出席者：黄洛峰　华应申　史育才　王　钊　周永生　史修德
　　　　邹　雅　朱　希　徐　律　刘　麟　许崇智

主　席：黄洛峰

报告事项：

（一）印刷厂周永生：

铸字开两班，下月一号起排字每天可达到13万字，《毛选》本周可排完。机器下月开六部32页、五部24页、六部脚蹬机。人民印刷厂给胶版机工人1名。

（二）油墨厂许崇智：（略）

（三）华北总店史育才：（略）

（四）一门市史修德：（略）

（五）出版处华应申：

……（2）教科书问题，子野同志意见仍由各区党委负责。我们是否考虑此意见？印刷也由省级解决，出委会供给纸版，如我们包揽则区党委之机子即停止，纸张他们也不解决，统一由我们解决困难就大了，所以尽量求得他们解决为好。……

（六）邹雅：（略）

（七）出版科朱希：（略）

※　此为节录。

（八）校对科徐律:（略）

（九）至（十一）（略）

讨论事项:

（一）新华印刷厂问题:（略）

（二）油墨厂工作:（略）

（三）发行工作:（略）

（四）校对工作:（略）

（五）年画出版问题:（略）

（六）教科书问题:（略）

（七）制版厂问题:（略）

（八）推销工作人员:（略）

（九）人事问题:

决议:（1）油墨厂厂长徐律同志因工作繁忙不克兼顾，请辞兼职应予通过。所遗油墨厂厂长一职由许崇智同志担任，副厂长由何耀椿同志担任。

（2）天津印刷厂厂长由李长彬同志兼理。

（3）天津新华分店由苏光同志任经理，并由李长彬同志以总店副理名义就近监督指挥。北平分店由史修德同志任经理。

（十）训练班问题:（略）

（十一）翻版书问题:（略）

出版委员会第十三次会议记录※

（1949年5月25日）

地　点：本会203室

出席者：黄洛峰　华应申　王子野　史育才　欧建新

列席者：邹　雅　周永生　张问松　刘　麟　徐　律　朱　希　许崇智
何耀椿　王　钊

主　席：黄洛峰

一、黄洛峰同志报告（略）

二、检查上次会议决议案执行结果（略）

报告事项：

（一）朱希同志报告出版概况（略）

（二）华应申同志报告（略）

（三）周永生同志报告（略）

（四）许崇智同志报告（略）

（五）史育才同志报告（略）

（六）欧建新同志报告

1. 为适应局势要求，加速统一集中，我们日前在沈静芷同志来平时曾决定把东北各店陆续收束，第一步先把佳木斯、齐齐哈尔、长春、沈阳支店等四店予以撤销，未了业务分别移交东北书店和本局东北区区管理处办理。其次潍县分店，原决定挺进青岛，现亦根据上述原则通知撤销原移设青岛的决

※　此为节录。

定。所有人员撤回济南分店听候另行调配。

2. 大连印刷厂的排字部门也根据上述原则予以缩减，编余工人由当地设法介绍转业。

3. 招考新进员生事已结束，报名人600余名，经初步甄别后参加笔试者约400余人，笔事〔试〕录取者80余人，口试结果选取26名，此数中拟以五六名调本会作校对工作，五人调新华书店工作，余均留局试用。

（七）王子野同志报告

1. 已由华北局发电调刘大明来本会工作。

2. 天津市委拟将新华书店接管的卷筒机调剂一下交《河北日报》应用，如我们尚需用时，则急需设法拒绝。

3. 天津的工作报告，希望能赶快搞好。

4. 邯、保两总分店的附属印厂，似以划分交河北省委直接领导为较恰当。

（八）黄洛峰同志报告——从2月16日至5月16日止作了一个三个月的综合工作报告，分别呈交中宣部华北局存查（报告事项从略）。

讨论事项：

一、出版部门工作，如何改善推进，请公决案？

决议：根据各项报告，针对现实条件的困难，特决定：

1. 政策、“干部必读”、《毛选》等纸型暂行改打6付，本会留备2付，华东、华南、华中、东北四区各1付，余区暂不分发，采轮流周转办法，调剂运用。一面呈请中宣部核准备案。

2. 各书印行数量，政策、重要文件、《毛选》、单行本等应保证供应不缺，《毛选》和“干部必读”等每种印行3万本，“文艺丛书”55种，本年内总印数以不超过100万册为限。

二、教科书会议如何召开与如何组织印教科书请予公决案？

决议：1. 教科书会议应请由教育部主持召开，本会准备各项资料提会参考。

2. 教科书发行名义，暂定为华北出版合作社。

三、民营出版业请示出版方针，应如何办理请公决案？

决议：本项暂予保留，俟向上级请示后再为办理。

四、“人民文艺丛书”迟迟出版事应如何决定案？

决议：“人民文艺丛书”印行事宜俟李长彬同志来平时再行商讨解决。

五、大众美术社经费及印行数量，应如何确定请予公决案？

决议：仍照上次决定，印行数量暂定150万份，经费仍以200万元为限。

六、应如何防止翻版书？又本市外二区区政府成立出版组自行审核出版物，是否恰当，请予公决案？

决议：1. 外二区区政府出版组自行审核出版物一事，由本会出版处备函市府洽请转知该区停止审核，并通告本市其他各区一律知照。

2. 由会备函请治安机关查禁无出版处所的书籍刊物。

3. 华北出版合作社的范围。原则上加以扩大，适当的吸收小翻版商资金参加。

七、制版所工作，如何筹备进行请公决案？

决议：1. 董事会领导由新华社担任。

2. 制版所经理由何耀椿同志担任。

3. 油墨厂在未找到适当人选代替何耀椿同志工作前，油墨厂工作仍由何耀椿兼理。

出版委员会第十四次会议记录※

（1949年6月5日）

地　点：本会203室

出席者：黄洛峰　华应申　史育才　欧建新　王　钊　王子野

列席者：朱　希　周永生　史修德　刘　麟　许崇智

主　席：黄洛峰

报告事项：

（一）黄洛峰同志报告（略）

（二）检查上次会议决议案执行结果（略）

（三）朱希同志报告出版工作

1.《毛选》已排了1000多面，252面已看三校。

2. 校样希望能有一个人负专责来看，才能发觉问题，才能统一。

3.“干部必读”12种，已发稿10种，其中2种付印，8种已看三校。

4. 本周已出版待装订的有《初中国文》二、三、四册。

5. 代中原印书有纸型的已全部印出，只“干部必读”12种及没有稿子的未能完成。应当通知中原局来打包装运。

（四）华应申同志报告：

1. 人事上美术、资料、出版三科都需要各增加2个人，校对科至少须增加5人至6人，文书科须增加1人。

2. 制版所需要立即确定参加董事会的2个董事人选。

3. 业务班的建团工作（略）

※　此为节录。

4. 妇联来函，要我们代印和总经售《中国妇女》。货款可以第三期付第一期款，折扣可以七折。

5. “妇运丛书”希望能付给版税或发表费，因为这丛书的纸型也是他们自己打的。

（五）周永生同志报告：校对问题，的确很严重，现在厂里面每天约出 10 万字，计划中拟即扩充为每天 15 万字，假如由会来看初二校，每天必需要校出 30 万字来。如看三校，每天必需看出 45 万字，人手非快解决不可。

（六）史修德同志报告（略）

讨论事项：

（一）人事问题案。

决议：1. 会本部

（1）由新中国书局将前次招考经验写具书面总结交会，备作考用人员的参考。

（2）美术科需用人员，一方面由邹雅同志约聘，不能解决时就招考。

（3）校对科需用人员，由天津印厂调来的 3 人补充。另由北平印厂抽调 1 人补充。商务介绍的人，如合格，即予试用。

（4）出版科需用人员，由新中国书局抽调范用同志前来，另催李子克、张启亚同志迅速到会工作。

（5）资料室人员暂时尚无法补充，等以后再调动。

2. 北平印刷厂

（1）嗣后北平印刷厂添用人员，原则上应尽先任用精简下来的人员，不敷或没有的时候，再添雇新人。

（2）由天津印刷厂调排字 15 人，打版 4 人至 10 人交北平印刷厂。

3. 新华第一门市部

由华北新华总店按照精简原则自行补充调整。

（二）制版厂投资及参加董事会人选应如何决定案？

决议：（1）由本会投资 300 万元，按 5 月底小米价折合实物，陆续缴足。

（2）派华应申、朱希两同志为本会出席制版厂董事会董事。

（三）出版工作问题

1. 秋季教科书如何解决案？

决议：（1）察、绥、冀东、热河及冀中大清河以北地区的小学教科书均交给华北出版合作社解决。

（2）山西及平原[①]各区小学教科书如当地不能解决时，由邯郸、保定各新华分店负责解决。

2. “妇运丛书”版权问题应如何决定案？

决议：妇联的“妇运丛书”暂付1%版税，等版税稿费办法订定后又按新办法处理。

3. 各地反应缺书甚多，应如何迅速补充案？

决议：政策文件、领袖言论，应按上次议决案做到供应勿缺。余书，由发行机构商量统筹办法，作有计划的发行，有重点的分配。

4. 下半年度出版计划如何拟定案？

决议：由王子野、华应申两同志草拟下半年度出版计划7月至12月，于6月底前拟好提会讨论。并由王子野同志负责写初稿。

5. 印刷成本应如何计算处理案？

决议：由周永生、朱希、陈正为、徐仲文4同志会商，拟定计算办法，提会核行，由周永生同志负责召集。

（四）发行工作问题

1. 发行工作如何计划化请公决案？

决议：（1）由两店联席会议商讨拟定发行计划具体方案（包括简化发行手续及总分店往来办法等）提会讨论通过实施。

（2）广告应做到有计划的刊登，并须与出版科切实配合，以每周至少有一次广告为原则。

（3）南下贷款分期付还，以每个月付1/3，3个月付清为原则。其余贷款，仍照以往规定办理。

---

① 平原，旧省名。1949年就原冀鲁豫解放区为基础设置，包括鲁西南、豫北、冀南毗连地区，1952年撤销，分别划归山东、河南两省。

2. 各区党委所属书店应如何合并案？

决议：由新华总店拟具各区新华书店合并草案交会讨论通过后提经华北局核定施行。

3. 华北新华书店薪资及工资如何核定案？

决议：俟将原提草案核阅后再付讨论。

4. 华北新华书店组织机构应如何调整案？

决议：由华北新华总店拟具组织规程草案提会核议，求得总的一般的解决。

5.《中国妇女》委托总经售案？

决议：（1）接受代印总经售《中国妇女》。

（2）由两店联席会议拟定总经售办法提会通过实施。

（五）本厂所出油墨，价格应如何规定案？

决议：由周永生、徐仲文、许崇智 3 同志会商评定标准价格交会核行。

出版委员会第十五次会议记录※

（1949年6月13日）

地　点：本会203室

出席者：黄洛峰　王子野　华应申　史育才　王　钊　欧建新

列席者：万国钧　周永生　史修德　薛迪畅　朱　希　许崇智

主　席：黄洛峰

报告事项：

一、黄洛峰同志报告：今后每次开会除讨论议程所列重要事项外，每次会采取重点主义提出一个重心，集中精力深入解决问题，本次会即讨论“印刷厂管理问题”。

二、检查上次决议案执行结果：

（一）人事问题案：

1. 会本部——（1）新中国招考经验总结尚未拟好送会。（2）美术科需用人员已由邹雅同志约聘中。（3）校对科需用人员，天津厂里的人还没有来，据王钊同志说，看过这些人的材料，有些人也不适合担任校对。校对只添了一人，系由中央组织部介绍来的。（4）出版科需用人员，张启亚已到职，李子克20日左右可报到。

2. 新华印刷厂任用新人原则，厂中已照指示办理。

3. 新华第一门市部人员精简原则，即照指示办理。

（二）制版厂问题——须俟新华社决定人选后，始能签字完成合作手续。

（三）出版工作问题——（1）秋季教科书应扩大发行范围，已转知华

※　此为节录。

北联合出版社。（2）山西及平原各区教科书，等本月20日区党委覆文来后，如无法解决再商讨。（3）“妇运丛书”版权问题尚未商定，妇联希望能酌予提高一点。（4）发行应如何有计划的发行，有重点的分配，尚未商定办法。（5）下半年度出版计划尚未拟定。（6）印刷成本应如何计算亦尚未商讨。

（四）发行工作问题——（1）发行工作如何计划化尚未商讨。（2）各区所属书店合并方案已拟好，交会核行。（3）华北新华书店薪工尚未核定。组织机构如何调整尚须商讨。（4）总经售办法尚未会商拟定。

（五）本厂油墨价格案——尚未会商规定标准价格。

三、报告事项：

（一）史育才同志：联合出版社开过两次会，关于章程讨论结果，一般说来对既定原则的精神均无大出入，只文字上少有修改。头一次筹备会中，最主要的有一项是争辩联合出版社的业务方针，发生两个意见，一个意见认为应当扩大出版范围，一个意见则认为应当缩小，最后决定以出版中小学教科书为主，承印出版委员会交印之书刊为辅。其次是扩充资金，为12000令纸，并当场认股，确定会员资格，并将筹备会改为第一次正式股东大会。第二次会中的重要决定有：（1）董事扩充为13人，常董扩充为5人，（2）聘定新中国书局薛迪畅同志任经理，开明书店卢芷芬先生任副经理。（3）不得以印刷工价代替股款。（4）股款缴纳以实物（纸）4/5、现款1/5为原则。

（二）薛迪畅同志：会中商务、开明等提出旧的教科书是否能仍予运用一案，因事涉教育部职权，已请原提案人径向教育部呈请核示。第一次股款约于20日收集，从21日起即可正式开始工作，但房子问题必须迅速解决。另尚须立刻决定的问题如开办费预算、薪金标准、发行办法、办事细则等，亦需商讨。另新中国书局应出股款，以目前经济情况来说，一时尚无力拿得出来。

（三）朱希同志报告：本周已出版6种，在排印中有48种，发排7种，“干部必读”13种中的8种的纸型可于本周完成。目前急待解决的问题，是应把印刷厂的材料作有计划的准备，因为在5月份以前是再版书多，5月份以后是初版书多，需用的材料更多了。过去印书是用片艳纸，以后印书都要用白报纸，且数量每种至少都在1万以上，需纸很多。北平切纸设备不良，运来的卷筒纸不能立刻切出来应用，精装本的设备也急需加紧准备起来。

目前私营印刷厂比较空，没有工作做，很多小印刷厂都在找工作做，是不是把教科书的承印分一部分给他们做。下半年出版计划，希望能提前拟好，以便计划工作。印刷工价亟须调整始能维持，京华以前我们是给他们 17 斤小米 1 令，现在他们提出来要 20 斤小米 1 令。

中原方面已来三人运书，我们代他们印的书共 90 余种，经他们看过样本后，有 20 余种他们已在中原印出，成本且较此地为轻，故他们对这 20 余种，不打算一并运去，只运中原未印过的 72 种，代印的货款，正就已领的 3600 万元中来结算。

（四）华应申同志报告：下半年度的半年出版计划，拟改为三个月一期的三个月出版计划。

另外新华社和政策研究室搜集的资料很充分，希望他们拟定一个编辑计划，把这些资料很好的运用起来，并把老解放社所出版过的书加以整理后予以翻版，此两点望即向部里提出。

以后出的书应该把毛主席的著作多出单行本。鉴于各种混乱情况，最好拟定基本书目，凡此书目中所列的书，应勿使缺货，这种基本书目也可以分发各区照办。

（五）王子野同志报告：延安出版的《列宁选集》20 卷应设法翻版。伟人像应该积极进行迅速付印，以应急需。

（六）黄洛峰同志报告：现在正研究召开全国出版会议，这是一个党的出版会议，在这个会中打算把出版方针，如何组织出版界等重要问题列为议题。

业务训练班根据第一期办理经验，调训人员最好全部为老干部或全部为新干部，这样课程的厘订，与讲授才能收到实际的效果。第二期的训练中心，正考虑先行确定。

（七）周永生同志报告：本厂现有人员共约 400 人，其中工人约 350 人，管理人员约 50 人。本次招考中的工人多数为半熟练工，技术较好者甚少。现所开动的机器有全张机 4 架（日夜班），16 页 5 架，24 页 4 架，脚踏机 4 架，每天约可出纸 80 令纸，15 万字。本厂消防工作，已筑有蓄水池、水缸、砂桶、唧水机、药水弹，并挖有水井等。

本厂工作上较大的困难有：（1）铅要补充（原计划50吨不够用）。（2）排字房不够用，设备不周全。（3）工会领导不健全，有关门主义的偏向，全厂400人中能参加工会的仅200人左右，入会限制过严。

讨论事项：

一、《人民晚报》登载《毛选》7月中出版一案，请追究消息来源案？

决议：由秘书室函询《人民晚报》消息来源，提会核议。俟后凡有关出版发行消息均统一由会本部发表，由黄洛峰、华应申两同志担任发言人，各单位不得自由发表未经批准消息。

二、工厂应如何严密管理，以提高生产加强节约案？

意见：1. 王子野同志：工厂问题归纳起来有6点：（1）如何管理工厂问题，（2）工资标准问题，（3）工作效率问题，（4）材料使用问题，（5）报废问题，（6）成本核算问题。

2. 华应申同志：目前本厂工价比外厂要高20%，根据本厂目前的各种生产条件与具体困难，工价虽高，还是合理的，但将来必须向标准价看齐。在工作中如装订的按件计酬，只要管理得严密，这种办法是很好的，它能够适当的提高生产量。另外管理工厂最要紧的还是节省材料问题，材料若管理不好，生产成本是无法减低的，但节省材料不能损害质量，这一点是要特别强调的。总之管理工厂，主要的是改进工厂的有机构成。同时组织技术委员会来专门研究技术与工厂管理问题，也是很迫切需要的。

3. 黄洛峰同志：除上述各项外，厂里面还要严格加强保卫工作，提高警惕性，以防不虞。加强工会工作，发动群众来共同维护。工厂管理，不但要消极方面尽量节约，尤其要紧的还是提高劳动强度，改善技术，一切环绕着加紧生产这个中心任务。

决议：根据本会今天讨论的精神和意见，由周永生同志传达到厂里。交由各部门详为汇报商讨，拟具具体实施方案，做成书面计划，提交本会第十八次会议讨论。

三、下次会议讨论中心为何，请予确定案？

决议：下次本会讨论中心为发行工作问题，由两店于本周末提出各项应行商讨事项，汇交秘书室拟列下次会议程序。

四、新中国书局应交联合出版社股款问题如何解决案？

决议：先由黄洛峰同志与新中国书局会外个别商讨设法解决，如届时仍无办法缴齐，则由本会另代筹措。

五、铜版纸如何购置，请公决案？

决议：由新华印刷厂拟具铜版纸购置预算，呈会核办。

六、本厂印刷工价如何核定案？

决议：由于本厂之各项生产困难，目前印刷工价可较一般市价高 20%，但应逐渐设法改进，必须向市场自然价格看齐。

七、基本书目应否拟行，请公决案？

决议：由本会出版处拟定基本书目送陈上级核办，通告实行。

八、新中国书局编辑部工作应如何配合整个工作，请公决案？

决议：由新中国书局将所拟编辑计划抄送二份交会，以一份存会，一份转送中宣部，期能配合无间。

九、保定、邯郸两印刷厂，河北省委又来公函要求拨归管理，应如何办理请公决案？

决议：仍按上次会议议决案办理。

出版委员会第十七次会议记录※

（1949年6月27日）

地　点：本会第203室

出席者：黄洛峰　华应申　王子野　史育才　欧建新

列席者：周永生　史修德　刘　麟　邹　雅　薛迪畅　王　钊　陈正为
万国钧　许崇智

主　席：黄洛峰

报告事项：

一、检查上次会议决议案执行结果：

（一）前次追询《人民晚报》事尚未得复，又发现《解放报》登载廉价售书消息，一并再由秘书室去函查询。

（二）严密管理工厂工作，已由周永生同志传达，在第十八次会提出具体方案。

（三）小人书的计划还没搞出。

二、报告事项：

（一）华应申同志：纸张存量不多，联合出版社应缴之数，得催天津提货快运。

关于《出版通讯》需要太切，希望早日筹备出版。

（二）史修德同志：最近由上海、香港来的各种外版书，需要审查一下。

（三）史育才同志：小学课本的纸版没有搞齐，很成问题。

（四）华应申同志：小学教科书，编审会还有20本未发，高小还有6本

※　此为节录。

未发，所发来的稿子，插图很多，画图来不及，所以稍延迟了发排时间。

（五）薛迪畅同志：今天关于小教本，主要是纸型的问题，不是印的问题；纸的问题，各家已纷纷起运，即可照交。

（六）王子野同志：毛主席照片标准样子已画好一个底子，不久即可拿来。邯郸厂暂难交出。区党委目前没款，划帐也不能解决问题。

察哈尔教科书供应现尚未作最后决定。

《新儿女英雄传》人民日报社已准备出版，周扬同志要我们决定如何办。我认为报社搞出版是跟我们有冲突的，我的意思，不由报社出版。

（七）史修德同志：热河教科书问题——在总分店会议上也得解决。

（八）欧建新同志：关于报告新中国人事及业务的情况：（从略）

（九）周永生同志：1. 上次黄洛峰同志与王钊同志到厂去开了一次会以后，正在搞生产计划。2. 曾召集老根据地来的同志开了一次会，举行了广泛的批评及自我批评。3. 工会曾开了一次会，检查了一下工作，认为作的不够，正准备生产计划及生产标准的具体办法。4. 关于工厂管理委员会的意见，已传达了。5. 关于登记的事情已分别办理。6. 关于防火设备，随时准备的很好。7. 因栈房的东西没有点好，保险手续还没有办。8. 印教科书的投标，我们参加了，我们投 31 斤 1 令印工，京华投 33 斤 1 令印工。

（十）邹雅同志：大众美术社正准备搞起来，请关照有关方面，尽量协助。

（十一）许崇智同志：油墨厂仓库现正打算与财政部的宿舍调换。

黄洛峰同志总结各同志报告，归纳为这三方面，一关于出版方面，二关于发行方面，三关于一般方面，下面即从这三方面来讨论。

讨论事项：

一、出版方面：

（一）出版处组织问题：

决议：将出版处组织重定为下列四科一室：

1. 编校科——整理来稿，决定版式用字、校对、付印（以徐律同志为科长）。

2. 出版科——制定出版计划，决定初再版及其印数，发出版消息，与各区联系，保管调配纸型，购买纸张（仍以朱希同志为科长）。

3. 印务科——专管印刷结算帐款，掌握用纸发货（以王仿子同志为科长）。

4. 美术科——美术设计、画绘图等（仍以邹雅同志为科长）。

5. 资料室

（二）关于发布消息问题：

决议：应由出版科主动的做，随时发布，加强推广。登广告应经常的做，出版科忙不及时，美术科帮助。

（三）《出版通讯》问题：

决议：原定人事外，增加朱希、张启亚两同志为编辑，该刊决定 7 月 15 日创刊。

（四）组织稿件问题：

决议：即由出版处拟定计划，邀请各方作家积极进行，另由本会函新华社等有关机关，请有计划的供给我们稿子。

（五）统一出版问题：

决议：函请周扬同志转知人民日报社《新儿女英雄传》即由我处出版，同时函新华社表明各报连载文章，以后均交我处酌定出版。

（六）关于察哈尔教科书出版问题：

决议：由史育才同志负责与察哈尔来人商定。

（七）结付三年发表费问题：

决议：由出版科清理已出版的各书，开列详单，分付发表费。发表费每千字 10 斤到 25 斤小米，过多者可分期付与，同时由出版科拟定三年版权契约，付款时分别签订契约。

（八）赠送作者书籍问题：

决议：凡本会出版书籍，初版赠与作者 10 本，再版赠与 5 本，多人合著者每人赠 2 本。

（九）赠送文代会图书问题：

决议：赠送文代会“人民文艺丛书”两套，加盖赠阅纪念章（由美术科设计）。

（十）关于教科书的出版问题：

决议：未发稿件函请编审会在7月10日前发稿，插图要在收稿后10天内搞齐，插图制作由美术科动员突击，务在7月20日以前办好付排。

（十一）关于初小各年级用书问题：

决议：前经教育部决定，印行一、二、四、六、八册，现市教育局既要一、三、五、七，应如何决定，由史育才同志起稿，函请教育部决定。

二、发行方面：

（一）乡间教本的定价问题：

决议：原则争取实物保本，定价若干由总店自行决定。

（二）华北联合出版社经营原则问题：

决议：华北联合出版社出版教科书以不贴本为原则，合法利润，究应若干，另行请示办理。

（三）北平分店人员问题：

决议：由总店与分店商定精简，编余人员设法送出学习。

（四）北平分店房子问题：

决议：（1）平分店精简后，以不另租屋为原则。（2）房子暂租一个月，俟该项房产问题发展结果，又决定是否续租。

（五）北平分店借书问题：

决议：照前本会所决原则，撤销借书部，所有图书捐送北平图书馆，由该馆接办借阅业务。

三、一般方面：

（一）新中国出版《出版简报》是否刊行问题：

决议：仍照该店计划刊行。

（二）下次会议讨论重心：

决议：下次会议（1）讨论上次会保留的“公营和私营出版业的领导和分工问题”，（2）门市工作问题。

出版委员会第十八次会议记录※

（1949年7月12日）

地　点：本会203室

出席者：黄洛峰　王子野　史育才　欧建新　华应申

列席者：周永生　史修德　万国钧　薛迪畅　王　钊

主　席：黄洛峰

报告事项

一、检查上次会议决议案执行结果（略）

二、主席报告

1. 中央宣传部在检查本会工作后，对本会工作之批评是：过去的工作，只是消极应付，并未能主动地积极开展工作，今后应切实注意争取主动。

2. 本会推广工作已有专人负责着手办理，但据一般反应，尚做得不够，如电影院幻灯广告还没有做，报纸广告也登得不够多，今后应注意加强。

3.《争取持久和平与人民民主报》自第36期起，即出中文版，准备在华北每期印3万，东北每期印2万，上海印5万，本会所属各单位，务须负责推销。

4. 训练班第一期已于7月10日结业，学员分配决定南下调华中新华书店者11人，回原单位者21人，留会本部者15人，调北平新华印刷厂者3人，调北平联合出版社者2人。

5. 本会秘书室副主任刘麟同志，因病请求返津修［休］养，离职期间，按留职停薪办法办理，已准如所请。其职务暂派程浩飞同志兼代。

6. 本会现用房屋，已由中央决定须交还联合政府司法部，即须迁让，但

※　此为节录。

新的房屋截至本日止迄未觅妥，尚在积极寻觅中。

7. 本会在联合政府成立后，将改为国家出版局，初步组织拟设三处三室，配备总人数预计为350人。

8. 中央宣传部全国出版工作会议决定最近召开。中心任务为：（1）了解各区出版发行情况。（2）总结经验。（3）决定具体计划将全国出版事业统一集中起来。本会工作应开始照顾到全国范围，同时应担负起中央宣传部全国出版工作会议的一切筹备工作。

9. 新中国书局暂不考虑合并。仍以私营姿态，独立经营为原则。惟为避免与新华书店重复计，发行据点，规定为哈尔滨、沈阳、大连、北平、天津、开封、济南、香港、上海、西安、汉口、广州、长沙、重庆等14处大城市，造货地区为香港、上海、北平，以北平为中心。

10. 在6月底，本会向中央宣传部做了综合报告，关于本会自成立以来的出版物统计、人事统计及沪宁分会接管工作统计等数字，摘要报告于下：

（1）出版物统计——自2月20日至6月25日共发排发印书籍123种，杂志7种，合计130种。已出版77种，内初版41种，排字216.6万，用华北新华书店原纸型再版36种，以上共印138.6万册（子野同志补充：天津出版122种，邯郸、保定、石家庄出版90种，天津印出200余万册，邯郸、保定、石家庄印出400余万册），连子野同志补充报告在内，共出版289种，排字2000余万字，印出700余万册。

（2）人事统计——北平新华、新中国、印刷厂、油墨厂及会本部在5月底，共有工作人员689人，再加上天津、保定、邯郸、张家口、石家庄等地职工1099名，共计1788名，至6月底止，本会职工共计650人。

（3）沪宁分会接管工作统计——先后接管17个单位计：书店有正中书局、中国文化服务社、拔提书店、东方书店、建国书店等5家；出版社有胜利、独立、时与潮、国民、铁风、天文台、建军、财政评论等8家；印刷厂有时代印刷厂、中国印书馆、中美日报及印刷所（军管）等3家。

三、周永生同志报告：

1. 7月10日举行本厂第一次职工代表大会，出席代表40人，并有科长、股长等各部门负责人员20人列席，由厂长及工务主任主持，大会内容有：

（1）工作报告与检讨。（2）商讨决定评定工资办法。（3）商讨合作社的充实与职工福利问题。（4）通过工厂规则。（5）关于生产计划总任务（每月印纸3000令，排出400万至450万字，作初步报告，未作讨论，决定小组研究，再为送请本会批准。大会为经常性质，准备每月召开一次。

2. 仓库现已堆满，并已侵占了排字房和机器房，再有纸来，就将无处可放。材料管理已有明确分工，惟因个别管理人员尚存在不安于工作的问题，需要设法解决。

四、华应申同志报告：

1.《争取持久和平与人民民主报》的推广工作已在着手。

2. 教科书的排印，已与印厂联系，务必做到，即到即排即送，但印厂工作上，尚有若干困难待克服。目前估计，小学教科书，乡间可以赶上，城市可能要稍稍延迟，中学教科书则更要落后一步。

3.《中国通史简编》勘误表已送来，可以再版。

4. 本月2日至8日，初版书及重版书，共出6种。

五、史育才同志报告：

1. 教科书保定可在7月15日完成，邯郸可在7月25日完成，石家庄已在7月初完成。目前主要为纸型供应问题，相当严重。

2. 课本定价，决定采取基本定价办法，一开始为60倍。

3. 保定在6月底做了决算，已交与河北省委，共存片艳纸500令，另若干存货。邯郸及石家庄拟暂采局部紧缩办法，开始精简。

4. 分店会议已定7月25日召开，除直辖分店外，还要各区党委管理的书店负责人前来参加。

六、史修德同志报告：

1. 房子到现在尚未解决，书也不能发，住也不能住，有十多箱书还没打开。三门市的房子也成了问题，也在到处找房子。

2. 向外做推广工作，因内部人事上尚有若干困难，需要克服，故尚未开始。

3. 目前中心工作在注意教育工作人员对读者态度问题。

4. 工作尽是被动，领导上对发货情况了解不够，由于货币比率变动，东北来货，平均要亏蚀2/5，东北货究竟进不进成了一个问题。

七、薛迪畅同志（华北联合出版社）报告：

1. 股款：报纸总额9080令，折实90800单位。已收数目，报纸2900令，折实23000单位，尚可续收报纸1000令左右。

2. 发印课本册数：初小国语（一）5万册，（二）、（四）、（六）、（八）各3万册，算术（四）、（六）、（八）各3万册，高小自然（一）3万册，（三）2.5万册，共31.5万册。

3. 发行办法：初步决定平津两市凭证购书，分配交社员书店发售，各店发行数目，照社员店投资数目为比例。察哈尔归新华中华合办，雁北交新华负责，绥远、热河、山东归社负责。

4. 折扣及结帐期：平津照八五折结算，各店售予各学校照九五折，每五天结帐，外县运费归社负担，折扣只可七五折，结帐期间十天至一个月。

5. 已有课本纸型计初小国语（一）、（二）、（四）、（六）、（八），算术（四）、（六）、（八），高小自然（一）、（三）等10种，尚缺初小算术（一）、（二），高小国语全部，自然（二）、（四），地理历史全部。

八、欧建新同志书面报告：

新中国书局7月3日至7月9日工作汇报摘要

1. 副总经理沈静芷来平，8日晚由临时管理委员会主席黄洛峰主持召开第六次临管会，商讨今后本局整个业务方针、发行据点布置，及总处机构、人事等调整事项（会议记录已另行报会）。

2. 东北区长春、佳木斯、齐齐哈尔三分局决于“七一”至“七七”廉价后即行结束，石家庄、徐州两分局亦准备结束。

3. 业务简报定7月份起创刊。

4. 登记工作，先学习《思想意识是怎样形成的》一文件，已研讨完毕，本月10日开始写自传和填表，并规定于15日填写完毕。

讨论事项

一、关于东北进货问题，先做调查统计工作，凡关内已出、待出各书，通知东北不必再发，其余应进之货，亦须切实掌握实销数字酌量添进，既进之货，售价务必与关内出书一致。至于亏本问题，为了照顾全面及长远的利益，暂时可不必考虑案？

决议：通过。

二、关内书价，应如何调整案？

决议：自7月16日起，一律提高40%，新中国本版书，按80倍发售；本会出版各书按65倍发售。《论人民民主专政》售价不变。

三、商务、中华、世界等应缴的白报纸，原定自港运来，大东原定自沪运来，但至今均未运到。倘不能运来，则：1. 缴不足股款，应如何处理；2. 白报纸不敷应用，可否用片艳纸代替案？

决议：1. 尽量催索。

2. 倘白报纸不敷应用，中学教科书，有图者可用本厂白报纸代替，无图者用片艳纸代替，小学教科书概用本厂白报纸代替。

四、上次会议精神，应尽量反映至两个单位（新华、新中国）的分店会议上去。如何将具体内容传达至各分店，由史育才、史修德、薛迪畅、欧建新四同志会同商谈决定案？

决议：通过。

五、教科书的发行，必须照顾到四面八方的原则，予私营出版业以条件许可范围内的各种便利。如大城市可让商务、中华等多发行，中小城市，他们有据点的，采用平分办法；他们无据点，我们发行。联合出版社应本此精神，具体执行案？

决议：通过。

六、教科书的纸型供应，须加以突击，争取时间迅速完成。责成出版处与印刷厂负责办理案？

决议：通过。

七、全国出版工作会议的召开，应如何着手筹备案？

决议：先就下列问题，初步交换意见如下：

1. 召集会议的目的。

（1）总结出版发行工作经验。

（2）了解过去、当前工作情况。

（3）决定今后出版发行工作的方针和政策。

2. 参加单位及名额：

（1）各中央局及中央分局一级的新华书店各派代表4人（内有宣传部代表1人，经理、编辑及了解出版发行、印刷情况之主要干部各1人）。

（2）省委一级及未统一到中央局一级的区党委新华书店，各派代表2人（经理及编辑）。

（3）沪宁分会派代表5人。

（4）本会各委员。

（5）教科书编审委员会党组。

（6）列席者：新中国3人；读者、知识各1人；会本部各处室科，视需要临时指定列席之。

（以上约65人左右。每一战略单位，均须组成代表团。）

3. 需要各单位准备的材料：

（1）历年出版物统计（1949年7月以前者务要完全）。

（2）分支店分布概况。

（3）当地私营出版业概况（包括店面、负责人、资本来源、政治背景、分支店职工人数等等）。

（4）印厂设备概况。

（5）分店一级以上干部简历。

（6）职工统计。

（7）各种成文规章则例。

（8）全套出版物样本（每种三份）。

（9）毛主席著作历年出版发行统计。

（10）各店简史。

（11）典型经验总结。

（12）企业化经营总结。

（13）教科书出版发行总结。

（14）各单位最近工作总结。

4. 主要议事日程：

甲、报告事项：

（1）中宣部报告。

（2）政治报告。

（3）出版委员会工作总结报告。

（4）全国出版事业概况报告。

（5）各战略单位（中央局级）工作总结报告。

乙、讨论事项：

（1）全国出版工作的统一与分工问题。

（2）全国发行工作的统一与分布问题。

（3）整个出版、发行工作的组织机构问题。

（4）对私营出版业的团结与领导问题。

（5）企业化问题。

（6）干部的教育与培养问题。

（7）地方性的出版物问题。

（8）版税稿费问题。

（9）出版法草案问题。

丙、临时动议。

5. 会议召开的时间、地点及会期：

（1）报到日期　　9 月 12 日。

（2）开幕日期　　9 月 15 日。

（3）报到地点　　北平出版委员会。

（4）会　　期　　预计 15 天。

（以上另行缮送中宣部，由部核定召集，召集通知上应将需要各单位准备的材料要点先行提明，表格另寄。）

6. 组织筹委会，负责处理各项具体筹备工作：

（1）请中宣部决定筹委会名额。

（2）本会推定黄洛峰、华应申、王子野、王钊、陈正为、孙清泉、程浩飞等七人，请中宣部核定。

7. 大会预算，即由筹委会制就送请中宣部批准。

出版委员会第十九次会议记录※

（1949年7月18日）

地　点：本会202室

出席者：黄洛峰　王子野　华应申　史育才　欧建新

列席者：王　钊　李力行　程浩飞

主　席：黄洛峰

报告事项

一、检查上次会议决议案执行结果（略）

二、史育才同志报告：

1. 联合出版社新选董事13家，属于我们所掌握的有7家。常务董事有新中国、开明、商务、中华4家当选。在董事会议中，对于发行和定价两个问题争论很久，最后决议：发行数字按资金比例分配，折扣则大城市定为八二折，远地城市及省区定为七二折，发售折扣则提高为九八折。另外关于成本计算，拟占定价的一半，但尚未作最后决定。

2. 新华书店北平分店（第一门市部）最近营业结算结果，由于东北币值不断提高，有亏本的情形，如何处理，请核示。

三、王子野同志报告：

1. 李达的《新社会学大纲》，华北新华书店已印了一版，最近新中国书局希望收回。我的意见是可以让新中国书局收回，新华不再重版。

2.《新儿女英雄传》接洽出版事，我们已向华北局宣传部请示，尚无结果。人民日报社王友唐又来言准备自己出版。

※　此为节录。

3. 外侨事务处有几本关于外交方面的译稿，如“外交”一条即系从《外交大辞典》中译出，每条字数不多，内容无问题，可以交印，稿费标准尚未决定。

4. 文代会美术组艺展木刻集出版事，最好能通过有关方面请他们先交本会考虑。

5. 关于稿费版税支付标准，前已制订办法草案，亟盼最近用书面报告中央批准后执行。

6. 华北大学最近为授课需要，翻印了几本书籍，他们已声明不在校外发售。应如何处理，请本会决定。

7.“人民文艺丛书”内已发现错字颇多。

四、李力行同志报告（略）

决议事项

一、联合出版社在董事会商定的发行数量、分配及折扣办法，予以同意。

二、北平分店的亏损问题，由总店统筹办理，并须积极研究业务改进的有效办法，坚决执行。但总店对于同业间往来帐款问题，须按照既定办法赶速处理。今后总店必须充分掌握各分店的经济情况，关于流动金的周转，再生产的运用，以及工作人员精简等均须定出统一办法，切实执行。

三、《新社会学大纲》共印 5000 本，应由总店送李达样本及版税（版税待整个办法决定后再送）。今后不再重版，纸型存会。

四、从去年 7 月 1 日起，所有华北各店翻印民主人士之译著，需付版税者由总店作一详细调查，将书名、定价、印数、印期等各栏列表送会审核后，关于版税如何支付的问题，再全盘解决。

五、《新儿女英雄传》需否本会出版，听由华北局宣传部决定办理。但今后关于出版方面的分工，拟请求中宣部通告各党报、各出版机构，凡各地新华书店，机构健全，有足够力量可以做出版工作时，希望报社不再做书店的出版工作，以免重复。

六、华北大学为供给校内学生需要而翻印少量书籍事，可以允许通融办理。惟须函请该校保证除供给校内学生应用外，绝对不在校外发售。同时，在翻印前，必须将书名及印数函告本会，印好后，并希备样本三本送会备查。

七、新华印刷厂增加装订工人问题（略）。

八、会本部决定成立工作会议，以各科科长以上负责同志组成之。会议内容包括传达本会重要决议，反映各科工作情况，及讨论各科各处在工作上待决的重要问题等（各科科务会议，照常举行）。

九、本会增设材料科，专司收发及保管各种应用材料。组织系统上隶属于厂务处。派邢显廷同志任科长。北平新华印刷材料行今后亦归材料科领导。

十、在目前，书店发行工作及门市工作，尚存在若干缺点，各方面反映意见颇多，今后亟应积极设法改善。本会先就出席各人提供参考意见如下：

王子野同志：

1. 应该采取积极有效的办法，认清发行工作的主要方向，抓住中心，解决大问题。

2. 不论人家反映意见是否完全正确，首先应该虚心检查自己，坦白承认错误，研究错误发生的根源，彻底改正。只有在本身工作做好后，再做必要的解释。此次分店会议，关于工作作风与工作态度，应为主要议题之一。

3. 领导上的意见，务求取得一致，要能真正贯彻会议的精神，积极执行。

建新同志：私营书店对我们提出指摘的意见，可能有其他的作用，我们不能不加以注意。

主席：我们不能强调人家的意图如何。否则容易掩盖本身缺点或错误，减轻我们检查缺点，改正错误的工作。

子野同志：即使人家提意见有其他作用，但主要还在于自己能够不断检查缺点，改正错误。

王钊同志：改善门市工作，应加强教育。

1. 定期召开门市工作人员会议，就对读者态度及工作作风等问题，作专题讲演以进行教育。

2. 定出奖惩办法（特别是门市部），严格执行。

3. 加强日常的工作生活检讨。

4. 经常举行业务测验。

力行同志：

1. 我们现在所听到的，还只是一部分上层的反映，读者的意见一定更多。书店服务对象，大多数是进步知识分子，对我们的要求很高，可能不了解我们的具体情况和实际困难，但应该承认他们反映的意见，都是善意的。

2. 一般门市工作人员，大都热情有余而耐心不足。业务水平和文化水平亦较差，今后须从注意提高技术水平，发扬服务精神，研究城市工作，学习待人接物等方面入手。

育才同志：发行工作及门市工作不断发生错误的根源是：

1. 领导上未能了解具体情况，掌握重点，犯了官僚主义的错误，而官僚主义的产生，是过去游击作风的残余，处理问题不科学，没有系统，责任不明确。

2. 门市工作对读者发生直接关系，过去曾进行过一次专门教育，但收效不大，主要原因是在会后未能定出制度，未能贯彻执行。

今后改正的意见是：

1. 工作作风问题，应在分店会议上详细检讨，作出决定，彻底改正。

2. 会本部对发行工作，应责成总店负责。

3. 门市工作，仍应作为一个中心问题加以研究，教育及执行。

力行同志：三店门市干部似应成立观摩小组，轮流至各店实习，借以学习各店门市工作的特点。

王钊同志：观摩小组应该成立，在观摩后，并应展开讨论，以便吸收经验，改正缺点。

主席：以上所提改进发行工作和门市工作的意见，都很好，都要尽量传达到两单位分店会议上去。其中关于门市工作，包含的范围很广，如图书分类、陈列布置、开发票手续等，都需要研究改进。故不仅是对读者的态度问题。我们应该坦白承认自己的缺点，应该在思想上了解我们的书店是做生意的机构，是最直接为人民服务的，所以不仅门市工作，就是邮购、批发等工作，都应注意。这种精神，都应在分店会议上加以详细讨论。

出版委员会综合报告①

（1949年6月30日）

一、本会的建立

在接管平津前，中央宣传部派出祝志澄、华应申等同志到平参加接管工作，入城后，一面参加接管，一面部署出版工作。2月15日黄洛峰经东北到北平，即与祝等会商工作进行，2月16日周扬同志到平带来陆定一同志的信，决定成立出版委员会。指定黄洛峰、祝志澄、平杰三、王子野、华应申、史育才、欧建新等七人为委员，在中央未到平前，由华北局领导，当即在周扬同志领导下，筹备建立本会工作。2月23日借用大院胡同5号先行办公，3月28日移入司法部街75号正式办公。

二、出版工作

在自己工厂未开工前，曾组织平市公营及私营印厂10家为我们印书（现在一部分还继续保持关系）。由于分散印刷，各厂设备较差，与纸张零星收购，并不划一等原因，开始时出版物之印刷质量较差，近来已有改进。

自2月20日至6月25日共发排发印书籍123种，杂志7种，合计130种。

已出版77种，内初版41种，排字216.6万，制纸型137份，用华北新华书店之原纸型再版36种。以上共印138.6万册，用纸5742令。

在排印中者53种，共741.1万字，已排好约659万字，部分已付印，大部分在校对过程中。

① 原题下有“（1949年2月16日至6月30日）”，指作这段时间内的工作报告。

平均每月出版书籍 19 种。

在此时期由华北新华书店直接在天津、保定、石家庄、邯郸各厂排印出版之书籍，均未计入。

兹将这一时期内本会出版工作中的主要工作分述如下：

（一）天津方面排印之“中国人民文艺丛书”已出 52 种。

（二）解放社最近编定之一套关于政策之小册子，除《将革命进行到底》一种在校清样，《国际现势》一种尚未发稿外，其余 9 种，均已出齐。

（三）“干部必读”12 种，已发稿 11 种，《马恩列斯论中国》尚未发稿。此套丛书分为平装、精装两种。精装本合订 8 册：

第一册：《社会发展简史》、《政治经济学》两种。

第二册：《共产党宣言》、《社会主义从空想到科学的发展》两种。

第三册：《帝国主义论》、《国家与革命》、《左派幼稚病》、《论列宁主义基础》四种。

第四册：《苏联共产党历史简要读本》一种。

第五册：《列宁斯大林论社会主义建设》上部。

第六册：《列宁斯大林论社会主义建设》下部。

第七册：《马恩列斯论中国》一种，尚未发稿。

第八册：《马恩列斯思想方法论》一种。

前三册，共 8 种，已付印 7 种，第 8 种即可付印，7 月中可陆续出版。后 5 册，除《马恩列斯论中国》尚未发稿外，均已排齐，在校对中。

（四）《毛泽东选集》已排完 1200 面左右，并已经过三校，待校清样。字数约一百余万字。

（五）《政策汇编》约 40 万字，亦已完全排好并经过三校，即可付印。

（六）中央妇委编的小册子 13 种，约 50 万字，均已印出。

目前主要工作，除继续完成“干部必读”及《毛泽东选集》之出版外，为突击下学期中小学教科书之排印工作。

本会所定 3 月到 6 月的出版计划（包括中宣部拟定之《京、沪、武汉拟印书目》所列各书），已大部分完成。计划之外排印出版者 20 余种。又代中原新华书店加印书 24 种，计 13.3 万册。

（出版数字，详见附表一[①]）

三、编辑工作

本会迄未建立编辑部门，我们希望：

（一）本会需要建立编辑部，协助组织稿件，与审阅稿件，经常反映读者要求与书籍销售情况，处理外界自动投来稿件，校对主要书籍之清样，并主动做一部分编辑工作。

此外，一般稿件，在发稿之前希望整理妥善周到，本会对原稿负责。尽可能避免发稿以后的变动，唯其因为大家忙，更应该提倡一清二楚的发稿办法。

（二）新华社、马列学院、政策研究室、外事组……以及各部会现有编译力量，希望能组织起来。根据各单位本身的研究工作计划与编辑计划（如果有的话）拟定整个的出版计划，经常以稿件交本会出版。这个工作，不但是书店和读者的需要，也与上述各单位本身业务的需要是一致的。这样做了，必然有利于各单位本身工作的推进。

四、党务与人事

（一）人事概况：

根据5月底统计，工作人员共689人（只限于北平的5个单位：新华书店、新华印刷厂、新中国书局及会本部、油墨厂），其中正式党员82人，候补党员14人，团员15人，新招收人员318名，留用人员140人，原有非党员120人，较之4月底人数（388人）增加301人，其中主要是工厂工人的增加最多。依照5月底的统计，再加上保定、石家庄、邯郸、张家口、天津等地职工1099名（因人员调动频繁不太精确），本会及所属各单位共有职工1788名。截至6月底止会本部职工共计650人。总支包括：新华书店、新华

① “附表一”原件缺。

印刷厂、会本部、新中国与北平分店等四个支部党员共115人，正式99人，候补16人，青年团员15人。

总支的建立于6月23日正式经中直党委会城内分会批准，以黄洛峰、华应申、王钊、周永生、王成章、史育才为委员，并互推黄洛峰为书记，王钊为副书记兼组织委员，华应申为宣教委员。

（二）工作情况：

（1）5月上旬我们才建立了总支工作，并决定成立了4个临时支部，在这一时期我们的工作重点是放在检查党员入城后的思想状况并建立生活学习制度等。

（2）六七月份我们的工作重心放在审查新人员与留用人员的工作上，并配合其他工作如建团工作，健全组织生活与学习制度。目前正进行职工的审查工作，期间从6月16日开始到8月5日止。共分为准备动员、登记、写自传、谈话、小组讨论、总结等阶段。

（3）组织工作：现临时支部有3个已经过民主选举成立正式支部，各支部小组生活一般都健全，小组会每半月一次，支部大会也是半月一次（以加强支部大会的活动）。除已发展了一个新党员外，各支正筹建新青团①支部，会本部的团支部已正式建立，各支部对于新青团的文件学习、思想动员均已告一段落。

（4）学习问题——现各单位均组织了学委会，并采取了上班（到时上班）学习与上课学习等制度。普通学习分为甲、乙、丙、丁四级，目前正在学习政治经济学、党章教材、青年修养等。

党内学习（主要材料是《建设》），规定每支部每星期有1—2小时的学习，并规定在星期六的早晨采取集体讲读的方法。

（三）思想情况：

由于我们总支的党员与群众的条件不同（有来自老区的、有来自未解放地区的、有新招收人员、有留用的、有从书店来的及其他机关来的），故在各方面表现了不同的特点：

---

① 新青团，“新民主主义青年团”的简称。

（1）少数老区来的，一般感到自己文化低能力低的苦恼，加之领导上未及时开展教育工作，一般思想负担很重，例如在工厂内很多老解放区来的没当股长，仍由留用人员当着股长，就很不舒服等等。

（2）有小部分同志地位观念重，轻视劳动，不愿再参加实际劳动工作，常闹情绪，在群众中产生了不良影响。

（3）一部分在城市住久了的同志瞧不起土包子，说他们“土”，“时间观念差”，乡村来的同志看不起他们的“架子”，说他们形式主义等等。

（4）大部分新招收人员是知识青年，他们之中有的表现了很好的热情。留用人员有一部分则是唯命是从的雇佣思想，怕失业没饭吃。

（5）有少数人的生活，学到“城市化”，镶起金牙，甚而因待遇低而不安心工作，虽然并不严重，但也需注意。

总之入城后大部分同志表现了艰苦奋斗的作风，完成了各项工作。尤其是在工厂建厂与书店建店工作以及会本部之建立上，我们的党员是起了模范作用的。（党员名单见附件二①）

五、业务训练班

第一学期5月1日开学，由黄洛峰兼主任，华应申兼副主任，程浩飞任教务主任，邹雅任指导员。学员共53人，由新华书店及新中国书店在平、津、保、张、石、济各店抽调，均系在职干部，但7/10的学员为新招职员，参加书店工作仅两三个月，故教学方针着重在政治教育。

原定学习时期两个月，第二个月半脱离生产。因预定课程较多，原定时间不敷分配，后决定延长至10个星期（已定7月10日结业），同时取消第二个月半脱离生产的规定，全部学习期，都脱离生产。第一周至第五周以政治教育为主。课程有《形势和任务》、《中国革命与中国共产党》、《社会发展简史》、《新民主主义论》、毛主席《在延安文艺座谈会上的讲话》、《人生观》、《改造我们的学习》等。讲课者为艾思奇、何其芳、胡绳、王子野、吴敏、蒋

① “附件二”略。

齐生、马适安等。

第六周下半周开始，进行“改造我们的学习”，课程有《改造我们的学习》、《整顿学风、党风、文风》、《反对党八股》及1946年9月杨献珍同志在党校报告的《思想意识是怎样形成的》等四个文件，作为主要的研究阅读资料。先由讲师讲授要点，次由各学习小组展开讨论，然后由各小组就各学员的思想意识作深入研究。至第七周末，抽出四个学员的典型思想，在全体大会上讨论，最后由指导处邹雅同志作总结。这一学习共进行了10天，学员学习态度甚严肃，均能抱着“与人为善”及“治病救人”的态度来进行相互检查。少数学员，过去有过自以为不可告人的历史或是参加过三青团[①]犯过错误的，都能坦白地当众宣布并接受批评。这一学习，一般说是有收获的。

配合本会的建团工作，业训班在第五周开始，也进行了有关建团文件（如中央的建团团章、决议及任弼时同志的报告等）的学习。填写申请书请求入团的，到目前为止，达全班学员1/4以上。

第八、第九周进行业务学习及作各政治课的总结（由讲师出题，各学习小组讨论，各学员就个人的理解写出来，交讲师批阅）。第十周准备进行全体学员的思想及学习鉴定。业务的课程较多，除讲课外，没有充分的时间来讨论和消化是一大缺点。

本期结业以后，拟总结经验，计划第二期训练。第二期拟等房子调整、本会新会址确定后举办。仍拟采用轮训在职干部办法。本期结业学员，平津以外各店调来者仍拟分配回原工作单位工作，其余学员，拟由本会统一调派。

六、北平新华印刷厂

2月22日接管正中印刷厂，其后陆续将先接管之独立出版社印厂与军调时期《解放三日刊》所办之工合印刷社合并进去。4月初，华北新华书店印刷厂之一部分亦迁来北平，并入此厂。人员器材统一调度，定名为北平新华印刷厂。

---

① 三青团，“三民主义青年团”的简称。

原正中印刷厂在解放前曾被匪军破坏焚毁，我们接下了劫余部分。清除垃圾、平毁沟壕、修复水电、收集与整理散失的机器工具，历时一个多月，才初步告一段落。4 月 8 日局部开工，4 月 25 日正式开工。

现在该厂主要生产工具有：

铅　约 60 吨

全张印刷机　10 架（已修好开动 5 架）

对开（及 24 页）印刷机　27 架（已开动 10 架）

脚蹬机　5 架（全开动）

电动铸字机　12 架（全开动）

手摇铸字机　3 架（全开动）

切纸机　大、小 7 部（现用 4 部）

钉书机　5 部（修好开动 4 部）

烤版机　5 部（全能用）

浇版机　2 部（全能用）

镀版设备　1 套（下月初可以修好）

对开胶版印刷机　1 架（能用）

四开石印机　1 架（正改装为胶版机）

目前每天可排 15 万字，每月可排 400 万字。每天可印 80 令纸，每月可印 2000 令纸左右。

现有职工 416 人。

从 4 月 25 日到本月底，共印出书籍 34 种，共 54 万册。半成品未计算在内。

房屋修建方面，已修建长走廊一道，排字房一大间（约 50 方丈），材料库一间（约 10 方丈），伙房、车棚各 1 间，目前工场及职工宿舍仍感到非常拥挤。

该厂职工会已成立，开始时有些关门主义倾向，现已纠正过来。目前正在酝酿成立工厂管理委员会及进行评定技术工作。

保卫工厂工作已在厂内引起严重注意，日夜都有警戒哨岗（职工轮流担任）。防火工作亦有了准备，并经过演习。

七、经济概况

本会初建时，曾由华北局、新华书店借垫若干应急。其后，向华北政府财政部3次借到2469万元，又代中原局印书，由财政部垫借3627.225万元。为购买“干部必读”、《毛泽东文选》等纸张、材料，经华北局批准向人民银行借到人民币1亿元，以上三笔共计16071.7225万元，先后贷到款项，均已立即购入材料备用。并先后拨付会属印刷厂、油墨厂添置生产必需之材料设备等资金5000余万元。6月初因京沪书籍仍需本会大量供应，乃向人民银行洽商透支4000万元，作为周转之用。现在本会业务扩展，原有资金不敷用，请予以增拨，俾资周转（收支情况详〔见〕附件三）。[①]

八、南下工作团（出版委员会沪、宁分会）

4月25日本会调派徐伯昕、祝志澄、卢鸣谷、万启盈等24个同志，南下京沪参加接管工作，卢、万等同志留南京开办南京新华书店，于5月12日在中山东路170号开业，营业情况甚好，徐、祝等于28日随军进入上海开始接管工作，先后接管者有17个单位，计：

书店5家：正中书局，中国文化服务社，拔提书店、东方书店、建国书店。

出版社8家：胜利出版社、独立出版社、时与潮社、国民出版社、铁风出版社、天文台出版社、建军出版社、财政评论社。

印刷厂3家：时代印刷厂、中国印书馆，中美日报及印刷所（军管）。

住宅1所：正中书局经理吴秉常住宅。

一般接管过程尚称顺利，现正分别清理整顿并深入追查中。

京沪出版发行事务：（一）上海新华书店一门市、二门市已于6月5日同时开业，营业殊佳，每日营业额均在人民币50万元左右。惜货源不足，本会已先后装运京沪约2000包书籍（共计货价约9000万元）。

---

① “附件三”略。

一门市：设福州路679号，由朱晓光负责，由出委会领导。

二门市：设河南中路170号，由宋玉林负责，由华东新华书店领导。

（二）为组织报贩、书摊，市委决定成立人民书报供应社，受新华书店、解放日报共同领导。

（三）教科书供应问题已在计划进行，先由市政教育处、新闻出版社、出委会、华东新华书店四单位推选负责人共同研究一方案，拟照北平办法，组织公私营出版店家成立一个联合出版发行机构，负责进行。

黄洛峰

1949年6月30日

出版委员会工作报告※

主席团各位同志、各位代表同志：

今天我代表出版委员会做工作报告，准备分作几方面讲：一、出版委员会成立经过，二、7个月来的出版工作，三、我们的发行工作，四、干部问题，五、企业化问题。

在未向大家报告前，先简单说几句话：

我们的新华书店，开始是各战略区分别建立的，就因为那时是在抗日战争期间，在人民解放战争期间，或者是被日本帝国主义包围，或者是被蒋介石反动军队分割为若干小块，由于当时宣传、教育工作的需要，先后就在各区建立了新华书店。若干年来在抗日战争和解放战争中，各地都能完成了任务，对党的文化宣传工作尽了最大的努力，今天来北京开会，就是为了总结过去的经验，并布置今后的工作。

在这次会上，出版委员会的工作也应做一番总结，但这个总结还未经出版委员会讨论，稿子是经过几次断续写成的，仅经大家传阅一遍，如果在报告中发生错误或不妥当的地方，主要由我个人负责。

其次，出版委员会是一个新机构，我个人一向在国民党统治区做工作，关于解放区的一套办法，可以说是刚刚才学习，还是一个小学生，从担负起这工作到现在一直在摸索中，因此感到各方面都不够，都要向大家学习，希望在报告后，各位同志尽量提出意见，给予指示。

一、出版委员会成立经过

在1948年8月间，中央鉴于当时的形势和对以后局面开展的估计，就决

※　该报告为黄洛峰于1949年10月5日在新华书店出版工作会议第四次大会上所作。

定建立出版工作的全国性的统一集中的领导机构。北京解放前，中央宣传部陆续派出出版组的祝志澄、华应申等十几位同志参加北平的接管工作，同时部署出版书籍，供应新解放的城市。

二月中洛峰经东北到北平，中央决定成立出版委员会，首先统一领导平津及华北地区的党的出版工作，并指定黄洛峰、祝志澄、平杰三、王子野、华应申、史育才、欧建新等为委员（以后又加了徐伯昕同志），在中央还没有搬到北平以前，由华北局宣传部周扬同志领导。2月23日，我们就开始在大院胡同五号办公，3月28日迁入司法部街75号，这时中央搬来了，任务也一天一天的加重了。截至最近为要腾给司法部房子，9月21日又迁到东总布胡同10号。

由于干部不够，从开始筹备到现在，始终是在一面执行任务，一面建立机构的过程当中。

3月初，我曾到石家庄去向中央请示，当时中央的指示是：“出版工作需要统一集中，但是要在分散经营的基础上，在有利和可能的条件下，有计划的、有步骤的走向统一集中。”7个月来，我们一直就是秉承着这个指示，一步一步的向着统一集中的路上走。

本会的任务，是筹划统一集中的工作，照应了当时的情势：第一步我们立即开始集中出版工作，首先把华北新华书店的出版工作，集中本会掌握。同时决定所出版的书籍，属于文件性的东西和理论读物如“干部必读”等，用解放社的名义；其他用新华书店的名义。

为了适应具体的工作条件，本会的组织暂时分为出版、厂务两处，秘书、会计两室，处室以下各科的组织，随着工作的展开陆续增设。到目前为止，出版处下设出版、编校、印务（兼代推广）、杂志、美术5科和资料室；秘书室下设人事、文书、总务3科；厂务处尚未正式建立好，只有一个材料科；会计室尚未明确建立分工系统。

书籍出版后统由华北新华书店总发行。为了统一平、津的发行工作，把平、津原来的东北与华北两个系统的门市部，在6月间合并为华北新华书店北平分店和天津分店。

本会成立以来，每周要举行常会一次，一般都能如期召开，到8月底止，已开过常会23次，谈话会3次，讨论决议事项共200余件。每次常会，都检查上次决议执行的情形，树立了集体领导的制度。

到8月底止，会本部职工为87人，直属的北平新华印刷厂职工为406人（另按件计酬女工76人）。华北新华书店总店及8个分店、3个工厂全部职工918人，北平新华油墨厂职工共17人，以上为本会所直接管理的职工，合计1428人。

出版委员会不仅是进行出版业务的一个企业部门，更重要的它还是我党的出版工作的领导机关。但是由于种种条件的限制和主观力量的薄弱，只做到通过业务、通过出版物来发挥它的领导作用，这是大大的不够的。我们对各战略区的新华书店的帮助，对各私营出版业的团结指导工作，是做得太少了，甚至联系都太不够了。有许多应该准备起来或应该马上着手的事情都没有做，这就是没有尽到我们应有的责任。我们希望在这次会上，能够进行一次很好的检讨，让我们能够在今后把工作进行得更好些。

二、七个月来的出版工作

（一）统一出版先从统一版本开始

1. 出版工作的一篇总帐

前面已经说过，我们要统一出版工作。那末，我们怎样开步走呢？我们觉得各地的版本是太混乱了，例如《毛泽东选集》，就有好几种版本，每种版本各不相同，由于这种情况，要统一出版，首先而且顶顶重要的，就是统一版本。7个月来的两次出版计划，就是向着这条路走的。

我们的任务重点，首先是出版文件、政策和干部读物，其次是教科书，统一版本，也就从这几类东西开始。中宣部的党内教育组和编审组，一直就为重新审定各种文件政策和干部读物而努力着。

统计从2月到8月底止，我们在平、津两地重排新排的书刊，可以分为12大类，255种（有的是合几册为一种）共305册，其中已出版的209册，完成排校工作打好纸型，交华北联合出版社和华北新华书店付印的26册，正在排版校对装订中的70册。

255种305册书刊（习惯上305册我们总是说305种），除用纸型再版者外，共排20841500字，用掉的纸张是24665令，已经打出的纸型是783副。总共印装成4687983本书。（详见附表）

出版物分类统计报告表（1949年2月23日至8月31日止）

类别	种数	册数	排字数	用纸令数	纸型副数	印装本数
（一）毛主席著作、我党其他领袖著作	21	21	1249400	2281	32	770000
（二）党的文献、政策	28	28	1299700	2586	81	704000
（三）干部必读	11	14	2097000	6722	97	630000
（四）马列主义古典著作	23	28	2528600	1070	32	155000
（五）哲学、社会科学及各科研究提纲	21	23	1646000	542	3	86000
（六）历史、史料、传记	15	15	1400200	1325	32	138000
（七）国际问题、各国情况	9	9	282000	286	4	70000
（八）妇女读物	15	15	479000	691	14	280000
（九）文艺理论、创作、翻译	68	70	5960000	4048	183	838683
（十）教科书、教科参考书、教材	35	66	2514600	4312	273	766000
（十一）期刊	4	11	875000	738	29	225300
（十二）其他	5	5	511000	64	3	25000
合计	255	305	20841500[①]	24665	783	4687983

上面所说的总帐，只是全部出版工作的一个概括。下面我们想把出版方面的另外几个重点和几个问题再说一说。

① 原文数据不准。下文中出现的类似问题，不再加注。

2.“干部必读”的出版

为什么要出“干部必读”呢？因为各地出版的干部读物很多，有些过时了，有些需要重新审订，非得重新整理一套干部读物不可，因此中央决定重新编审一套干部读物，叫做“干部必读”，目前先出第1辑，共12种，出版委员会成立后，我们的第一个任务是出版“干部必读”。这一套书，现在已出版了11种（还有1种未出），各方面的需要量很大，由于印刷条件的限制，纸张缺乏等等原因，已呈供不应求之势。

因为人力不足，这套书的校对工作，还不能令我们满意。尤其《政治经济学》错讹很多，更感到不安，这套书出版后，一般的反映是定价太高。现在正在研究如何减低成本。

3. 重排《毛泽东选集》

《毛选》是中国党[①]的一部最重要的文献，也可以说是自1840年鸦片战争起到现在109年以来的中国人民解放斗争的一大篇总结。毛主席的这部伟大著作，经过《毛选》编委会的重新编选，交给我们重新排版，我们认为是一种光荣的政治任务。

《毛选》新版在5月6日发稿，6月初排完，6月中旬我们校完了3校，现在编委会也已校对完毕，全部校样，正送呈毛主席亲自校阅中，业经毛主席亲自校阅改正后第二次送校的约有500面，占全书的三分之一。为印好《毛选》，我们又改革了校对制度，树立了新的校对办法。

《毛选》新版，不同于过去的各种版本的，有三个特点：（1）新版是按照中国革命战争的各个不同的时期，以时期为经，以文章为纬编选的；（2）《毛选》编委会，在许多需要加以注释的地方，加上了注释；（3）编委会在卷首有一篇编印新版的说明，这篇说明是一篇很重要的文章，对学习党史学习毛泽东思想都会有极大的帮助的。

校阅工作很快就要完成了，我们所最耽心的是恐怕不能很快的印好装成；更耽心的是由于印刷条件的不够，恐怕在印制上，赶不上东北版。为了这些，当4月24日北平新华印刷厂举行开工典礼的时候，我们就曾号召全厂为印好

① 即中国共产党。下同。

《毛选》而努力。开始发排的时候，我们也曾动员了整个出版部门的同志们，为迎接这个光荣的政治任务而努力。我们希望在大家的督促鼓励之下，能够让我们很好的完成这个任务。

4. 教科书

在统一版本工作中，又一个重心工作是教科书。

在老区，教科书一向是由各个地区自行编印的，正因为是分区编印，不仅教材不一致，课程标准也不一致。现在，各个解放区早已由分割状态连成一大片，革命已经取得了基本胜利，统一的课程标准，特别是统一的教科书的需要，就更加迫切起来了。

记得去年在香港的时候，我们就曾打电报向中央请示过，今后的教科书是否统一编印？当时中央的回电是：已经决定统一编印，同时并要邀约有经验的人到解放区来进行这一工作。3 月间我们到中央去的时候，也曾接触到这个问题，结论还是同从前的一样。恰巧这时叶圣陶先生他们已经到了烟台，对于编印教科书的计划，就有了可以实行的条件。接着就成立了教科书编审委员会，经过与他们商量决定华北区的春季教科书，老区完全由华北总店和各区党委分店自行解决，新区如平、津等地基本上用华北新华书店所出的那一套，再辅以旁的分店所出的，这样把上学期勉强应付过去了。至于下学期的呢，教科书编审委员会决定或则就各种的版本加以修订或则重新编纂，几个月来，由于教科书编审委员会诸位同志的努力总算把本学期的教科书解决了。

教科书的编排工作，截至 8 月底止，出版了小学教科书 7 种 29 册，中学教科书 9 种 16 册，还在排印中的中学教科书 11 种，其中有一部分现在业已出版，最近又发排大学国文 1 种，师范教材 4 种。

小学教科书，老区的由华北总店和各区党委区域的新华书店解决。新区，特别是平、津两大城市统由北平供应。总计北平新华书店在保定、邯郸、石家庄三厂共印了 5305833 册，北平由出版委员会印出 10 万册，由华北联合出版社印出 1685000 册。合计共印了小学教科书 7090833 册。联合出版社负责平津两市及附近地区的供应。

中学教科书，由华北新华书店在保、石、邯三地印出 343855 册，由出版委员会在平、津两地印出 600000 册，由华北联合出版社印出 277000 册，合计 1220855 册。除一部分高初中国文课本和政治课本外，其余全由华北联合出版社发行。

教科书的出版工作，1949 年 1 月至 8 月总共印了小学教科书 83 种（各地所印累计数），计 7090833 本。中学教科书 50 种（各地所印累计数，计 1220855 本，两项共印制了 8311688 本。

本学期的小学教科书，华北一部分地区由当地自行印制老早解决了问题，须由我们供应者，大体上已能及时与充分供应，比起历年的情形，可以说有了某些改进。虽然中学教科书，因时间关系和教科书编审委员会人力不够的关系，没有能编出全套教科书及时出版，但这学期修订和编出的已近 30 种之多，这是我们应该在此地特别提出报告的，也是我们应该向教科书编委会诸位同志特别致以慰劳的。

（二）出版发行工作的新形式——联合出版社

现在有两个联合出版社，一个是华北联合出版社，一个是上海联合出版社。这两个出版社在全国说起来，是一种出版发行工作的新形式。

为什么要有这样的新形式呢？依照中央的政策，我们要实行“公私兼顾”，那么我们首先就要想办法团结和领导全国私营出版事业。我们从什么地方去联合他们，和他们搞统一战线呢？我以为如果单靠政治上去团结他们，成立一个出版工作者协会或者每月搞一次座谈会，是不够的；主要还得把他们从经济上结合起来，就是搞联合出版社。

联合出版社的存在与出现，是有一定条件的。什么条件呢？就是一定要基于两利的条件，假使只是一利——我们有利或者只是私营出版业有利都搞不起来的。我们这个联合出版社能够搞起来，一方面是我们需要它，同时他们也需要它，就在这样两者都需要的条件下搞起来了。不过我们搞联合出版社还有另外一些目的，例如：在新解放区——北平、天津、上海这些大城市中的私营出版业，过去很多不是为广大人民大众服务的，这些城市解放，他们就陷于一种萧条情况。我们是“门庭若市”，他们则是“门可罗雀”（自然，这种萧条我们可以肯定说是为时甚暂的）；因此，私营出版业的许多人就哇啦哇啦叫起来说：“我们没有饭吃，没有事作怎么办？”我们的政治任务，是要团结他们，领导他们，那么我们就要给他们一个路子走一走，这个路子是什么路呢？就是让他们有生意可作。这也是搞联合出版社的原因之一。

其次，我们进入北平以后，在工厂中控制的物资很少，拿到一个厂子，差不多都是一些破破烂烂的东西，拿到的纸头不到2000令，能解决什么问题呢？而当时教科书的任务既迫切又沉重，为了完成这个任务，我们也需要团结动员他们共同来解决困难。所以我们在北平首先就搞起联合出版社，在上海也搞起来了。关于这两个联合出版社的情形，有许多同志对于这个新形式，还有一些不同的意见与看法，那么我就对这个问题多罗嗦几句吧。

首先，我要报告华北联合出版社（以下简称北联社）。

北联社组织的时候，我们先发动了思想酝酿，记得在五六月间搞过三次座谈会，经过三次座谈会，就把北联社的组织确定下来了，最初以参加第三次座谈会的15家，作为基本社员，于7月1日正式成立。截至8月底止参加北联社的股东共为23家，其中包括了商务、中华、世界、大东、北新、儿童、广益等7家在内（这7家共从香港运进纸头6900令投资给北联社）。从北联社的资本构成来说，北联社的总认股额是921股，每股500个北京人民银行折实单位，认股额以80%缴白报纸，以20%缴现款，共合报纸9310令，现款92100个单位，在总认股额里面，新华、三联投资只占26.4%，私营书店占73.6%（其中有少数店家未缴足）。

北联社所担负的出版任务在小学教科书方面，主要是供应北平、天津两大城市和附近几十个县份，以及察哈尔雁北、绥蒙等少数地区。中学课本就供应全华北区的5个省份，乃至供应到了陕西省，截至8月底止，北联社共印中小学教科书1962000册。

其次，上海联合出版社（以下简称上联社）成立的时间比北联社更为短促，几乎快到7月底才搞起来，这是经过了几场曲折的斗争以后，才算是建立起来的。截至9月中旬，已经赶印出800万本中小学教科书，基本上解决了华东华中新区的教科书。上联社的资本总额为1603股，每股500个折实单位（上海人民银行折实单位），共收股款756616000元，以纸作价共收白报纸33010令，新华三联投资12000令，占全部资本总额的20.75%。

不论华北联合出版社也好，上海联合出版社也好，我们只用四分之一的力量，运用了人家的四分之三的力量，完全解决了困难。但是这个情形，有的同志还有误解，还说这是：“肥了鸭子瘦了鹅。”不错，从表面上看好像我们有一点损失。因为过去在解放区只是我们独家干，别人不能干，现在进入新解放的大城市，我们不干让别人干了，这不是损失吗？可是我们如从长远的政治利益上看，用一小点经济损失，赚回了一个政治上的胜利，我们不是成功了吗？再说，全中国的出版事业中，我们的力量连印刷、机器、纸头，各种各样的器材都算在内，也不过约占四分之一强，如果让那四分之三的力量闲起来或者不让它为我们服务，那才真是一个损失哩！现在大家都在喊着没有书看，我们就得把这四分之三的力量动员起来，和我们一道为人民服务。另外从私营出版业来说，他们无事可作，就要倒闭失业，就会造成社会上的混乱，这个包袱什么人来背呢？还是我们自己背，还是各个中央局，各个省政府，各个市政府来背。所以我们不能让他们闲在那里，我们一定要把他们动员起来。

我们今天检讨起来对于团结运用私人出版业的力量，共同来为新民主主义文化服务这一工作，作的太多还是太少了呢？同志们，我们作的太少了！我们所作的是否超过了中央给我们的原则呢？还是没有作够呢？很坦白的说，我们没有作够。

今后是不是我们对于教科书的发行就放弃不管了？不控制这个东西了？不是的，我们还要管，还要控制，不论华北也好，上海也好，董事长是我们，经理也是我们，两个头都是我们的人，人家来作陪客跟着跑，别人恐怕会嫌管得太厉害了吧？另外教科书的版权还拿在我们手中，出版的时候，小学教科书，我们要抽 2% 的租型费，中学教科书抽 4% 的租型费，这就说明我们还是很好的控制着的。

我们应该很快的作出一个总结（华北联合出版社的总结，我们可以作，上海联合出版社的总结，希望华东的代表回去后赶快作出来），得出经验教训，这对我们团结组织私营出版业会有很多的帮助的。在两个出版社未总结出来以前，我想从组织和领导私营出版业共同为新民主主义文化服务这一点来说，是已经获得了初步成功的。

联合出版社是一种新的形式，为什么？因为它不是一个纯公营的东西，也不是纯私营的东西，是一种公私合营的东西，不同于三联那样的一种公私合营的新形式。现在我们还不能估计究竟要 20 年还是 30 年走入社会主义，可是有一点是明确了的，就是在我们未进入社会主义之前，作为阶级斗争的重要武器的文化出版事业，要比旁的东西先进入社会主义，也就是首先进入国营。从私营到国营，是不容易跨一大步的，在组织上，思想上都还需要长期作工作，要把这些人组织起来，用公私合营的办法逐渐同他们联合起来，并且还要灌输给他们毛泽东思想，让他们自己内部发生变革（如在上海经过了同志们努力工作的结果，现在有许多私营出版业的内部就在变着了）。我想，用这样的方针和形式去组织他们，将来我们就可能让私人出版业跟着我们进入社会主义。当然我们不只是用这样一种形式，不过我们可以把这个东西作为实验，总结出经验教训，按着这个形式把一向是分散的，一向是“同行是冤家”的那许许多多书店，团结在一道，让它成长，让它发展，让它巩固，一直到和我们一同走入社会主义。我们绝对不能说规定有些人让他走向社会主义，有些人不让他走向社会主义，只要他思想上愿意改造，愿意进入国家化，我们都欢迎。正像昨天陆部长报告中说到的，民族资产阶级甚至也讲他们要创造消灭自己的条件哩。在今天说来我们还是要发展民族工业，发展以后，才能走向社会主义。因而对于私营出版业也要坚持这样的方针，就是要他们发展，叫他们由分散的经营走到初步的集中经营；过去完全是自私自利的，现在要为人民服务；过去“同行是冤家”，今天同行是兄弟；团结起来环绕在我们的周围，跟着我们一道走。因此，我希望出席这次会议的同志，特别是上海的同志，回去以后，能够约集私营出版业的人，按照我们初步总结出来的这个方向，好好的和他们谈谈。同时我们也要学会听他们的意见，因为今天许多私营出版业的人，他们觉得有很多困难，今天我们要想办法让他们说出来，好知道他们肚子里有多少牢骚。所以我们要好好的去处理联合出版社的问题，好好的去宣扬联合出版社的性质和业务，好好的去与私营出版业打交道，倾听他们的意见，和我们一道想办法解决今后我们可能遭遇到的困难。

（三）杂志的出版

1. 长时期没有拿起好武器

通常我们要搞任何一种斗争工作的时候，我们总是会先选好一种武器拿在手里的；但是，遗憾得很，当我们肩膀上挑起了一个庞大的出版任务的时候，我们却把出版工作的一个好武器——就是杂志这个武器，长时期搁在一旁了。

杂志可以说是出版工作的号角，可以说是联系出版者、读者与作者的最直接的桥梁，也可以说是出版工作上少不了的新血轮，在出版工作的历史上已经一遍又一遍的为我们解说过这种论点了，可惜我们恰巧忘记了这个好武器，在7个月的出版工作中，没有拾起这把利剑，好好的干一手。

现在不仅仅是由于政治上的要求，同时也是由于业务上的要求，我们决定大大的挣一把力，把杂志很快的搞起来；透过杂志去完成和增加我们的推广报导，透过杂志让我们可以紧紧的去拉着作家和读者的手，透过杂志让我们紧紧的和广大人民联系起来，透过杂志让我们随时添加我们工作上的新血轮，可以更好地做好我们的工作。

下面说说我们将出版那些杂志：

2. 要出版这些杂志

我们已经确定要出版的杂志有下面的9种：

1	《争取持久和平，争取人民民主！》	半月刊
2	《新华月报》	月　刊
3	《中苏友好》	月　刊
4	《新中国妇女》	月　刊
5	《新闻》	半月刊
6	《人民文学》	月　刊
7	《文艺报》	半月刊
8	《新音乐》	月　刊
9	《人民》	半月刊

以上9种杂志，按字数说每月约150万字；按时间说，平均每三天出版一种，到了明年估计要出的杂志还要增加。

这几种杂志一般都用16开本，除《新音乐》外，其余都是直排，排字以新5号字为主，6号字为辅，特别重要的文章才排老5号。每面字数至少要排2000字以上，用纸尽可能采用国产纸，以减低定价和节约纸张。

为了迎接这一个新的工作任务，出版处要设立杂志出版科，统一管理杂志出版的事情，华北新华书店方面和印刷厂方面，也要设立专门机构，专门组织一部分人力来做杂志发行和杂志印刷的工作。

现在存在着的一个严重问题，是发行问题，这些杂志都是全国性的杂志，需要动员全国的党的发行力量，发行到全国（现在还有我们出版的《中国青年》等，也需要我们协助发行）。但是在全国发行工作还没有统一或仅仅在开始走向统一的时候，在币制还不稳定的时候，要把这些杂志发行到全国是有很多困难的。

为了解决困难，我们初步的计划，打算用下面的办法来解决问题（即分区翻印杂志的办法）。

甲 这些杂志一般都加制两副纸型，分寄沈阳和上海翻印，也就是说凡主要杂志至少分成 3 个区域印，至于印发的区域是这样划分的：

北京：供给华北、山东、西北。

上海：供给陇海线以南的华东地区、华南、华中、西南。

沈阳：供给东北。

乙 有些更重要的杂志，加制三副纸型，分寄沈阳、上海、汉口翻印。发行区域划分如下：

北京：供给华北、山东、西北。

上海：供给陇海线以南的华东区域、华南。

汉口：供给华中、西南。

沈阳：供给东北。

丙 负责友区发行的造货点，应该和各该区密切联系，确定发行户头和发行数量，直接寄去，不再经由友区新华书店总店转发，以争取时间，以后各地发行数量的增减也直接与造货点接洽。

丁 除通过新华书店和三联书店系统发行外，尽可能争取更多的同业代发代销，在大城市里，还要通过报摊等等，建立更广泛的代销关系。

三联书店及同业代销，要商定不要打乱我们发行区域的系统，不要越过我们确定的发行区域范围。发行区域内的同业，只能向该发行区造货点进货。

趁这机会，我们向到会同志们要求，希望大家一同努力来把发行全国性杂志的新任务担负起来！我们要把它作为一个重要的政治任务，从思想上、工作上都动员起来，特别是上海方面、沈阳方面和汉口方面，应该对全国性杂志的出版发行工作作周密的考虑和具体的布置。这里要特别强调的是共产党与工人党情报局机关报《争取持久和平，争取人民民主！》一定要搞好。党中央为了加强国际主义教育，为了使得我们中国党能与各兄弟党取得更好的配合，取得更好的联系和向他们学习，曾经发了一个通报，动员全党各文化宣传部门，加强和平民主报的出版和发行工作，并责成我们要把这个杂志销到 10 万份。希望在座的各位同志，为完成党中央的号召，努力把和平民主报中文版销行到 10 万份。

（四）出版工作上的一些问题

1. 出版工作的计划性

7 个月来，由于没有正式建立编审机构，在这方面我们工作的依赖性是太大了，主动性太不够了，所以这个时期出版工作的计划性是很不够的。尽管我们有过一个 3 个月的出版计划，基本上已完成了和超过了这个计划，尽管后来又有过 6 个月的出版计划，也一样努力完成着这个计划，但严格说起来，7 个月来的出版工作，基本上只是翻印计划，并没有很好的考虑和很好的去组织编辑工作，作为一个全国出版工作的中心，这个时期的编辑出版工作，是远远落在客观形势后面的。

在这里必须说明，中央对“干部必读”理论书，对毛主席选集，对教科书，对“人民文艺丛书”等等的编辑出版工作，一开头就有具体的布置，并且直接掌握，还规定了平、沪、武汉翻印书目，使我们这一个时期的出版工作，有轨道、有重点、有系统，在这个时期使我们的工作整个有了计划，这是必须与我们本身的缺乏计划性区别开来的。

2. 只注意提高印刷质量，不注意供应普及

我们出版物的印刷质量是提高了一大步了，以北平的印刷条件来说，达到现在的质量标准也算是不坏了，但是我们却忽略了有广大的读者特别是购买力薄弱的读者，被我们丢在一边。我们的书绝大部分是用老 5 号字排的，版面比较轻松，行间与天地头空得比较多，用的纸也比过去好，精装本也出的比较多……，这些改进是有必要的，而且也是应该的。但这样一来，成本与定价就比较高，就影响到书籍的普及，纸张和印刷力量也耗费得比较多了，

这样形成我们满足了一部分人的要求，却招来了一部分读者的埋怨。因而粗制滥造，廉价竞销的翻版书也就有了空子可钻，大大的泛滥了北平天津乃至华北市场。过去在这方面，我们的考虑是不够全面的。接受了这个教训，为了更扩大更深入党的出版宣传工作，决定把一般读物分出两种本子，就是要另外增加一种普及本，普及本以小5号字为主辅以6号字，把版面放大，司配司[①]也要挤紧，最多用二分一的条子，这样做就可以减轻广大读者的负担，同时也可以节约一些纸张的消耗。这个方针。希望各地新华书店也实行，当然我们出普及本不是向粗制滥造的翻本书看齐，我们只是降低一些印刷质量，绝不降低出版物的政治质量，比如说普及本就同样要要求消灭错字，这是不用说得的。

3. 不注意推广报导工作

尽管我们的工作本身就是宣传工作，但是为了要做好这个“宣传工作”，就少不了要搞好另外一个“宣传工作”，就是推广报导工作，也就是刊登广告，发布出版消息，编制新书汇报等等的工作。

推广报导工作，是向读者经常的按时的一种汇报工作，透过这种工作，可以加强我们和读者的联系，可以加强我们对广大人民的汇报。我们能够争取更多的读者，也就是对人民更加负了责。

7个月来，在前5个月，我们对这工作做得是太不够了，几乎好像把我们的工作变成“秘密工作”了，后两个月，虽然我们已经竭力扭转了这个缺点，但是直到今天，可以说这个工作还是做得很不够的，今后我们希望在这方面能够做得更好些，做得更及时些。

三、我们的发行工作

当我们开始建立出版委员会的时候，开始印出一本一本的书的时候，发行问题，便一天一天的苦恼着我们。因为面对着我们的发行工作，是不能与我们的出版工作配合得很好的。

① 司配司——上海洋泾浜英语，这里作行与行之间的距离讲。

7个月来，在发行工作上，摆在我们面前的有如下的几个问题：第一是统一区域性的发行，第二是从乡村发行转变到城市发行，第三是改造和提高我们的发行工作。

（一）统一区域性的发行

平津解放以后，在这两个大城市，我们有着两个发行系统，一个是从石家庄搬来的华北新华书店的系统，一个是从东北入关的东北书店的系统，一块同样的招牌有了两个不同的系统。

两支兄弟军队会师了，这是多么令我们高兴的事啊！刚刚解放的平津就凭了他们的努力，供应了满足了广大人民的要求，展开了马列主义、毛主席著作的传播工作。

但是，正由于是两个不同的系统，不论在发行办法上，不论在工作作风上，不论在领导思想上，都有着不同的差别，对外界形成“并非一家”的感觉，“并非一家”倒还是小事，由于许多办法不尽相同，便给予我们的发行工作以某些妨碍。对准这种情况我们首先提出统一平津的发行工作。经过几度磋商，华北、东北两个发行系统在5月底统一起来了。

很明显的在华北这个区域内，我们单是统一了平津的发行工作是不够的，进一步我们还得把华北全区的发行工作统一起来。为了实现这个要求，华北新华书店在7月25日召开了分店经理会议，邀约了太行、太岳、冀东、冀鲁豫等几个区党委书店的代表一同来讨论这个问题。经过这次会议思想上是酝酿了一下了，但是整个的解决，还得等到这次会议以后呢。

就因为在华北区的发行还没有统一，许多书刊的发行，还有发不出去，发不下去的苦恼，这种情况，不单是华北如此，每个战略区都是这样，因此在这次会议上，我们要着重的要求各位同志们好好研究这个问题，讨论这个问题。至少从明年1月起，我们得首先做到每一个战略区的统一。

（二）从乡村发行转变到城市发行

其次，我们要谈一谈发行工作的转变问题。在这儿我所指的转变，就是由乡村发行工作走向城市发行工作的转变。

从抗日战争以后，我们的出版发行工作，便先先后后，东一块、西一块的在山沟沟里搞起来了。经过了多年的磨练，经过了多年的摸索，我们要肯定的说，我们对乡村发行工作是有了很大的收获的，是有了很大的成绩的。但是今天的情况不同了，我们不仅还得面对着乡村，更重要的是我们得面对着城市——特别是大城市。自然，这并不是说我们就得丢下乡村工作，正相反，我们应当把已经生了根的乡村发行工作坚持下去，如果，我们在某些地方，曾经或多或少的轻视或放松了这一工作的话，那我们就得很快的把它纠正过来。

到了大城市，没有问题的，我们的老一套就会自然而然的吃不开，就不能像在山沟沟里的时候那样的能够应付裕如，为了这种原因，我们就得把我们的发行工作开始向城市发行工作转变，也只有坚决的转变，才能适应新情况，才能更好的完成我们的任务。

如何转变呢，这得首先要打通思想，首先要丢掉我们的经验主义的包袱，我们得承认摆在我们面前的新鲜的事物：那四通八达的铁路、公路、火车、汽车，那集中在城市里的几十万几百万的广大城市人民，那成千成万的工人学生，以及成千成万的职员店员，这一切都不同于在分割环境里的一切了，这一切都不是我们所熟习的一切了，我们得重新认识，我们得重新学习，把我们的发行工作，来一个转变，创造出新的发行办法。譬如上海就曾经创造了“机械化货郎担”，把成车的书，开到工厂里去售卖，这是要提醒大家马上就跟着学习的。

关于这个转变问题，在座的同志们一定比我有着更丰富的经验，我想关于这些现象，我可以不用多在这里唠叨了，我只希望把这个老问题重新提出，希望大家能热切的注意这个问题，在这次会上也很好的讨论一下这个问题。

（三）改造和提高我们的发行工作

第三，我们要提一提改造和提高我们的发行工作问题了。这个问题与上面所提出的问题是分不开的，也就是上面所提出的问题的高峰。

我们的发行工作是不是需要改造和提高呢？同志们，我想总不会有一个人会举手反对的，大家总是愿意这样做的，问题就在于我们如何去改造，如何去提高罢了。

在天津我们曾经闹过一个笑话，就是有一次开明书店的人到我们店里去接洽去了，当开明的那位先生通报姓名，说明来意以后，我们的同志却还不知道在中国曾经有过这家书店，更不知道这家书店曾经出过很多书，还去盘问，这家书店座落何方，何时开张，有没有出过书等等。自然，这个例子是一个很偶然的例子，但是从这个例子，我们就会懂得我们的发行工作着实需要提高一下了，着实需要提高一下了！我们不仅只需要懂得我们自己，还需要懂得同行；不仅只要随时随地望着自己，更要随时随地望着同行。

我们从乡村带来的发行工作作风，是门市部的书常常锁在柜子里卖，读者们站在我们的栏柜面前，只能可望而不可及，休想轻易翻动翻动那一本本“娇小玲珑”的书。这种情况，经过不止一次的提出，在平津两市算是改变过来了，但是我不晓得旁的地方是否还会如此，是否还有这种现象？假如在某些地区还存在着这种现象的话，我们就得高呼把它改变过来。

同志们，上面所说的两桩事，只是需要改造和提高的具体事例之一，这种事例是多得很的，是讲不完的，我只希望在这儿把它作为一个原则性的问题提出来，供我们的各方面来的同志们参考，能够使存在在发行工作上的许许多多缺点很快的加以改造，我们发行工作上的许许多多办法，要更发〔多〕加以提高。

四、干部问题

在我们的整个工作里面，我想，干部问题是一个大问题。在谈这个问题之先，我得先报告一下出版委员会的人事情况：

出委会自2月成立后，由于机关新立，当时只是忙于充实机构，进行业务，搞建立工作，因而一切规章制度开始都没有，都是在工作发展中，逐步摸索，逐步产生的，直到5月以后，才走入正规，初步建立了简单的人事制度。

人事科自5月份正式成立之后，即明确了我们人事工作的规章与原则。6月16日提出了对新人员与留用人员的登记审查工作。并于8月底大体上初步完成了这一工作，对今后人事工作起了很大的推动作用，并使我们的工作深入了一步。

登记审查工作是分三个段落完成的，即动员填表，谈话讨论和总结。这一工作主要的收获是：对于历史出身复杂的人进行了概括的了解，初步澄清了一点机关人事的情况。

此外，我们也建立了人员来往登记，及一般登记表报制度和存卷入档的规定等，可以说我们是不断的在克服着过去的游击习气的作风的。

从2月23日本会成立到4月底，包括新华印刷厂在内，共有职工338人（书店人员不在内），其中留用人员为140人，占总人数的39%。人员因需要逐步增加，再加上华北新华书店改归本会直接领导，到6月份职工即达689人，其中新考用人员318人，占46%。加上留用人员则为66%。可以说新人员是占很大的比重的（最多的还是工人）。

到7月底（包括直属各单位）统计职工共771人。其中党员团员为166人，占总数22%，业已坦白的反动党团分子86人，占11%，一般工作人员232人，排以上干部109人。

到8月底的人事情况是这样的：会本部为87人，从人员增减来说，较6月份的54人增加33人；男同志75人，女同志12人；从性别来说，男性占86%，女性占14%；从年龄比较来说20—30岁为65人，占总数的74.7%，其他25.3%，从学业程度来说中学以上程度者占68%；从参加工作的先后来说1949年参加工作者38人，占44%；从党籍来说党团员36人，占总人数的41%，非党团员51人，占总人数59%，已坦白的反动党团分子4人，占总人数4%点强。

总括会本部、华北总店、三联、油墨厂、印刷厂全体职工共为785人，较之4月底的388人增加了397人。

从整个本会所领导的单位，即是说连同各地的分散组织共为1428人，较之与华北新华书店合并之初的1788人，精简了360人，这是由于保定厂的交出，石家庄、邯郸等厂的结束的结果。

报告了出版委员会的人事情况之后，我就要谈谈一般的干部问题了。由于新的情况，就必然会产生一些新的问题：比如说，长期在解放区做革命出版工作的同志与长期在蒋管区做革命出版工作的同志会师以后彼此之间的问题，和工农分子与知识分子之间的问题，老同志与新同志之间的问题，新式的革命职员与旧式的留用人员之间的问题……等等，在这些问题中间，又相互产生了一些错综复杂的关系。

同志们！这些问题可以归结为三方面，第一是由会师所引起的干部团结问题，第二是新老干部的问题，第三是培养新干部和改造旧人员的问题。

（一）**会师所引起的团结问题**

现在先让我谈谈这一个问题。没有问题的长期在解放区工作的干部，一般说在政治上是比较可靠的，特别是经过整风和土改整党的，他们的阶级立场就更加站得稳；他们看问题的时候，就能够具备着阶级分析的眼光，和能够很快的抓住问题的本质。他们有一套农村出版发行工作的经验，对出版工作的严肃性，原则性，比较有认识，也掌握得牢些。但是大部分说来，文化水平较低，不熟悉城市工作，还保留着若干不适合于新情况的老作风，有不少同志则还背着一个经验主义的包袱。

长期在蒋管区工作的干部，一般说来文化水平较高，也接受了一些进步思想与马列主义，但基本上由于对革命生活体验不够真切，认识也不够深入，还有教条主义的毛病。他们比较敏感，容易发现缺点；他们熟悉城市情况和城市工作，对业务技术比较注意，在这方面的进步也比较快。他们对工农出身的分子往往缺少正确的看法，在某种程度上，往往不信任群众的力量，立场显得有些模糊，对工作往往从技术观点和单纯营业观点出发。

同志们！对准这种情况，我们要求长期在解放区工作的同志和长期在蒋管区工作的同志，大家要互相学习，而不是互相磨擦；大家要互相协助，而不是互相排斥。在这个问题上，我们所需要的只是团结，团结，第三个团结。

长期在解放区做出版工作的同志与长期在蒋管区做革命出版工作的同志之间，既然在团结上有了问题，那末，他们之间的团结，也就来得特别重要。这不是一般的新同志与老同志的问题，这里是没有什么内外之分，你我之分与新老之分的。如果把长期在蒋管区做出版工作的同志看做客卿，而保持着一种单纯的使用观点，那是完全错误的。因为他们同样是我们的骨干，同样是革命的老战士啊！这一点我们必须弄得十分明确才好。

与这个问题关联的，还有一个工农分子出身与知识分子出身的干部之间的问题。一般说，这个问题在解放区，大体上是已经得到了解决的。问题只在于两支文化军队会师以后，从蒋管区来的一些干部与工农分子出身的干部，才引起了一些问题，这些问题基本上就是前面所说的由于会师所引起的团结问题的延长和发展，同样我们要求长期在蒋管区工作的同志了解和团结工农出身的干部，并善于向他们学习。只要能够彼此学习，彼此帮助，就可以而且一定会把它澄清了的。

（二）新老干部的问题

大城市一个接着一个的解放了，两支文化军队不断的在这儿那儿会师了，招考调用的新同志一天比一天增加起来了，因之又发生了新老干部之间的问题。

这个问题比前一个问题的持续性长，也比前一个问题的波幅大，因为前一个问题的存在，只是短时间的事。这个问题却会经常发生，不断的出现在我们面前的。因之，我们更要留意处理这个问题。

关于这个问题的具体现象，我想在座的各位同志，一定会比我了解的更多，更深入，在这方面我不想多讲什么了，我只想提出一个最重要的原则问题。

依据我们的了解，处理新老干部的问题，乃至处理干部之间的任何其他问题，我们只能有一个原则，就是团结与教育的原则，而团结与教育又必须是相辅而行的，即是说，必须是在团结下去搞教育，在教育中加强和巩固团结。

很明白，今天我们如果仅仅只靠着老同志的原班人马，我们就不能很好的开展工作，也就不能更好完成建设新中国出版事业的艰巨任务。如果我们不能很好的团结和带动新干部一道干，就会损害我们的工作，甚至使我们在某些工作上遭到失败，这是我们要着重提醒我们的老干部的。

新干部文化水平高，业务技术也容易学好，既了解城市情况又熟悉城市工作，这是很好的。但是必须告诉他们，这些好处必须要拿来为人民服务，为革命服务，这才能成为好处。要发扬好处，就必须要努力提高政治水平。不懂得政治，是决不能够很好的为人民服务的。单纯技术观点和单纯营业观点，是决不能把革命工作搞好的。如果政治上错了，技术虽好，纰漏也许还越大。我们的营业利益虽然和政治利益根本上是一致的，但是营业利益必须首先服从政治利益，要强调指出，不能单纯的为了赚钱发财，就丢掉了政治利益。相反的，为了一定的政治利益，牺牲我们的营业利益也是应该的。这是我们要着重告诉我们的新干部知道的。

（三）培养新干部和改造旧人员的问题

为解决这个问题，我们曾经做了一次试验工作，办过一期训练班。我们想透过业务训练班，来长期的培养新干部和改造旧人员。自然，提到业务训练班，他〔它〕对我们的老干部也并不是一无用处的，正相反，我们的老干部，更迫切需要它，我们也很迫切地希望能够给予老干部一个短期训练的机会，从而让他们不论在思想上，政治上，业务上都能够更提高一步。这一点，正是今后我们需要共同努力解决的一桩事。

现在我要简单报告一下关于第一期训练班的情形：

第一期业务训练班在5月1日开学，学习期两个半月，7月中结业。学员共53人，是抽调华北新华书店、三联书店两店在北平、天津、保定、张家口、石家庄、济南各分店的在职干部而成的。其中十分之七的学员是当时新招收的职员或练习生，参加书店工作一般只有二三个月，所以教学方针，着重在政治教育。

第一周至第五周以上政治课为主，第六、第七周搞“改造我们的学习”，采用小整风方法。第八、第九两周，重心才转入业务课。

政治课有《目前形势和我们的任务》、《中国革命与中国共产党》、《社会发展简史》、《新民主主义论》、《新社会观》，毛主席《在延安文艺座谈会上的讲话》等，讲师有艾思奇、胡绳、何其芳、周建人、吴敏、王子野、蒋齐生、马适安等。业务课有“发行工作”、“会计工作”、“出版工作”、“出版业简史”、“管理工作”等，业务课主要是讲一些营业方法和基本知识，讲师由新华、三联的一些同志担任。全部授课时间共210小时。此外曾经举办专题讲演8次，每次请一位同志讲演，为学员们解答或报告某些问题。担任讲演的是黄操良、萨空了等同志。

配合当时本会建立新民主主义青年团的工作，业务训练班在第5周开始，以业余时间进行了建团文件的学习，卷起了热烈的建团运动，后来填写申请书请求入团的，几占全班学员的三分之一以上。这一期训练的效果，一般说是有些收获的，学员们的政治认识提高了，也懂得了一些基本的道理了。两个半月的学习生活，始终活跃紧张，对当时会本部的工作同志们也起了若干好的影响。

缺点方面是生活指导的思想性和政治性还不够，只抓紧了训练班的业务和作息时间，放松了贯穿整个集体生活中的政治领导，和在学员中没有建立起坚强的政治骨干。其次课程太多，颇有浅尝辄止之叹，因而不能消化那么多的精神食粮。再其次，学习生活过于紧张，学员们的健康一部分受到影响，而我们对这方面的照顾也不够。因为房子问题，第二期还没有接着办。但是我们是老早下了决心要长期办下去的。

（四）处理干部问题的原则

同志们，在干部问题上，不用说我们必需明确，我们应以党员干部和非党老干部（特别是在蒋管区工作多年未解决关系的老干部）为骨干的方针。但是我们也得大胆的吸收新人，特别是刚刚离开学校的青年知识分子。如果我们不打开大门欢迎新人，如果我们处处畏首畏尾，那就会使我们不能前进一步。

在干部问题上，假如新老干部之间发生了任何团结问题，就必须对准那些问题进行教育，一定要搞清楚谁是谁非，一般讲，不论谁是谁非，我们认为党员干部和非党老干部，应该更多负一些责任，应该更多的进行自我检讨，领导上对他们的要求也应该更严格一些。这样才能搞好团结工作。

明确了以上所说的骨干问题和处理团结问题的两个原则，我们认为在处理干部问题的时候，就容易胸有成竹，知道应该采取什么基本态度和什么方式方法，才不致轻重倒置，左右为难了。

让我们大家巩固地团结在党的领导之下，团结在高度革命原则性之下吧！

五、企业化问题

（一）什么是企业化

一提起企业化，大家往往都会有头痛的感觉，好像企业化就是我们出版工作的癌症，永远无法医治好的一样。其实企业化并不如何困难，而且事实上由于客观事物的发展，不管你愿意不愿意，企业自然会“化”了你的。

当我们讲到企业化的时候，往往很容易有一个错觉，以为企业化只是单纯的追求“实物保本”；其实“实物保本”只是企业化的一个消极目的。企业化的积极意义，还在于反对那些手工业小生产的经营方式；还在于要以科学化的管理方法来经营企业；还在于要以精密的核算制度来核算成本；还在于要以一定的有组织的积极精神，来求得自身的资金流通到可以自行进行不断的扩大再生产。

如果我们能把握住这样的精神，那末，我们才能谈企业化，也才能真正的走向企业化。否则，我们就容易被“实物保本”这一消极目的，掩盖了它的积极意义，使得我们不能全部把握住企业化的精神。

（二）从什么地方企业化起

企业化是一桩经纬万端的事，它的内容丰富得很，广泛得很，如果我们性急了，很容易堕入百废齐兴的想头，结果反倒招致一废不兴的恶果。因此，我们认为还只能先检几桩事情摸摸看，试试看。

下面我就想谈谈我们从什么地方企业化起：

首先，我觉得应该写出四个大字，这四个大字就是“企业精神”。

请同志们想一想吧，看一看吧，今天在我们的工作里面，是不是还遗留着或者说还存在着一些非企业精神的“衙门作风”呢？我想是有的，还存在着的，甚至是还生长着的。于此我要举一个例子：听说在我们门市工作同志当中，常常流行着一句话，叫做“爱买就买不买拉倒”，这句话粗看起来，似乎没有多大毛病，不，这简直还是筋强力壮的有力有气的八个大字呢。但是只要仔细想一想，就可以知道这八个大字，是没有任何一点企业精神的意味的，因为从企业精神出发，也可以说就叫做从会做生意出发吧，我们就得要使进门的读者“见了就买，买了就爱”，才算是获得了我们的经济目的，才算是达到了我们的政治目的，我们千万不能抱着“东方不亮西方亮”的想法，等人走了自言自语的说什么“你不买别人买”的后话。

我们是为人民服务的，我们就得处处替读者着想，处处要迅速周到，处处要给读者便利。如果缓慢而不周到，如果不给读者便利，甚至还给读者麻烦，那末虽然服了务，也不能说是已经有了企业精神。企业精神，包括的事情很多，我提出这点点，只不过想供大家参考，希望大家从这些出发，更好的去培养和发扬企业精神而已。

其次，我想应该就是成本核算了。

以印刷厂做个例子吧。现在我们的公营印刷厂的生产成本，一般都比私营印刷厂高，甚至有些地方，几乎要高到一倍。我们的公营印刷厂，资力既雄厚，生产规模又很大，生产的有机构成又很高，照说成本是应该低于私营印刷厂了，为什么会偏偏比别人的高呢？就是因为我们还没有很好的实行成本核算，甚至是还没有搞什么成本核算，因而工人多了让他多，材料费了由它费，磨了洋工反正是公家的，不爱多管那三七二十一。于是我们的生产成本就无可避免的比私营印刷厂来得高了。自然，这里面还包含着缺少工厂管理这套经验等等因素在内，但我想这应该不是什么基本的原因吧。总而言之，我们要切切实实的计算，要凭数字做根据，马马虎虎或者差不多是要不得的，也是不行的。

再其次，就是书价问题。

这个问题，在我们的工作上，是常常成为一个争论的问题而存在着的；简单说，有两种方向，一种是低书价政策，一种是高书价政策；我们可以武断点说，不论前者后者，都不妥当。

低书价政策，固然读者是受惠了，但是国家却受苦了；按照目前财经的困难情形，政府是不可能也不应该给我们更多的补助，来贴补我们的低书价的。高书价政策呢，读者负担太重，又不合乎我们的宣教政策，这条路也不应该走。依照我们 7 个月来摸索而得的经验，我们认为书价不能低也不能高，要在高低之间求得均衡，就是说任低也不应该低于印刷成本，任高也得低于一般私营出版业的售卖价格。在这样的原则下，只要我们能够逐步走向严格的成本核算，就能够使我们进行再生产，即使这种再生产不可能是扩大的，也不致就陷于越来越萎缩了。为了适当的调整价格，在某种程度上追随物价上涨的波幅，现在我们大体上是采取每月调整一次倍数的办法，想把涨价纳入一条比较正常的规律，我想也还是妥当的。

有了企业精神来处处为我们打气，处处给我们以鼓舞；有了成本核算来使我们降低了成本，防止了浪费，真正做到节约；有了一定的定价政策，加上一定的时期的调整定价，我想我们就可以第一步跨入企业化这道门槛了吧。

六、补充的话

最后我想补充几点：

这个报告只提出几个比较有关的问题，不是什么问题都接触到的。这样一方面总结一下7个月以来出版委员会的工作经验，另方面为了配合分组讨论，提出一些意见，供各位同志参考。希望在这个报告以后，特别是将来整理成为书面的东西，发到各位同志面前的时候，请各位同志尽量的提意见。

其次关于私营出版业问题，我还要补充几句。对于私营出版业问题，今天我们整个的原则、方针，是要打开门，跟这些人打交道。上面已经说过，总结我们7个月的工作，这方面不是做的多而是做的太少。可能在旁的地区也犯了同样的毛病，“两耳不闻同业事”，这是不妥当的。我们要想办法照顾别人的事，特别是将来出版部门成为国家机构以后（新华书店变成一个国家的书店以后）我们要处处照顾到旁人，不单照顾到自己。

昨天晚上主席团汇报时，有同志有这样的意见：今后我们从党的书店变成国家的一个国营书店以后，对于出版和发行上会发生一些困难，譬如某些民主党派，某些民主人士，要找我们出版一些东西，我们怎样处理呢？

这个问题的确是一个问题，老早我们就考虑过，并向陆部长请示过，决定了这样的原则：今后即使我们变为国家书店，但在政治上还是不能放松的，并不是新华书店变为国家的书店以后，便甚么东西都可以卖。这儿有一个原则：就是别人写的东西，如果是符合于中国人民政治协商会议的共同纲领的，也就是符合我们共产党底最低纲领的就可以出，可以卖。如果是不符合共同纲领的，也就是不符合今天我们共产党底最低纲领的，那末，对不起，我们就不出，不卖。试举一个例子：假定某一个党派，某一位先生，写了一本同美帝国主义吊膀子的书，卖不卖呢？不客气，我们不卖。或者他讲“世界主义”来同我们的国际主义对立，这个东西我们当然也不卖。

将来可能会遇到这类问题的，特别是在上海更容易遇到很多这类问题的，如果遇到这样的问题来了，我们就坦白的说服他们，本着团结的方针去说服他们吧。

关于出版委员会的报告※

（一）在平津解放以后，我们鉴于局势的发展，决定把全党的出版发行工作，逐步走向统一集中，于二月初指定黄洛峰、祝志澄、徐伯昕等八个同志建立出版委员会，首先集中华北的出版发行工作，同时筹划全国的统一集中工作。该会成立后，关于版本就分这两方面进行。

一、过去各个地区都是自编自印，版本极不统一，优劣互见，为避免这些缺点，首先统一版本，把各种版本重加校订，分为"干部必读"、"政策丛书"、"中国人民文艺丛书"等重行排印，打出纸版，分发各区，或寄出样本，由各区翻印。

二、教科书的出版，过去也是很零乱的，从建立了教科书编审委员会以后，就把各地区的中小〔此处应加"学"字〕教科书，重加审订另编新本，排印出版，仍以纸版或样书分寄各地。

到10月底止，出版委员会共出版书籍315种371册，印行5776613本（册）；出版杂志7种20期，印行339300份（另附出版物分类统计报告表）。除发行华北外，还供应了宁、沪、汉等新解放城市，初步解决了这些地区的书刊需要。

版本是统一了，印刷质量也提高了，但是编校工作还没有做得好，在书刊里面，还常有错讹，尚要再改进再提高。

（二）出版委员会成立时，接管了正中书局印刷厂，该厂在围城时为特务放火破坏，所余物资不多，机件破烂不堪，为了解决困难，就动员北京的几家私营印刷厂，解决了上半年的教科书。终因为我们的力量有限，同时又为照顾私营书店，7月1日由新华书店、三联书店出面联合了北京的商务印书馆、中华书局等23家书店、集资145044176元，组成华北联合出版社承印下半年

※　根据报告中几个关键时间信息，大致推断该报告作于1949年11月到12月。

教科书。宁、沪、汉解放后，教科书供应工作同样困难，7 月 21 日，在上海又联合了商务等 46 家书店集资 756610000 元成立了上海联合出版社，截至 9 月中起印了 800 万册教科书，大体上解决了华东、华中新区教科书的需要。

联合出版社是公私合营的一种新形式，它不仅解决了教科书的供应，重要的还在作为我们对私营书店的一种政治的经济的纽带，可以团结和领导他们。

不论华北联合出版社也好，上海联合出版社也好，我们只用四分之一的力量，运用了人家的四分之三的力量，完全解决了困难。

（三）由于白报纸价钱比抗战前涨了 13000 倍（粮食平均涨了三千多倍），即使贴了本书价还是常去压低，决定把许多大量销行的书另外加排普及版，这种本子加密行路，缩短天地头，字体一律用新五号字，比起正版，可以节约许多篇幅，省掉三分之一的纸张，降低五分之二的价钱，这样就可以让千千万万买不起书的人能够买书了，这个工作已交出版委员会积极进行。

（四）出版委员会成立迄今，由于种种原因，还没有拨定资本，先后几次向财政部借贷款项合 560717225 元（合小米 6756 斤），资金不确定，业务措施的主动性就不够强，最近已与财委会商定拨资小米 20342000 斤，初步解决了资金，可以加强企业化的经营了。

（五）由于要把出版工作起向〔疑为“趋向”〕统一集中，同时在统一集中过程中，开始按业务性质分别专业化。在 8 月初，决定召开全国新华书店出版工作会议，这次会议原定 9 月 26 日开幕，嗣因适值人民政协会期，乃延至 10 月 3 日开幕。开会 17 天，举行了 16 次大会，9 次分组讨论会，19 日闭幕。

东北、华东、华中、西北、华北各区新华书店以及三联书店和别的有关单位都派了代表出席，计出席列席代表 116 人，代表 33 个单位。

在这次会议上，与会干部都在团结的基础上，悉心总结了过去的经验，作出了七项决议，决定自 1950 年起全国新华书店实行统一集中领导，都按专业化的原则，把各区新华书店重新编整成出版、印刷、发行的三个独立的经济单元，建立尔后全国三个专业独立经营垂直领导的基础，在 1950 年 11 月之前完成这次统一集中的工作。

只要认真的把这些决定好好的实行起来，我们的出版发行工作就会改造得更好和能够提高一步的。

关于这次会议的七项决议，当另行送请批准。

（六）中央人民政府成立了，出版总署也正在建立了，我们决定把出版委员会改组为国家出版局，在出版总署领导之下，成为国营的文化企业，经营出版、印刷、发行业务，将来在各种条件成熟的时候，再把这三个部门各别的专业化起来。

华北人民政府教育部教科书编审委员会

华北人民政府成立教科书编审会※

【本报讯】华北人民政府为适应工作需要，决定在教育部领导下，成立教科书编审委员会，并聘请叶圣陶为该委员会主任；周建人、胡绳为副主任；金灿然为该委员会秘书主任；傅彬然、宋云彬、孙起孟、王子野、孟超、叶蠖生等六人为该委员会委员。

※《人民日报》，1949年4月21日，第1版。

编审通讯第一期

华北人民政府教育部教科书编审委员会编

（会址：北平东四牌楼二条胡同五号）

目　　录[①]

（本刊所载材料，非得本会同意，不得转载）

（一九四九年八月二十日出版）

发　刊　辞

各地教育界的机关和朋友们很关心我们的工作，对我们的工作寄予了很大的热望，这种关心与热望鼓舞着我们，鞭策着我们，使我们感到责任的重

---

① 本次文献整理，目录移至发刊辞前。

② 正文中三、四的顺序与目录不一致，六、七的顺序与目录不一致，此处保持文献原貌。

③ 目录中六的标题与正文不一致，此处保持文献原貌。

大与能力的单薄。我们少数人固然愿意奋勉，可是闭门造车决不能完成任务，必须集思广益，以大多数朋友的切实的经验和意见为依据，才能一步步往前走去，没有多大错失。为此，我们决定出这个《编审通讯》。在这个通讯中，将随时报导我们的工作情况，提出我们工作中的问题及困难向朋友们请教，并刊载朋友们对我们的建议与批评。暂定每月出一期，往后如有需要，自然可以改为半月刊或旬刊。

本会修订审读工作概况

本会在四月下旬成立，原定主要工作是编辑各科新的课本，但因为距离下半年开学期已经很近，估计新的课本编的没有那末快，为了应急起见，先从修订和审读两部分着手，兼及于部分编辑工作。经过了三个多月，完成了以下各项。

（一）修订部分

一、高级小学国语课本

本书根据华北、华东、东北、晋察冀，及《开明少年国语读本》几种本子，综合的选取课文，并略加补充新的教材，事实上几乎等于新编了。第一、三两册已经完成，七月下旬排校完工，打成纸型。第二、四两册约在十月底编辑完成，可供来春之用。

二、高级小学历史课本

本书根据晋察冀行政委员会审定，晋察冀新华书店发行本修订，已经完成第一、二、三册，七月底排校完工，打成纸型，第四册正在编写中。

三、高级小学地理课本

本书根据晋察冀行政委员会审定，悳頻、刘松涛、黄雁星、项若愚原编本修订，全部四册都已完成。第一册已在七月底打成纸型，其余在陆续排版制型中。

四、初级中学近代史课本

本书根据华大历史研究室原编本修订，上编已经完成，并在七月下旬制成纸型，下编在编写中。

五、初级中学中国历史课本

本书根据叶蠖生原编华北新华本修订，已经完成，七月底打成纸型。

六、初级中学外国历史课本

本书根据沈长虹编华东新华书店版《世界史话》修订，已经完成，现已发排。

七、高级中学中国历史

本书系中国历史研究会《中国通史简编》的节本，现已节录完成。上编于七月中旬付排，下编于八月初旬付排。

八、初级中学生理卫生课本

本书根据林英、文彬如编华北新华书店版《实用生理卫生》修订，已经完成，于七月中旬付排。

九、初级中学实用化学

本书根据王洪年编华东新华书店本修订，已经完成，于八月初旬付排。

此外关于政治课本的情形，本期另有专条述及。

（二）审读部分

就我们所搜集到的老解放区出版的中小学教科书（包括师范学校参考书），和旧国民党统治区私营书店出版的中小学教科书，加以审读，各别的或综括的指出他的优点、缺点或错误，以供本年秋季选择课本的参考；同时，也便于教师在实地教授时，随处加以订正。

审读的教科书有小学、初中、高中、师范四部分；科目包括了国语、历史、地理、自然科学、教育课程等。审读之后，把我们对各书的意见编成《中小学教科用书审读意见书》，已于七月中旬完成，并经中共中央宣传部印发给各方面了。

编辑“师范学校教育学科教学参考资料”

过去在国民党反动统治下所出版师范学校教育学科教本，大多渗入极浓厚的反人民反科学的观点和材料，绝不能再用。但新的教本，一时不及编辑印行，而各地师范学校的需要却又非常迫切。本会为应此种急需起见，因就老解放区所已出版之有关教育的文告、法案、论文和报导，依照师范学校现有教育科目，选辑“教育学科教学参考资料”一套，暂充基本教材之用。全套共计四种，五册，书名如下：

教育学参考资料　一册

小学教育理论与实际参考资料　一册

小学各科教材及教学法参考资料　一册

小学教育典型经验介绍　二册

以上四种，《教育学参考资料》暂作为“教育概论”一科的基本教材，《小学教育理论与实际参考资料》暂作为“小学行政”一科的基本教材，《小学各科教材及教学法参考资料》暂作为“教材及教学法”一科的基本教材，《小学教育典型经验介绍》作为师范学生必读书，并供“教育实习”参考之用。全套现已编辑完成，正在审查付印中。

关于政治课本编写的情况

中学用的政治课教本，除新华书店原出有《青年修养》（程今吾著）一书外，经本会审订付印的有下列数种：

一、**中国革命读本**（上册）　王惠德、于光远合著，内容是系统地说明旧中国的社会性质，中国革命的对象、任务与性质，中国革命的动力（对领导与参加革命的各阶级的分析）。此书可于八月中旬内印成。

二、**调查研究**　于光远著　内容是说明调查研究的理论和方法以及数字统计的方法。

三、**世界现状**　王城著　内容是说明第二次世界大战后以苏联为首的和平民主阵营与以美国为首的帝国主义阵营两方面的对立形势，并说明世界的前途是社会主义。

《中国革命读本》大致适合于初中三年级和高中一年级学生的程度。也可供初中一、二年级的教员用做讲授的根据。此书在八月二十日左右可以印出来。

据华北人民政府教育部及其他各地区的教育当局规定，初中二、三年级有世界现状及调查研究两项课程。此次所出二书可以作为这两项课程的教材（但此二书恐不能与《中国革命读本》同时印出）。东北书店出版的《国际知识读本》（马皓著）和三联书店出的《调查研究入门》（白韬著），也可作参考。

此外，我们选定了薛暮桥作《思想方法与学习方法》一书作为初中“思想方法”课程的教本。此书有作者修订过的本子，由新华书店出版。

照现状，高小和初中一年级的政治课本，本学期仍未能解决。（其他各级课本也不能算是很好地解决，因为这些已有的本子对于学生程度，对于教学进程不一定都很适合。）

在今后半年内，本会计划进一步来解决各级政治课本的问题。各级课程内容究应如何支配，课本应如何编写，我们诚恳地期待各方面的赐教。

本会今后三个月的工作计划

本会审读修改旧有教科书的工作已大致告一段落，在八月初特举行会议，检讨了过去的工作，并拟定今后三个月（八月到十月）的工作计划。

鉴于此次准备一九四九年秋季开学的各项课本的仓卒不周的情形，我们决定从现在起就要针对一九五〇年春季开学的需要加紧准备，但由于人力不够，现在还只能就现有人力进行工作布置。

在国文方面，决定编出高小国语第二、四册。使与已经改编印行的第一、三册成为一套。初中国文也同时进行编辑。但预计三个月时间还不可能编出来。如能增加人力，并拟进行初小国语的编辑。

在史地方面，决定编出（一）初中本国近代史的下册与高中本国近代史的下册（至少编出一种）；（二）初中本国地理；（三）高中外国史上册。

在政治方面，除《中国革命读本》的下册外，力求编出高小用的课本（至少一部分）；及初中一、二年级用的课本。

在师范教育方面，决定编出教育学一本。

在自然科方面，决定编出动物学一本。

上述这些工作如均能如期完成，也还不能完全满足需要，但以本会现有人力，要完成这些工作已深感吃力，放本会已向上级机关请求增调或聘请工作人员，深望各方面有关机关在人力上给与本会以大力协助。

征求对自然数理教科书的编辑意见

关于编辑中学自然，理化，及数学方面的教科书，决定先向主要在平的各专家及中学教员征求意见。然后酌量情况，遇必要时再来集体讨论。兹将征求意见的信稿抄录于后：

先生大鉴：我们希望知道，您对于编辑中学（包括高初中）自然，理化及数学方面教科书的意见，特别列出一些问题，敬请赐答。

一、您所看到过或采用过的旧教科书有哪些缺点？在体系及编制方面觉得怎样？

二、以后编辑的教科书应该如何改进？在体系及编制方面应该怎样？

三、自然，理化，数学各科应如何按照学生程度与需要分配？例如初中矿物是否应独立为一科？物理与化学是否须混合？又前后如何衔接？

四、新的课程标准应该如何订定（任何一科的）？教材应该注重哪些方面？

五、这些科目或某一科在课程中应占多少教学时间？

六、自然与理化方面说理与实验应如何分配？

七、与生产实践应如何联系？

八、自然与理化教科书上插图有哪些地方应该改进？

前面所提出的只是极普通的一些问题，我们希望知道的当然不仅是这一些。希望您抽空写下对于任何几条或这几条以外的宝贵意见。覆示请在八月中旬（如果能够早点寄来更好）寄“本市东四二条教育部教科书编委会收”，不胜感谢。此祝

健康。

教科书编委会启

七月　日

本会招待教代会代表

七月三十一日，本会招待来平参加中华全国第一次教育工作者代表会议筹备会的一部分代表，研讨有关教科书编审的问题。虽然由于时间局促，未能对各项问题充分讨论，但从到会的人的发言中，也提供了不少对于本会今后工作有益的意见。

在小学教科书应全国统编或各地区分编的问题上，到会的人大致都认为初小各课可考虑分区编印，高小的历史政治各课均应全国统一。但就是在可以分地区的各种课本上，到会的人也有人认为应就全国共同需要的材料统编一套，各地区再根据实际情况，分编补充材料。

关于教科书的内容问题，董纯才先生说："教科书是教育工作的基本工具，必须适应中国革命形势的发展来从事编撰。解放前的教科书固然大多不能再用，就是解放区编的教科书，有的也需要适应新的形势加以改编。"

吴研因、张士一等先生特别对于如何使教科书编得适合于学习心理发表了很多意见，陈鹤琴先生特别强调了"从实际出发"的原则，以说明新教科书与旧教科书之不同。

董纯才，孙陶林，江清风，李曙深，李俊民等先生在座谈会上报告了解放区中过去编教科书的经验，希望本会能多多吸收这些经验，并约集在解放区做过编辑工作的人来参加工作。他们也指出过去解放区所编教科书的某些缺点，和还没有能很好解决的某些问题。他们指出，过去的国文，政治，地理的教材往往太着重于时事性，以至赶不上形势的发展，所以希望政治课以政治的基本常识为主，地理课本以经济地理自然地理为主，关于国文教材中固然不一定要有很多应时的文章，但应有明确的政治思想内容。

（非卖品）本刊发给专区、市以上教育行政机关。

编审通讯第二期

华北人民政府教育部教科书编审委员会编

（会址：北平东四牌楼二条胡同五号）

目　　录①

（本刊所载材料，非得本会同意，不得转载）

（一九四九年九月二十日出版）

---

① 本次文献整理，目录移至第一篇文章“关于初中本国地理课本的通讯”前。

② 正文中三、四的顺序与目录不一致，此处保持文献原貌。

③ 正文中标题为“什么是目的论（问题解答）”，此处保持文献原貌。

关于初中本国地理课本的通讯

一、来信

编委会负责同志：

（上略）意见书中关于本国地理（初中）主要列出两种，一为开明版，一即山东编者。其评价可列表如次：

版本	政治观点	自然地理	分量
开明	模糊	比较严正	嫌重一些
山东	正确	简单、陈旧、不甚精密	嫌单薄

结果前者定为课本，后者定为补充读物。开明本前未曾见，顷购到样本，拟加选用，想不到没有看完一章就看不下去了。因为政治观点不仅模糊，实在是错误，且每篇必有中山实业计划，苏联与英美相提并论，世界文明不分性质，以南京为首都，上海所以成为最大都市仿佛应归功于五口通商，种种错误，不胜枚举。那么，我们如果将上表加以研究，分量一重一薄，互相对销，政治观点与自然地理各有所长所短，似乎随便都可取为课本或补充读物，但却以开明版为课本，山东版为补充读物，那意思就是政治观点是次要的，自然地理是主要的。因为所谓补充读物者，实际上谁也不用之空名也，今天还有多少学生买了课本再买补充读物的？况开明本分量较多，全部已经吃不下，还要补充什么？补充政治观点吗？不同的政治观点是不能并存的。我们认为这一处理恐怕是考虑未周，应该是以山东本为课本，开明本为补充读物才是。因为政治观点首先要正确，这是新民主主义课本与国民党或其他课本的分野；自然地理如简单、陈旧、不甚精密，是可以补救的。学生如买不起开明本，教师可备一套，作补充教材，这是完全可办到而且是合理的。因为自然地理的材料才是可以补充的东西，政治观点则是纠正的问题。然而贵会

所见并非如此，令人不解。希予明教。

此致

敬礼!

蔡迪　八月十六日

二、覆信

蔡迪同志：

八月十六日来信收到。

当我们最初选择初中地理教材时，未见到山东本，也未见到其他可以适用的老解放区所出的本子。故只能就坊间各书店旧书本子中选择反动政治气味比较不甚浓重而在自然经济材料上稍完备者暂供急需。这样就选择了开明的本子。开明本子诚有政治上的种种缺点，但比起别的旧本子来要算好一点的了。到了六月尾才看到山东本子，虽觉得这个本子除政治观点正确外，并有叙述流畅，不像旧课本那样呆板的优点，但因此书中自然经济材料不充分，地方志也太简单，有些部分从全国解放的新形势下看已不甚适合，而且全书只有一二幅极简单的地图，用做课本，教学上当甚困难，故拟作为补充读本。在意见书中附有关于地理科之总意见，本意是希望教员能看到这些意见而纠正开明本子中不正确的地方，并以山东本作为政治观点上之依据，决非如来信所说，承认开明本中的一切观点而再以山东本之观点补充之。(但意见书中没有说清楚，会使人以为总意见与开明本没有什么关系，这又是我们的疏忽。)

接到你的来信后，我们仔细考虑了这个问题，觉得我们当时的决定是比较草率的。固然为了环绕生产建设的任务，在中学地理教学上应该着重自然经济地理，但既以开明本为主，教员恐怕不一定都有能力一一纠正其中在政治上不妥当之处。我们提出的意见本是供各方参考的，中共中央宣传部也未把里面的一切拟议都认作定论。我们同意在这两本书的使用上采取较灵活的办法，即在有山东本的地方得以山东本为主要课本，而以开明本为必备参考。

我们认为中学地理教学对于正确思想的培养，作用很重大，进行教学时应有比较完善的教本，现在的办法终究是临时应急的。我们虽正物色人才，进行编撰，但是否下学期即能编印出一二册来，尚无十分把握。我们很希望你处能就《本国地理》一书，立即加以较充分的修订补充，以应下学期各地需用。（下略）

介绍《苏联学生的思想政治教育》

此书原名《一九四六年—四七年莫斯科、列宁格勒学校中的学生思想政治教育》，一九四七年俄罗斯联邦共和国教育部出版，由金诗伯、维基、吴富恒、郭力军四位先生译成中文，山东新华书店出版。

全书共分两大部分，一部分是莫斯科、列宁格勒两市市教育局长及联共（布）中央学校部部长等关于执行联共（布）中央思想问题决议案中有关学校思想教育部分的总结报告，在这些总结报告中，指出莫斯科与列宁格勒两市及苏联其他各地的“教师中间的基本群众已经正确的了解了党的决议，并且正设法在他们的工作中切实执行”，通过各科教学的具体内容，努力把苏联的青年学生培养成具有这样的品质的人物：“他必须对他的事业，对于共产主义的巨大力量，对于列宁斯大林的党的伟大理想充满着信心；他必须是机警的，活泼的，不因微小的失败与困难而陷入沮丧和悲观，不怕任何困难和障碍，并且永久准备着克服它们；他必须是守纪律的，具有道德的纪律性，准备为人民的利益完成任何任务或命令；他必须勇敢刚毅，真诚忠实，感觉锐敏；他爱他的人民，以牺牲自我的精神为他们服务；至高无上地尽忠于苏维埃祖国，准备为它贡献他的生命。”结论中强调的指出各科教师的马列主义水平的提高及对于所担任的课程的充分准备在实现思想政治教育上的决定作用，号召教师们细心的研究在思想政治教育中的各科典型教学经验，进行“大胆而公开的批评”，克服存在于“学生思想政治教育中的工作上的严重缺点。有的教师在低级的思想理论水准上进行讲授，没有把充分有价值的知识给学生，并没有进行有系统的学生思想教育工作，这些教师不能使人满意地完成苏维埃教学法上关于教学和思想教育统一的最重要的要求，结果是学生有了某些形式主义的知识，却没有获得共产主义世界观的基本的观念体系；列宁和斯大林关于科学的党性，关于苏维埃学校不能离开共产党和苏维埃国家政策的这个事实的指示，没有适当地完成”。

对于一切教育工作者，特别是对于教育行政工作者，这一部分都是值得认真研究的。

另一部分是莫斯科与列宁格勒两地的各科中学教师执行思想政治教育的典型发言，大致分为文艺、史地、自然科学三个方面。文艺方面有七篇，六篇关于文学教学，一篇关于艺术教学。他们教学生彻底了解古代的以及现代的文艺作品，就在这彻底了解之中，把思想提高了，适于在苏联社会里做一个健康进取的人。七位教师所用的方法并不完全相同，可是有一致的地方，就是他们都着重在启发，不用勉强的灌输。史地方面有四篇，历史地理各两篇。从两篇关于历史课程的发言中，可以看出苏联的历史教师如何通过具体历史事实，使学生清楚了解人类社会历史是阶级斗争的历史，苏联如何由十月社会主义革命走向了共产主义的道路，并从社会主义制度与资本主义剥削制度的对比中看出苏维埃制度的优越性，通过这一切，提高学生的爱国心与建设的热诚。在地理教学中，培养了学生对于祖国地理的兴趣，使他们了解苏维埃国家在改变苏联各地的经济和文化上所起的作用。自然科学方面有四篇，关于生物教学的一篇，关于化学的二篇，关于物理的一篇。明白清楚地说明了这些课程中教育的思想性究竟是什么，组织每日工作的时候，应当拿什么目标做指导。书中指出帮助学生发展一个辩证唯物论的世界观，及说明人的智力超过自然力量，为了劳动人民的利益有再造自然的可能性等等是教育中重要的目标外，对于教学中应怎样使理论与实际联系，把握理论，克服形式逻辑的想法，及怎样培养成积极性，主动性，创造性的人，使他能独立解决实际问题等也都有明晰的说明。

苏联学生的思想政治教育，是通过各项课程的教学来实现的，各科教师根据各科的特点，按照学生的思想水平，具体生动的实施思想教育。这一点，很值得我国学校的各科教师学习。

高中国文教师座谈会简记

为了解决高三国文教材问题，九月一日和北平一部分高中国文教师一起开了一次座谈会。座谈会的内容涉及一般的中学国文课程的地方很多。

在这会上，柳湜先生根据暑假中学入学考试的情形，指出初中毕业学生大多数连白话文都写不明白，这原因固然由于过去教材的不适当，但教员兼课太多，不能全心全力指导课业，也是一个重要原因。现在各校教员已有不少的人自动的辞去兼课，这是一个好的现象。

叶圣陶先生说明，就文字上来讲，高中国文的教学，仍应重在语文一致的方面，所以主要的是学语体文，在文字技术方面，要训练得学生没有逻辑上及语法上的错误。至于文言文，在高中阶段，只是使学生弄明白一些文言虚字，文言句式，作为他们有需要时阅读中国旧籍的初步准备罢了。

陈哲文先生提出老解放区出版的课本，在思想上说，极合现在需要；惟农村材料太多，不但学生不易了解，连先生也都感觉到隔膜，所以不容易教好。其次，文言文和语体文的问题，各校学生的要求颇为不同。教材方面，女生多喜文艺文，对议论文很少兴趣。最给学生坏的影响的，是教员在作文课中，多出空泛的题目，造成了学生搭大架子、说空话、不切实际的毛病。

赵同光先生在是否应选文言文问题上，依他过去的教学经验说明，讲授繁重艰深的文言文，是使学生感到讨厌的事；即使要选文言文，也应该是普通的，唐宋以下的文章。

白杰先生的发言，认为高中教文言文是必要的；但不能超过百分之三十，且不必选学术性的。至于语体文的选材，应多重实用，如报告、自传、通讯、总结等文章，因为过去教本在这些方面是比较缺乏的。翻译的文章，因为原文文章构造上与中国语法不同，选材应特别审慎。同时，他又根据现有的高中国文教本，概括的和现在高中学生程度作了一个比较，几乎全部都嫌选材太深，希望以后编辑教本时，特别注意这一点。

陈哲文先生对教授文言文，主张先译成口语，然后教授；并举出其个人经验，将《离骚》与郭沫若译文同时讲授，得到很好效果。但宋云彬先生则以为文言译成口语，困难甚多，且会失去原文的特色。

大学国文目录（现代文之部）

北京大学清华大学共同选辑大一国文教材，大致就绪之后，又与本会会商，经过三次的讨论，已将“现代文之部”的目录写定，共三十二篇。这个选本不但供北大清华两校应用，其他各大学也可以采用。书已由出版委员会付排，估计十月上旬可以出版。现在把全目录抄在这里，供有关各方面参考。

大学国文目录

在延安文艺座谈会上的讲话	毛泽东
毛泽东论学习	
《农村调查》序言二	毛泽东
中共中央毛泽东主席关于时局的声明	
人的阶级性	刘少奇
“五四”运动与知识分子的道路	陈伯达
表现新的群众的时代	周　扬
论严肃	朱自清
鲁迅的精神	瞿秋白
奴隶就这样得到解放	郭沫若
墨子与墨家	张荫麟
马克思墓前演说	恩格斯
论列宁	斯大林
作家与战士	罗斯金
论通讯员的写作和修养	加里宁
在巴黎世界拥护和平大会上的演说	爱伦堡
短论三篇（人生识字胡涂始　不应该那么写　什么是“讽刺”）	鲁　迅
写于深夜里	鲁　迅
龙凤	闻一多

狂人日记	鲁　迅
在其香居茶馆里	沙　汀
传家宝	赵树理
一个女人翻身的故事	孔　厥
无敌三勇士	刘白羽
郑子产	张荫麟
文人宅	朱自清
白杨礼赞	茅　盾
春联儿	叶圣陶
包身工	夏　衍
海上的遭遇	周而复
三日杂记	丁　玲
墨水和鲜血	爱伦堡

什么是目的论（问题解答）

问：生物学上的目的论的内容如何？其错误之点何在？

（山东蔡迪先生问）

答：生物学上的目的论，是说生物有求生存与繁衍的目的的，比方说开花是为了要达到结果的目的，结果与产生种子是为了繁生种族的目的。又比方说花里有蜜腺（或称蜜槽）能分泌蜜汁，是使昆虫来吸蜜汁，可以达到受精的目的，果子生得色红好看，果肉味甜，是使鸟爱吃，吃了果肉，可以把核散在远处，达成散布种子的目的，等等都是的。照此推论起来，生物的生活既有目的，自然也是有目的了。这种说法与相信宗教的人说宇宙有意志的话相合，结果必然归结到说有神存在。

这种目的论在十九世纪时候，已经被达尔文完全击破。照他的学说讲：生物本多变异，在非常复杂的生活关系中，变得适合一些的得到生存，比较不适合的受淘汰。因此生物器官等等具有适合于生存的机能。这不是由于生物本身有目的或意志，是在极复杂的生活关系中发展来的。我们不信有神存在，同时在生物学中亦须避免目的论的旧说。

（周建人先生答）

本 会 简 况

本会于今年四月十五日正式成立。编辑部门在初成立时只有十人，陆续增加，现有同仁二十九位，计委员十二人（内二人为兼职，不能来会办公），编辑五人，助理编辑十二人。共分国文、史地、自然、教育、政治五个小组，国文组九人，史地组八人，自然组三人，教育组四人，政治组五人。这些同仁中并不都是在编辑教科书工作上有经验的，有一部分尚在开始学习，没有独立编写的能力，还有一部分兼做其他事情，不能经常担任编辑工作。在本会同仁中几乎没有参加过老解放区中教科书编辑工作的，这尤其是个缺陷。为了补救同仁在马列主义水平上还不够高的缺点，会中按文化水平分设了几个学习小组。除去上述二十九人以外，尚聘有特约编审四位，不负责会中的经常工作，只负责临时委托的稿件的审阅与修改。

图书资料共有七千余册，其中只有一小部分是购置的，其余都为各方赠送。由于经济的限制，不能有计划地购置书籍，所以参考用书很不完备，工具书尤感缺少。

与我们的任务比较起来，我们的人力与物力都相差太远。希望各方多加帮助，无论实力上的或精神上的都好。

华北区小学教科书出版工作基本完成
干部必读丛书续印中※

【本市讯】出版委员会发出第二号出版消息：

（一）平津解放以来，至七月底止，解放社和新华书店在华北地区出版之新书及重版书已达三百一十余种，共印八百万册左右（冀东及原晋冀鲁豫地区各新华书店分店出版者尚未计入）。目前解放社及新华书店在平津每天平均可出书一种，每版印数一般为一万册至三万册。

（二）本学期华北小学教科书的出版工作，已基本上完成，华北新华书店邯郸、石家庄、保定三个印刷厂，已印出二十五种，共三百八十万册，北平华北联合出版社已印出一百三十二万册，其余月内亦可全部出齐。

华北人民政府教育部教科书编审委员会到最近为止，修订或重编的教科书已有十二种，共十九册：高小国语第一、三册，高小地理第一、二、三、四册，高小历史第一、二、三册，初中中国历史课本，初中中国近代史上编，初中外国史，初中生理卫生，初中实用化学，高中本国史二册，高中本国近代史上册，中国革命读本，初中世界地理课本。

又初中国文第五册和高中国文第三、第四、第五册亦已由原编者续编完竣，教育研究室编的中级世界地理，亦经该室修订。以上各种教科用书，大部份均已排好，小部份尚在排校中，已排好部份正在加速赶印。

（三）中共中央指定的“干部必读”十二种理论书，除《马恩列斯论中国》一种尚待整理外，其余十一种解放社都已校正或编就发稿。按照下列顺序排印社会发展简史、政治经济学、共产党宣言、社会主义从空想到科学的发展、帝国主义是资本主义的最高阶段、国家与革命、“左派”幼稚病、论列宁主义基础、苏联共产党（布）历史简要读本、列宁斯大林论社会主义经济

※《光明日报》，1949年8月12日，第4版。

建设、思想方法论。

现第一种到第四种初版各五万册已经出版，第五种到第八种亦已印完并装出一部分，其他各册，十月中亦可出齐。

（四）马克思著《哲学底贫困》与《哥达纲领批判》，已由何思敬重新译过。恩格斯著《费尔巴哈德国古典哲学的终结》，原译本亦经张仲实校改。以上三种古典著作，均将由解放社出版。

（五）刘少奇的《论共产党员的修养》，作者已作了若干文字上的修改，交解放社重版。艾思奇的《大众哲学》最近亦经作者再度修订，交新华书店重版。

上海中小学教材编审会

下学期中小学教科书须审查修改后付印 出版委会已推定编审工作人选※

戴白韬处长昨谈编审原则，要从实际出发，不违反人民立场，贯彻新民主主义的教育方针。

【本报讯】本市新华、开明、中华、商务、世界五大书局，为筹印下学期中小学教科书事宜，特组织一出版委员会，并约请语文专家及国文、史地教师二十余人，于昨日上午十时假市政教育处举行中小学教科书问题座谈会，主席陆静山，报告后即请文管会市教处戴白韬处长讲话。戴处长说：中小学下学期应用的教科书，现在只能选几套比较好的加以审查修改后付印。审订教科书的三个原则是：㈠应站在人民大众立场，而不是替大地主、官僚资本主义讲话的；同时，站在中华民族的立场，而不是无原则的全盘抄袭外国的东西。㈡从实际出发，和实际结合。㈢科学的精神，实事求是的唯物观点，反主观、反独断、提倡科学、反对迷信。另外要注意四个：㈠不反民族，不丧失民族立场和自信心。㈡不反共、反人民、反民主。㈢不反对世界民主运动，不帮世界法西斯讲话。㈣不违背人民政府的法令，最重要的如约法八章。这是消极方面的，积极方面要做到反帝、反封建、反官僚资本主义，贯彻新民主主义教育的方针。讲话毕，即由与会人士分别发表意见，大家一致同意语文教材要重编，史地要修改，数、理、化看一看可先行付印。最后推定各组工作人选如下：

语文组。㈠小学：沈百英、陈伯吹、贺宜。㈡初中：朱秉衡、钱天起、

※ 《大公报（上海）》，1949 年 6 月 16 日，第 1 张第 4 版。

张树人、刘宗贻。㊂高中：魏金枝、谷斯范、孙功炎、周朴汉、覃英、韦月侣、商弢。

社会科学组（包括历史、地理、政治常识等）。㊀初小：胡颜立、杨士楠、姚家栋。㊁高小：王志成、马精武、顾缉明。㊂中学：王泽民、龚思雪、戴介民。（自然科学组以后成立）。

【又讯】中小学教科书问题座谈会，限七月十五日以前将各种教科书编审完竣，八月份陆续出书，以应下学期开学时需要。该会并建议人民政府，明令取消中学英语一科，高中时可设外国语选修科，以解放学生头脑及时间，加强本国语文、社会、自然科学之学习，培养大批的新中国建设人才。

沪书局组出版委会　改正中小学教科书内容符合人民国家利益配合现实※

【合众社上海十六日电】此间当局今天规定了改订中小学教科书的原则。据军管会文教委员会主任戴白韬说，主要原则如下：㈠教科书的内容必须符合人民大众及国家的利益，而非地主及官僚资本家的利益，并不能盲目抄袭西方文化。㈡内容必须基于现实主义，而且与现实相配合。㈢内容必须从科学化与唯物论入手，并必须反迷信，反主观。除这三项原则外，戴氏复提出四点注意事项：㈠教科书内容不能有害于国家及有损及民族的立场与信心；㈡内容不能反共、反人民或反民主；㈢内容不能为世界法西斯主义宣扬；㈣内容不能违反人民政府的法律，特别是《八项公约》。戴氏总结说：教科书的内容应该是反帝、反封建、反官僚资本主义，且必须彻底实行“新民主主义”的教育原则。商务、中华、开明及世界等四大书局已组织一个出版委员会，负责指导和监督中小学教科书的出版，他们并已邀请二十余位教师作顾问。

※《大公报（香港）》，1949年6月17日，第1张第1版。

中小学校教科书编审工作将完成※

【本报讯】本市中小学教科书编审委员会，廿二日上午九时在市教处开会。语文及社会科学两组，分批报告一周来的工作经过。本月底以前，一部份教科书的编审工作可以完成，其他的在下月十五日前也可以完毕。

据有关方面估计：上海全市所需要的中小学教科书籍大约需要一百万册，其他华东解放区及即将解放的华南地区所需教科书，当在两千万册左右，因此，上海的教科书编审工作将更为迫切。

※《大公报》，1949年6月24日，第1张第3版。

沪中小学校教材编审定七月十五前完成※

【本报讯】本市中小学教材编审会昨晨九时在市政教育处举行二次工作会报，关于小学教材已有一部分准备付印，中学教材下月初将有一部分开印。同时增聘插图人员十五人配合工作。又：编审人员互相号召在七月十五日以前提前完成教材编审工作。中小学教材除由开明等五大书局出版外，本市各书局都可申请参加。

【又讯】南京军管会文管会顷派一代表来沪与中小学教材编审会接洽教科书事，南京现正翻印华北解放区教材中。据该代表表示：如沪编审工作能于七月十五日前完成，南京方面愿与上海合作，采用上海编审的教材。

※《大公报》，1949年6月30日，第1张第2版。

中小学的教科书问题※

本报时事座谈会昨讨论纪录　全文定廿一日发表

【本报讯】本报第七次时事座谈会于昨天午二时举行，讨论题目是“中小学的教科书问题”。到会的有教育局研究室主任陈向平、上海学联宋锡恒、商务印书馆编辑部沈百英、中华书局编辑部姚绍华、开明书店编辑部吕叔湘、联合出版社生产部主任赵景源、教育家魏金枝、市立师范陆静山、市立虹口中学戴介民、新华书店姚莫、麦伦中学同学顾以仁、戴桂康，还有大夏大学教育系的四位同学何敬喜、施懋旺、赵年荪、董焕章来旁听。大家对于这一问题，充分发表意见，认为教科书是需要改革的，首先应该剔除反动、有毒的教材，迎接文化建设的高潮，建设新民主主义的文化，那就是民族的形式，科学的内容，大众的方向。教科书的编审，并不是孤立的，它关联着学制的改革。而在目前，教科书之所以成为问题，最根本不是在教科书本身，而在运用教科书的人，这中间，最重要的就是师资的改造，教师必须掌握观点，站稳立场，和同学共同学习。

在座谈中，大家对于如何编审教科书，目前各科教科书存在着的一些缺点以及当前各科教学的情况，都提供了具体意见和报道。座谈纪录全文定本月廿一日在本报发表。

麦伦中学两同学谈课本

赞成由教师学生一起来编

戴桂康：我是一个初中学生，我要把我自己感觉到的关于教科书的问题提出来，但因为学校这几天正在考试，没有时间让我把问题准备得很好。

※ 《大公报》，1949 年 11 月 18 日，第 1 张第 2 版。

第一，政治课的问题：现在规定初三到高三都有这门功课，内容方面差不多都是一样的，尤其没有把新的事实配合起来。例如人民大宪章，课本里就见不到，所学的只是阶级观念，劳动观念这一些基本的知识，使学生感觉到内容不能与现实相配合。

第二，历史课的问题：现在的历史课本的观念是正确的，也因为着重在观念一方面，内容不免有粗糙的地方。初中尤其觉得分量太重，材料太多，有的地方并需要有详尽的解释。

第三，化学课的问题：我们用的化学课本是《最新实用化学》，这本书是一个美国人编的，好多地方不适合中国的情形，因为学校设备的关系，实验上也有好些做不到，做得到的也很简单，所以分组实验时就不得不另用其他的书。这本书也有一些好处，如像有进修题目等等。今后希望能有一本完全适合中国学生用的化学教科书。

第四，英文课的问题：这不应该再是主科了。希望高中方面以后把它列为选科。现有的英文课本中，也不要再教关于宗教神话方面的教材。

第五，地理课的问题：这一种课本不能单独的来看，也应和学制配合起来。现有的教科书中就找不到一本新的，切合实际的地理课本。

最后，我站在学生的立场，以自己所感觉到的需要，我赞成把教科书拿出来由先生和学生一起来编。

国文教材优点和缺点

顾以仁：麦伦中学的一般同学，对现行国文课本反映几点意见。

高中国文与初中国文的材料选择，没有一定的标准。譬如高中二年级与初中二年级有同样的一课《蝉》，可见选文时没有好好的安排。其次，很多地方没有注解，有时讲不出来，我们希望注解详编一点。有一位先生的意见，认为应该有一本教学的指导。第三，选文没有很好的比例，各种文体分配不平均。

现行课本有一优点，在思想上都能教育同学，例如初中三年级课本中《怎样进行集体学习》一课，对同学的帮助很大，以后编课本时，类似这种材料希望多采用。还有，毛主席说要向工农兵学习，现在关于工农兵的教材比较少，希望以后增加一些。

中小学的教科书问题　本报第七次时事座谈会纪录※

时　间：十一月十七日下午二时

地　点：宁波路钱庄俱乐部

出席人：（以发言先后为次序）

魏金枝先生（教育家）

宋锡恒先生（上海学联）

陆静山先生（市立师范）

吕叔湘先生（开明书店编辑部）

沈百英先生（商务印书馆编辑部）

戴介民先生（市立虹口中学）

姚绍华先生（中华书局编辑部）

戴桂康先生（麦伦中学初中部）

顾以仁先生（麦伦中学高中部）

赵景源先生（联合出版社生产部主任）

陈向平先生（教育局研究室主任）

姚莫先生（新华书店）

何敬喜先生（大夏大学）

赵年荪先生（同上）

董焕章先生（同上）

施懋旺先生（同上）

主人：今天的上海已是解放了七个月的上海了，我们特别提出“中小学的教科书问题”来向各位先生请教。

※ 《大公报（上海）》，1949 年 11 月 21 日，第 2 张第 5 版。

人民解放事业全国性的胜利是必然成功的。在这翻天覆地的解放事业的当中，整个社会都变了，旧的中国灭亡，新的中国诞生，中国经过这一次的大革命，一般人的生活都起了大变化，尤其是在文化教育方面，更起了基本性的大变化。要把我们过去几千年的文化使它现代化，这也就是今天我们人民大革命的任务。

新的文化在重新开始建设，思想上要根据马列主义的唯物史观，这一基本性的大变化，使得各级学校的教科书多成了问题，而这一问题又是急待解决的！

由于一九四九年人民解放战争的迅速进展，政治军事成功的后面，跟着来的就是经济与文化的建设工作。在文化方面，教科书也占着重要的地位。各级学校的老师和学生一定已有这个感觉，就我个人所知道的，我在北京已有人谈到这个问题，在中央已有了教科书编纂委员会的组织，在新的教科书没有编成以前，过渡时期也要采取审定方式。

今天来参加我们邀请的座谈会的老师和同学们，对这个问题发言一定很热烈，意见一定很宝贵。我们极愿意把它整理发表出来，提供大家参考。

陆静山先生报告　解放后教科书编审经过

暑假期间匆促赶成　只能尽量将旧有课本改编　把握正确思想　文字方面暂难顾到　现在准备明年春季的课本

陆静山：关于教科书问题，我今天主要是听听各位的意见。这一次上海出版的中小学教科书，由本人办理编审工作，很希望听到各位的意见，作为今后修改时的主要参考，因此顺便简单的将这次编审情形先来作个报告。

上海解放后不久，大概半个月，有许多朋友谈到教科书问题，认为过去反动派的书当然不能用了，今后怎样呢？暑假期间和老解放区来的朋友商量后，决定重编一套教科书。乃邀了一些朋友，有的是有经验的专家，有的是中小学教师，六月十五日在市教育处开座谈会，讨论这个问题，请戴白韬处长主持。他很赞成有一个组织，将下学期教科书改编选定，并指示一个重要原则，就是：现在还不可能有全套新的教科书，只能就有关政治的教材编选出来，旧教科书中反共，反人民，反苏，反世界和平，以及违反人民政府法令，站在帝国主义走狗立场上说话的，予以剔除；加上爱人民，爱劳动，爱民主，爱科学的材料。于是分组进行，那时距开学只有两个多月，要把编审、印刷、发行等工作统统开快车，决定编审工作以一个月为期，到七月十五日告一段落。时间如此局促。因此决定尽量将旧有课本改编，把握正确思想，文字方面粗糙之处暂时不管，只能尽可能做到完整。当时分六组，㈠小学国语，㈡初小常识，㈢高小史地与政治常识，㈣高中国文，㈤初中国文，㈥初高中史地。当时找到了山东解放区课本参考，拿上海各种教科书来选。几次会议后，重新编选的有初高小国语和初高中国文。山东课本的材料适合农村，不大合用，今后方向转到大城市，城市的材料需要加进去，因此根据山东课本的材料改编。此外小学常识和自然，根据山东课本和华北课本稍加调整。小学地理用华北人民政府的选定本。初高中地理历史根据华北选定本编定。此次工作共动员五十九人，其中编审三十六人，画图十八人，零星工作五人，临时帮忙的不计算在内。由于过去无规模，无准备，时间局促，人力有限，加以初解放时政治认识粗浅，或不免错误，参考材料难找，多数缺少经验，匆忙完成，两月内走了许多曲折的路，浪费了许多时间。出版后大家提心吊胆，深恐误人子弟。仔细一校，发现还有画错写错之处。现在准备明年春季课本，将现有的加以补充。今天是一个很好的机会，希望各位对出版的教科书多多发表意见。

编辑教科书的标准

要确立利学观点和劳动观点

姚绍华：今天各位对于教科书的问题，可说各方面都谈到了。兄弟以前也曾编过一两套教科书，就个人的经验以及朋友们所谈到的，觉得教科书在目前的中国，不仅不能废止，而且还应加强，改善内容，在编辑之先，最好充分研究，多加讨论。

我们必须了解，“教育就是武器。”（斯大林语）我们要用这个武器为全体人民服务，把一个落后的中国建设为新民主主义的中国，把新的思想贯输到新中国第一代人民的脑子里去。因此，对于作为重要教育工具之一的教科书，就不能不予以极大的注意。

旧的教科书，因受客观条件的限制，弊病百出；就是到了现在，各地所发行的中小学教科书，缺点也还很多。这是因为富于编辑经验的人才尚很缺少，以及受时间的限制，不能大量编辑新的课本，只好暂时拿原有的来应用。但为了贯彻目前的新中国的文教政策，这一问题是应当急予解决的。

新中国的文教政策，现在已经正式颁布，对中国今后的文教前途已有明确的指示。为了完成建设新民主主义的任务，我以为对于中小学教科书的编辑，最低限度要达到如下两点：

㈠确立科学的观点：一切教科书上的知识，必须是具体的，联系实际的事实或知识，所有抽象的和公式性质的记述，都应当完全避免，而代以切实明确的内容。早在一九三四年五月十六日，苏联人民委员会和联共（布）中央，对当时各校历史教科书和教授本身，提供学生一些社会经济形态的抽象定义，而不用生动有趣的方式，和按照年代的次序讲述重要的事件和事实，以及历史人物的特点等以教授学生，认为是重大的缺点。他们曾经这样的指示："按照历史年代讲述历史事件，且使学生必须牢固记忆一些重要的历史现象、历史人物和年代日月等，这是使学生们能够切实领悟历史课程之决定的条件。只有这样的历史课程，才能保证学生们所必需的历史教程之易于理解性、明确性和具体性。只有在这样的基础上，正确地分析和正确的总结历史事件，使学生对历史走向马克思主义的认识，才有可能。"

他们这里所指的是中学的历史课程，就是小学历史，又何常不需要如此呢？推而广之，其他教科书的内容，也同样是需要在具体的、联系实际的基础上，才能培养学生对一切知识的客观分析和正确的理解。

㈡确立劳动的观念：劳动创造了人，也发展了人类社会和文化。今天中华人民共和国要加速完成新民主主义的社会建设，走向社会主义的社会建设，就必须加强人民对劳动观念的了解。因此，在新的中小学教科书中，非但要根除旧社会所有的一切"不劳而获"的思想，和脱离劳动的现象，同时并须进一步地鼓励人民重视劳动，热爱劳动，在学习和生活上都应把劳动提到第一位，把劳动观念的认识和实践，在学生时代就使他们紧密地结合起来，从而提高他们的政治觉悟和阶级观念的认识，以配合新民主主义中国的广大建设事业的需求，而迎接跟着新经济建设高潮而来的文化建设的高潮。

中小学教科书所具的内容，各科各级都不相同。以中国疆域之大，民族的不同，所以需要分编几种不同的课本，适应不同的情况。在教科书的文字上，也应特别注意，因为它是教育下一代的重要的工具。斯大林、基洛夫、日丹诺夫，在审查苏联中学历史，如近代史等新的教科书时，对编著教科书曾指示:“应该每一个字和每一个定义都不苟且，都须经过周密考虑。”这两点，在编辑教科书时，也是不容忽略的。

一项主张　由国家编辑和供应

编订以后要有一个试用时期

吕叔湘：刚才各位的意见，可说都很具体，但讨论的范围，比较偏于国文、政治、历史方面，不能包括整个的教科书。教科书问题，可分编辑和供应两方面来讲：

㈠关于教科书的编辑——过去，教科书是由各书局编辑，编辑的人选难于尽合理想，所编的书不免有种种缺点，教科书编得好与不好，影响很大，所以我觉得最好由国家来主持这件事。关于这方面，我有三点意见：1. 我说主持意义较广，不一定就是编辑。我觉得教科书的编辑，有三种方式可以采用：一种是由编审局自己编，一种是由编审局委托局外学术机关或专家编，一种是公开征求。有些教科书宜于采取这种方式，有些教科书宜于采取那种方式。2. 无论采取那种方式，都应该遵守集思广益的原则。就是在编订之前，要有许多人集合讨论；编订之后，要有一个试用的时期，征求教师以及专家的意见，继续修订，使之臻于完善。3. 有些科目的教科书不妨有两三种，以适应不同的情况，地区和学制。

㈡关于教科书的供应——我认为最好统一办理。过去各书局因教科书利润优厚，互相竞争，以致有种种不正当的耗费，增加学生的负担，并且产生只注意营业而忽略内容的流弊，只要在营业竞争上有必胜的把握，内容差一点也不去管它，这是非常不好的。今年各地教科书由联合出版社供应，这是一个较好的过渡的办法，但最好的办法还是由国家供应。因为教科书售价要竭力求其低廉，甚至如陆定一部长所说：把售价定在成本之下，渐渐达到免费供应的地步。联合出版社还是要顾及成本，只有由国家供应，才可以走向免费供应的道路。

教科书、学制、教师、都要改造

教科书最好不要　今天不可能　不过要明了　教科书只是一种工具

戴介民：教科书问题目前确是很困难的问题，本人今天想到几点，提出来与各位研究。

首先，教科书在整个教育中所居地位如何？过去看教科书很重要，教员教过就任务完了，学生读过也就任务完了；今天要重新考虑。过去的教育是理论与实际分开，当时社会是如此，很重视教科书，统治阶级以此便于统治，所以教科书要国定，至于学生是否需要，就不管它。今天看法不同，这个前提不解决，今后的道路仍是曲折的。

第二，在新民主主义教育下，教科书地位怎样？教科书最好不要，但今天不可能。不过要使教师了解，教科书只是一种工具，并不是拿教科书来决定一切，以教科书决定一切是糟透的。现在旧教科书是不能用了，今年暑假期间重新编制的时候，本人曾被邀参加，认为不但国语史地旧的课本用不着，即自然科学课本亦然。以动植物课本来说，现在学生读了毫无用处，与整个人生不联系，这种课本是要不得的，所以自然科学也有问题。它不是用辩证的观点，学生不感兴趣，教科书之要改造是毫无疑义的。这一点与学制有关，初中读过的往往高中又读，是制度的不合理。在学制未改时要改造教科书，是很困难的。这两件事要合起来谈。

第三，师资问题。一般教师拿教科书作死的应用，观点不是辩证的、唯物的，所以师资有很大的问题。今天各方感觉人手不足，我认为改造教师很重要。教科书可以编得简单一点，只作为对教师的主要参考，先从补充教材着手，供他们选择，今天应该多花点力量改造教师。

教科书应如何编

要编得“四美具、二难并” 所以必须是集体工作 “我不爱爸爸”完全是谣言

另一位编审者的意见

沈百英： 中小学的教科书问题，在过去有“国定本”、“审定本”和自由出版的种种形式。我们为了贯彻民主的作风，注意创造的教育，最好是根本的废除教科书，所有的教材，一部份用参考式的读物，一部份由师生在课内共同来编。因为教科书无论谁也不能编得尽如人意，那是由于教科书本身的条件太多了，编的人绝不能条条顾到（，）结果总会弄得挂一漏万的。

有了教科书又得有“教授法”，懒的老师因为有了“教授法”便完全倚靠“教授法”，甚至连参考材料也不肯再找，新的，活的教材也不肯再用。笨的老师就非有教授书便不能教了。

有人说教科书要编得“四美具，二难并。”才是好的教科书。“四美具”是㈠取材美：例如国语多采用儿童文学。㈡编法美：例如配合适合而用单元组织。㈢语句美：例如活泼，生动。㈣形式美：例如封面、插图、字体、排印的考究。“二难并”是㈠内容可靠：须有各科专门的研究。㈡编制儿童化，须有儿童教育心理的研究。要编得“四美具，二难并。”决不是个人或少数人所能做到的，必须是一件集体的工作，所以教科书最好还是用国定方式。

我在民国八年就开始学编小学教科书，商务印书馆出版的儿童文学读本，就是我在苏州时一面实验，一面编成的。我编教科书的工作，直到现在已有三十年了，越编越觉得困难重重，解放后因为朋友的邀约，又来尝试了一次。从前我在苏州时是一年最多编四本，民国十七年进了商务印书馆编译所，一年中就要编八本，这次编得更快了，一个星期就要赶出一本来！

这次的临时课本我应该有四点说明：

㈠起初因为时间逼促，我原想就已出的国语课本剪贴一下，淘汰不适用的，增加新的材料就算了，后来经过大家商量，认为思想第一，形式差一点也不要紧，于是才决定彻底的重编。

㈡重编的办法是：初小方面以常识为中心，把各科的材料配合进去。

㈢拟定常识纲目就费了不少的时间，等到着手编国语课本时，距离出版的时间只有两星期的光景了！第二册的进行又非等第一册编好不可，否则对于生字安排等都要成问题，所以每册真正去编的时间，不过三五天工夫，可见时间的确太逼促了。

㈣现在准备下学期的课本，看起来是比上一次从容些，事实上也将有一个月了，到下月（十二月）十五日就得完成，可是目前征集的意见还没有发出，真正动手编，试问还有多少时间?

记得这次出版临时课本时，有人造谣说:“课本里有‘我不爱爸爸，我不爱妈妈，我只爱我们的国家。’”我是编国语课本的人，我知道并没有这回事。

我们编的人当然应该虚心接受批评，批评越多，改进的机会也越多，我们的工作是在为小人民服务，自然是抱着“为了大众服务，应该不辞劳苦，在实际工作中锻炼自己”的态度来做。不过，也希望批评的人不作个人英雄主义，不暗箭伤人，也不来笼统的批评，要用科学的方法，分析，研究，那才是好的批评。

教科书有了，教授书也少不了，这倒不是为懒老师、笨老师打算。因为有的老师的确太忙，没工夫去看参考书；有的学校也实在太穷，没有钱买很多的参考书。

教科书还有一个活用的问题：前面说过，编的人已经自知无论如何也不能编得尽善尽美，那教的人就不必呆板的教，要自己也会活用，不好的课就不教，或者用跳课的方法来选择合适的教材。

一个根本看法

教育局陈向平先生的意见　目前教科书之所以成为问题　主要由于解放战争发展太快

陈向平：今天讨论“中小学教科书问题”，参加的都是〔与〕教科书的编辑、出版、发行、应用有关系的工作人员，这是很有意义的事情。因为教科书问题不仅仅是教科书本身的问题，这问题与编教科书的编者、用教科书的老师、读教科书的同学，以及学校的具体情况，同学的家庭背景都有关系的。

我今天来，主要想听取各位先生的意见，作为教育研究工作的参考，没有准备要说什么话。我在这里只说一说对教科书问题的看法。

目前中小学教科书之所以成为讨论的问题，主要是由于解放战争的形势发展得太快了，我们新的课本来不及赶编，而在老区曾经印行的课本，有的是两年前编的，取材和内容同目前的形势有些地方不能完全适合，并且大多是只适宜在东北、华北农村地区用的。例如国文史地的课本。此外关于数理化生物的课本，大多将旧课本暂时代用，内中材料和观点都存在着不少问题。上述这些情形，当然使老师们在教学上会遇到不少困难。

其次，应用课本的老师们之间的思想意识和业务修养上，也有很多出入之处。同学与老师之间，进步的迟速也有很多不同的程度。有的老师比同学进步，有的同学却走在老师的前面。有的学校过去是很反动、很守旧的，有的同学的家庭在对同学们做着和老师对学生的教育不相同的教育工作。因此，在教学上应用课本时所反映的情况是各种各样的。这是问题的另一面。

我们接触到许多老师对目前临时课本的意见。对新课本的意见，大多偏重在编制的形式和体裁方面，如内容的深浅，分量的轻重厚薄，篇章的长短多少等等；对代用的旧课本，则大多偏重在内容的观点和取材的原则问题上。还有些比较落后的老师，提出了些在今天我们看来不是问题的问题。如文言白话的问题，人是否由类人猿进化而来的问题等。这是不足怪的，因为有些老师过去依靠了《辞源》《辞海》，来教“铿锵有声”的文言文，成了习惯；有些老师在旧历史课本中，对汉祖唐宗的丰功伟绩教学已久，耳熟能详。他们拿了从前没有用过的课本，面对着思想感情都已在发生变化的同学，在教学上遇到困难，发生问题，乃是很自然的事情。但这在基本上，不应该看作是教科书本身的问题。

中小学老师们过去对课本的用法，大概有两种不同的态度：一种是完全依赖课本来教学生，老师做了课本的留声机；另一种是不甘心于做反动课本的奴隶，老师自己想方法找好的补充材料来教学生。这是解放以前常有的情形。现在大家对课本的根本看法当然都已经改变了，可是在用课本的态度上，还多少存在着依赖课本，或轻视课本两种倾向。这两种倾向都是由于对课本缺少正确的看法而来的。

今天所用的临时课本

编制体裁上也许有些技术问题　基本观点和内容原则是正确的

课本是什么？课本是教学的工具。教学的效果，主要要看老师们根据课本的内容，通过了自己的观点，在对同学们教学实践过程中所用的方法如何而决定。所以，教师的观点和教学方法是今天应用课本的最主要的问题。今天所用的临时课本，在编制体裁上也许存在着某些技术问题，但在基本观点和内容的原则上，都是很正确的。

我们提醒大家两件事实：在国民党反动派统治时期，他们用尽方法订定学制系统，颁布课程标准，增加学生课业上的负担，搅了二十多年，可是结果，在大中小学里出现了许许多多奋不顾身，走向革命的进步青年，而且数量上比了思想糊涂的青年不知多出多少倍，他们这种革命思想都不是由课本教出来的。另外一件事实是，中国共产党二十八年来的发展和壮大，马列主义在中国土地上无处不在地生根和生长起来，也主要不是从那一本教科书在课堂里教出来的。所以，教科书问题不是一个孤立的问题，它有一定的前提与条件的，在不同情况下面，有它不同的意义。

中央在编审中

我说这话，绝不是轻视教科书在教育工作上的重要性。苏联的教科书由国家的首领们来审定，我们中央也从不随便指定坊间出版的什么书籍册子叫各校用作课本；中央对课本正在郑重将〔疑为“其”〕事的编审中，就是为了重视教科书在教学上的作用。

新中国一定会有一套新的完美的教科书，这是没有问题的，但因为革命的形势发展得比有些老师们的思想的进步的速度还要快，旧观念在大家脑中还没有被新思想所彻底战胜和完全肃清。（对新课本应用上的困难基本上是由于这样的原因而来的)。同时，新的学制系统、新的课程标准和各科教学方法，还须由学者专家、教育工作者、文化工作者们(连同同学们在里头)在集体的实践中，组织经验，共同创造出来，这才是我们今天所要一同加倍努力去做的事情。

好的课本将来一定会陆续出现的。现在的临时课本上某些枝节的缺点，也会在教学中逐渐得到改正和补充。但在今天，不论是编教科书的先生，或是用教科书的老师，最要紧的一点是掌握观点，站稳立场。老老实实根据教科书，在教学中认真创造经验，建立新的教学方法。上面这些话，只表示我个人对教科书问题的看法，请大家指教。

教科书应注意大众化　纠正个人主义的倾向

宋锡恒：关于教科书的问题，学联方面还没有什么经验。学联包括中小学生和一部分大学生，现在整个走向了学习。在解放以前，教科书是由国民党反动派编订的，含着浓厚的反动思想，养成学生的个人主义倾向；今后迎接新民主主义文化建设的高潮，编订教科书应注意大众化，群众化，纠正个人主义的倾向。这对于新中国的青年是很重要的。

联合出版情形

刻苦严肃工作为学生服务

赵景源：我在联合出版社生产部工作，现在就转告一点联合出版社的情况。上海目前共有六十二家书店联合出版读物，目的在为人民服务。

“为人民服务”这句话，绝不是自欺欺人的空口诺言，而是需要我们刻苦严肃地工作，以行动和事实来证明，切实为中小学生和大学生服务。

一九四九年中小学教科书秋销突击工作，已在十月底完成，且做了总结报告。我们认清在我国现状之下，教科书可说仍是全国大多数学生唯一的读物，我们知道责任重大，特别注意以下三点：

㈠力求质的完善——在排校方面，对原稿负责，每次校对往往达十次甚至三十次，以校至毫无错误为度。在印刷方面，每副铅版至多印两万册，不使印件模糊。在装订方面，力求牢固，不用铅丝订，而用缝纫机，纸张力求光洁坚牢。

㈡力求充分和及时供应——教科书既然联合出版，就应充分供应，在指定地区内，绝对不使缺乏。同时，教科书的供应还有季节性，并要运输到外埠，可以必须及时供应。

㈢力求成本的减低——在联合出版社服务的人员，都抱定这个信念：联合出版的目的，不是在垄断牟利，而是仅量照顾学生，减轻他们的负担。所以与生产有关的各部门，都能自发地减低生产成本。上月底纸张虽然高涨，但联合出版社的读物始终未加价。

马克思曾说："教育者先要受教育。"我们知识份子要为人民服务，就必须具有为人民服务的意识，并须在实际工作中不断地教育自己。

两点意见

每年审查加以改进　适合学生年龄智力

魏金枝：关于教科书问题，我提出两点意见。编制方面，最好每年审查一次，加以改进，不好的材料删除，好的材料加进去。内容方面，要适合于学生年龄与智力。内容要完整很困难，自五四以来，白话文通行已有三十年，内容与大众国语有些不适合。而且写文章不是为教科书用的，选起来不容易。现在写文章的都是三十岁以上的人，中年人思想、老年人思想以及出世思想，选进去也不合理。希望将来由专家来写教科书。

迎接文化高潮

姚莫：我有一点感想。就是各位都重视教科书问题。毛主席说过，在经济高潮之后，必然要出现一个文化高潮。我们今天要迎接这个文化高潮，不过还有许多困难需要克服。

社评：中小学的教科书与教学问题※

本报邀请的“中小学的教科书问题”座谈会纪录今天发表了，乘此机会，我们也谈谈这个问题。

最近上海召开学生代表大会，总结过去学运经验，确定今后学运方针，通过《上海学生运动的当前任务》决议案，明白指出，今后应以展开新民主主义的学习运动为学运的中心任务。这是一个有重大意义的决定，不但标志着上海学运的新阶段，使新民主主义学习运动顺利展开，获得成果，就必须有良好的学习材料，同时团结师生，彻底打破过去由于反动统治毒害思想所造成的师生对立的现象。而教科书的编制和教学就是这个问题的重要环节。

在大学，因为同学已届成年，具有独立思想与自修的能力，所以教科书与教学的问题尚不十分严重。问题只在中学和小学。

教科书作为教师的教学材料，同学们学习的中心，是学校教育的主要工具。在过去反动派的统治之下，却被利用来宣传买办的、封建的、法西斯主义的反动思想，麻醉少年儿童。所以在那个时候，就必然发生教科书与教育脱节，同学与老师对立的现象。教科书不但没有成为人民教育的工具，反而成了它的障碍。但是，我们不能因为这种现象，就否定教科书在教育上的作用，问题是如何改革教科书的内容和编制，以符合于当前教育的根本精神与方针，发挥其应有的效能。

反动时代的教科书，无疑是应当废除的，并且事实上已经废除了。尤其因为过去国民党反动政府所采用的那种所谓“国定本”“审定本”的办法，恰恰是实行统治思想，阻害教育，所以我们新中国的人民民主政权，不采取这种方式，而由各个地区根据其不同的条件，自行编制适合于当地情况的教本。

※ 《大公报（上海）》，1949 年 11 月 21 日，第 1 张第 2 版。

上海解放以后半个月，本市教育界人士就进行这个工作，现在各中小学所用的临时课本，就是这项工作的成果。

但是由于客观条件的限制，时间的仓促，人力物力的不足，中小学临时课本不可能编得尽美尽善，这是当然的。所以目前各中小学，无论在教师的教学方面或同学的学习方面都发生了一些问题。例如在中学方面，有的老师和同学认为国文课本选择材料没有标准，缺乏注解，关于工农兵的文艺作品比较少。政治课本初三和高三完全一样，有的同学认为不合适。历史课本，观念完全正确，但比较流于枯燥，初中课本材料也嫌太多。自然科学方面的课本大多沿用旧编，不尽合用。

小学方面，有些同学和教师认为，算术课本一般说来都嫌太浅，不能与中学算学连接起来。国文历史等课，都有不同班次应用同样课本的情形。尤其历史，因为观点与内容的根本改变，教师思想认识上的准备不够，教学时发生困难。各级国文教本，深浅不一，取材失当，文字写得不够好，也没有加注拼音字母。政治常识历史地理等课本，材料较多，感觉时间不够。

以上所提出的，只是一部份同学和老师的意见，当然不见得是正确的，并且广大的同学和教师们一定还有许多其他的意见。不过由此可以看出，目前中小学所采用的临时课本确实存在着一些问题，需要改进。据说，原来编制临时课本的教育界人士，自本月十五日起已在着手改编，将来必有更好的课本出现。但是，现在距离寒假还有相当长的时间，在这个阶段中，因为尚不能应用改编过的良好课本，所以还应当从各方面补救现在课本之不足。我们建议：教育当局随时征集教育界人士，各校教师，广大同学的意见，发现有需要改革的地方，随时印发活叶教材，分发各校教师应用。同时最好经常地举行大规模的演讲会或分别举行座谈会，讨论教学方法，补充良好教材。各中小学教师同人，也应随时举行座谈会或小组学习会，环绕教科书问题提出改进意见，交换教学经验。

教科书既然只是教学的工具，它本身是没有决定性的，它的是否能够发挥效果，还有一个决定的因素，那就是师资问题。这两个问题是不能孤立起来看的。现在各中小学大部份都还是聘用原来的教师。他们过去在反动派的压迫下，不能进行真正为人民的教育工作，同时本身也受到环境的限制，无法汲取一切进步的知识。解放以后，全市教师的绝大多数，积极努力学习，这是一个良好的现象。但是，在师资改造的过程中，事实上不易将教学做到尽美尽善的地步，所以教育当局教育界人士都应当帮助并且也正在帮助他们进步。尤其重要的，是需要广大同学彻底执行学代大会关（于）学运当前任务的决议，团结协助并且尊重教师，共同前进。教师同人则当然要贯彻新民主主义的教育政策，坚决执行民族的、科学的、大众的教育方针，确立爱祖国、爱人民、爱劳动、爱科学的观点。

为了要贯彻新民主主义教育的政策与方针，最根本的还是要建立唯物主义的思想，也就是历史唯物主义和辩证唯物主义的思想。

首先，在社会科学的教学方面，必须正确把握历史唯物主义，倡导历史的观点，反对非历史的观点。譬如，现在我们为了反对封建主义，应当打破根深蒂固的儒家思想。但是，如果像某些人所说的那样，认为孔子是中国最大的罪人，过去中国社会之所以不能进步，完全是由于孔子学说的影响，这就不是历史的观点。又如，我们要证明美帝国主义已逐渐走向法西斯主义，就不能只从华尔街资本家的穷凶极恶来解释，而应说明：由于资本家要避免危机，采用了以国家力量控制国民经济的手段，主要是采用了英国资产阶级经济学家凯恩斯的学说，而这种学说，一经为大资本家所采用，就会走向法西斯统治的。

在自然科学的教学方面，因为大部份课本都沿用旧编，更有特别加以注意的必要。应当随时认真指出资本主义社会所产生的科学家在思想意识方面的落后性甚至反动性。譬如，高中生物学课本中，孟德尔、魏斯曼、摩尔根一派关于遗传的反动学说是被删去了；但是还应该附加讲解米邱林的进步学说，以补充这段空白。解释人类思想知识的来源时，就需要深入介绍巴夫洛夫的学说。讲到达尔文的进化论，应当辨明其进步的方面及其反动的方面。解释爱因斯坦的相对论，应当注重它对辩证唯物论所提出的证明，而否定它在思想上落伍的部分，尤其更要彻底反对因相对论而产生的弥漫于西方科学界的以爱丁顿海森堡之流为首的反动思想。

在文学艺术的教学方面，应当发扬现实主义的精神，表现好的进步的东西，而不是暴露丑恶的东西。应当注意从后退到进步的发展。

无论中学或小学的教师，都还应该随时注意学生的思想，打破他们所可能遭受到的家长方面或社会上不良份子造谣蛊惑的影响，引导他们走上新民主主义的正确道路。

师资的改造，教科书的改进，师生的团结，新民主主义学习运动的顺利展开，这几方面必须相辅而行，然后才能推动人民的教育事业。

中央人民政府教育部、各大区教育部

关于解决中、小学教材问题的建议※

第三小组对于教材问题，仅限于中等学校和小学部份的讨论，大学未论及，即就中、小学教材而言，亦仅限于亟待解决和可能解决的部份。关于各级教育各科教材，中央教育部自应开始有所准备，以谋数年后，作根本的解决。目前亟待解决的部份，其工作亦异常繁重，首先应由各大行政区，抽调适宜作此项工作的干部到中央来（另拟名单）以便加强中央编辑教材的工作。同时，也初步规定出中央和各大行政区在此项工作上某一些分工，以外，我们征得中央出版总署编审局及该局教科书编审处之同意，作出以下的建议：

一、小学教材

小学教材，现有华北、东北、华东三种版本，中央出版总署编审局教科书编审处，对于初小国语课本全部拟在明年从新改编，（兼教学法）高小部份的国语、史地则视其力量而定。解决的办法：

全部小学教材（高小、初小）由大行政区，根据这几种版本自行审定采用。

各大行政区所采用之课本以及自己编撰补充教材，均须送中央教育部三套，以备研究审查之用。

中央教育部即行开始作关于小学教材统一标准的研究。

※　录自有关档案原件。其成文时间约在1949年年底。

高小历史、政治二科，在原则上最好由中央编撰，以便统一标准，但在此项教材未编出以前，仍由各大行政区负责解决。

二、中等学校教材

甲 初、高中亟待解决的部份

初中本国地理（四本）
初中外国地理（二本） } 已在编辑中
” ”[①] 近百年史

高中近三十年史
” ” 本国史 } 已约定编辑
” ” 世界地理

高中自然科学全部课本，拟由科学院从新编写。

初高中自然科学全部课本，（主要是数、理、化）须精简其内容者，由中央即行解决。

初高中的政治科教材，拟编撰提纲和参考书。

乙 师范教育科教材

由中央教育部开始准备，估计明春开学前，尚难供用。

丙 工农中学教材问题另行研究解决

丁 技术科教材、简师轮训班教材、少数民族史，一时尚难解决。中央和大行政区应双方注意，发现□编辑的人才，组织编辑。此项地方编辑的教材，亦须送中央三套以供研究审查之用。

三、加强编审机构组织力量

1. 中央教育部即成立教科书编审委员会，负责领导和协助中央出版总署编审局教科书编审处之工作。

① ” ” 义为字与上一行有关字同。

2. 加强中央教育部内编审工作。

3. 协助加强教科书编审处的工作。

4. 协助和加强科学院自然科学教科书编辑工作。

5. 为了实现以上任务的完成，各大行政区或省区代表应负责提出各地区适宜作编辑教科书的干部的名单，并限期保证调到中央来。

中央人民政府教育部高等学校教材编审委员会暂行组织条例※

一九五一年五月

第一条　本委员会根据《关于实施高等学校课程改革的决定》第九条的规定组织之。

第二条　本委员会设委员二十五人至三十一人，以中央人民政府教育部（以下简称中央教育部）派员二人、中国科学院派员一人、中央人民政府出版总署派员一人、人民教育出版社代表一人、中华自然科学专门学会联合会代表一人、全国社会科学研究会联合办事处代表一人及高等学校教授若干人充任之。高等学校教授充任之委员，由中央教育部聘任之。

第三条　本委员会的任务如下：

一、调查并搜集国内外高等学校教科书、教学用参考图书及其他有关教学与研究的资料；

二、订定高等学校教科书及教学用参考图书的编辑与翻译计划；

三、特约专家、教授审查高等学校教科书及教学用参考图书；

四、特约专家、教授编译高等学校教科书及教学用参考图书。

第四条　本委员会设主任委员一人，副主任委员二人，均由中央教育部聘任之；设秘书一人及其他工作人员若干人，均由中央教育部调派充任。

第五条　本委员会得因工作需要，聘请专家、教授组织各种专门小组。

第六条　本委员会会议以每月一次为原则，由主任委员召集并为主席。主任委员缺席时，由副主任委员代理之。

第七条　本条例由中央教育部报经政务院文化教育委员会批准后施行。

※　录自有关档案原件。

中央教育部关于高等学校教材编审工作的筹划概况※

一九五一年

两年来，高等学校普遍感到缺乏合用的教材，社会科学方面的旧有教材，不能满足今日的需要，自然科学方面，主要的问题在于中文教材太少，影响学生的学习效率，也与爱国主义的精神不符。

过去一年来我们也曾鼓励大家自编教材，但组织工作做得很不够，各校之间，学校与出版社之间都很少联系，以致人力物力有许多不必要的浪费，有时同一门课大家都编教材，而各不相谋，有时，某些比较成熟的新教材拿出来之后，又无处代为印行，但同时许多学校的教师学生又在喊没有合用的新教材。

因此，统筹全国高等学校的教材编审工作，克服过去的散漫脱节现象，就成为急待办理的事，一方面，有计划地动员组织全国高等学校的教师及其他方面的专家，使大家分工合作从事新教材的编译工作；另一方面，由政府统一审查已编译出的教材，使合用的早日印行。这样就可以逐步地解决了当前的问题。

为了达到上述目的，本部于呈准文委之后，开始筹组高等学校教材编审委员会，拟于八、九月间正式成立，为了加强委员会的准备工作，本部并曾于五月三十一日邀集在京津的委员十余位开过一次座谈会，就某些有关问题交换意见。今后，又继续与人民教育出版社等进行联系、研究高等学校教材的出版事宜。

兹将有关高等学校教材的一些问题及本部的初步建议，提供参考，并请

※　录自有关档案原件。

提出修正及补充意见。

一、关于编审原则，初步拟定如下：

1. 教材内容必须具备正确的科学观点，并贯澈爱国主义的教育。

2. 教材必须尽量联系实际，切合建设工作的需要。

3. 教材内容须遵照课改决定的精神，贯澈精简原则。

4. 计划及进行编审教材时须尽可能与其他部门所正从事的有关教材的工作密切结合，协同商讨处理。

二、教材编译的进行步骤及工作方法：

1. 现阶段，以解决教科书为主，其他参考资料只附带管一下。

2. 编教科书要有重点地做，每系选择基本课程三门至五门先编，每门编二三种教材，但第一年则先编一种。

3. 各校编译教材的计划，应先报部批准，以免重复造成人力物力的浪费。

4. 编审委员会也可按当前需要，定出一些拟编教科书目，号召高教工作者前来声请编译。

5. 鼓励集体编书。

6. 某些课程（特别是文法科）如编书尚有困难，可以组织校际的教研组合编教学大纲及“文件选读”以配合使用。

三、苏联教材之搜集及翻译：

1. 向苏联要教材，应统一通过文委对外联络局，过去搞得很乱，今后必须有计划。

2. 翻译人才缺乏，应向各方面征求，愿者可先试译一部分，经审查合格后，即可正式请他翻译。

四、教材编审的专门小组如何组织及如何与其他有关方面分工合作问题。

1. 以系为单位，组织学系专门小组，以本部现有的课改小组及出版总署编译局的翻译小组为基础，协商产生之，其任务如下：

A. 拟定教材编译计划。

B. 初步审查与各该系有关的送审教材，提出意见。

（关于各系的召集人，在五月三十一日的座谈会中曾初步提出一些拟议人

选，准备提供委员会参考）

2. 在各学系专门小组指导之下，选择某些重点课程组织课程专门小组，担任该课教材的具体编译工作及审查工作。

各专门小组与课改小组之关系如何？应如何配合及分工？希望提出意见。

五、目前存在的具体问题及其处理。

1. 各校缺乏合用教材的应急办法，已由部发文致北大、清华等七十一高等学校，调查各校自编讲义情况，鼓励其定价出售，以促进各校新编教材之交流。

是否尚有其他有效办法，请提意见。

2. 各方送审教材之审查问题，现各方直接间接送部审查的教材不断增加，截至最近共已达二百五十余种。但由于编审委员会尚未成立，专门小组也一时无法组成，故对送审的教材，除极少数外，均尚未处理，在此过渡期间，建议由各课改小组暂时担起此项工作，一俟审查原则及审查费确定之后，即可开始，此点亦希各小组多提意见。

3. 出版问题，最近已算基本上解决，人民教育出版社已同意出版大学用书，但希望我们早订计划以便早作准备及时出书。但最近（开学前）已不可能出新书，因排字已达饱和状态。此外商务印书馆最近三个月也接受了十六种大学用书，并称可继续考虑接受新稿。一个尚待确定的问题，是：经过审查以后可以介绍出版的书，用何名义，比较合适？建议：一般地订为《大学参考丛书》，比较好的定为《大学试用教科书》是否妥当？提请意见。

中央人民政府教育部

关于农民业余教育方针及农民识字教材有关事项的函 ※

社二字第 49 号

函知对农民业余教育方针及编写农民识字教材应行注意的事项由。

中南军政委员会教育部：

你部六月九日社教字第一一五号报告及附件都收到了。我们提出以下意见，请考虑。

一、中南区为满足已完成土地改革地区广大农民提高政治觉悟、学习文化的要求，确定了一九五一年广泛开展冬学运动的方针，并抽调干部编写教材，对训练教师、总结典型经验，也作了具体的布置，这些都是必要的措施。

报告中对今年冬学运动的任务，提出“通过今年冬学运动，在政治上进一步加以提高，从而达到巩固与发展农村人民民主专政，团结全体农民提高生产的目的”。根据中南区的实际情况，对群众教育的任务，~~基本上是正确的，~~这样提法，基本上是正确的；但对于识字学习文化似重视不够。在土地改革已完成地区继续提高农民的阶级觉悟、加强时事政策教育是十分必要的。但这种教育必须与建立与发展群众组织、民主建政组织起来，办合作社、抗美援朝、订立爱国公约等群众运动相结合，采取群众大会、小组会、文化娱乐活动等多种多样的形式去进行，只靠冬学讲授是很不够的。而冬学本身则又必须重视识字学文化，因为这也是翻身农民特别是青年农民的迫切要求，忽视这一点，冬学就很难巩固。这一点必须明确地提出来，在执行中予以注

※ 录自有关档案原件。原题为“中央人民政府教育部函”。

意。同时，对冬学如何转为常年民校，为大规模的扫盲作准备的问题，也应该及早考虑。冬学与常年民校的教育方针均应以文化学习为主并结合进行时事政治教育，防止左右摇摆的偏向的发生。

二、农民业余教育教材，在中央教育部未统一印发课本以前，可由各大行政区暂行自编，但须注意下列两点：

1. 在内容上：应以培养农民初步读写能力为目标，同时通过教材内容贯澈爱国主义教育提高政治思想水平。

2. 在编写识字教材的方法上，对各课生字数目，出现次数，笔画繁简，均应注意。而编选教材时，尤须注意生字的排列分配和调整，以便于农民的学习。

一九五一年七月廿一日

华东教育部师范教育处关于函授初级师范教材编选座谈会的初步总结※

我处经部领导批准于十月廿八日召开函授初级师范教材编选座谈会，藉以交换有关函授初级师范教材编选方面的意见，并初步确定教材编选计划与分工问题。出席座谈会的计安徽大学附属师范函授班洪石鲸，徐炎文，安徽省黄麓师范戴哲人，苏北扬州师范函授班田寿塘，东台教师业余函授学校陈晋福，苏南筹备函师之吕嘉谟、蒋企林及我处副处长刘芳等同志十三人。座谈时间共六天，在座谈中除由安徽大学附属师范函授班，东台教师业余函授学校分别汇报办理情况及经验外，苏南吕、蒋两同志以曾参加北京函授师范学校工作，就便介绍了北京函授学校有关教材编选工作方面的经验，并请赵平生同志参加了语文速成问题的讨论，孙克定同志作了有关算术速成问题的报告。会议重点放在广泛的交换关于函授初师的方针任务、教学计划、教材编选原则等方面。现根据座谈精神，作出如下的初步总结。

（一）方针任务

目前广大农村教师水平相当于高小毕业程度者为数甚多，在业务上又最感困难，学习要求极为迫切。这部份教师如不迅速予以提高，小学五年一贯制的推行，必将发生困难。因此，函授初师招生对象，应明确以初中肆〔肄〕业以下程度的农村小学教师为主，进行较系统的文化、科学与业务知能的函授教学。一般经过二年时间，要求提高到初师毕业的基本水平，以改进当前教学质量，并争取教好五年一贯制小学的一、二门课程为目的。

（二）教学计划

函授初级师范课程暂设语文、算术、自然、历史、地理、小学教育讲话六科。各科函授时间分配如下：

※　录自有关档案原件。原题为“函授初级师范教材编选座谈会初步总结”。

项别 \ 科目	语文	算术	自然	历史	地理	小学教育讲话	合计
周数	25	12	12	9	7	15	80
时数	350	168	168	126	98	210	1120

说明：

1. 一般规定在二学年四学期内完成函授任务。每学期以二〇周计，每周平均学习十四小时。星期日间周集中一次上大课，或付〔讨〕论四小时。各函校在完成函授任务的前提下，得根据具体情况延长或缩短函授时间。

2. 函授学员一般文化水平较低，必须辅以星期学校，学习小组或配备一定人员上大课等，以进行具体帮助，方可收到更好的效果。

3. 自学时间包括阅读、研究、做笔记、习题等，每周约为十—十二小时；集体学习一般分为小组讨论、上大课及考试等，约为二—四小时。

4. 原则上采取集中排课重点学习的办法，即在同一时间内，只准选修一科。如选修二科，只可配合小学教育讲话。

5. 凡学员有某些学科经考试证明确已达初师水平，可准予免修。

（三）编选教材的原则及方法

1. 必须掌握函授、速成、业余学习及学员自学能力不强等特点来编修教材。学员多系农村小学教师，水平不高，业余时间又不多，要在二年时间内，基本达到初师毕业水平。因此，整个教材，必须贯澈精简，集中及深入浅出的原则。也就是说：凡有关基本概念，重要的原理原则，虽较艰深也必须详细阐述，多举实例，作较浅显的说明。凡次要的，枝芜的材料，应大量删节。这样做确实不易，但又必须向这方向努力。

2. 要注意各科教材的目的性、系统性及科学性；每一篇章教材的选择，必须考虑对于完成整个教学目的起了什么作用，不容许插入与教学目的无关的材料。又各章节间的互相联系，一般要做到学习前一章节是为了后一章节打好基础，防止断章取义，前后割裂。更要注意教材的科学性，凡是违反科学的、历史的、似是而非的及尚未得到结论的材料，都不能选择。但有关各科的现实事物，可适当选入以充实教材内容。

3. 编写方法应强调集体研究与贯澈群众路线；编写时须发挥教师间的集体研究的作用。编写后，应多方征询意见，尤其是学员意见（可有计划的结合一个小组进行）。每篇教材，必须经过反覆研究，认真分析，多次修改，方可得到一份较好的教材。

4. 在编选体例上，每科开头都宜写有“编者的话”，说明本科教学主要目的与内容，以启发学员学习上的自觉性与积极性。每一单元或每一篇章，一般宜分为三个部份：（1）提示：说明教学目的与主要内容；（2）课文；（3）辅导学习资料，如注释、内容分析、参考资料介绍、补充教材、学习指导、作业布置等，以帮助消化、巩固与充实本课文为目的。但辅导学习资料，必须有重点，分量恰当，防止分散学员精力而放松了学习主题。

（四）各科教学目的、要求及教材编选注意事项

1. 语文：在培养和提高学员阅读能力及写作能力，尤应注意阅读能力的培养。通过语文教学，不但要提高其语文知能，同时也可通过阅读写作来培养学员的爱国主义思想和专业思想。教材来源可以初中语文课本为主，选文的质量，既要求文法及组织结构的正确，又要求具有丰富的思想性和优越的学术性。文章之思想内容，一般须与学员的生活实际相联系，以贯澈爱国主义思想教育和专业思想教育。在文体上，应多选记叙文和说明文，其他文件亦须适当选入。教材的排列可按思想内容分为若干单元，每一单元须包括深浅不同、形式不同的课文，其中应有精读的范文和作为参考或略读的辅助材料。

语法修辞，标点符号，可集中起来在一定的时间内教学，应注意多选用课文中的实例，关于错别字的纠正，应从经常发生的错误中搜集较多例证，找出规律，集中讲解。这是比较有效的办法。

作文一般隔周练习一次，可试行重点批改，每组选出一二篇进行较详细分析，作出书面总结，印发学生参考。其他只作符号订正，由学员自行研究或小组讨论。

2. 算术：要求学员懂得全部小学课本范围内的算理算法，使能掌握小学算术教材。取材应以小学五、六年级算术课本为依据，参考初中课本加以适当提高，其有关算理的基本概念部份，必须作重点补充，并需多举富于思想性的实例，使学员能了解得比较深刻。为了使学员更能熟练巩固算术的基本法则，编写时可以尽量采用口诀。

3. 自然：使学员能掌握小学的自然教材，并能进一步获得必〔比〕较丰富的自然科学知识。取材应以小学自然教材为主，参考初中教材加以补充。其内容应多以事实例证来解释，要求理论与实际相一致，并在这一基础上阐明一般性的原理原则和自然演变的规律。教材编选的顺序，一般可由植物、动物、生理卫生而及于理化和自然现象等。

4. 历史：在使学员能了解历史发展的规律，比较系统的正确的掌握小学历史课的教材。教材可按初中本国史课本的系统㊣结合小学课本来编写。凡不必要的材料应大量删去，而对推动社会经济、文化发展及农民革命方面的重要问题，则应着重论述。错误的观点必须批判。对历史人物的评价，应分析当时的社会背境和历史条件，权衡其对民族的利害及对生产力的推进或阻碍，作适当的评论。

5. 地理：在校学员获得我国地理的基本知识及初步了解国际形势的变化，从而更能热爱祖国热爱苏联，仇视帝国主义。并要求能了解小学地理教材。全部内容可分本国地理与国际形势二部份，本国地理的比重为百分之七十—百分之八十，教材内容以按大行政区编写为宜，并须注意吸取祖国经济建设伟大成就的材料。国际形势教材，以目前时事为主，联系讲述第二次世界大战以后的世界形势及两大阵营的对比与其前途等，其比重为百分之二十—百分之三十。有关教材方面的基本数字如人口、面积等，除重要国家外，不必用文字叙述，可列表插入。

6. 小学教育讲话：要求比较有系统的授给学员以教育科学知识，联系小学教育实际问题的研究，使能了解教学方面的重要原理原则及教学方法，以改进教学质量，提高教学效能。

（五）关于各科教材编选的分工与试用问题

1. 语文：小学教育讲话由安徽负责编选；算术、历史由苏北编选；自然、地理由苏南编选。所有编选教材工作，各函校应如何分工合作，请各地教育厅、处决定。担任编选教材的函校，每科希在原编制外，酌予增加教师半人至一人，由有关厅、处考虑配备，以专责成。

2. 要求各地区按教材编选座谈会精神将担任编选的各科教学大纲，重行整理，尽可能在十一月十五日前寄部（至迟不得超过十二月底）。嗣后所编教材希按期寄二十份到部，以便转发各省、市参考研究。

3. 某一地区担任编选的教材，即由该地区负责试用。要求在明年暑假前全部或大部试用一遍，以便根据试用经验，重行研究修改。

一九五二年十二月

华东教育部师范教育处

中央高等教育部教学指导司教材编审处

关于讨论高等师范学校七个系教材问题的补充说明※

高等师范学校所用苏联教材的组织翻译及出版工作，是由中央教育部委托我部统一办理的，过去组织翻译苏联教材的办法，系由我部通过学校与译者联系，调整重复现象，并直接审查译稿质量然后确定是否批准正式开译，或予以推荐出版。这种办法在过去的客观条件下有其必要，但到现在则困难日增，因为:（一）随院系调整教学改革的发展，今后将逐步组织翻译专业课教材。我们在干部力量和业务条件都有不少欠缺。（二）今后俄文书及国内翻译力量都比过去增多，我们所掌握的审校力量在数量上也应付不了这一迅速发展的局势。

因此，今后打算改变做法。以专业为单位，由设有同一专业的各校各派代表，共同协商，按照先后缓急，确定适宜人选，合力分担本专业各译教材的翻译任务。无适当书可译，或不能完全依靠苏联教材的，亦可考虑自编或编译教材。制定计划后，由教研组保证书稿质量及按期完成。然后由学校负责向我部推荐，即可由我部介绍出版。书出之后，发动各校师生于使用后提出意见，再逐步修订提高。书稿如不够成熟，而客观需要又很急的，亦可先行在各校交流使用，随后出版。在交流教材工作上，□一般号召，并结合分别系科重点指定具体学校的办法。这样既可防止重复与浪费人力现象，又可做到及时完稿供应，并可在业务上保证较高质量。

为了取得经验，我部曾于九月初邀集清华大学等十余院校各派代表来部共同研究解决《机器制造工程》等四个专业的教材问题。九月下旬，又趁全

※　录自有关档案原件。原题无“中央高等教育部教学指导司教材编审处”。

国综合大学会议之便，邀集到会的各校数、理、化、生物四系系主任及有关负责同志，座谈各该系的教材问题及具体解决办法。结果都很圆满，大家都认为这一办法很好。

因此，我们现在也请各高等师范学校的数学、物理、化学、生物、地理、历史、中国语文七个系的系主任及其他有关负责同志就这七个系的各专业教材情况研究一下，着重解决以下三个问题：

（1）这一新办法，对高等师范学校七个系是否合适？

（2）如果合适，请按照教学计划中规定的课程，参照大会所发《师范学院所用苏联教材翻译情况表》，具体检查一下，哪些课程的教材已经基本上解决了？哪些尚未解决？应如何解决？（如果可能，请各校即当场协商确定编译人选及各科目交流教材的重点学校。）

（3）为了今后有效地按照新办法进行教材工作，补我部在科学业务上之不足。请研究设立各该系或专业的教材工作研究组（主要是担任业务上的顾问。具体行政工作仍由我部办）是否必要？如有必要，应如何组成？

由于这次时间过于仓促，各位系主任及有关负责同志可能因事先准备不足，对某些具体问题难以作决定。如有此种情况，我们希望能于会上初步协商，随后再由有关学校以通信方式联系解决，并报我部。

中央高等教育部教学指导司教材编审处

一九五三年十月九日

中央人民政府出版总署编审局

出版总署筹备会议第一次全体会议记录※

出席者：胡愈之　叶圣陶　周建人　黄洛峰　徐伯昕　胡　绳　沈志远　祝志澄　华应申　王子野　金灿然　楼适夷　曹伯韩

主　席：胡愈之

主席报告：

一、今天我们大家来讨论一下出版总署的编制问题。在上星期五文教委员会的全体会议时，曾通过一个文教委员会及其隶属机构的编制草案，这个草案在下月二号以前还可修改。

文教委员会的全体会议确定三个月举行一次，另由文委会主任、副主任召集各部、院、署长组织会议，每两周开会一次，并可临时邀约有关人员或专家列席。

出版总署的经费预算决算等问题（下略）

当日下午政务院召开扩大会议，会后继续开政务院筹备会议，会中决定：

（一）迅速成立各部会署。

（二）由各部会署自行拟定组织条例及工作条例提交政务院核准。

（三）今后凡政务院所属机构的新闻指导事宜……等由新闻总署胡乔木同志负责。

（四）其他关于编制、人员、经费、办公地址、接管事项（略）

（五）干部问题（略）

※　此为 1949 年 10 月 24 日会议记录之节录。

（六）周总理提出指示，希所属各部、会、署在月底成立并迅速提出组织条例及工作条例。

此外关于署本部的筹备工作由王子野、欧建新两同志继续报告：

（一）王子野同志报告：

1. 月刊第一期月底可出刊。

2. 时事丛刊已出四种，七种在拟印中。

3. 资料室已初步成立。

4. 通俗读物才开始，由曹伯韩同志负责计划。

5. 问题和困难。

A. 待阅稿子多，干部不够应用。

B.（略）

（二）欧建新同志报告：

1. 筹备处的人员截至今日为止共计职工 44 人

计：筹备处正副主任 2 人

月刊社室 5 人

资料室 9 人

秘书、会计、总务等 6 人

编译室 16 人

厨工、收发、勤务为 6 人

共计 44 人

2. 筹备处的经费开支（略）

3. 筹备处的房屋问题（略）

主席继续报告：

二、本署编制前因文教委员会限期催交，故已匆促草拟了一个编制草案送核（草案另附），这个草案因系匆促拟成，自不尽完备，应请大家再为考虑。本署所辖各局及办公厅负责人选，经初步核定如次：编审局——仍由叶圣陶先生、周建人先生、胡绳同志负责。

出版局——由黄洛峰、祝志澄两同志负责。

翻译局——由沈志远先生负责，副局长拟请金人、林汉达两先生担任。前者已征得中宣部同意，后者经一度洽谈，尚未作最后决定。

办公厅——由胡绳、徐伯昕两同志分别担任正副秘书长。

关于署本部办公厅下辖各处室及各局下辖各处科秘书等级人选，须在本月内决定下来，借便推进展开工作。至于此次人选，是先提出来共同考虑一下，还是个别考虑后再提出，也请大家发表意见。

讨论事项：

一、关于内外各机构的接管如何处理请公决。

决议：由徐伯昕、祝志澄、金灿然三同志组成综合小组，负责研讨内外机构的接管及人事配备等一切事宜，并由徐伯昕同志任召集人。

二、出版局的经费预算，是否全部由署本部统一造报预算问题，请公决。

决议：出版局的经费预算由黄洛峰同志向财经委员会交涉，确定今后出版局的经费报支及预决算造送事宜。

三、编制问题，按草案所拟，是否恰当，请公决？

决议：

1. 署本部办公厅加设人事处，以管理全国出版方面的一切人事事宜。目前暂先在秘书处下设人事科，处理人事事宜。

2. 编审局的编辑分编辑、副编辑、助理编辑三级。各处下的各科改称各组。

3. 翻译局的译员、助理译员亦一律改称编辑，同上亦分三级。

4. 各局下是否应设秘书长一职，应参考其他各部会编制后再为决定。

5. 在出版局直辖下设业务训练班，专门训练书店干部。

6. 参考图书馆改隶办公厅。

7. 组织条例及工作条例由胡绳、徐伯昕两同志根据本次会议商讨结果，拟定草案，提交下次会讨论。

四、办公厅办公处房屋如何确定，请公决。

决议：将现住家眷的小平房改作办公厅办公用，所住家眷均移至代表宿舍。

中央人民政府出版总署成立会议记录 ※

地　点：北京东总布胡同10号

出席者（签名）：

朱文叔　孟　超　朱智贤　陶大镛　叶蠖生　胡愈之
周建人　宋云彬　华应申　程浩飞　傅彬然　王子野
王　钊　叶圣陶　石　盘　沈志远　黄洛峰　胡　绳
陈正为　沈静芷　邵公文　祝志澄　徐　律　欧建新
曹伯韩　徐伯昕

主席：

今天是出版总署第一次扩大会议，也是成立会议。自中央政府通过各部、会、署人选后，即通过各部、会、署迅速成立。我们今天宣告成立，是说从今天起用出版总署名义，正式收文办公了。虽然我们今天才开始正式办公，但出版总署的工作，却不是从今天才开始的。在这以前有三部份在工作，一是教科书编审委员会，一是中共中央领导下的出版委员会，一是新华书店编辑部，三个部份合起来组成了今天的出版总署，所以，我们说总署不是今天才开始的，是以前就有了基础了。

出版总署虽然今天才成立，但出版工作却不是今天才来做。以前我们有新华书店，三联书店等出版事业，所以出版总署是继承这些事业而发展的，只不过是今天人民掌握了政权，才把出版事业集中起来，成立出版总署，来统一掌握罢了！

从今天总署宣告成立起，我们要担负起领导全国的出版事业。这个责任是很重的，也是很不容易的。尤其是我个人久在海外，这次回国来，各方面

※　此为1949年11月1日会议记录之节录。主席为胡愈之。

的朋友要我来担任这个工作，虽然勉强接受下来，但感到这责任的重大，因而也很慌恐。

记得毛主席曾经说过“懂得就是懂得，不懂就是不懂”这一句话，我们根据这个指示，对不懂的事，虚心来学习，再加上大家的共同努力，我想或者可以勉强做下去。

我们宣告出版总署成立了，但干部很少，尤其在全国局面都在展开的情况下，更感到干部的缺乏。

教科书编审委员会的工作，在目前只是出教科书，将来还要出大规模的各种读物，所以人力上也大大不够。

翻译局以前只有新华书店编辑部有一部份人，工作没有很好开展起来，现在有沈志远先生来担任局长，另外又找了几个人共同来做这个工作，相信是能很快的把工作推动起来的。最近苏联送我们 4 万本书，这一件工作立刻就需要做起来了。

出版局是由出版委员会转化过来的，所以干部人数比较多一些，但是出版局不仅管出版，而且要管全国新华书店的发行，职责繁重，因此人也一定不够用的。

我们希望编辑、翻译两局，能够迅速的正式开起成立会来。但这件事没有办法太着急，要等干部问题配备得差不多的时候才能够举行，目前还只能是一个筹备时期。

在总署成立后，还要经常举行工作会议，今天的会只是一个开始。

现在我们请办公厅主任报告一下本署组织条例草案，请大家对草案尽量提供修正意见，把这个草案通过后，我们再请叶副署长、周副署长给我们讲话。

胡绳同志：

这个组织条例的草案是依据政务院组织通则而拟的，根据政务院的通知，在人民政府委员会没有批准前，这个条例还只能称为草案。

条例的精神是根据业务的需要而拟定的，第二条的一、二两项是主管国家的出版事业，三项是主管公营、私营的出版事业。在政协的共同纲领第四章的经济政策中有“分工合作各得其所”一句话。这句话引申开来，在出版业中也应当这样做。

第三、四、五、六、七、八、九条是说的组织和职权，请参看后面的组织系统表及说明①。

叶副署长：

今年4月间政府要我担任教科书编审工作，那时已感到责任很重，这次来出版总署担任工作，更感到责任越发重大，深恐能力薄弱，不能胜任，只有在署长领导下，追随诸位同志，来共同努力，尽我微力来多做一点事情。

我们做编辑工作，以前常这样想，只要工作做得认真就行。但今天我们要问认真是不是就够了呢？认真的标准又是如何呢？

另外，我们还犯一个“眼高手低”的毛病。今天我们眼虽然不高，恐怕大家的手却确有点低。这一点希望大家共同来努力。

昨天我们应约参加了一个教师业务研究会，参加的人据说中学教师约占全市80%，小学教师几乎100%都参加了，这种研究的精神是以前没有的。以前我们教书是懂什么教什么，今天则不然，是教什么要学什么。你做这一门业务，就得精通这一门，这才是真正为人民服务的思想。

这会里面参加的人有三部份。一部份是各学习组组长，一部份是华大、师大的教授及研究员，一部份是我们教科书编审委员会的几个人，所以可以说一部份是现任的教师，一部份是制造教师的人，一部份是编书的人，只有这三种人密切的联系起来，才能把工作做得好。

出版总署现在的编制约七百余人，这个人数大约与战前的商务印书馆差不多。那时商务单编译人员就有300人，加上管理机构的人员，就和出版总署的人数约略相等了。这样看来，我们的人力的确不够，单靠我们自己这几个人是做不了多少事情的，关起门来做事是做不好的，我们的编辑、出版都要与外面密切联系，联系的越好，工作才越做得好。

---

① “组织系统表及说明”未编入。“组织条例草案”可参阅本书收录的11月11日送核的《出版总署暂行组织条例（草案）》。

周副署长：

我以前做了二十多年编辑与出版的工作，时间虽不能算少，但我时常觉着自己的经验不够，需要好好的来学习。从前在上海出版进步的书籍是不容易的，是不准出的，写出点进步的东西也时常被删掉。当编辑也不容易。我从前当编辑时，他们叫我审查一本书，我认为内容不好，值不得出版。退回去了。后来他们又原物拿回来叫我看，我仍然批为不能出版。这本书虽然终于因我反对而没有出，但总编辑对我的印象却从此坏起来了。

今天的情形是不同了，进步的东西可以出了。但我深感到现在在学识很缺乏，经验不够，对政治理论的修养差得很多。好在我们今天是有领导的，在胡署长的领导下，再做工作事情就比较容易做了。希望大家不客气的指教我。在座的有很多是老朋友，也有许多是新朋友，老朋友不用说了，应该怎样就是怎样，新朋友应该不客气的来指教我，使我多学习一点，工作上就会少犯一点错误。

黄局长：

今天是出版总署成立的〔第〕一天，我个人感到很高兴。以前我在蒋管区做出版工作，因为不熟悉，是摸索着在做，入解放区以后，党交给我这个出版的任务，也是在摸。我感到许多工作做不好，主要是每件事情都是在摸的关系。今后有了出版总署来领导了，可以不要再摸了，这种工作一定能够更迅速更好的推动起来。

全国新华书店出版工作会议开会的时候，大家一个共同感觉是今天需要一个统一集中的领导，才能来满足全国的需要和要求。出版总署成立了，这个要求也达到了，所以全国的新华书店一定能够很快的做得好起来。

出版委员会成立半年来，因为人力缺乏，都是在关起门来做事，因此各方面对出委会都不了解，也起一些隔膜，总署的计划处成立后，把各方面的联系指导工作做好，我们的工作才能大大发展，大大推进。这是我临时两点感想，说出来请大家指正。

主席：

今天我们的会很简单的就这样来结束了，最后希望各局正式成立会迅速开起来，虽然我们也知道各处、室的干部正式配备并不是一件容易的事。

今天是第一次会，短时间内为了加速各局的建立，恐怕还得多开几次会的。

出版总署一周（11月1日至7日）简报※

一、筹备情况

（一）办公厅——出版总署成立会议于11月1日举行后，办公厅即正式成立，开始办公。办公厅下暂先成立秘书处。计划处正在建立中，人事处、审计处、图书馆三部分因人力缺乏尚未建立，秘书处下现暂设文书、总务、会计、人事四科。现共有干部20人（包括办公厅主任、副主任在内）。

（二）编审局——正在筹备成立，由叶圣陶兼任局长，周建人、胡绳兼任副局长，并接收原华北人民政府教育部教科书编审委员会改制为第一处（主管教科书编审工作），第四处（主管一般读物编审）及办公室，此二处现共有干部45人，原新华书店编辑部之新华月报社及资料室两部分改制为第三处（主管时事读物编审），现共有干部17人。以上各处人力均甚不够，其中可以独立担任编审工作者甚少。第三处[①]（通俗读物编审）尚在计划成立中。办公地点仍在东四二条原址。

（三）翻译局——刻已开始筹备，由沈志远任局长，副局长拟由金人担任，尚未到京。工作人员除将原属新华书店编辑部翻译室干部16人移转外，只已添聘陶大镛一人。担任第一处（社会科学）处长。故目前人力极感缺乏。办公室亦尚未能成立。

（四）出版局——由原中共中央宣传部出版委员会改制，现有干部89人，由黄洛峰任局长，祝志澄、华应申任副局长，已成立出版处及会计、秘书、人事三室，发行及厂务两处正在计划成立中。出版处拟调华东新华书店经理王益任处长，发行处拟调东北新华书店经理李文任处长，能否调动，尚未确定。

※ 此为1949年11月11日呈政务院文化教育委员会件。

① 原稿笔误，应是第二处，第三处主管时事读物编审。

本署所属各局处拟在本月内全部正式成立。

二、办公厅本周主要工作

（一）本署成立后，即呈报中央人民政府、政务院、文教委员会及通知中央各机关于 11 月 1 日起在东总布胡同 10 号开始办公，并于 2 日起启用中央人民政府颁发之印信。

（二）本署组织条例草案业经署务会议讨论修正通过，于 5 日分送政务院、文教会审核。

（三）本署编制、组织系统、各厅、局、处主要负责人名单等，亦均先后分别呈报在案。

（四）本署现有房屋、汽车及拟增房屋、汽车调查表，已于 3 日分向政务院、文教会呈报。

（五）本署经费预算包括：经常费、临时费、事业费、开办费。概算书已编造一式三份，于 8 日径送中央人民政府财政部审核。

（六）本署决定派金灿然参加沪宁接收工作，主持接收南京伪国立编译馆、印刷学校、出版事业管理处三机构。

（七）本署工作人员任用办法暂行条例及文书暂行办法简则，正在商订中。

三、各局本周主要工作

本署所属各局尚未正式成立，本周内除筹备改制，拟定新的工作计划外，均照常继续其原有工作，目前工作情况是：

（一）编审局第一处之工作集中于修改课本以应明春中小学开学之用。国文、史地各科均须适应新情况修改并补充材料，预计本月下半月各修订本可陆续付印。

（二）编审局第三处之工作是编印《新华月报》，第一期本应于 11 月初出版，因编排未有经验以至脱期。第二期开始编辑。该处所编“新华时事丛刊”已出 6 本，印刷中 8 种。

（三）编审局第四处之工作，现主要是编辑供高小用之政治课本及供初中一二年级政治课用之《革命故事集》。

（四）翻译局已译有关于苏联教育理论之两种较大著作，现正进行校改。

其余还只能就现有人力译一些较小的作品。

（五）出版局除原有出版委员会日常工作外，集中力量于“全国新华书店出版工作会议”后各项决议的具体执行，并编制出版委员会工作总结报告，准备移交。同时积极建立发行厂务二处工作。

四、困难问题

（一）房屋问题　现仅出版局房屋勉可敷用。原教科书编审会房屋本已甚局促，只能容纳编审局之一小部分人员。其余如办公厅、图书馆、翻译局等均无适当房屋。不久即须从南京迁运来接收旧国立编译馆之图书，并将有苏联赠送大批书籍送到，更非有适当房屋不可。初步约计尚需办公室 350 间，宿舍 250 间始足敷用。拟请准予在东总布胡同及东四二条附近购置或由房委会拨用。

（二）交通工具问题　署本部及办公厅、翻译局等机构，当需小汽车 3 辆，方够应用。

（三）待遇问题　本署各级机构，原有工作人员系按旧有待遇办法处理，其中有薪给制、包干制、供给制，也有暂用借支办法者，而原行薪给制之各部分人员，标准亦极不一律。至于新进工作人员，应按何种待遇标准支给薪津，尤觉困难。请政务院早日颁发统一办法，便于执行。

（四）聘用人员旅费问题　由外地聘用人员，其本人及其家属之旅费势不能完全不顾，但又不能漫无标准，本署拟自行草拟一条例加以规定。最好由政务院统一规定，以便遵行。

出版总署一周（11月8日至14日）简报（第2号）※

一、一般情况

本周主要工作为拟订及讨论11、12两个月工作计划及撰写最近情况报告。各局除翻译局人员仍极少外，编审、出版二局现正进行订立组织条例，拟定处科之组织机构。

本署组织条例略有变动，经署务会议讨论修正二点：第一、办公厅审计处改为财务处，并增设出纳一科；原属秘书处之会计科改隶财务处。第二、编译局第三处改为参考书刊编译工作。此项组织条例及组织系统修改各点，已于15日送呈文化教育委员会转呈政务院审核。

本署现在工作人员，截至14日的统计是：办公厅24人，编审局61人（内编辑工作者36人），翻译局21人（内翻译工作者16人），出版局104人。以上共计213人①。

二、关于教科书修订情形

已编成高小历史第4册（“五四”以后近30年的历史），并修订好高小自然4本，初高小算术12册，高小国语第2册及中学政治课用的《中国革命读本》。

高中世界地理尚无适当课本，现拟采用大东书局新编印的《高中地理课本》。大东书局近又出有初高小算术课本，据本局审读，觉得比较华北新华书店原有本较适合城市，且编法也较好，足以启发儿童智慧。所以建议新区小学可以采用大东本。但上学期业已采用新华本者，不要变动（按：大东书局现已军管）。

※ 呈报日期约在1949年11月14日之后的较短时间内。

① 内可能包括署领导3人。

上项已修订本及建议均已提交教育部审定。高小自然课本，教育部未予审阅。关于算术的两种本子的选用问题教〔育〕部答复是：“似不必有统一规定”。

在与教育部的工作联系上，我们希望：（一）由于下学期教科书需要迫切，所以教育部审读各项原稿应力求迅速；（二）我们对各项教科书应采用何种本子的意见是建议性质，教育部应作明确决定，否则印刷工作即无法进行（例如，上述关于中小学算术课本必须有决定才可进行印刷工作）。此两点拟即与教育部接洽，以便于工作联系。

三、各项日常工作

（一）拟定本署工作人员任用条例暂行办法，经过署务会议讨论通过后，于10日送呈文化教育委员会转呈政务院批核。

（二）本周起已添聘专人负责筹备图书馆工作，先向北京图书馆等机构了解并研究外文图书管理办法，作为苏联赠送俄文图书四万册之准备布置。

（三）编造本署工作人员名册，分送有关机关备查。

（四）研究本署发薪办法，决定暂行根据各人原有薪给办法之薪金、折实单位、饫〔依〕等计算折合小米统一发给。

（五）拟制全国私营书店、印刷厂、造纸厂等调查表，准备分发各地调查。

（六）本署最近工作情况报告及11、12两月工作计划，于12日送呈文化教育委员会转呈政务院审核。

四、问题

（一）各中央机关与各部负责人向新华书店索赠新出图书，为求统一分配计，拟请由政务院提出一定数目，按月照数拨付，在每次新书出版时，送交政务院根据需要分送。

（二）本署在政务院通令统一购配房屋前，已在大雅宝胡同二号购定房屋二十七间，订有临时契约，价为布405疋，并先付定洋一部［分］，曾呈报政务院批核，兹以对方一再来催，为遵守信用，并急需宿舍应用计，请文化教育委员会转请政务院迅予批准办理购置手续，以免引起法律纠纷，而应急需。

五、出版业动态

（一）京市物价波动后，纸价11月1日每令为51000元，后突然涨至76000元，因此出版业纷纷加价，新华和三联原来售价是基本定价的200倍，现增加到300倍，提高百分之五十，私营书店增加到350倍。

（二）上海出版业华北、东北参观团于11月5日到京，8日出发上东北参观，9日抵沈，10日到达大连，回程先到哈尔滨经沈阳，约20日后回京，约留一星期返沪。

（三）天津又发现大批翻版图书，计有《新民主主义论》、“干部必读”、《社会发展史》等12种，系由京翻印后运去，兹正在调查研究中。

中央人民政府出版总署暂行组织条例※

一、本条例根据《政务院及其所属各机关组织通则》制定之。

二、出版总署的主要业务为：

（一）建立及经营国家出版、印刷、发行事业；

（二）掌理国家出版物的编辑、翻译及审订工作；

（三）联系或指导全国各方面的编译出版工作，调整公营、公私合营及私营出版事业的相互关系。

三、出版总署在署长、副署长之下设办公厅、编审局、翻译局及出版局。

四、办公厅设主任、副主任；并在主任、副主任之下设四处一馆，分别主管下列各项工作：

（一）秘书处　办理文书、总务、对内对外的联系及其他日常事务；

（二）人事处　主管出版总署及其所属各机关的人事工作；

（三）计划处　主管公营、公私合营及私营出版事业的调查研究和联系设计工作；

（四）财务处　主管出版总署及其所辖属的各项企业和会计审计工作；

（五）图书馆　收集供编译出版参考用的图书，并收藏全国出版物的版本。

各处、馆以下视工作需要得分设各科、室。

五、编审局设局长、副局长，并在局长、副局长之下设四处一室，分别主管下列各项业务，并领导全国新华书店的编审工作：

（一）第一处　学校教科书编审工作；

（二）第二处　工农通俗读物编审工作；

（三）第三处　时事读物编审工作；

（四）第四处　其他一般读物编审工作。

※　此为 1949 年 11 月 11 日送核之拟定条例草案。

各处室以下视工作需要得分设各组或各科、室。

六、翻译局设局长、副局长，并在局长、副局长之下设四处一室，分别主管下列各项业务：

（一）第一处　社会科学翻译工作；

（二）第二处　自然科学翻译工作；

（三）第三处　参考书刊编译工作；

（四）第四处　文艺翻译工作；

（五）办公室　办理翻译局内日常事务及对内对外联系工作。

各处、室以下视工作需要得分设各组或各科、室。

七、出版局设局长、副局长，并在局长、副局长之下设三处三室，分别主管下列各项业务，并领导全国新华书店的出版、发行工作：

（一）出版处　主管书刊的出版及领导全国新华书店的出版工作；

（二）厂务处　领导出版局所辖属的印刷工厂及有关印刷原料器材的机构；

（三）发行处　主管书刊的发行及领导全国新华书店的发行工作；

（四）会计室　办理出版局及所辖属各级机构的会计工作；

（五）秘书室　办理出版局的文书、总务等日常事务；

（六）人事室　主管出版局及所辖属各级机构的人事工作。

各处、室以下视工作需要得分设各科、室。

八、各处设处长，图书馆及各室设主任，各组各科设组长科长。以上均得设副职。此外编审局、翻译局得设编辑、副编辑及助理编辑。

九、出版总署设编译委员会，其任务为统一计划及调整有关各部门的编审翻译工作。此外得因业务需要，聘请专家，组成各种专门委员会。

十、出版总署署务会议由署长、副署长、办公厅主任、副主任、各局局长、副局长等组成，由署长召集之，每月举行一次。必要时得由署长决定提前或延期召开。署务会议得扩大举行之。

十一、本条例经中央人民政府委员会批准后施行。

出版总署最近情况报告※

一、本署机构与人员的现状

本署由原属华北人民政府教育部之教科书编审委员会、原属中共中央宣传部之出版委员会及新华书店编辑部合组而成。原来此三机构人力均未臻充实，正以此为基础，建立一厅三局，现有机构人力如下：

（一）办公厅。已成立秘书处，准备相继建立计划处、人事处、财务处及图书馆。现有工作人员 21 人，其中包括主任、副主任 2 人，处长及干部 3 人，科长级干部 4 人。

（二）编审局。所属办公室及各处（除负责通俗读物之第二处外）均初步建立。除局长、副局长为兼任外现有工作人员 53 人，其中作编辑部门工作者 33 人，而有独立编写能力者只 12 人，此 12 人又大半兼作行政工作。

（三）翻译局。所属办公室及各处均因人力缺乏尚未能成立。副局长尚未到京。现有工作人员除局长外共 18 人，其中俄文翻译 12 人，英文翻译 3 人。翻译人员之程度一般均甚低，能独立从事译书者仅 3 人。

（四）出版局。预定有三处三室的机构尚未能完备。稍有基础者为出版处，厂务处仅设材料科，发行处未组成。现有职工总数 101 人。出版局直属机构有北京新华印刷厂（职工 600 人）、华北新华书店及其八个分店、三个工厂（职工 918 人）及北京新华油墨厂（职工 17 人）。全国其他各地区新华书店尚未直属于出版局（全国各地新华书店情况见附件①）。

由以上情况，可以看出，本署各单位欲求充实，非大大增加人力不可，最近迫切需要的干部在办公厅方面是主持出版事业的调查研究工作的人员。

※ 呈报日期为 1949 年 11 月 12 日，据第 2 号简报“各项日常工作”可查悉。

① 附件未编入。

在编审局方面是编写地理教材、编写通俗读物及自然科学读物的人员，在翻译局方面是翻译俄文有经验的人员，在出版局方面是主持书报发行工作的人员。

二、本署各部门的工作现状

（一）办公厅

秘书处关于文书工作开始建立制度，粗有头绪。

人事处尚未成立，暂在秘书处下设人事科，现集中力量于处理各方推荐来的工作人员，其中多半不适宜任用。

计划处虽尚未成立，但已局部开始工作，现正进行对全国各地私营书店之材料的整理工作，并准备各项表格，以备进行进一步的调查。

财务处尚未成立，暂在秘书处下设会计科。

图书馆亦尚未成立，现正准备进行各项筹备工作（包括房屋、登记表册，编目制度等），以便有大批书运到时即可正式成立。

（二）编审局

编审局各部分大体上仍继续原教科书编审会及新华书店编辑部之工作。

审订已出版各种教科书，以便进行修改，供下学期之用的工作，已经大体完成。业已修订完毕的教科书有高中《本国近代史》（“五四”以前）、《中国革命读本》（上册，中学政治课用）等。其余各种正在进行修订或新撰之教科书见本署 11、12 月份工作计划。

通俗读物正在计划及与各有关机关接洽中，最近拟编 1950 年历本，宣传共同纲领的通俗书册。

《新华月报》第一期正在作付印前之最后校阅。“时事丛刊”已出 7 种，其他正在进行之工作均见本署 11、12 月份工作计划。

编审局目前在工作中所感到的问题，除人力不足外，深觉有与教育部、文化部、科学院等有关部门及各学术研究机关密切联系配合之必要。这种联系与配合，除应由我们自己进行外，并有待文化教育委员会之统一策划。今年秋季开学前，中小学教科书除由教科书编审会修订一部分外，并就各私营书店所出教科书选定一些较好者介绍各地采用。明春开学前此项工作不宜续由编审局担任，亦需文教会同教育部决定。

（三）翻译局

现正进行联系和罗致各方面之翻译人才——主要是俄文的。其不能参加局内工作者，拟请为特约编译。

目前人力极少，所正进行之翻译工作见本署11、12月份计划。

翻译材料问题将因苏联国际书店所赠书送到而得充分解决，但人力缺乏，一时恐尚难解决。此外，为了便利于工作进行，拟聘请学术渊博之苏联顾问二人，以备本局编译人员之质疑与咨询。

（四）出版局

出版局之工作继承原出版委员会。该会由今年2月成立，截至10月底，在京津两地排印之书共315种，371册，5776613本。（详见附表[①]），其中主要的是中小学教科书与文件政策和干部读物。中小学教科书除由该会直接印行之部分外，华北新华书店又分别在保定、邯郸、石家庄三地印刷。华北联合出版社（由华北新华书店、三联书店联合商务、中华等私营书店共同组成），亦同时担任此项工作。包括各方所印数在内，华北区1949年1月至8月共印了小学教科书83种，709.0833万册，中学教科书50种，122.0855万册。两共831.1688万册。（此外，在上海也运用同样性质的联合出版社的力量，在今年9月中赶印了八百万册教科书。）

出版委员会之资金迄未拨定，至10月底为止，由财政部借贷款项共计5.60717225亿元，11月3日又贷到10亿元，合计15.60717225亿元，折合小米1050.5712万斤。财委已允拨贷小米20342000斤，除已收到者外，尚待续拨小米983.6288万斤。

为了使全国国营出版事业统一集中，已于10月开全国新华书店工作会议，决定了在明年一年内逐步完成统一，并按专业化的原则把各区新华书店编整成出版、印刷、发行三个独立的经济单元。

① 本书未编入此表。

三、全国出版事业情况及其问题

全国出版事业情况，尚未经调查研究，不能作详细的报告。就一般情形，全国图书编印发行机关，以私人资本经营者占优势。全国最大出版机关商务印书馆、中华书局、世界书局、大东书局、开明书店向来垄断教科书的出版发行。纯系私人资本组织，其中数家并有官僚资本，正在调查中（如世界、大东已实行军管）。以上五家为最大私营书店。估计生产能力，当占全国生产力之半数以上。生活·读书·新知三联书店正作为公私合营。此处，有计划组织中小出版业扩大联营书店，由分散走向集中，以便于发展人民出版事业。又，教科书在完全由国家经营之前，先由公私出版机关联合经营联合出版社，从今年秋季起在京沪两地办理，尚有成效。

至纯粹国营出版事业，现在仅有出版局及其所属的新华书店。最近并正在建立国际书店，经营外国书刊的发行工作。新华书店虽有分支店七百余所，但大部分规模尚属狭小。正需要加强企业化与逐步实行专业化。

出版总署领导全国出版事业的总方针，正在拟定，以后另送文教委员会请核。在目前有待解决的主要问题，分为下列六项，并分别拟具简单意见，请示遵行。

一、建立国营出版事业问题　以现有的新华书店为基础，集中领导，分散经营，希望在国家预算的文教部门经费中拨出 1% 用以扩充国营出版事业，以求能增加生产力，扩大发行网，期成为全国最大规模的出版机关。

二、对私营出版事业的领导方针问题　在目前国营事业尚未充分发展，为大量供应全国需要的书刊，对私营出版事业，仍应加以维护，保存其原有生产力及生产器材机构，在不违反共同纲领原则之下仍准其自由经营。

三、对于改进书刊质素并防止反动宣传问题　拟不采取事前检查制度，而采取事后审查制度。审查结果，遇有特别有利于人民的出版物，由国家奖励其著作人及出版人，如发现有反动性质的书刊，由国家加以查禁或处罚。

四、减低书价问题　目前书价过于高昂，而以私营出版业售价为尤高。其主要原因在于纸张原料价格的过高与发行费用的庞大。解决办法，拟：（一）解决纸荒，减低纸张原料价格；（二）简化发行机构；（三）对于教科书及通俗读物，于必要时由国家津贴。

五、版权报酬问题　过去反动政府所订定的著作权法，已归于无效，应由法制委员会重新拟订法规，以保护版权。关于版权报酬，亦应重行厘订办法，使一方面保障著作人的权益，另一方面适合出版业的实际情势。

六、期刊管理问题　今后期刊登记应由新闻总署或出版总署管理。

请早日决定，以便遵循。

出版总署署务汇报第四次汇报记录※

地　点：署本部

出席者：胡愈之　叶圣陶　周建人　胡　绳　徐伯昕　黄洛峰　祝志澄
华应申　沈志远　金灿然　曹伯韩　王子野　王　钊

主　席：胡愈之

报告事项：（略）

讨论事项：

一、本署学委会应如何组织，请讨论公决案？

决议：（一）为便利领导与组织学习，可按居住区域来分开组织分学委员。

（二）东总布胡同10号的学委会由出版局推派3人，编审局第三处、翻译局及办公厅各推派2人组成之。

（三）将来如有需要时，再成立总学委会，在目前各不同居住区域所组成的分学委会尽可能在学习上取得联系与统一。

二、本署中苏友好协会筹备会如何成立，请公决案？

决议：推黄洛峰、胡绳、徐伯昕、金人、王钊、王子野、史育才、薛迪畅、周永生、邵公文、沈颖、沈静芷、金灿然等13人为筹备人，并由胡绳同志任召集人，定期召开筹备会商讨具体进行事宜。

三、编审局提：下年度上半年教科书业已编定，如何与教育部交涉，迅速审定，以便及时出版供应学校采用，请公决案？

决议：由办公厅向文教会联系，请文教会尽早定期约集教育部与本署编审局开联席会议商讨解决。

※　此为1949年11月18日的汇报记录之节录。

四、翻译局提：拟定译稿稿酬办法，请讨论公决案？

决议：此项办法在各种稿酬办法未正式订定前可暂作为翻译局的试行办法。

五、文化部戏曲改进局函请三联书店代出《人民戏曲月刊》一事，现由三联书店提请本署核示办理，如何核复请公决案？

决议：由办公厅将原函抄转文教会，请文化部核办。

六、明年（1950）度本署工作计划，如何拟定请讨论公决案？

决议：（一）明年度出版的读物，主要为教科书及通俗读物，另外可搜集近三十年的全国出版物来编辑丛书。

（二）各局可据上项目标先自行拟选明年度预算草案提交下星期二署务汇报讨论。

七、本署署务会议及各项汇报制度、联合办公制度，如何建立，请讨论公决案？

决议：

（一）（略）。

（二）本署署务会议应以讨论方针、政策、人事、制度等原则性的问题为主，尽可能减少事务性的讨论。

（三）拟由下月起试行联合办公制度，以减少公文周转，加强工作效率。

八、本署各部门待遇，如何统一，请讨论公决案？

决议：推华应申、胡绳、徐伯昕、沈志远、王钊、金灿然六同志组织小组，拟出具体草案再提交署务会议讨论。

出版总署工作简报（第4号）※

一、一般情况

本周主要的工作是草拟1950年度工作计划和经费概算，因为预算的一再缩减，工作计划也不得不一再重拟，现正在改拟中。

二、一月来的编译审订工作

11月份的编译工作，已完成译稿有192500字，主要工作在校订已译出的文稿，约校订了223600字，下月可发排2本30万字的书稿。

编审工作，主要在教科书的编审工作，总计完成书稿38种，计87册，397万字，又图10幅（内计新编9种，23册，共220万字，修订16种，41册，共121.5万字，审读13种，23册，又图10幅，共53.5万字），未完成书稿9种计16册。

三、一月来的出版情况

11月份本署出版局印出新书计有《俄国资本主义的发展》、《斯大林论苏联宪法草案》、《国家法与苏维埃建设研究提纲》、《列宁论检查制度与监察工作》、《全苏和平大会》、《资产阶级外交方式》、《台湾问题》、《新闻学研究提纲》、《民校识字课本》（二）、《展开防止鼠疫的斗争》、《鼠疫学》、《鼠疫预防工作须知》、《传染病预防工作指南》及文艺著作等20种，重版书有《列宁文选》等36种，杂志计《争取持久和平争取人民民主》第4至第7期，《中苏

※　此为1949年12月3日拟。

友好》及《新华月报》创刊号各1期，《文艺报》第4、5两期，《新中国妇女》第5期，共计排出字数303.6万字，印902500册，书籍印数最少5000册。最高5万册，杂志最少6500册，最高为3万册。

四、上海出版业华北、东北参观团动态

上海出版业华北、东北参观团包括三联书店、上海联合出版社、联营书店、商务、中华、世界、大东、开明、光明书局、文光书店、万叶书店、晨光出版公司、东方出版社、作家书屋、龙门书局、新亚书店、耕耘出版社、神州、国光社等20个单位，23人，其中公私合营书店2家，余均为私营书店，有业务管理、印刷、出版、技术等各方面熟练人才。主要目的为了解中央对私营书店的政策，出版总署成立后的组织与计划，以及解决他们的困难问题，如编辑出版分工、纸张供应、著作权保障、稿费版税办法等问题，并特别注意全国新华书店出版工作会议的决议内容。本署在他们去东北工展参观回来后，已举行过一次招待茶会，把上面的许多问题，曾由胡署长、叶副署长、黄洛峰同志、徐伯昕同志等分别予以原则性的解答，并拟分别邀约谈话，获得较深的了解他们今后的动向，作为我们研究政策的参考（详细报告待该团离京后再报）。

出版总署第三次署务会议记录※

地　点：署本部

出席者：胡愈之　叶圣陶　周建人　沈志远　张君悌　黄洛峰　祝志澄
华应申　胡　绳　徐伯昕

列席者：王　钊　沈静芷　曹伯韩　叶蠖生

主　席：胡愈之

报告事项：

一、徐伯昕同志

（一）各机关编译出版会议已开过会，有关此事的情形，兹分别报告如下：

1. 本署所提《政府机关出版刊物审核办法》已分送各有关机构研究提出意见，迄今为止，仅总工会提出复文，其余各机关均无回复。

2. 各机关编译出版机构关于明年计划之报表之填送来者，已由办公厅计划处初步整理。

（二）通俗读物问题已由本署与教育部共同召集座谈会一度商讨，详见附件（附件略）。

（三）纸张问题业经政务院批准由轻工业部、财经委会、新闻总署等八机关组成纸张管理委员会来管理各种用纸。

（四）明年度一月份预算（略）。

（五）世知社迁京问题，业经文教会批准同意迁京，并由本署投资5000万元，改为公私合营。

（六）本署薪给标准（略）。

※　此为1949年12月24日会议记录之节录。

（七）房屋问题（略）。

二、翻译局（沈志远同志）

（一）已草拟好一个工作条例（略）。

（二）已拟好一个编审、翻译人员聘用办法（略）。

（三）房屋问题（略）。

（四）翻译上最严重的问题是：1. 无书可翻，现在来的书多半是技术应用书籍。2. 有些书可翻的都已被别人抢先翻译了，好几种译稿都因此而作废了。3. 有书无人。来的书大半是科学技术书籍，与我们的翻译人员的能力都不适合。

（五）希即恢复汇报制度。

三、编审局（叶兼局长）

（一）最困难的是房屋不够用的问题。

（二）教科书还没有来齐，看来今年的教科书审定要迟些了。

（三）通俗读物的稿子有些已经发排了。

四、出版局（黄洛峰同志）

（一）国际书店与苏联订立总经销合同的事，已再次商讨，并各自提请上级批准。

苏方代表催询版权问题甚急，已婉辞说明在目前情况下尚不适宜洽订的原因。

国际书店来的书积压很多，已在积极设法疏运。

（二）斯大林寿辰已通电各地新华书店售廉价一周庆祝。

（三）在京、津的祝寿运动，由书店举办流动供应，因此而掀起一个买书的热潮。据反映各方都感买书不便，希望能像这次一样多来供应，已在研究设法解决。

（四）发行方面

第一正在检讨已经发行课本的经验。

第二根据出版会议决定的精神，开始采取垂直发行办法。

（五）厂务方面

1. 拟建立急件印刷厂。

2. 新华印刷厂为适应明年度工作计划及照顾到将来发展，已聘请工程师将全部厂房重新设计。

（六）出版方面，已将纸版、样书分发新解放地区复印，以应急需。

（七）出版委员会已于11月底结束，关于成立以来的工作总结，已责成各处科迅速搞出来。

（八）出版局明年的工作计划（略）。

（九）出版局各处室科的工作条例（略）。

五、胡署长（略）

讨论事项：

一、本署各局是否应定期举行正式成立大会请公决案。

决议：原则上不扩大办理，改在本月31日举办，同乐晚会及聚餐来代替正式成立大会。

二、本署各厅局的工作条例，如何拟定及统一，请讨论公决案。

决议：（一）各局所已拟定的工作条例，可先行试行。

（二）各局工作条例间的相互关系，由办公厅研究统一调整。

三、发稿制度如何建立，请讨论公决案。

决议：（一）原则上发稿关系应通过局一级（即编审、翻译局的各处均经过局送达出版局，而不是直接送达出版局之出版处）。

（二）发稿后，如有问题需商讨者，各处科可自行联系商讨解决，以使工作效率增高。如不能解决时，再提交上级解决。

附：1950年度拟交本署出版期刊整理表

名称	刊期	主办机关	主编人	每期字数	全年字数
中苏友好	月刊	中苏友好协会总会	张仲实	15万	180万
人民文学	月刊	中华全国文学工作者协会	茅盾 艾青	15万	180万
文艺报	半月刊	中华全国文学艺术界联合会	丁玲 陈企霞	7万	168万

续表

名称	刊期	主办机关	主编人	每期字数	全年字数
人民美术	双月刊	中华全国美术工作者协会	蔡若虹 李桦	5万	30万
文艺资料	月刊	文化部艺术局	杜麦青	25万	300万
人民科学	月刊	文化部科学局	未定	10万	120万
新书	月报	国立北京图书馆	未定	5万	60万
大众戏曲	月刊	戏曲改进局	大众戏曲 编委会	10万	120万

注：计8种，全年938万字

出版总署第四次署务会议记录※

地　点：署本部

出席者：胡愈之　叶圣陶　周建人　胡　绳　徐伯昕　黄洛峰　华应申　沈志远　张君悌

列席者：金灿然　曹伯韩　王子野　王　钊　沈静芷　陶大镛　周天行　叶蠖生

主　席：胡愈之

报告事项：

胡署长（略）

金灿然同志（略）

讨论事项：

一、根据第九次署务汇报决议，由胡绳等7同志组成的七人小组，提出修改本署组织机构及编制草案，请讨论公决案

决议：根据所提草案照下列修改意见修正通过。

1. 办公厅组织不变。

2. 出版局中业务部门工作均划归新华书店总管理处。出版局下设秘书、审计、人事、研究等室。

3. 新华书店总管理处下设出版部、发行部及新华印刷厂。

4. 翻译局组织照草案通过，但各处之分工可根据实际工作情况和需要机动调整。

二、本署编制根据上项决议，应如何重新调整，请公决案

※　此为1950年1月10日会议记录之节录。

决议：本署编制人数，暂按下列标准。

1. 办公厅　99人　2. 编审局　130人　3. 翻译局　105人　4. 出版局　51人　5. 专门委员会　45人　6. 各厅、局勤杂人员　60人　总数　493人

三、编审局处级人事，业拟就初步名单，请公决案

决议：如拟通过，并正式备文呈请文化教育委员会转呈任命。

名单如次：

1. 办公室　金灿然　2. 第一处　宋云彬　叶蠖生　朱智贤　3. 第二处　曹伯韩　楼适夷　4. 第三处　王子野　5. 第四处　傅彬然　朱文叔

四、翻译局处级人事，业就现有人事拟定初步名单，请公决案

决议：如拟通过，并正式备文呈请文化教育委员会转呈任命。

名单如次：

1. 办公室　周天行　徐大名

2. 第一处　陶大镛　第三处　张君悌（兼）

中央人民政府出版总署暂行组织条例※

第一条　本条例根据《政务院及其所属各机关组织通则》制定之。

第二条　出版总署的主要业务为：

（一）建立及管理国家出版、印刷、发行事业；

（二）掌理国家出版物的编辑、翻译及审订工作；

（三）联系或指导全国各方面的编译出版工作，调整公营、公私合营及私营出版事业的相互关系。

第三条　出版总署在署长副署长之下设办公厅、编审局、翻译局及出版局。

第四条　办公厅设主任、副主任，并在主任副主任之下设下列机构，分别主管各项工作：

（一）秘书处　办理文书、总务、对内对外的联系及其他日常事务；

（二）计划处　主管全国出版事业的调查、研究、联系、设计、指导工作；

（三）人事处　主管出版总署及其所属各机构的人事工作；

（四）财务处　主管出版总署及其所辖属的各项企业的会计审计工作；

（五）图书馆　收集供编译出版参考用的图书，并收藏全国出版物的版本。

各处、室及馆以下视工作需要得分设各科、室。

第五条　编审局设局长、副局长，并在局长、副局长之下设下列机构，分别主管各项工作：

（一）办公室　办理编审局内日常事务及对内对外联系工作；

（二）第一处　学校教科书编审工作；

（三）第二处　工农通俗读物编审工作；

（四）第三处　时事读物编审工作；

（五）第四处　其他一般读物编审工作。

※　此《组织条例》为 1950 年 1 月 14 日送核草案，与 1949 年 11 月 11 日送核的《组织条例》相比，仅有个别字句不同。

各处、室以下视工作需要得分设各组或各科、室。

第六条　翻译局设局长、副局长，并在局长、副局长之下设下列机构，分别主管各项工作：

（一）办公室　办理翻译局内日常事务及对内对外联系工作；

（二）第一处　社会科学翻译工作；

（三）第二处　自然科学翻译工作；

（四）第三处　文艺及参考书刊翻译工作；

（五）第四处　翻译期刊编辑工作。

各处、室以下视工作需要得分设各组或各科、室。

第七条　出版局设局长、副局长，并在局长、副局长之下设下列机构，分别主管各项工作：

（一）秘书室　主管出版局内文书、总务、会计等日常事务；

（二）研究室　主管与出版局有关的各项企业的调查、研究、设计、指导工作；

（三）人事室　主管与出版局有关的各项企业的人事及出版工作干部的训练工作；

（四）审计室　主管与出版局有关的各项企业的审计工作。

各室以下视工作需要得分设各科。

第八条　各处设处长，图书馆及各室设主任，各组各科设组长、科长。以上均得设副职。此外编审局、翻译局得设编审、编辑及助理编辑。

第九条　新华书店总管理处隶属出版总署，为出版局领导下的企业机构，进行国家出版、印刷、发行的业务，其组织编制另定之。

第十条　出版总署设编译委员会，其任务为统一计划及调整有关各部门的编审、翻译工作。此外得因业务需要，聘任专员，并得聘请专家，组成各种专门委员会。

第十一条　出版总署署务会议由署长、副署长、办公厅主任、副主任、各局局长、副局长等组成，由署长召集之，每两周举行一次。必要时得由署长决定提前或延期召开。署务会议得扩大举行之。

第十二条　本条例经中央人民政府政务院批准后实行。

中央人民政府出版总署负责人名单※

一、署　长　胡愈之

副署长　叶圣陶　周建人

二、办公厅　主　任　胡　绳

副主任　徐伯昕

1. 秘书处	处长	王子野（代）	副处长	王　钊
2. 人事处	处长	（缺）	副处长	（缺）
3. 计划处	处长	徐伯昕	副处长	（缺）
4. 审计处	处长	（缺）	副处长	（缺）
5. 参考图书馆	馆长	（缺）	副馆长	（缺）

三、编审局　局　长　叶圣陶（兼）

副局长　周建人（兼）　胡　绳（兼）

秘书长　金灿然

1. 第一处	处长	宋云彬	副处长	叶蠖生	朱智贤
2. 第二处	处长	曹伯韩	副处长	（缺）	楼适夷
3. 第三处	处长	王子野	副处长	（缺）	
4. 第四处	处长	傅彬然	副处长	郑易里	朱文叔
5. 秘书室	主任	金灿然（兼）	副主任	（缺）	

四、翻译局　局　长　沈志远

副局长　金　人　（缺）

秘书长　（缺）

1. 第一处　（缺）

2. 第二处　（缺）

※　原件存于有关档案机构。

3. 第三处　（缺）

4. 第四处　（缺）

5. 秘书室　（缺）

五、出版局　局　长　黄洛峰

副局长　祝志澄　华应申

1. 出版处　　处长　（缺）　　　　副处长　徐　律

2. 厂务处　　处长　祝志澄（兼）　副处长　（缺）

3. 发行处　　处长　（缺）　　　　副处长　（缺）　邵公文

4. 会计室　　主任　陈正为

5. 秘书室　　主任　程浩飞

6. 人事室　　主任　王　钊（兼）

出版总署三个月（1949年11月至1950年1月）工作简报※

出版总署于1949年11月1日正式成立。在最初三个月，由于建制还没有确定，各部门工作人员大部分没有配备完全，一切都还在摸索中，工作还没有上轨道。从本年2月起，我们才能依照确定的工作方向和1950年工作计划，逐步走上正轨化。这一个简报分作两部分：第一部分是三个月来的工作概况，第二部分是全国出版界情况和推进人民出版工作的方针。因本署所属各局均由原有机关改制而成，第一部分的工作概况，有些是已从10月份开始进行的，而1月份有些工作还没有结束的，则没有列入。

一、三个月来工作概况

（一）编审方面，已完成了下列工作：

1. 修订及新编小学教科书37册（内高小国语第二、第四册，高小历史第四册，高小政治第一册共4册为新编者）。

2. 修订及新编中学教科书8册（内高中国文第六册，五四以后本国近代史，初中政治课用革命故事集，革命故事集为新编者）。

3. 工农通俗读物，已编成25册（有一部分尚未审订付印，其中8册是通俗文艺，7册为史地知识，其他为政治常识，卫生常识等）。

4. 时事读物，已编《新华月报》3期，“时事丛刊”29册。

5. 审图书稿123册。

预定做《共同纲领》的浅释和通俗解释，还不能照预定计划完成。

※ 此简报1950年1月26日印发。

（二）**翻译工作方面：**

截至 1 月 21 日止已译校的数字如下

1. 俄文，译 52.4 万字，校 52.5 万字。

2. 英文，译 35.5 万字，校 12 万字。

译完书与文 18 种（其中主要的有《米丘林生物学的初步基础》,《一百年来捷克农业政策》,《苏维埃商业》等）。

校阅的稿子共 5 种（主要的是《教育学》及《教育学原理》二书）。

（三）**出版工作方面：**

1. 1949 年 11 月及 12 月两月间由本署出版局发稿付印书籍共 114 种，502 万字，印成 184 万册，杂志共 22 期（6 种），216 万字，印成 39 万册。

2. 初高小、中学、师范教科书已付排 26 册，已全部打出纸型。北京已印出的数目是小学 77 万本，中学 15.8 万本（截至 12 月底）。

3. 为减轻读者负担，把“干部必读”印普及本，已印 6 种，9 万册。

4. 年画自印 26 种，已出版 8 种，共 29.5 万份，尚有 18 种，定 2 月 5 日前完成。另外，在石家庄已印年画数字在 100 万份以上。

5. 出版局所属新华印刷厂已于去年 11 月底建立彩印部。该厂现正开始实行成本核算制度，并成立工资小组，由总务科、人事科、工会代表及工人代表等组成，协助行政上解决有关工资问题。

6. 国际书店正式营业，并先后多次与苏联国际书店代表商订购销合同，草案已定。

7. 华北各地区新华书店已统一于华北新华书店总分店。

（四）一般工作方面：

1. 举行各种座谈会，一共 6 次，即（1）招待上海出版业、华北东北参观团座谈会。（2）招待出席全国教育工作会议各地代表的座谈会。（3）翻译工作者座谈会。（4）本市各机关内翻译机构的座谈会。（5）通俗读物编者和作者座谈会。（6）由新华月报社召开的各报各杂志编辑人座谈会。

2. 与文教委员会、计划委员会联合调查各中央机关的编辑出版计划，由本署拟订调查表格，按月发出，以与各编辑出版机关保持经常的联系。

3. 初步整理上海市及北京市两地私营书店的材料，并制订了各种调查表格，以便进行进一步的调查，对于公私合营性质的出版事业开始对其工作进行审核（如三联书店、华北联合出版社、联营书店）。

4. 初步作出了全国出版用纸数量的调查，并与新闻总署合作拟具《文化用纸情况及解决方案》，参加由政务院组织之“文化用纸管理委员会”。

二、全国出版界情况和推进人民出版工作的方针

本署成立以后，即就全国公私出版事业情况作初步的研究调查，就目前所了解一般情形如下：

由于战争的破坏和国民党反动政府对文化出版事业的压迫摧残，全国出版事业，在生产数量方面，短时期内还不能恢复到抗战前的水准。困难在于印机多，原料（主要是纸张）少，而书稿（当然是指适合目前迫切需要的书稿）更少。在质量方面，良莠不齐，而且呈现无计划无目的的混乱现象。全国解放，各地干部教育学习成为风气，书刊需要量是在激增中，但由于以上的原因，目前出版还不能满足客观的要求。

就一般情形来说，国营和公营出版事业，由于接收敌伪的出版业器材，本来可以大规模迅速发展。但是工作干部和书稿的缺少，以及国营事业本身组织和管理的散漫现象，限制了它本身的发展。因此，改造训练干部，通过编审翻译局组织新书稿，和新华书店的统一领导及科学化管理，成为目前在出版工作上的迫切任务。出版总署的组织，现经修正，使新华书店业务，与行政机关分开，另建新华书店总管理处，如此使新华书店的领导和业务管理，可以做得更好些。

为了解决目前的需要，单是倚靠国营及公营企业是不够的。必须适当地扶助私营出版事业，使之逐渐走向公私合营，才能使全国出版事业，趋向统一与计划化。目前私营出版业，有一大部分感觉资金、原料与书稿缺少，营业亏折难以维持。其中如商务印书馆、中华书局，因过去主要营业倚靠教科书，所以解放后困难最大。我们对于扶助私营出版业的办法分三种：（1）公私合营，可以三联书店作为典型。此外上海世界知识社亦已经核准，于短时期内移京，改为公私合资经营。商务印书馆与开明书店也曾表示希望公私合营，

我们正加以考虑。（2）联合出版或联合发行，如华北和上海的联合出版社，北京和上海的联营书店，在广州临时组织的教科书供应委员会，就过去经验，确实可收公私出版业通力合作的效果。（3）国营和公营书店向私营企业定货。私营书店旧版图书中，还有不少，特别是技术科学书是适合目前需要的。我们打算加以审读后，编成整套丛书，由新华书店大批定印。这一办法正在计划中。

教科书的供应问题，非常严重。不但供应数量还不够，而且由于匆促审订，质量也十分薄弱。目前应由教育部迅速拟订试行课程标准，并成立教科书审查机构。在国定教科书还不能全套编出的时候，一部分（如自然科学等）只能先从私营书店的教科书中加以审核采用。这是就编审工作而言。至于教科书的出版发行工作，目前一部分是交华北和上海联合出版社办理的。

由于纸张困难，书价一时不易减低。国营书店书价虽比私营书店为低，但工农大众和一般干部依然买不起书。因此我们正在计划对于通俗读物和一般干部读物，提出一部分，由政府补贴，以极低廉的价格配售。并通过大众图书室、流动报社、读书会等方式，使工农和干部有书可读。我们还计划在全国新华书店成立服务部，并训练干部，以在全国范围，推进大众读书运动。

对于有毒素的反动书刊，各地方军管会及文教机关都能严密注意，随时查禁，由于一般读者觉悟已提高，就目前情况来说，情形还不十分严重。但私营出版业的出版物内容不正确，甚至曲解政策和共同纲领，则情形颇为普遍。要使出版界纠正不良现象，共同趋向正确的方向，不能专倚靠行政处分或命令，而应当发动公开的批评。为此目的，我们计划编刊图书评论杂志，作为图书出版的指导刊物，预定在四五月间创刊。

出版局三个月来初步工作总结※

2月2日出版局召开扩大局务会议，汇报各部门工作的初步总结。各部门负责同志在会上的报告，是依据各部门分别召开的总结会的记录发言的。

这次总结（从1949年11月出版总署成立起到1950年1月底为止），由于时间关系，发掘得还不够深入，也不够广泛，为了使同志们了解出版局的业务情况，特别将这份记录发表。

（上略）

报告事项

黄洛峰同志：这次举行扩大局务会议，中心问题是按总署第11号通知的精神，报告和讨论各处室所讨论了的3个月的初步工作总结。

华应申同志：出版处3个月来的初步总结，包括下列各点。

一、工作情况

（一）在过去出版委员会时期，因没有专门组织稿件的编辑机构，发稿没有把握，因此出版处工作难有完整的计划。总署成立后，有了编审、翻译两局，发稿逐渐增多，出版工作就比过去好搞了。

（二）教科书工作，这学期修订和新编的教科书有五十余种。由联合出版社印出者，1月底止小学教科书269万册，中学24万册，民校130万册。自印中学教科书11万册。

（三）年画工作，石家庄已完成100万份已销完，北京全部印好的60万份，已超过原定任务。北京印得较迟，发行上可能困难些。同时这次印数犯

※ 原文刊于新华书店总管理处《内部通报》1950年2月2日第1号，本文是出版局第六次局务会议记录。

了平均主义的毛病，因而好销的立刻销完，没有存货，滞销的存得还多。

（四）杂志工作，现有杂志8种，《和平民主报》——周刊，《文艺报》——半月刊，《人民美术》——双月刊，《新华月报》、《人民文学》、《新中国妇女》、《说说唱唱》、《中苏友好》都是月刊。以上8种每月约共150万字，约印1000令纸，按800倍计总定价约4亿。

（五）出版书籍共148种（文艺45种，政治、社会、法律24种，马恩列斯著作22种，这三种最多）；发稿、重排、翻印共计排字940万，用纸10508令，纸型383付，共印2045000册。

（六）校对工作，平均每人每天（7小时）校32500字，看清样及样本为40000至43000字。如要求质量更高些，则字数就达不到这样多。目前水准错字最少的占1/16000，最多的占1/1500。

（七）美术科主要工作为画教本插图。共计225幅；设计封面26个。其他如创作和修改年画，协助设计版式，设计图章，绘像，绘地图，书签，修改连环画，布置会场……等零星事件甚多，工作比较忙。

（八）宣传工作，3个月登报纸广告209次，杂志广告48次，招贴1次，图书目录3次，电影广告2次。现已制好幻灯片数种。以后要加强对外报导工作。

（九）3个月来，由于工作的需要与改制关系，拟订和建立了一些制度，如稿酬办法，排印格式统一办法，版本说明统一办法，重订基本定价方法及印发定期的出版情况通报，建立排校印装进度登记制度等。

二、人事组织情况

（一）出版处现有5科1室，共69人（其中包括3个月内增加的21人）。

（二）思想情况：一般工作情绪还稳定，个别的（主要新同志）有感到待遇太低的。在工作上部门与部门之间有时对问题的看法不一致，因此发生问题时不能首先检查自己，而责备别人较多。照顾全面不够。领导干部都觉得事务主义作风很严重，但难于克服，欲罢不能，因而感到矛盾苦恼。

三、主要经验教训

（一）事务主义作风比较严重，表现在下列几点：

1. 工作上缺乏全国观点——只注意到目前的本地的一些出版工作，对各总分店的帮助不够，对长远的建设考虑得少，方针政策的研究与学习也做得不够。

2. 缺乏计划性——过去总以为发稿不能经常，因此出版不能有计划，其实正因为发稿不经常，出版就更应该主动的订出计划来才能更好推进工作。有时可能订出的计划也没有做。

3. 缺乏制度——这点与上一点是联系的，制度也就是经验的条文化，与总结经验同等重要，但思想上对这点的认识是不够的。由于没有很周密的制度，工作就不免自流。

（二）在出版工作的过程中，感到有许多物质上的损失，除由于工作错误外，主要的是由于发稿方面没有搞好，原稿没有经过很好整理，等到送校样后再大加变动，损失就很大（去年一年由于这种原因所造成的损失估计达18000多斤小米，杂志的改版损失和杂项损失还不在内）。如果出版处有一些水平较高的同志做整理稿件的工作，则可以避免和防止损失的一部分，但主要还须请发稿方面将稿件审查、修改、整理好发下。等送校时再改，既造成浪费，又必然更延迟了出版日期。

祝志澄同志： 3个月来的厂务处工作，由于厂务处建立较晚，只能简略的说几点。

（一）厂务处实际是从11月份才开始建立的，由于人少，一直还没有订出今后的工作方针和计划，仅仅做了一些局部的零星工作。

厂务处目前只12人，北京新华印刷厂职工共632人，天津新华印刷厂183人，新华油墨厂17人，新华材料行11人，新华制版厂12人。

（二）北京新华印刷厂增设了彩印和照像设备。会计制度已比较上轨道，手续已比较完备。工厂仓库已经建好，过去纸张存在外面仓库里，每月要用一千多万元租金，现在自己的仓库已可存放现有纸张，节省租金不少。

（三）最近厂务处中心工作为筹设新厂房，原已请人设计好图样，但由于厂址与整个北京市的大建设计划不符，要另觅厂址。现已在原址对面看了一块地皮，正测量备请拨地中。

（四）现有各项存纸共900吨，其中印书纸800吨（包括新近由东北运来的印毛选的纸400吨）。

（五）筹建杂志厂工作，现正积极进行，主要是房子问题，最近几天可能解决。

（六）天津新华印刷厂主要是接印外件，可以维持。制版厂已可制三色版。材料行增加了做铜模的设备，材料行业务除能实物保本外，去年还盈余一千多万元。油墨厂由于机器和技术都差，成品质量较低，内部人事不健全，去年亏本1300万元。

（七）工作中的缺点：

1. 由于工作制度不健全，工厂排印中时常发现错误，今后当很好的检查以求彻底改进。

2. 油墨厂管理不内行，加之机器设备差，成品没有达到标准化。

3. 材料行没有重视政府法令，发票没贴印花，要罚400万元，经交涉后已免罚款。

4. 事前的检查工作不够，错误发生往往是别的部门或上级先知道再去处理。有时碰到了再处理。如前天在工厂垃圾堆上发现废铅十多斤，类似的浪费现象恐一定不少。

5. 与别的部门工作上的配合还不够，目前主要问题是工厂觉得印件不足，生产力没有充分发挥。

（八）最近拟做的中心工作：

1. 在人力稍有补充后，即着手制定比较完整些的各种工作制度。

2. 建设京厂厂房，拟测量设计好以后，3月中旬动工。

3. 杂志厂争取于3月底开工。

4. 预购半年内用的纸张材料。

5. 油墨厂增加两部调墨机。

史育才同志：发行处工作情况。

（一）一般情况——国际书店11月8号成立，发行处直到12月初才开始工作，时间是很短的。截至12月底止，发行处包括国际书店在内共有94人，大部分是新干部。由于工作开展太快，人力不足，机构很不健全，目前发行处6个科，只有4个科有科长。国际书店的人手更感不够。开始工作时感到方针不明确，如发行处如何照顾全国，国际书店的远景怎样，经营方针怎样，事前都没有很明确的规定。因此，工作只是在摸索中进行，感到被动。

（二）成立后主要工作：

1. 清理接收华北总店交来的一些外文报纸杂志，发给各地书店。报纸由于时间性的关系是采取先发了再说的办法发出的。

2. 大批外文书籍的整理工作已完成，发行工作还没有很好的展开。

3. 国际书店截至现在止，往来户有 120 家，发货总额 6.7 亿元，收回货款 1.61 亿元。

4. 本版书收货 22 种 31.6 万册，发出 203000 册，存 113000 册。杂志收货 105884 本，发出 76293 本，存 29591 本。由于时间短促，与各地尚未建立正常关系，货款尚未收回。

（三）工作中存在的问题：

1. 与苏联商务代表订立经售书籍合同刚正式签字。售价问题还没有最后决定，我们的订价高，单帮书商以低价由东北运来外文书售价比我们低得多，因此影响我们外文书的发行。最近甚至新华自己也向国际书店退书。

2. 目前发行处发货范围主要还是在华北，发货比例是华北 44%，华中 9.2%，西北 6.8%，华东 2.4%，东北 2%，西南 0.9%，广州 0.7%，存书还占 34%。发行处本身应有存书，但目前存书状况是被动的无计划的。各地总分店由于我们款子追得紧，都不愿大量进货。不是自己出版的书，他们就不当做本版去推销。

3. 发行处对各地书店具体情况了解得很少，发货是凭自己主观的估计发的，今后应该加强对各地的了解。我们自己也要规定出具体的办法来，收款应该放宽些，使各地书店乐于接受。

4. 目前干部问题是一个严重的问题，新人员多，骨干少，老解放区来的只 22 人，一般都还安心，但少数认为工作分配不恰当，还没有在新的岗位上安定下来。国际书店大部分是新的知识分子，虽也要求进步，但怕吃苦，责任心不强。

5. 房子问题一直没有很好解决，国际书店最近在苏州胡同买好一处房子，但还要 2 个月才能搬进去。

王钊同志：人事室工作。

（一）3个月来由于机构迅速扩大，人员增加速度也很大，10月底止是104人，现在已有243人（科长以上28人，科员以下191人，勤杂24人）。

（二）目前本局连附属单位在内，共计1081人（科员以上60人，科员以下433人，工人468人，勤杂57人）。

（三）如新华总处分出去后，准备留出版局的是36人（科员以上18人，办事员10人，勤杂8人）。

（四）增加的人员中，由华北、东北、华东等地书店调来的64人，新华、三联代考试的39人，机关介绍的15人，私人介绍的27人。

（五）人事工作中的经验教训：

1. 登记和批准的制度做得比较好。

2. 保证供给了初步所必需的人员。

3. 人事任用上原则性掌握得还恰当，没有滥用人的现象。

4. 由于干部条件差，对正规化认识得不够，没有建立完整的人事制度。

5. 陷于事务主义，没有很好的进行了解全部人员的思想情况，培养教育工作更谈不到。

6. 干部情况的材料不够，要材料和数字都是临时现抓。

卜明同志：补充人事室工作。

1. 出版局目前的干部情况是老干部少，新参加的干部也不算多，不足以应付今后工作的需要。

2. 老干部要在工作中起骨干作用，因此如何提高老干部的水平应该更多的关心。

3. 应与各地总分店建立一定的人事工作联系。可否责成华北、东北、华东等地在1950年内，以培养新干部为一项任务，规定他们要于1950年内招收训练多少新人，以便于一年后能向各区调人来局。

4. 向私营书店抽调人员，待遇不妨较提高些。

陈正为同志：会计室工作。

（一）一般情况——会计室原定分为两科，但开始仅有4人，各项制度未建立，工作处于应付状态。12月份增加了4人，开始分科办事。目前中心工作为编制 1949 年度的决算。

（二）已根据新的情况制定了成本会计制度，预算制度也正着手准备。应用账表已印好 9 种。

（三）1949 年所领资金共 20242000 斤小米，按 12 月底市价折 141 亿。12 月底资产情况为：现金及银行存款约 29 亿，应收款约 28 亿，预付款约 17 亿，存纸约 41 亿，投资约 34 亿。1949 年除实物保本外，盈余约四千多万，盈余的原因是：1. 很早就向人民银行贷的款，还时币值已经降低很多了。2. 最初向贸易公司订购的一批纸张比当时市价几乎要低一半。如果没有这些原因，还是不能实物保本的。

（四）经验教训：

1. 制度不明确，对工作影响极大。

2. 没有整个的工作计划，使工作效率降低，掌握收支也很困难。

3. 过去没有能主动的同各附属单位的会计部门联系，对他们来的表报也没有很好的分析研究。

（五）最近中心工作：

1. 首先严格执行已有的制度，并将与各单位往来的手续正规化。

2. 每天的收支情况造表报告负责同志，每月的月报表加注分析意见，帮助领导上了解全面经济情况。

3. 加强审计工作，先到各单位多了解情况。

程浩飞同志：秘书室工作。

（一）总务科现有人员：成员 6 人，收发通讯员 8 人，勤杂 6 人，伙房 6 人。总务工作比较可说的成就是：1. 大灶伙食管理得还好，每月保持 66 斤小米，伙房只有 6 人，但办了 230 人的伙食。2. 冬季炉火设备工作如期完成，用煤掌握得紧，不致超出预算。总务工作中的缺点是：1. 个别人员积极性虽还不错，但整体说来，没有计划性和创造性，工作紊乱。2. 干部条件比较弱，分工不明确，又经常有突击工作，因此一般工作显得拖拉。3. 与总署总务科的分工不明确，工作上的配合没有做得好。4. 对一般同志生活上的照顾不够，对勤杂人员的教育和鼓励不够。

（二）文书科现有人数 5 人，人手不够，工作上显得被动应付。文书工作上比较可说做优点的是：1. 初步建立了文书制度，档案分类和保管也已逐渐正规化。2. 分工比较明确，没有积压，积极性和效力〔率〕比较高。文书工作的缺点是：1. 与有关部门的文书工作人员联系和帮助不够。2. 检查工作，催促各部门经办文件的主动性不够。

（附）出版局目前学习情况：

（一）原出版委员会学委，将全部人员分为甲、乙、丙3组。12月份新学委成立，学委共13人，除主委外，余12人分4组工作，即组织组，联络组，指导组，教学组。

（二）目前全体人员学习分为研究组1组，学习组12组（两组学社会发展史，10组学政治经济学），学习班3班（第1班是有相当政治水平而文化低的干部，第2班是文化高而政治水平较差的干部，第3班是文化政治都低的人员）。

（三）学习上存在的问题：

1. 学习班单依靠目前请讲师每人上一小时的课是不够的，如何加强，希望行政上协助。

2. 普遍反映，认为每天一小时学习时间太少，希望至少改为一个半小时。

3. 社会发展史、政治经济学预计于四月底学完，学完后学什么，希望总学委有一个统一的计划。

4. 目前的分组办法虽可以照顾到一些新同志，但科级以上干部感到影响本身的提高，希望总学委早些开会，统一地解决一些问题。

黄洛峰同志：今天各处室初步总结报告已谈完，反映了很多情况，也提出了很多问题，今天因为时间不多，不能继续讨论。有些问题须〔需〕要提请署务会议解决。有些问题本局可以解决的，下次局务会议再讨论解决。

中央人民政府出版总署一九五〇年工作计划※①

一、1950年，出版总署将根据必要与可能，以下列各点为工作中心

（一）加强领导国家的出版事业，使国家出版物的数量与种类均能增加，并在质量上保持一定水平；逐步完成新华书店的全国统一；改善和加强出版、印刷、发行、宣传与推广工作。

（二）动员和组织各方面编译力量，编辑工农通俗读物、干部教育读物及一般国民读物，翻译介绍苏联的著作及其他各国的科学的进步的书刊，选择重印已绝版而合乎现在需要的各种书籍，以求能提供多方面的出版物（学校教科书与一般读物，通俗的与专门的，政治的与文化知识的，思想理论性的与技术性的）。

（三）建立和加强对全国公营与公私合营出版事业的联系与领导，并采取适当方式扶持私营出版事业，逐步建立在出版工作上的公私合作关系。

（四）帮助读者解决因书价太高而得不到书读的困难，用国家津贴的办法以廉价的书有计划地供应工人、农民、军队与一般干部。

二、关于出版业的调查、研究、联系和领导工作

（一）调查全国公营、公私合营、私营的出版、印刷、发行事业的生产力，经营规模、经济情况、业务情况等，编制各项统计，据以研究，并在可能范围内进行若干必要之调整（主要是各出版机关的出版计划、发行网和进货销货区域的分划、定价的计算办法等）。

（二）调查全国的书刊，分类统计其种数与册数，至少每3月总结一次，

※ 原文刊于出版总署《出版简报》1950年3月25日第1号。

① 1950年工作计划制订于1月14日，此次呈报给政务院文化教育委员会备案的是修正之后的计划。

俾能经常了解全国书刊出版和销行的状况。

（三）在出版总署图书馆中设立版本保藏室。所有新出书刊均妥藏一份，并补行搜藏过去所出的各种书刊。

（四）对于公私书店所出书刊内容，有重点地进行审阅。

（五）调查全国读者对书报的需要和意见，经常提供这方面的材料，以供编译出版工作的参考。

（六）适当地扶助和组织私营出版事业，建立公私合作的关系，使私营书店均能担负一定的人民出版事业的工作。此外应帮助分散的、小的私营书店组织起来，使能在正确的方向下发挥效能。

（七）为了剥夺反人民的出版自由并保障人民的出版自由及保障著作权和版权，着手拟订各项有关出版的法规，呈请中央人民政府核定颁布。

（八）召开全国的或分区的编审、出版、印刷的工作会议。

三、关于编审和翻译工作

（一）编译工作中心如下：

1. 学校用教科书之供应，在本年度内，为编审、翻译二局的中心工作。中学教科书以编撰为主，由编审局会同教育部担任。大学教材以翻译为主，由翻译局约同其他翻译机构担任。

2. 编审局的编辑工作，除教科书外，以下列各项为主：

（1）工农通俗读物，（2）一般图书馆用书，（3）时事丛刊，（4）新华月报，（5）图书评论刊物（先在报纸上作为副刊发表）。

3. 翻译局工作，除教科书外，以一般参考读物及各种有助于新中国建设事业的书籍为中心，主要是翻译苏联著作，也兼及其他各国的著作，并出版翻译期刊。

4. 30 年以来有价值的图书，包括著作和翻译，选出一部分来分别加以整理重印。

（二）一年内由编审、翻译二局自行编译和组织之稿件，约为 3500 万字（内 2300 万字为编撰的，1200 万字为翻译的），由其他机关编辑、翻译经由出版总署交付出版的约为 4500 万字（内 2000 万字为期刊，2500 万字为书籍），共 8000 万字。其分类约计为：

学校教科书及教材	1000 万字
（中学 300 万字，大学 700 万字）	
工农通俗读物	150 万字
时事读物与一般社会科学读物	1700 万字
一般自然科学读物	800 万字
文艺读物	1200 万字
其他书籍	150 万字
杂志（约 13 种）	3000 万字
共计	8000 万字

除以上新编撰翻译的以外，本年尚须选择重印旧出版物及校订重排国营书店原出版物共约 1000 万字。总计约 9000 万字。

（三）编审翻译工作的人力问题：

1. 在编辑与翻译上，为了完成预定的工作，应在一年内增加工作人员一倍。并应尽量组织各方面编译人员在署外参加工作。

2. 编审局采助理编辑制度以培养人才。翻译局除设助理编辑外，并招考练习生，施以翻译工作的训练。

（四）建立与新华书店和公私合营书店在编审工作上的联系，审核其编审计划，交流新出的书刊。

（五）与中央人民政府其他各机关及人民团体的编译机关取得联系，分工合作。

四、关于出版印刷发行工作

（一）建立新华书店总管理处，为在本署领导下从事出版、印刷、发行的企业机构。新华书店总管理处除直接领导华北地区的新华书店、京津新华印刷厂及国际书店外，并须与全国各地区新华书店加强联系，逐步建立统一的制度，以便实行全国新华书店出版工作会议的决定，在 1950 年内先做到各地区新华书店分支店统一于各地区总分店，准备在 1951 年全国新华书店统一于总管理处。

（二）1950 年一年内新华书店在京津应完成下列生产计划：

排版：9000 万字（约 1200 种书，包括杂志，杂志以一期为一种）。

印刷：22.5 万令纸（除新排的 1200 种外，再加上 1949 年已出版书刊的重版，共约 1500 种，平均每种印 4 万本，共印 6000 万本）。

（三）为达到上项生产计划，北京新华印刷厂应扩充设备，加强效率，以求能提高生产力，至每月排字 600 万至 800 万字，印纸 8000 令至 1 万令。

（四）在新华书店的出版和发行工作上，首先应保证中小学教科书的及时供应与合理分配，加强注意工农通俗读物、干部读物及一般读物的出版、发行工作。

（五）在出版工作上要加强校对工作，以减少错字，在发行工作上要简化发行手续，减低发行费用，并力求采取多样的发行办法，来使各种各类的书能达到需要这些书的人的手里。

（六）扩充国际书店，大力统一经销苏联书报，建立北京门市部，并在沈阳、上海二地建立分店，同时部署在全国各地新华书店增设外文部。

（七）继续开办业务训练班，轮训新老干部及改造旧出版业从业人员。

五、关于加强读者服务，以求书刊普及的工作

（一）在新华书店总管理处设立专做读者服务工作的部门，并在全国中心城市，利用新华书店及公私合营书店的原有机构建立读者服务部门，与各地宣教机关及人民团体联络，建立书报合作社、图书出租处、读书会、流动书库等，以求在城市与乡村中展开读书运动。

（二）通过各级书店的服务部门，以特廉的书刊供给缺乏购买力的读者，首先应照顾供给制的干部及一般工农读者，原则上应供应有组织的读者（例如工厂、军队、农村中的读书室、文化室、经常性的读书会组织）。由出版总署拨出一定的经费作为读书运动经费及廉价书的津贴。

出版总署1950年上半年工作报告

——向政务院文化教育委员会报告※

一、全国出版事业的一般情况

关于全国出版事业的一般情况，可以分下列几个方面来说明。

（一）新华书店为全国性的国营出版事业。新华书店总管理处成立于今年4月，全国现有9个总分店（除华北、东北、华东、中南、西北、西南外，华南、山东、新疆亦设总分店），47个分店，831个支店（分支店的统计尚不完备）。总处及华北以外各总分店除营发行外，兼营出版印刷，分支店一般的只做发行贩卖工作。本署曾于今年3月发布《关于统一全国新华书店的决定》，各地现正按照此项决定进行工作。东北及山东总分店所属分支店在经济上业已实行统筹统支。华北、华东、中南已分别于今年四、五月间举行全区新华书店的会议。西南、西北也将相继举行会议。八月间，并拟召开第二届全国新华书店工作会议。全国新华书店资金的统一，按照预定计划将在今年年底实现。现在总管理处已与各地区新华书店建立了较密切的领导关系。重要的书刊已做到全国版本统一。过去各地新华书店任意印书的现象已有相当大的改变。出版、印刷、发行三个部门已初步划分，但尚未成为各自独立的企业部门。

（二）除新华书店外，其他公营书店有工人出版社、青年出版社等。公私合营书店有三联书店、世界知识社、联合出版社等（以上所举均在北京，其他有些大城市除有新华书店外，也有公营书店及公私合营书店，但数量均甚少，规模也小）。工人出版社专出工人读物，青年出版社专出青年读物，世界

※　原文刊于出版总署《出版简报》1950年6月15日第3号。

知识社专出国际问题读物，联合出版社专出教科书，这样的分工专业化是很合理的。以上各出版社（除联合出版社）及三联书店，除出版书刊外，均兼作发行工作。但发行能力均不大，最大的三联书店全国仅有 13 个分店。

邮政局现在已开始经营报纸与杂志的发行工作。以邮政局普及全国的机构来做这件工作，应该是有很大前途的。

（三）私营书店，据初步统计，在全国 11 个大城市中有 1009 家，除大多数纯营贩卖外，有 244 家是出版书刊的。其中有仅出少数书刊的小出版业，也有像商务印书馆、中华书局那样规模大而历史久的出版业；有一向以进步的知识分子为读者对象的所谓“新出版业”，也有专事刊印旧小说和连环图画的通俗出版业——这种通俗出版业在解放后一般的也有适应时代、追求进步的要求，由于他们拥有新出版业所达不到的发行网，所以也是值得重视的力量。私营出版业，一般说来，都遭遇到困难：主要因为它们在解放前出版的书大多不合于现在的需要；现在也不易得到适合于出版的充分的书稿。过去在政治上与反动势力有若干联系的大的私营出版业尤其感到这种困难，它们自己也有相当广的全国发行机构（商务印书馆全国有 29 个分店），但无力养活自己的机构，那些机构反而成为他们的严重负担。私营出版业为了解除其困难，一般的采取下列办法：（1）联合组织，例如联营书店（52 家小出版业的联合发行机构），通俗出版业联合书店（上海 63 家“通俗”出版业的联合组织），此外上海还有连环画的出版者的联合组织，儿童图书的出版者的联合组织等；（2）要求国家领导，例如开明书店已经向出版总署请求公私合营，商务印书馆也提出类似请求。

（四）就目前出版物的质量说，缺点也还很多。这一方面是由于稿件来源的困难（这种困难不仅限于私营书店，国营书店也是存在的），另一方面是由于出版业尚无通盘的计划，在无政府的生产状况下，自然很难提高质量，同时又难以全面照顾到国家与人民生活的各种方面的要求。国营出版业一般的能采取比较严肃的态度，出版物大体上还能维持一定的水平，但也间有不适当的出版物，经发觉后及时纠正。在私营出版业的出版物中固然也有不少是比较认真而有益的，但混乱现象相当严重。有不恰当地解释国家政策的，有冒称马列主义其实是似是而非的，有不负责地剪辑成文的，也有翻译外国作品而令人不堪卒读的。就目前的出版物的类别看，畸轻畸重的现象也很显著。例如合于实际需要的财经、生产建设、政治法律的书刊，在全部出版物中所估的比重还是太少，而这些方面的知识正是应该大力普及的。

（五）就全国出版物供应的情况来说，第一是数量还是很少，没有恢复到抗日战争前的水准。第二是书刊不能深入到农村工厂和偏远地区。第三，书价昂贵，我们的干部和学生很多买不起书，这个问题是严重的。

二、出版事业的组织与管理

针对以上所说的情况，我们在出版事业的组织与管理上的政策方针，以及过去执行的情况和今后准备做的，大致如下：

第一、国营出版事业的组织

要使出版业中五种经济成份（国营书店、合作书店、书摊和书贩、私营书店和公私合营书店）在国营企业领导之下，分工合作，各得其所，首先应当彻底改革国营书店即新华书店的机构组织，以逐步走向全国公私出版事业之统一和分工。

首先，新华书店内部的统一管理和统一领导是必要的，而且必须在最近时期做到的。向来新华书店是由各级地方党政机关负责领导和经营，所以层次多，领导不统一，管理不集中。自从去年全国新华书店出版工作会议作了统一全国新华书店的决定以后，各地党政机关都能支持这一决定，目前正在趋向于统一领导和集中管理。但发行层次依然十分繁复，因此发行费用浩大，书刊存销情况，不易了解，对读者服务不够周到，书价也就不易降低。以后新华书店要成为全国性的书刊发行机构（把出版印刷的业务，另行划分），内部机构应当统一，发行层次应当简化，发行费用应当减低。在城市中，新华书店应当和各种书刊贩卖机构配合，以推广书刊销路，谋得读者便利，并应争取私营书店、公私合营书店、合作社、百货商店、摊贩等，作为新华书店的分发行机关或零售机关，予以较优厚的批发折扣，如此则可集合公私各种力量，以建立普遍全国的书刊发行网。这样，不但使私营书店和摊贩有生意可做，并且使国营书店业务可以大大发展，对于读者购书亦增加方便。

出版与发行混为一体是落后的经营方式。以后，不论公私企业，出版应和发行逐渐分工，然后出版机构再按照出版物性质和出版地区来分工。发行的任务，是要普遍深入，减少浪费，使书刊普及到全国各个角落。国营的发行机构更应当替一切公私出版业，负推销和流通任务。但出版工作是专门性的，所以应当是多方面的，不可能由少数的机构包办出版一切的书刊。应当是某一个出版机构出某一类的书，某一方面的或某一地区的出版物归某一个或某几个出版社负责供应。为了提高出版物的质量，并使出版方针能和国家政策、人民需要密切配合起见，各种专业的出版社可以和有关的政府机关或人民团体取得联系。这项原则不仅适用于公营出版业，也适用于私营和公私合营的出版业。公营出版社可以直接由某一机关或团体领导，例如青年出版社、工人出版社受青年团及总工会的领导。公私合营与私营书店也可以和一定的机关或团体联系，例如世界知识社在公私合营后已与人民外交学会取得联系，原属公私合营的三联书店的科学技术通讯杂志现正进行与重工业部联系，成立科学技术出版社。将来私营书店的出版机构，亦可照此办法，和政府机关或团体，建立一定的联系。

第二、出版工作上的公私关系

“采取适当方式扶持私营出版事业，逐步建立在出版工作上的公私合作关系。”（本署《1950 年工作计划》）——这是我们的既定方针。

这种合作关系首先应表现于发行上。国营出版物，可以交由私营书店推销，私营书店所出版的有益于人民的书刊，新华书店也有义务替他们尽力推销。但在过去，由于新华书店内部尚未完全统一和资金不足等原因，还未能充分这样做。而且因为各地在初解放的时期，国营书店不能不首先注意到排除各种对人民有害的出版物，在执行中有时对于私营出版物处理过于严格。这种情形是应当纠正的。

对于私营出版业，我们是有重点的予以积极性的扶助，而不是无条件的消极性的“救济”。腐败的与落后的领导机构与组织应由他们自己去整顿与紧缩，不适当的出版物应由他们自行整理。优良的出版物，应由国营书店大批定货。对于较大的出版业力能担负某一部门的出版工作时，我们直接予以协助，例如对开明书店，我们已允与建立合作关系，帮助拟订出版计划，并改进业务；对商务印书馆，我们也开始予以协助。至于小的出版业，一般的须先鼓励他们在自愿原则下联合起来，以其联合机构为合作对象，例如对上海的通俗出版业联合书店，已考虑供给以适当的稿子或纸型。

以上所说是扶助私营书店的方针和办法，至于个别私营书店之有部份官僚资本者，现尚在陆续清理中，只有世界书局因为官僚资本所占比例较大，过去出版物品质又极杂乱，经营也极不善，已加以接管，并停止其书店部分的经营，而把他的私人资本部分均归入其印刷厂中，使成为公私合营的印刷厂。

第三、提高出版物质量及丰富出版物种类

提高出版物的质量，基本的办法是扶助认真负责的出版家、鼓励优良出版物，发动群众性的批评。至于禁止书刊的手段，除对于政治上反动的书刊外，一般的不轻易施用。个别城市，在初解放后，有较轻率地施行禁书的，我们已提起当地政府机关注意，并加以纠正。对于个别书刊，错误甚多而流行较广的，我们采取劝告出版家自行停止发售的办法。在发动群众性批评方面，我们已协助《人民日报》建立了《图书评论》副刊，以为创导，尚能收到一定的效果。

丰富出版的种类，比较可望有效的办法是推动各政府部门及各人民团体、学术团体的编译部门的工作。我们已与中央一级的这些机构建立联系，并准备特别加强与财经部门的联系。

*　　*　　*

以上所述各点，总之，都是为了改变出版事业的无政府状况，逐渐做到公私出版事业都能有步骤有计划，以利于人民出版事业的发展。但由于出版业的混乱和无政府状态由来已久，我们对全国出版业的情况尚缺乏全面的深入了解，所以我们的工作一时还未见有很大的成效。为了推进工作，我们准备在积极发展人民出版事业的方针下举行出版业的登记，并准备在今年秋间召开全国出版会议，以商定全国公私出版业分工合作的初步方案。

各级地方政府的新闻出版行政机构已陆续建立，这对于我们组织和领导全国的出版业是极有利的。我们已与新闻总署共同作出了关于各级地方政府的新闻出版行政机构的任务与组织的规定，并曾与各地新闻出版局、处的负责人于其来京之便举行会谈，与个别地方的新闻出版行政机构初步建立了联系。但一般说来，这种联系还是不够经常和密切的，我们将主动地多给与他们以方针政策与具体工作上的指导，并要求他们经常反映情况，报告工作。

三、本署各项业务的进行情况

除了在出版事业的组织与管理方面的工作以外，本署的其他业务进行情况如下：

（一）教科书、时事读物、通俗读物及其他读物的编撰

本署的编审局在自行编撰的书稿方面，以教科书、时事读物与通俗读物为主。教科书方面，目前我们负责的是中学文史地各科的用书。这方面的人力在这半年来是陆续增添的，所以工作进行不能很快，而且为郑重起见，一册编成后，必油印分送各科专家及有经验的教师审阅，举行座谈，修订补充，然后付排。因而供应今年秋季开学之用，已觉十分迫促。时事读物方面，主要是编辑《新华月报》和“新华时事丛刊”。二者现均按期及经常地出版。通俗读物方面出有“通俗小文库”。从今年 1 月至 4 月，由编审局编订或经审阅而付排印的书稿计 100 册，约 563.8 万字，部分完成的书稿 10 册，约 42.7 万字，修订的书稿 76 册，约 327.33 万字。

上海《解放日报》社舆图组已改由本署领导，更名为出版总署编审局新华地图社，社址仍在南京，现正进行编绘《中国人民地图》。并于最近时期，成立一编刊地图的专门委员会，指导地图的编绘工作。此外，本署并拟组一专编字典辞书的机构，现正筹划中。

（二）大学教学用书及其他书籍的翻译

本署翻译局于今年 1 月始正式成立，虽经努力充实人员，但能独立编译的人数至今仍极少。因此只能一面进行教育训练，一面进行工作。并特约局外人员参加翻译工作。对于水平较低的翻译人员，有计划地用上课、对译、互助、讨论的方式来提高其能力。为了联系各方面的翻译工作，曾在首都与上海分别举行座谈会，邀约各政府机关学术机关的翻译单位之负责人及个别专家进行会商。截至本年 5 月底止，由翻译局译出及经翻译局审订付排的书籍有26种，共258万字，连同尚未完成正在译校中的书籍共79种，总计1376.3万字。其中大学教学用书及为经济建设所需的各种图书占全数的90%。局内局外的译稿，大多均需要详细校订，而能做校订工作的人力极少，所以译完的字数与付印的字数相距甚大，这是翻译局工作中的最大困难。

（三）新华书店总管理处的出版、发行情况

从去年11月到今年4月，新华书店在北京共出版书籍（包括初版和再版）298种，共印450万册（其中1月到4月出书201种，共印303万册）。除星期日外，平均每天出书两种，约3万册（此项数字不包括中小学教科书在内）。杂志至4月底止，共出9种，在1月到4月间共出45期，印863700册，平均约3天出一期杂志，约19000册。新出的书和杂志大多数都分寄纸型到华北以外其他地区重印。

对所出书刊，正逐步加强成本计算及质量检查的制度。书刊的定价于今年四、五月间两次降低，由1200倍降低到800倍。部分书籍已降低基本定价。

新华书店总管理处的发行工作，由于全国发行网未统一的缘故，只限于华北，也有部分达到其他地区。发行工作的情况是有缺点的。其具体表现是存书多（据过去半年的统计，杂志存书占13%，书籍存书达30%之多），对各级分支店的发行数无检查（可能还有存书在各分支店），发行网不普遍（华北5省2市只有分支店85个，东北则有分支店177个，且已建立小型图书室达3100处之多）。发行工作的不健全是目前我们工作中的一个严重的问题。

国际书店为新华书店总管理处所属机构，专门发行从国外来的书籍。现已成立上海、汉口、沈阳三地的分店及哈尔滨、大连二支店。已与苏联国际书店建立正常关系，但是对国内各地的发行工作也还未能做好。

（四）新华印刷厂的情况

新华书店总处所属印刷厂，除原有北京第一厂及天津厂外，3月中建立了北京第二厂。在生产力上，在今年1月份，各厂可排510万字，印5746令纸，现在可排720万字，印9500令纸。

（五）学校教科书的印行情况

此地应特别提一下学校教科书的印行情况，中小学各科教科书除现仍暂采私营书店所出版者外，均由新华书店排制纸型，分发全国各区印行。在华北是由华北联合出版社（公私合营）印刷而由新华书店发行的。1950年春季开学前，中学课本发行了512000册，小学课本发行了1120万册，基本上完成了任务。目前正进行秋季教科书的排印。由于小学课本均经修改重排，中学新课本编撰误期，秋季供应有赶不上时间之虑，现正竭力争取。一般说来，课本供应不能及时是个重大缺点。个别地区，如广东，由于当地新华书店没有用适当的方法组织课本的印行，春季供应情形搞得更坏。为了纠正这缺点，除了在排印和发行工作上加紧外，还需要编审工作的配合。以后若干时期内，课本内容必然经常有修改，因此如何改进关于教科书的整个工作，使供应能够及时，这是必须有关方面尤其是教育行政当局来共同努力的。关于教科书的定价一般说来也还太高，已责成联合出版社设法降低。

* * *

以上述编译出版的情况和我们的全年在业务上工作上的计划来对比，就数量言，是一般的未达到预定计划的。以全年计划数字的1/3计，编撰完成数字不到计划的60%，翻译完成数字如将正在译校中的也计入，可以达到计划。出版书刊的种数只达50%，册数则只达20%，其原因是:（一）我们本身的编撰翻译的人力均不够强，初期尤须着重于学习与训练。（二）原计划把其他机关编译交付出版的稿件的数量估计过高，各机关于初步开始工作时，势难立即有很多产品。（三）原计划对每种书的印数估计过高，但事实上，一方面书籍出版种类增加，一方面社会购买力尚不可能提高，每册书的印数一般的也就不可能大量增加。这是形成印行册数与预定数量相差悬殊的原因。

除数量外，就出版物的质量言，我们难尽力保持一定的水平，但仍包含很多缺点。也有个别出版物已印出后发现错误停止发售的，我们已随时进行检讨。

四、本署工作任务的确定与机构的改革

出版总署的机构在我们的国家组织中是新的，前所未有的。这一机构到底应采取怎样的组织，担负怎样的工作任务，其工作重点在那里，经过这半

年的摸索和试行才渐渐地明确起来。

当去年 11 月建立出版总署的机构时，在总署下除办公厅外分设编审、翻译、出版三局。这三个部门分别担负编译和出版发行的业务，因此整个出版总署的工作，实际上是以自行进行从编写一直到发行的全部业务为主体。虽然总署的组织条例草案在说明出版总署的任务时，也提到“联系或指导全国各方面的编译、出版工作，调剂公营、公私合营及私营出版事业的相互关系”，在 1950 年工作计划中着重提到对于全国出版业的调查研究联系和领导的工作，但是像这样的对出版业的全国性的领导工作，至少在出版总署开始建立后的二、三个月中是并没有足够地表现到我们的机构组成和具体工作中的。

在今年 2 月间，我们检查了各部门的工作，在第七次署务会议上作出了《对本署具体任务和工作方向的认识》的决定。在这决定中指出：以后我们“必须真正使我们的工作走向国家的规模，在全国人民出版事业中，起领导和示范的作用”。这就是说，出版总署应该确实作到是领导全国出版事业的国家机关，它的任务应放在对于全国的编译出版发行工作的联系、组织与调整上，而不仅是自己来作这些工作。

根据这样的决定的精神，我们建立了新华书店总管理处，这就是把出版印刷发行的业务从出版局中划出去，使出版局成为行政管理的机关。此外，我们又逐步加强了属于办公厅的计划处的工作，并且使编审局与翻译局加强组织外稿的工作，并开始作审查全国各方面的书刊的工作。在今年 4 月总结了今年第一季的工作后规定第二季的工作重点，其第一项就是出版事业的管理方面；在这方面，规定了以下几件主要工作：

（一）完成全国出版事业的初步调查统计，并进行全国出版物的调查统计工作和有重点的内容检查；

（二）与各大行政区各省市的新闻出版行政机关建立联系，加强政策方针上的领导；

（三）制定出版业登记暂行法规，及全国出版业的分工合作的初步计划，以加强管理公私营出版业；

（四）在上列工作的基础上，进行全国出版会议的准备工作。

如上所述，出版总署自成立以来，在机构组织与工作的重点上虽已有了这一些变动，但是以现有的机构与已做的全般〔盘〕工作情况来看，显然还是不够的。（1）出版局的机构虽然已脱离了业务，但是由于人力不够，还没有能真正建立工作。（2）编审局、翻译局虽开始了组织外稿和审查书刊的工作，但其全部工作的范围仍限于对新华书店总管理处起着供应稿件的作用。（3）负责对私营出版业调查研究联系指导的办公厅计划处尚未能充分展开工作，而以这样繁重的任务摆在办公厅的一个处内也是不易于搞好的。

由此可见，为了使出版总署这一个新的机构真正能负起它应负的任务，除了我们应明确认识任务而加强努力外，也还不得不在其机构与工作上作适当的改革。我们将根据上述的第二季工作重点，结合全国出版会议的准备工作，而逐步进行这种改革。

出版总署编审局
一九五〇年十一个月工作概况 ※

（1950 年）

全局的工作，大致可分两个方面，一方面是编辑，一方面是审查。编辑方面又可分三部分，第一部分是政治时事读物，第二部分是教科书，第三部分是通俗读物。审查方面可以分两部分，一部分是公私营出版家新出的书籍，一部分是接受来的书稿。

（一）编辑：11 个月中，共发排书稿 2576.3 万字，其中书籍 309 册，1825.4 万字，杂志 730.9 万字。书籍中政治、文艺最多，应用技术、自然科学、教育次之。

列表如下。

另外还编绘了一种《人民大地图》，并且作了编辑字典的准备工作。

（二）审查：全年共审查新出书籍 4211 册，27000 余万字，又小人书 233 种。就所审查的书籍中，选出 936 种较好的，准备有计划的推荐，另外有 52 种有错误和重要缺点的，已陆续进行公开批评或转告出版者考虑修改。接收来的伪国立编译馆及伪正中书局、世界书局的书稿，已大部作了审查，分别再版、停印。

一年的工作中，深感到编审局的组织有两个缺点，一是领导机构与业务机构不分，一是所掌握的范围太广，不易领导。作为一个行政机构来说，编审局应该是领导机构，但一年来所作的主要的是新华书店编辑部的工作。而且，作为一个编辑机构，所辖的门类也太复杂了，实在不好领导。为了改正以上两个缺点，已随着出版总署的改制，于 1950 年 12 月分〔份〕将编审局

※ 录自有关档案原件。

划分三个机构，一部分作了人民出版社的编辑部，一部分作了人民教育出版社的编辑部，另外一部分改成了图书期刊司。

出版总署编审局
一九五〇年发稿统计表

类　别	册数	字　数
教科书	20	1432500
政　治	78	4349800
经　济	32	1588800
教　育	31	2010800
自然科学	18	2587000
应用技术	22	2925000
文　艺	46	3034500
通俗读物	53	326200
画　册	9	320 幅
总　计	309 册	18254600 字 又（320 幅）

华北联合出版社

华北联合出版社大量发行新课本　已出小学课本百六十万册　中学课本二十五种印刷中※

【本报讯】本学期的平津两市及通县、沧县、密云、宛平等十六县的高初小教科书，系由华北联合出版社统一印刷供应的，自七月初到目前止，该社已出版高小二十种初小八种共一百六十万册，保证了本学期高初小学校新课本的供应。该社计划陆续印刷四十余万册，以供给机关工厂附属学校及零售之需。全华北地区的中学课本共二十五种，正在印刷中，月底将陆续出版。计初高中国文共十册，初高中中国历史、近代史、外国史共七册，初中算术上下册，初中世界地理一册。政治课本为：青年修养、中国革命课本、政治经济学、调查研究、思想方法与读书方法。

该社为公私合营的联合出版机构，由公营新华书店，民营华北区的开明、世界、中华、商务、大东、广益、三联（新中国）新时代、儿童等二十三家书店印刷厂组成，资本为五十万个折实单位，六月底在平开始工作。本学期高初小、初高中新课本的印刷与供应，完全是有计划有步骤进行的，解放前，各民营书店的课本能否推销，要看书店经理的上层关系如何，在这样畸形的自由竞争下，时常发生某一书店课本的过剩或恐慌的现象。本学期课本的印刷，是依据华北人民政府教育部、平津两市人民政府教育局所提供的数字。课本发行，采用配售办法，每个地区由一个书店经售，直接发行到学校，免除了中间剥削。因该社筹备时间短促，又因初高小学校提前半月开学，可能发生某个地区一下到不齐，各学校一下买不齐的现象。但上课有书念，是可以保证，而且必须保证的。（明）

※ 《光明日报》，1949 年 8 月 23 日，第 4 版。

华北联合出版社一年来的工作概况

（第一届全国出版会议上的报告）

一九五〇年九月编印

目　　录

（一）一年来工作发展概况

一、任务方面

本社是一九四九年六月在北京成立，最初任务是完成京、津二市及附近县份秋季小学课本及华北区中学课本（本版部份）供应，并配合华北新华书店及其他同业共同完成华北区全部课本供应任务。同时也附带帮助西北与东北解决部份课本不足或短少问题，至十月又增加了民校课本供应任务，由于当时除本

①②③④　正文中标题与目录处不完全对应，保持文献原貌。

社外，新华书店还未完全统一，各地在分散造货，又兼联系不密切、出版无计划，结果去年华北区各地剩余课本即达八十余万册，这个损失是很大的。

为了把一九五〇年春季课本工作好好实现有计划的出版与供应，进一步同新华书店明确分工，华联供应京、津二市及附近十八个县份，绥远省、察哈尔（初小部份）全部小学课本及华北区中学、民校课本，其他地区均由新华书店负责。这样较去秋任务是增加了，同时比去秋供应一般较好，但当中也多少存在着出版供应不统一的若干缺点。

由于全国情况的变化及适应这一客观需要，进一步把课本工作做好，领导上提出课本专业化，把出版与发行分开，这便决定了新华书店将华北区课本出版任务全部交华联办理，新华负责发行任务，但为了照顾同业京、津二市仍由华联负责办理，所以一年来华联是在不断发展与扩大由分散到统一，成为名符其实的华北联合出版社——供应全华北区课本。

二、组织机构及人事方面

任务的扩大决定了组织扩大与人员增加，去年全社共有二十八人，社内分工只有供应、出版、会计、总务四科，这样分来还感觉不能适应工作需要，春季增加到三十五人，后又增加到三十九人，并将总务科改为秘书室，供应科增设批发、栈务、邮售三股，出版科增设印务、材料二股，天津设立办事处，使内部分工达到合理与健全。

至春销结束前薛迪畅经理即调任新华总管理处，李统汉先生（供应科副主任）春销前也回开明，吕念岵先生（会计科主任）也离职高就，即提升马迎秋先生为供应科副主任，于强提升副经理，新华调来王之铃同志任天津办事处主任，聘请黄湘荪先生代理会计科主任，计调出工作人员三人，兹将人员变化表列后。（附表一、二、三见第十三面）

从统计表上可以看出华联的人员都是来自各方面的，有来自城市和农村，有京派、海派、工人、农民、知识份子、店员，有自愿参加的，有各店派出的，这些就是华联的人员成份情况，故每个人对问题看法作风等等均有不同，大致是这样；首先是来自解放区的（新华书店）对华联的不重视，认为过去为人民服务今后又要为资本家服务，虽然自己业务不熟习，但还多少有点地位观念，便产生了对工作不安心、要求调动离开华联的自高自大心理（是悲观情绪），觉得自己进了城吃不开。其次是有一部份人员把华联当作七联看（国民党反动统治时期组织的），华联是临时性的组织恐怕长不了，他们一面参加华联工作，实际上还在原来店拿薪，并且保持一定的联系，形成双重领导，虽然大家也很努力，但至少这些人员对本店存在着依赖心理，不能为现任职务更加忠诚努力。再次是有一部份人由于受国民党长期反动思想的影响，对老区干部戒备抱着观望盲从态度，遇事不大胆，认为老区干部业务不熟习（是实事），老区干部认为城市人员不诚恳。最后还有一些人是为着求个人学习与进步而来的，但来到华联与个人所想不同不能完全达到个人的主观愿望而觉得失望，这些情况很明显的反映在华联。

根据上面思想情况，我们提出"团结一切力量把工作做好"，离开这个原则一切意见上的争论便是无原则纠纷，经过互相了解互相学习取长补短逐步开展自我批评与互相批评，从思想上工作上达到团结，一年来我们始终是照上项原则进行帮助教育改造，并由于形势的发展，新中国的建立，华联任务不断增大等客观情况的变化，使大家逐步对华联开始依托，工作信心加强，故在一般同志中基本上是团结一致的工作，这就是两期供应课本的有力保证。

三、资金方面

在成立时有新华、三联、开明、商务等二十三家参加合组华北联合出版社，集股九二一个，最多为一六〇股，最少为二股，其中有的是过去就搞课本而且有经验，就把这部份资金投来仍搞课本，有的是为了入股后可以卖课本，也有的拿出资金是为了解决华联资金不足，并无其他意图的。去秋课本供应结束，有一部份同业觉得华联还是有前途，有向华联投资的表示，华联又征过一次股，四家增加了七股，变为九二八股，春销供应后，华北区课本完全交华联供应，又由新华书店增加三百股，中华书局增加十股，世界书局撤股。截至目前连同去秋股红合计为一二一七·七五股，股东二十六家，公股五六一·六一，私股六五六·一四，即百分之46.12%与53.88%之比，列表于后。（附表四、五、六，见第十四面）

四、同业关系方面

这个问题包括社员非社员关系，社员之间的关系，公私关系，一般同业认为课本售卖办法太严，不许随便卖，现款批发不退书，以为华联出版课本是个统制机构，没有钱入股就不能卖课本，或者卖也是有限的，个别社员店又觉得新华书店利益大，其他社员店利益小，不能达到自己原来参加华联的目的而不满，认股少的社员店又感到配售要根据股数分配而受限制，认为过去几家搞教科书的社员店在国民党反动统治时期吃得开，共产党来了还吃得开，存在着自悲感，觉得参加华联与否无关紧要，表示了犹豫后悔，或说参加是上了当的想法。

去秋课本供应是有毛病的，一是中学课本统销失败，一是小学课本配售以后分到几家零售（北京）是引起了同业的不满，今春我们即将尺度放宽，中学课本自行竞销，小学课本配售期满普遍零售，这种作法只能满足部份要求，因为大家销售课本还想用以往方法，即互相竞争无计划生产多发行，这种混乱局面我们绝不能再采用它，已是落后的做法了。

从上面可以看出同业关系是不够的，这也说明团结同业的任务我们没有做到，主要的是我们没有积极主动去做这一工作，首先未提前参加书业公会，失去了团结同业的机会，其次是政府的出版政策未主动的去解释，使大家有所怀疑，最后是改变课本供应方法未在同业当中交待清楚，引起许多误会。因为：

一、不参加书业公会是孤立了自己，和同业接触机会很少（虽然组织了书业座谈会有了分工仍是似有似无），同业有意见我们也很少听到，虽然我们的任务工作是光荣的，但在群众中（同业）是孤立的，这在政治上是受到不少损失。

二、课本配售是在新的形势下新的做法，目的是为了达到真正为读者服务——压低书价、供应及时、普遍便利读者，这个做法是符合华联的宗旨——为新民主主义文化事业服务，这个宗旨是为读者服务的最高标帜，也是各社员店的共同目的，为读者谋最大利益，否则便违犯这个原则，因此华联她〔他〕不能按照某些个别社员店或某些个别同业要求去办事的，那样办就成了尾巴主义，就对读者不利，这个原则基本上作到了，但遗憾的是没有向同业交待明白。

三、依靠新华书店是我们必然要走的道路，要计划供应就须有下层组织基础调查统计数字，向各地分发课本。我们是能印不能发，因此就必须依靠新华书店作为华联与读者之间一座桥梁，但我们的目的并不是为了统制而获暴利，相反的是为了减低定价、便利读者、绝无其他用意，在今后课本供应当中就可以证实的。

四、照顾同业是有一定限度的，她〔他〕不能超出为读者服务与有计划供应的范围之外，由于我们没有及时说明此点利害，有的同业就随便压低与提高课本售价，随意向市外批发，散布不满情绪。

五、工厂方面

最初在北京造货和我们发生关系的厂只有五家，今春则有十五家，目前北京有十八家、天津一家、保定四家、太原两家，均本公私兼顾精神去办，但我们是不能满足全部要求的，这些力量两个月内完成华北课本是有充裕力量的，一年来接触的结果是这样：

一、公营厂（新华印刷厂）设备完整把印刷课本当本身任务看待，但由于历史上的传统习惯存在着“重马列不重视课本”的思想，管理不严格有时形成粗制滥造（不是有意识的去作），成本高（现在好点）不保证时间，我们觉得不好指挥，有时很难实现我们意图，厂方以为我们抓的紧、条件苛，因为我们对课本抓不紧不要求高就无工作可作了。

二、机关厂如公安、新北京、解放等都是有机关任务的，把印刷课本当作副业或解决自足自给任务的，他们有一定力量来承印课本，因为她〔他〕们要解决自给问题，对印刷课本比较重视设备也较好，虽然也曾发生过粗制滥造，不保证时间质量不佳，但一年多的往来基本上是克服了。

三、私营厂即专门承印者，他们对这一工作较重视，因为他们不重视工厂就不能开工，工人就失业，大的工厂的出品不低于公营厂，小的厂则由于条件不足，质量较差，他们的好处是能照我们意图按步就班去完成我们交付给他们的任务。

六、整个工作是在摸索中前进

课本出版与发行具体到华联是旧的工作新的做法，过去的做法已不能满足读者要求，新的做法正在试验摸索，还没有一套完整的做法，一年来是在边做边改，工作中就必然要发生许多缺点和漏洞，这是我们预料到的，所以我们在工作中是稳扎稳打，谨慎处理，采取多研究多讨论，发现问题及时解决，因此在工作中显得平板不活跃，这说明我们预见性和创造性不强，是在工作中摸索中进行。

七、社址迁移

由于业务发展，原来房屋已不能满足需要，又因原房主将房出卖，故在石驸马大街买好八十八号房一所计八十五间，于四九年十二月十号正式迁入新址办公，同时又租妥浸水河九号房一所作为存纸仓库。

（二）一年来的收获

一、完成了去秋今春两季课本供应任务

自一九四九年六月二十二日开始发印组织了五个印厂力量，到十月底先后付印中小学及民校课本五十五种共二·一二三·〇〇〇册，付印一一一次，由于筹备匆促纸型未能及时供给，表现了供不应求。一九五〇年春季课本在四九年十一月二十九日开始发印，由于印数较大又增加八个厂，今年二月底即基本完成，由于添印延至四月底共印五·九〇〇·〇〇〇册，一三一次印完。总共一年来共印课本八·〇二三·〇〇〇册，列表于后。（附表七、八、九见第十五面）

在供应方面去秋自七月二十三日开始，京、津二市采取配售半月后开始零售，但由于初次试办成绩不够好，一为天津的混乱，二是中学统销失败。其他县份建立单一关系负责推销，至十月底即大致结束，但当中表现了供不应求，工作限于被动，学校、读者、同学均感不便，提出了不少意见，今春自二月二十日首先供应天津，同时在开学前即将全部课本大致运往售货点，天津采取联营配货，北京由于社员店较多不易组织，即采取统一由华联掌握分散配售，至四月底即基本结束，这一季较上季为好，主要是保证了供应与及时供应，收款快，学校、同业、同学也较满意，从整个工作上看是前进了一步。（附表十、十一、十二、十三见第十六面）

从定价货币形式上看，我们的售价倍数虽由二〇—二五—四〇—八〇—一八〇—二二〇—一八〇倍，但在实质上我们始终掌握了不增加读者负担的精神尽量压低售价，例如我们在物价波动了很长时间，以后为了保本才不得不加以调整，在定价成本比例上始终保持了造货成本与定价一定的比例。至于物价的波动，那是国家人民财产遭到蒋匪大量破坏，复以连年严重灾荒的困难情形下，一时不可避免的现象。

在经济周转上去秋未把资金全部动用起来，但由于小学课本款子收回后，即继续用作民校课本资金，一部资金形成冻结，今春资金感到不足曾贷款一部，但由于收回款子即购进纸张，但不能马上付印（等纸型），资金不能流转，且为将来付印费银行存款经常有四五亿之多，因此感到资金流转不正常工作上犯冷热病，更由于供应时物价上涨定价高，购纸时物价下跌，造成增多利润的机会。

二、找到新的经验

刚刚开始工作时都是根据主观推测、从已往工作经验估计得来，没有精确的可靠根据，结果工作中漏洞出了不少。但一年来摸索结果是：精密调查统计数字是完成供应的先决条件，并根据读者需要，必须编审、出版、供应有机配合，紧密衔接课本出版才有保证，发行统一及划分地区负责配售，是个新的方向，只有如此才能达到供应及时、迅速普遍、工作逐步提高、由被动变为主动，由盲目走上有计划并且接近实际。

三、树立了各种工作制度

这个问题到现在初步求得解决，我们只把目前我们所作到的不完整的经验整理起来，作为我们工作制度、章则办法，这是从茫无头绪找到了轮廓进一步条理化，成为我们行动的指标，同仁有所遵从，如出版章则、供应办法、会计制度、人事制度等实行了严格管理及预算制度，开展节约减少浪费。（具体条文见另册）

四、团结互助的工作作风

本社同仁来自不同地方，不同的个人打算要求、文化程度，已往大家是本着团结合作为人民服务，表现在一切为了工作个人服从工作，同志间基本上是团结的，虽然也有些意见的分歧，经过互相批评、谈话，求得了解决，因此没有因为个人问题而争吵不休，或感情用事，无论在上下关系上或同志之间的关系上均表现了团结互助，从一次鉴定工作及评薪工作中事实表现是如此。

五、养成了良好的生活习惯

一年来先后学习了中国革命与中国共产党、政协文献、社会发展史及其他时事文件，并组织了学委会采取了个人学习分组讨论最后测验，从革命的基本理论上提高了一步，观点方法也开始有了转变，如大家明了实行土改是由农业国变为工业国的先决条件，及个人服从组织、中国革命性质任务等问题均得到概括认识，把对共产党怀疑恐佈〔怖〕不满走向了解拥护与倾向共产党，而在学习过程中都能坚持得很好，即便在工作忙时也没有间断（只有个别少数作的不好），每日的早操是大家自愿组织起来坚持很好，另外歌咏演剧、学习俄文、青年座谈、壁报一班〔般〕也能做到，克服了过去生活散漫习气，养成了良好的生活习惯。

六、办理了同仁福利事业及救济事业

我们首先是建立了小型图书馆计有四八〇本、三二〇种，一部是同业捐来的，大部我们自己购进巡回借阅，其次是建立了医务所，买进一些经常需用药品及用具为同仁解决日常不太严重的病症，还有一部分是乐器体育用品和一个家属装订房，专为解决家属困难的，更有两个同志因为家属患重病无法负担由福利金救济一百个折实，这些都是为谋同仁福利而举办的，我们计划逐渐发展扩大。为响应救济灾难民及上海失业工人号召三次动员同仁踊跃捐助，计收小米折合人民币一、五九四、九五〇元，又捐一日工资四二七、四〇〇元，都是同仁本阶级友爱积极自愿认继助的，从这问题看同志的政治觉悟已是提高了。

总之，这些收获的由来主要是靠近领导，新华书店及一部份社员店的帮助，加上全体同志努力的结果获得，今天的成果，这并不能使人满意，我们今后当继续努力扩大这种成果。

（三）目前工作中存在的问题及今后意见

一、由于版本每年修改纸型供给不及时，造成课本不能及时出版供应，如五〇年秋季高小自然及中学课本大部纸型未能按时到达，北京、平原地区已开始换课本，而不能买到全部，影响学习又使学习进度不能求得一致，这问题解决可能有些困难，但如提前修改专人负责办理可能要好一点，希望今后在每期开学前三个月最好把新型交到出版部门。

二、华北区中学课本在供应上可说是自流和混乱的，不能达到供求相应，这主要因为我们自己版本不全，有许多理化科学一类的我们还没有一套，但又必需采用其他各家的课本，编审局虽然有过编审意见书，但下面采用比较困难，因为一种课本商务、中华、开明都有，究竟采用那家，甚至一家版本都有不同，尤其乡村中学对这些版本均不熟习，要求新华书店统一一下，但此问题未能很好解决，形成各出版家（私营）之课本，有则卖，无则罢，不能保证供应，不能达到学校的要求，更由于版本多样不定新华书店不敢进货，这样执行的结果那就是混乱，我们希望教育部应根据认为可以用的课本内，尽量选择一种由华联再和各家接洽办理，我们觉得这种作法至少比无计划要好一点。

三、每季课本总有大量剩余造成严重损失，其原因就是各地没有精确统计数字，发印很难供应起来也显得被动，如去冬的民校课本有的最初要五〇〇本，后来增到一、五〇〇本，也有的要五、〇〇〇本，后来增到一〇〇、〇〇〇本。今春中学课本比原来要数一般增加了一倍，但目前中学课本需要数字未见一处报来，发印只是凭经验估计，今天华北新华书店已经统一起来，可以在精确调查数字上面下下功夫，实地去作，争取作到供求相应没有大量剩余，避免本来可以避免的损失。

四、团结同业还作得不好，前面已经说过，我们除主动参加书业公会外并将我们今秋供应办法（尤其是京津两地）要向她〔他〕们交待清楚，我们计划在供应前与书业公会商讨把要卖课本的同业统计一下有多少家，然后召开一个会议，除把我们供应办法说明外，并规定不许增价也不许向市外推销，如有此行为立即停止批发，书业公会进行批评，我们将折扣放宽由八五折改为八折，另外我们要积极的参加他们的各种活动借以了解同业经营情况，在可能范围内帮助他们解决一些困难。

五、业务上的冷热病应很好的解决一下，即在开学时忙个要死，过去就感到无事可做清闲的很，形成积压资金浪费人力，造成不应有的损失，今后可给一些有关教育参考书一类的稿子以资调济。

六、华联成立一周年当然也有些经验，可是我们未把他很好研究总结，即使总结了也还不够明确，这说明我们领导方法上还存在着粗枝大叶不细致的工作作风。

（四）秋季课本准备与布署情况

一、发印前的准备工作：在春销开始我们即着手先后购进西报纸五六〇筒印小学课本，宣化纸四千四百令印中学课本，B字模造一千令作封皮用，加上以往旧存纸张可以应付华北区用书，根据春销数，秋季须准备小学课本一·二〇〇万册，并计划在京、津、保、太四地造货，京、津由我们直接发印，保太区由我们掌握当地新华书店具体发印，纸张也由当地新华负责解决，我们供给纸型订定了保、太区造货办法，健全了出版科，成立了天津办事处，制定了出版科工作细则以便纸型到来即可发印。

二、印刷的布署与完成情形：根据各地需要，第一次印数京、津区七百万〇五千册，保定区八十五万册，太原区一百五十九万册，京、津、保用进口报纸，太原用当地国产纸。第一次发印是在五月十五日天津取走第一付纸型，除高小自然（开明版）其他三十四种于七月底即全部交到，七月十五日京、津即基本完成，保定、太原七月底也可以全部完成，目前情形，小学课本问题不大（自然课本七月份可发来纸型），需要抓紧的还是中学课本。

三、怎样供应：是根据造货地点就地直接发至分支店，太原、保定、供给所辖供应区，北京供给京、津二市及察绥两省及附近县份，天津供应唐山、石家庄、平原省，采取边印边发把课本提前送到售货地点，自六月廿七日即开始供应已发出将四百万册，七月底争取全部发出作到不误供应。

四、定价方法：小学课本卅六开本进口新闻纸每页卅一元二角，国产纸每页廿四元，封面照三页计算，中学课本32开国产纸每页廿八元，进口新闻纸每页三十六元六角，封面照五页计算，各种费用百分比前面已列表说明，并自本期取消基本定价和学校的折扣，改按人民币计价。

华北联合出版社主要干部变动表（表一）

<table>
<tr><td>时间 / 人数 / 项目</td><td colspan="12">一九四九年十二月以前的情形</td><td colspan="12">四九年十二月到五〇年三月期间的情形</td><td colspan="12">五〇年四月至五〇年七月期间的情形</td></tr>
<tr><td rowspan="2">年龄</td><td colspan="3">20 以下的</td><td colspan="3">20—30 的</td><td colspan="3">30—40 的</td><td colspan="3">40 以上的</td><td colspan="3">20 以下的</td><td colspan="3">20—30 的</td><td colspan="3">30—40 的</td><td colspan="3">40 以上的</td><td colspan="3">20 以下的</td><td colspan="3">20—30 的</td><td colspan="3">30—40 的</td><td colspan="3">40 以上的</td></tr>
<tr><td colspan="3">1</td><td colspan="3">13</td><td colspan="3">11</td><td colspan="3">3</td><td colspan="3">3</td><td colspan="3">20</td><td colspan="3">10</td><td colspan="3">2</td><td colspan="3">5</td><td colspan="3">17</td><td colspan="3">12</td><td colspan="3">5</td></tr>
<tr><td rowspan="2">从事出版工作年限</td><td colspan="3">三年以下的</td><td colspan="3">三年至五年的</td><td colspan="3">五年至十年的</td><td colspan="3">十年至廿年的</td><td colspan="3">三年以下的</td><td colspan="3">三年至五年的</td><td colspan="3">五年至十年的</td><td colspan="3">十年至廿年的</td><td colspan="3">三年以下的</td><td colspan="3">三年至五年的</td><td colspan="3">五年至十年的</td><td colspan="3">十年至廿年的</td></tr>
<tr><td colspan="3">15</td><td colspan="3">6</td><td colspan="3">4</td><td colspan="3">3</td><td colspan="3">19</td><td colspan="3">8</td><td colspan="3">5</td><td colspan="3">3</td><td colspan="3">21</td><td colspan="3">5</td><td colspan="3">10</td><td colspan="3">3</td></tr>
<tr><td rowspan="2">文化程度</td><td colspan="4">小学</td><td colspan="4">中学</td><td colspan="4">大学</td><td colspan="4">小学</td><td colspan="4">中学</td><td colspan="4">大学</td><td colspan="4">小学</td><td colspan="4">中学</td><td colspan="4">大学</td></tr>
<tr><td colspan="4">16</td><td colspan="4">15</td><td colspan="4">3</td><td colspan="4">16</td><td colspan="4">16</td><td colspan="4">3</td><td colspan="4">19</td><td colspan="4">18</td><td colspan="4">2</td></tr>
<tr><td rowspan="2">过去职业</td><td colspan="4">新出版业</td><td colspan="4">旧出版业</td><td colspan="4">其他行业</td><td colspan="4">新出版业</td><td colspan="4">旧出版业</td><td colspan="4">其他行业</td><td colspan="4">新出版业</td><td colspan="4">旧出版业</td><td colspan="4">其他行业</td></tr>
<tr><td colspan="4">14</td><td colspan="4">7</td><td colspan="4">7</td><td colspan="4">10</td><td colspan="4">14</td><td colspan="4">11</td><td colspan="4">13</td><td colspan="4">14</td><td colspan="4">12</td></tr>
<tr><td rowspan="2">政治派别</td><td colspan="6">党团员</td><td colspan="6">其他党派及群众</td><td colspan="6">党团员</td><td colspan="6">其他党派及群众</td><td colspan="6">党团员</td><td colspan="6">其他党派及群众</td></tr>
<tr><td colspan="6">6</td><td colspan="6">22</td><td colspan="6">6</td><td colspan="6">29</td><td colspan="6">12</td><td colspan="6">27</td></tr>
<tr><td>合计</td><td colspan="12">28 人</td><td colspan="12">35 人</td><td colspan="12">39 人</td></tr>
</table>

华北联合出版社主要干部变动表（表二）

去秋	
经　理	薛迪畅
副　理	卢芷芬（兼）
出版科	何光
供应科	于强（正）　李统汉（副）
会计科	吕念岵
总务科	杨定远

华北联合出版社主要干部变动表（表三）

现在	
经　理	薛迪畅
副　理	卢芷芬（兼）
副　理	于强
出版科	何光
供应科	于强（兼）　马迎秋（副）
秘书室	杨定远
会计科	黄湘荪（代）

1949年旧股股数表（表四）

股东户名	股数	股息红利折成股数	合计股数
商务印书馆	144	12.93	156.93
文化供应社	3	.47	3.47
文化教育用品社	2	.18	2.18
广益书局	24	2.32	26.32
文光书店	3	.47	3.47
新群出版社	2	.38	2.38

续表

股东户名	股数	股息红利折成股数	合计股数
新华书店	160	14.34	174.34
读者书店	2	.18	2.18
三联书店	80	7.27	87.27
北新书局	24	2.32	26.32
天下图书公司	3	.47	3.47
联合书店	3	.47	3.47
群益出版社	3	.47	3.47
启明书局	2	.18	2.18
建业书局	2	.18	2.18
海燕书店	3	.47	3.47
大东书局	96	8.48	104.48
世界书局	96	8.68	104.68
中外出版社	3	.47	3.47
中华书局	144	12.93	156.93
儿童书局	24	1.91	25.91
开明书店	96	8.68	104.68
知识书店	2	.18	2.18
合计	921	84.43	1005.43

1950年新增加股数表（表五）

股东户名	股数	备注
新中国书局	1	
会文堂书局	2	
大众书店	2	

续表

股东户名	股数	备注
五十年代出版社	2	以上为新入股
新华书店	300	
中华书局	10	以上为增加股
合计	317	

1949 年及 1950 年新旧股统计表（表六）

股别	股数	备注
旧股（1949 年）	900.75	此为 1005.43 股减去世界书局撤〔撤〕104.68 股
新股（1950 年）	7	
最近新股（50 年）	310	
合计	1217.75	

一九五〇年春季大中小学及民校课本发印统计表（表七）

类别	总印数	正文用纸		封面用纸	
		西报	片艳	模造	平板
小学课本	3,465,000 册	5,745 令 454 张		406 令 383 张	
大中学课本	705,000 册	3,809 令 170 张		88 令 83 张	
民校课本	1,730,000 册		2,895 令 73 张	74 令 102 张	126 令 142 张
总计	5,900,000 册	9,055 令 125 张	2,895 令 73 张	569 令 68 张	126 令 142 张

一九四九年秋季大中小学课本发印统计表（表八）

类别	总印数	正文用纸	封面用纸	备注
小学课本	1,685,000 册	3,442 令		白报纸
大中学课本	438,000 册	1,993 令 424 张		白报纸

续表

类别	总印数	正文用纸	封面用纸	备注
			306 令	80 磅模造
合计	2,123,000 册	5,435 令 424 张	306 令	

中小学课本定价各种费用所占百分比例表（表九）

<table>
<tr><th>种类</th><th>时间</th><th>单纯成本</th><th>发行折扣</th><th>版税</th><th>管理费</th><th>利润</th><th>捐税</th><th>损失准备</th></tr>
<tr><td rowspan="2">小学</td><td>去秋今春</td><td>50.70</td><td>35</td><td>2</td><td>5</td><td>5</td><td>2.3</td><td></td></tr>
<tr><td>今秋</td><td>58</td><td>25</td><td>2</td><td>3</td><td>6</td><td>2.5</td><td>3.6</td></tr>
<tr><td rowspan="2">中学</td><td>去秋今春</td><td>48.70</td><td>35</td><td>4</td><td>5</td><td>5</td><td>2.3</td><td></td></tr>
<tr><td>今秋</td><td>54</td><td>25</td><td>4</td><td>3</td><td>6</td><td colspan="2">8</td></tr>
</table>

1950 年秋季销售统计表（表十）

项目	收数	销数	存数
小学	1,685,072	1,601,546	83,526
中学	442,872	333,993	108,879
合计	2,127,944	1,935,539	192,405
备考	后因各地退回，许多销存数不确		

1950 年春季销售统计表（新华出版者不在内）（表十一）

项目	收数	销数	存数
小学	3,465,526	3,214,329	251,197
中学	733,019	603,290	129,929
民校	1,724,516	1,644,190	80,326
共计	5,923,261	5,461,809	361,452

一九五〇年大中学校课本销售统计表（表十二）

地区	数量	地区	数量
北京	188,186	天津	78,965
张家口	24,575	归绥	45,081
石庄	56,214	新乡	124,400
唐山	35,065	太原	260,190
涿县	1,831	保定	37,326
通市	4,346	昌平	1,519
高邑	923	济南	120
沈阳	8,456	辽西	82,503
西安	115,090	开封	1,280
汉口	1,560	无锡	140
良乡	521	顺义	553

一九五〇年小学及民校课本销售统计表（表十三）

地区	数量	地区	数量
北京	670,085	天津	886,356
张家口	81,063	绥远	245,000
石庄	123,562	新乡	278,091
唐山	280,016	良乡	37,892
房山	45,535	保定	124,117
通市	79,758	顺义	76,315
香河	27,816	三河	42,590
平谷	33,446	蜜〔密〕云	2,610
怀柔	17,347	昌平	61,664
武清	61,008	汉口	5,500

注：附表十、十一、十二、十三四表数量单位为册

一九五〇年秋季教科书供应办法草案（附件一）

（一）总则

一、统一供应分区负责、垂直发行实行配售，作到有组织有计划、迅速普遍保证学生有书读。

二、根据目前工作基础具体情况，华北各县农村统由新华书店负责供应，京津两市由本社办理。

三、除京津两市，其他地区需用课本数字由新华书店调查统计，交本社作为造货与发货之根据。

四、外埠发货不能直达者，则由新华建立转运站负责办理。

五、凡同业批发均一律八折，对学校、机关、学生取消折扣，一律按人民币计价。

（二）京津两市

一、由本社配合各社员店组织集体配售，京市华联主办，天津方面由新华筹办。

二、工作人员应根据任务大小、分散情况、售卖时间由各社员按照股金多少分配，但必须根据需要及各社员店人员条件指名选请，以便负责组织分工。

三、配售期间之各项费用由20%回佣内支付，其余按照股金平均分配，仍照春季办法办理。

四、售卖时间可会同当地文教局规定七天至十天期，各学校持购书单到指定地点取书交款。

五、每日配售情形应向华联报告销出数字，把款送交当地银行，课本不足由本社补足与调济，期满结清，已售出者照卖数交款，余书收退。

六、开始零售时各同业均可现款批发，社员店开七天期票但期满不付款者即停止发给，为统一掌握须由书业公会开具介绍信以凭批发，并规定不准向市外推销或减价销售使供应计划紊乱，无论发现任何店有此行为即时停止售卖权利。

七、北京市郊区由各区文教科组织办理配售，自七月十五日起至二十五日止。

（三）各省市及所属县份

一、各省市县均由各地新华书店分支店统一组织经销，但必须照顾到社员与同业，无论自行售出与转批同业，均一律八折不得缩小回佣或增价出售。

二、发各分支店之课本视交通条件如何均采取直发，记总分店账将副发票交总分店，正发票交分支店。

三、交款办法照远近决定，凡一日能到达者（如天津、保定、石家庄、张家口等）五日交款一次，十五日结清，其他十日付款一次，一月结清，照开学时间算起，放假期除外，但须根据盘存结算，华联向总分店总算。

四、凡无新华书店之县份，均由邻近分支店无条件照八折批给各县书店或文化供应社，建立单一关系以便负责配售各区村。

五、发出之课本不足时由总分店向华联正式添货，在一定时间内保证供给，如发现此多彼少则由总分店调济。

六、本季课本开始至迟三个月必须全部结清，交足欠款结报运费，盘存课本多余时收退，并将课本总结同样交华联一份（分店及总分店）。

（四）中学课本

一、根据各地采用课本自行选购，本社出版者由本社根据要数供应，其他店出版者本社可义务代办，但必须交来现款及书单，邮运包扎费由购者负担。

二、本社供应之中学课本其邮运、收款、折扣均与小学课本同样办理。

三、京、津二市可会同文教局组织联合配售，选定各家之版本应保证供应，但批发同行时均照小学课本零售办法办理。

四、各地同业事先预订之中学课本，本社可保证供给，但因纸型未到及事先未有要数或添补者，不能保证及时供给。

（五）邮运包扎之负担办法

一、凡本社发出之课本，不论远近直发或转发，所有包装运输费，均由本社负担。

二、直发各分支店者由本社发至各靠近车站，各分支店持提单自取，该项搬运费亦由本社负担。

三、如系转发及再批者，其搬运及转运之费用，均凭单据及报表向华联抵交书款。

四、发各店之包装用品，能继续再用者（如麻袋绳子可代为卖出或交回，运费由本社负担）作为运费之补贴收入，如各店不负责保管或自用者照买价八折收款。

五、各店再批发必须包装者即可用原来之包装用品，不能再报销一次包装费。

六、凡调济及退书所用之运费均由调出者负责，本社不负担此项运费。

七、本季发行正值雨季，故应建立妥善安全运输合同，遇有损失由运者负责。由本社发出者本社与运者交涉，各分支店发出者由各分支店负责。

（六）收退办法

一、凡一般同业不能售出之课本，收退不能超过每种最后一次发货的5%，超过者由各同业负责，如全部售出时即由本社付给应退部份的2.5%书值，作为奖金。

二、凡捆头及磨坏尚能销售者，均包括在此项收退之内，但其中倒装缺页者可以退换，外版书不在此例。

三、各学校取回之课本已沾污磨损者不收退。

（七）附则

一、本办法系根据教育部及出版总署之总的意图拟定，经与董事会协商后实行。

二、本办法自一九五〇年七月开始实行。

华北联合出版社关于出版一九五〇年秋季教科书工作报告（附件二）

（一）一般情况

一、在出版局春季给我们的任务是负责供应京、津两市及附近十八县份、绥远、察哈尔（高小部份）等地的小学教科书和华北区中学教科书民校课本，其他由华北新华书店负担，是采取分工合作共同完成华北区教科书的供应任务。但由于出版供应不统一，便发生定价、质量、纸张、发行上的一些问题，造成供应上紊乱与不好掌握，因此，出版局提出出版发行专业化的问题，在本年四月即决定华北区教科书统一由华联出版，新华书店发行，但为照顾同业京津二市仍由华联办理，故从秋季教科书开始走上统一供应。

二、在出版方面，春季本社在北京印造中小学教科书一律采用进口新闻纸（其他地区新华采用蔴纸及国产纸），秋季则由京、津、保、太四地造货，统由本社办理，小学课本采用进口新闻纸，但中学课本及太原区小学课本均采用国产纸，四地课本出版工作基本上都完成，保证了及时供应，只有纸型未到者影响了出版如本季自然课本及中学一部份纸型，为明了起见四地造货数字列表如下：

1950 年秋季教科书华北区京、津、保、太四地造货统计

印刷地区	类别	印数	正文用纸数	封面用纸
保定	小学 17 种	1,115,000 册	1,710 令 210 张	125 令 63 张
太原	小学 19 种	1,796,000 册	2,697 令 239 张	201 令 278 张
京津	小学 38 种	8,304,000 册	12,265 令 190 张	968 令 233 张
北京	中学 30 种	739,000 册	3,696 令 247 张	86 令 37 张
总计		11,954,000 册	20,369 令 386 张	1,381 令 111 张

（注：自五〇年五月中旬至八月底止，尚在继续加印中）

三、在供应方面是采取统一供应（春季是分散供应）分区负责、垂直发行、实行配售，由华联根据各造货点有计划分发，直发至各支店或售货点，在大城市均采取配售，各县则由县书店专责供应，一般都配合当地党政共同进行，如各省帮助调查学生数字、指示各县区供应办法等，本季华北区根据新华书店分布情况计分为京、津、保、石、唐、察、绥、太、平原九个发行区。

（二）新办法执行情形

教科书经营逐步实现国营，这是一个新的方针措施，在七月五日中央人民政府教育部出版总署关于 1950 年秋季中小学教科书的决定发布后是解决了一些问题：

一、转变了供应教科书错误观点，树立了正确观点，这就是批判了旧书业以课本发家或养店的思想，或公营书店以课本养马列及养支店的办法，经过京、津发行会议后，这些观点基本上是打通了，但还须积极贯澈，同时树立起发做教科书要为人民服务的正确观点，当作一个政治任务来看，具体表现在书价低、供应普遍、及时保证每个学生都能得到廉价的课本。

二、压低并统一售价，取消基价改为人民币定价（七月十五日已开始执行），对学校机关取消折扣，这基本上是对读者有利的，在定价方面例如：春季初小国语第八册每本售价1782元，秋季售价1400元，压低382元，每令报纸春季售价是640,000元，每页40元，本年秋季每令售价561,600元，每页31.2元，秋季较春季便宜了78,400元，百分之十二点二五（12.25%），每页减低了8.8元，合百分之二十二（22%），本年秋季（八月底止）京津已印秋季小学课本用纸12,265令190张，共减低961,605,792元。总页数220,776,840页，每页减低8.8元，共减低1,942,836,192元。（以上是京津区小学课本用纸计算，保太区用纸数尚不在内）

中学书春季每令进口纸售价691,200元，每页43.2元（进口纸32K），秋季国产纸32K每令售价448,000元，每页28元，秋季每令较春季减低243,200元，百分之三十五（35%），每页减低15.20元，百分之三十五点四（35.4%），预算秋季中学书用纸能达到4,350令（八月底统计已用纸3,700令），较春季减低1,057,920,000元。本年秋季32K进口纸每令售价585,600元，每页36.60元，与国产纸比较每令相差137,600元，百分之二十三点五（23.5%）。国产纸较进口纸共减低598,560,000元，以秋季进口纸与春季进口纸定价比较，本年秋季每令售价低105,600元，百分之十五点二七（15.27%）。

照上列数字计算本年秋季华北区中小学课本减轻读者负担达二十亿一千九百万之多（八月底材料），并且即刻改为人民币售价，是具体执行了出版总署关于减低课本定价的指示。

三、定价统一使每个读者在任何地区都能以同样价值买到同样的一本书，同行批发一律八折邮运费统支，使每一同行在任何地区都能以八拆〔折〕批到课本，并不负担运送费，使他们没有加价的理由和藉口，这样有利读者也有利同业。

四、华北区采用版本，小学及民校课本是采用华北人民政府教育部所编的，中学课本因我们还不全，还有其他各家的，基本上自由选用，固此供应上是自流混乱，京津两地尚不统一。

总之，今年七月五日教育部、出版总署关于一九五〇年秋季教科书减价划一售价的决定，华北方面在七月十五日就具体执行，并推行到整个华北区，普遍直接对读者有利，得到群众的拥护，但读者尚要求课本售价再次减低，因华联目前是公私合营的机构，必须照顾到股东合理的利润，故此种进一步的要求，尚有待于今后教科书逐渐走向国营，在成本计算、各种发行费用上面进一步采取新办法才能达到。

华北联合出版社向出版总署呈送的十六个月来综合报告※

胡署长：

华联结束工作基本上已完成，兹奉上16个月来的工作概况及综合报告各1份，请审阅为荷。此致

敬礼！

华北联合出版社

于强

1950年12月2日

附：华北联合出版社十六个月来综合报告

华联是在出版委员会领导下，组织起来的公私合营专门出版中小学教科书的机构，先后参加股东25家，投资总额1193.01股（每股500折实）。最多者513.34股（新华），最少者1股（新中国）。公股占48.5%，私股占51.5%。工作人员42人。自1949年7月正式成立，1950年10月胜利结束。共经营三季教科书，印制中、小、民校课本共20362000册；用纸42346令；销出课本18418446册；销货总额16623717141元。

16个月来基本上完成了上级付予的任务，转变了以课本发家或养支店的思想，压低了售价，找到了新的发行经验，团结了各同业，并初步建立了感情与联系，打下了课本公营及公营书店与私营书店合作的基础，这一措施说明领导上政策决定是正确的，华联的组成，对国家出版事业有益无损。

※　原函附《工作概况》，本书未录。

这些成绩还不能使人满意，因为在工作中还存有很多缺点，如两季即销毁课本8万多册，受到了很大损失，三季纯利占去21.7%，加重了群众的负担，从这两个问题也说明我们生产的盲目性与无计划，缺乏群众观念与领导上的官僚作风，管理上的手工业式事务主义，不合乎企业化经营方针，没有按照领导意图，认真去做。今后在这方面必须要决心克服与纠正。

纯利32.5亿元是出予〔乎〕各股东意料之外的事，也超过我们最初估计（15亿至20亿），此问题充分说明领导上的官僚主义，其原因与根源是：

1. 从观点上保本保值是有偏向，因为只考虑到保本保值，怕赔了钱无法对付私营股东而忽视了加重群众负担的一面，这就是群众观念不强。

2. 对课本定价的自满情绪与麻痹心理，觉得华联课本比旧书业的课本贱，比全国各地的贱，比新华书店的也贱，其他地方受到批评，总署认为华联的还合理，只是向高的方面比，没有从造货成本上去看，而麻痹下去。

3. 每季售出课本马上即购回纸张，到下季造货时，纸已上涨，这样从纸张上就有一笔收入，如春季25万购进纸张，秋季定价倒照27万，这样就纸张升值就有3亿多元。

4. 在纯利当中有一笔虚盈，社员共交到报纸有12000令，这次升值为每令28万元，照市场牌价算每令为35万，这样每令差额7万元，共差8.4亿元，但这笔款子也作了华联的盈余，增加了利润。

5. 在开支方面，成立以来，大家都本节约精神及不使工资额太高，管理费开支只占2.3%，邮运费只占2.8%，因此2.2%的邮运费也变成了利润（原规定邮运费为5%），这也是提高利润的原因之一。

目前工作已大致结束，有6个工作同志到新华去，其余都仍留用由人民教育出版社分配工作。发行工作已移交新华，私股在11月、12月分两期还清，其余全部财产已自11月转交人民教育出版社，并正式进行1951年课本造货工作，在此期间虽经结束成立，办理移交，进行合并，由于已〔以〕往已有了些经验和基础，还没有影响工作，估计1951年教科书出版工作比现在还要好一些。这一点大家还是有信心的。

刊行秋季教科书筹备工作的初步报告与总结※

刊行秋季教科书的筹备工作，自六月廿三日起，到七月二日止，共计十天。按情况分三部分叙述：（一）二十三日—二十四日为准备工作。（二）七月廿五日—廿六日听取同行的反映意见。（三）二十七日—七月二日进行招股工作。

（甲）准备工作

新华书店王益发起，邀请孙明心、章士敏、汪允安、吉少甫，共为发起人，在新华（新乡路一号）开会，筹备成立刊行教科书的机构，将来这个机构是比较长久性的。目前的中心工作是刊行秋季教科书，从筹备编审到全部刊行共约二月的时间，要组织合作社团结同行来共同从事这项工作，以华北联合出版社的组织作为主要参考，考虑上海当地的实际情况与条件，加以修改，经商议综合初步意见与步骤如下：

（一）有限责任合作社组织名称暂定名为“上海联合出版社”。

（二）筹备工作人员五人，推定王益为主任。

（三）筹备会工作暂分为七个部份，各部负责人为：一、秘书——汪允安（。）二、总务——孙明心。三、供应发行——吉少甫（。）四、生产——章士敏（。）五、主计（未定）（。）七、编审（由市教处任）。

※　此报告由上海联合出版社筹备处1949年7月5日拟定。

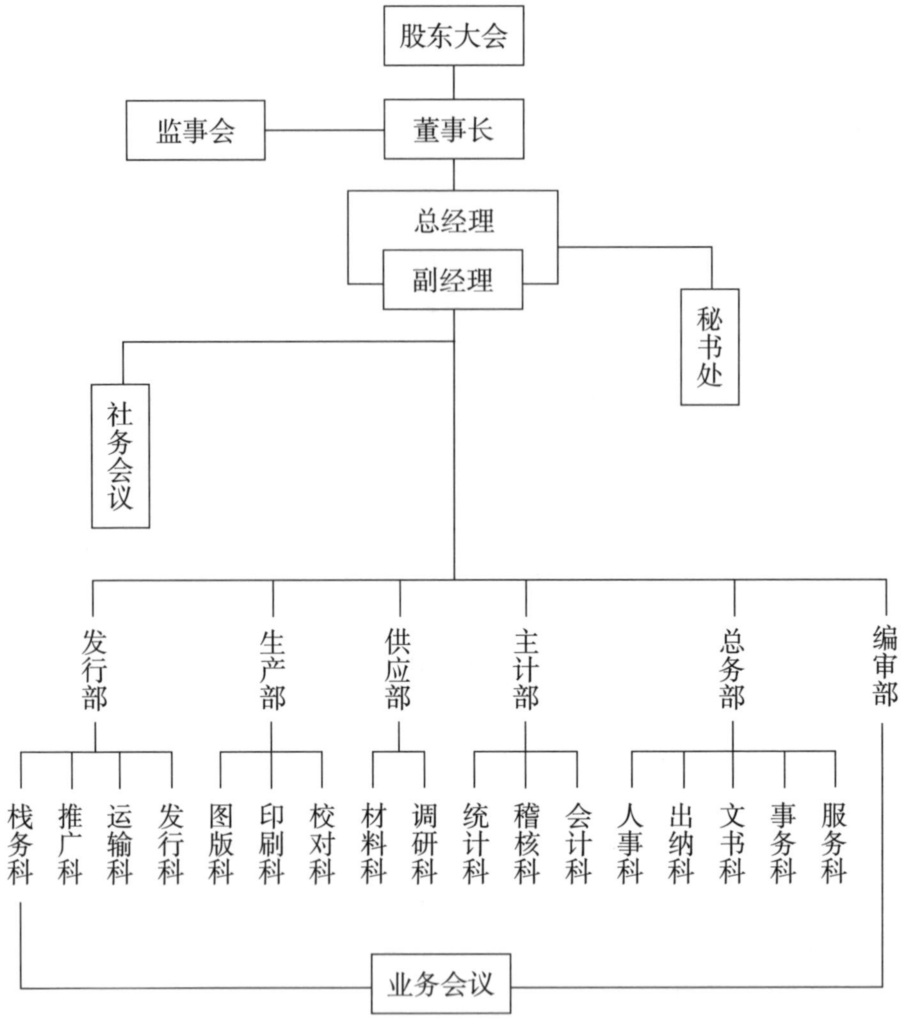

（四）筹备之程序

1. 为了解过去教科书刊行情形，由新华出面邀约同业开座谈会，分批在廿五日一次，廿六日上下（午）各一次。

2. 发座谈会通知（附件一）跟华北联合出版社章程，（附件一）要求参加座谈会同业提供书面意见，并带有出版之国定本审定本准教本各二册。

3. 待座谈会举行后，由发起人分别向同业进行研究调查工作，并接洽认股数。

4. 卅号发出认股书，五日开成立会，十日到十五日收股款，并即开始生产工作。

5. 股额单位计算，依照每令市价及印刷厂拼成单位，认股最少一股。

6. 提请编审负责人，仅快完成在七月十五日前全部交到，中学部迟至七月底完成，并注意春季用书的供应。

7. 提供当局意见，关于过去国定本纸型须封存，存货一律不准发售，自行编纂之教科书及准教本内容无问题者，须设法为之解决困难。

8. 目前地址暂定新乡路。

（乙）听取同行反映的意见

六月廿五日下午二时在新华第一门市部开座谈会，主席王益，列席五人，陆静山（编审），孙明心，汪允安，章士敏，吉少甫。参加同业：王叔旸、王文彬（新加坡上海书局申庄）、沈季湘（世界书局）、李伯嘉（商务印书馆）、章锡琛（开明书店）、舒新城（中华书局）、周煦和、陈和坤（大东书局）。

1. 关于合作社组织与资本的意见

一、赞成合作社的组织，过去秋销书现在已准备妥当，因时间迫急关系，需要一面组织，一面排印。

二、合作社应规定有限或无限责任，因五家均为有限公司组织。

三、五家有分店的如北平分店，均参加华北联合出版社，而分店经济需总店筹付，将来可能有华中等出现，在应付上感到困难。

四、先行估计生产供应需要数量，再确定资本额。

五、要考虑退股问题，是否须要有些限制。

六、希望五家参加筹备工作。（以上五家综合意见）

2. 关于编印意见

七、图书需改革，表现形式求合理，字与图需配好，字体也需改革，每本页数不应再少。（以上中华舒新城）

八、小学单册可仅先完成、双册稍缓；初高中者也先第一册。（以上商务李伯嘉）

九、应另编新课本的教学法，因一般的乡村教师水准低，没有置备参考书的能力与机会，有数（教）学法可以补不足。（以上商务、中华）

3. 关于旧教本及存书问题

十、国定本之国常外其他等书，请明令宣布废止。

十一、据述北平编审会（四、）有采用审定本的数、理、化、自然、科学，有关的课本，希望上海考虑选用，早日审查确定后，以便早日准备印刷。

十二、希望旧存的仅量能够销售。（以上五家综合意见）

4. 关于供销发行的问题

十三、统一集中供应，外埠供应因交通运输关系时间上恐不及。

十四、目前秋季需要数，可以根据去年秋季与今年春季各家实销数作统计，参考七联七省区的数字及现在的存书报告推算，大致上小学用书最大，高小次之，中华（学）更次。

十五、发行之回佣制度需合理化，避免中间销售商的剥削。

十六、发行工作，希望能交过去经办课本各家办理，可以维持营业与开发。（以上五家综合意见）

5. 材料与印制问题

十七、过去市面纸张，以新闻界纸张最多，官方文化机关也很多早抛售或运走，纸商一般存量很少，故存底很薄，中华世界等在香港有存纸，但运不来。

十八、薄型纸主要是日本货，其次为温州台湾货，教科书每本均须打型几付，此项原料恐不够，锌版过去主要靠外来配给或经香港来，市上存货恐不多，油墨有国产的可以应用。

十九、因之采用旧存书可以节省物力，免去损失。

（以上主要是世界书局意见）

6. 对方具体答复意见

二十、各家投资资本额须待正式股额股数确定，组织有眉目后认定。

廿一、印刷设备与能力待表格发下后，可以填送。

廿二、筹备工作由各家推定代表参加筹备工作。（此点未予置答）

廿三、办公地点，暂借世界书局会议室，大东有一部份房子，因租权纠纷交涉成功收回后，可以借用。

廿四、需要技术人员可以调用。

廿五、各家旧有教科书清单及样本各二本送上。

（附件二）

二十六日上午召集新出版同行；光明，作家，海燕，文供，群益，致用，文化，世知，教育，时代，一般表示意见甚少，大致（一）赞成此项组织；（二）希望加快进行；（三）本身力量有限；（四）考虑一般代表一权，对认股多的权益是否不够。（此点是光明王子澄、作家周颂棣意见）

二十六日下午召集新亚、国光、基本、启明、神州、北新、龙门、广益、立信、中国、科学、锦章、文通、百新、万叶、春明、周顺记等十七家，大致意见：（一）赞成组织，不以一股为一权，以股额计算最多的有三个选举表决权；龙门及科学赞成一股一权；（二）赞成统印统销；（三）希望采用数、理、化等的旧教本。（详见附件三四五答件[①]）

（丙）进行招股工作

六月廿七日起油印各式调查表：《印刷所设备及产量调查表》（附件六）；《排字设备调查表》及《排字生产量调查表》（附件七）；《制版设备调查表》及《制版原料调查表》（附件八）；《存帋（纸）调查表》《装订设备调查表》《装订生产力调查表》（附件九）；排印《上海联合出版社招股缘起》（附件十）；《上海联合出版社组织章程草案》（附件十一）及《认股书》（附件十二）。

六月卅日及七月一日发出组织章程及各式调查表。

七月一日陆静山交下《小学各科教科书定稿及付排日期表》（附件十三）及《初高中各种教科书完稿及付排日期》（附件十四）。布置工作人员办公及宿舍地点。发出认股书四十六家，除交下廿七家外尚有：新华、三联、群益、文供、致用、时代、峨嵋、国讯、鲁迅、教育、上海出版公司、文化工作者（新丰）、上杂、文生〔以上为新出版业〕，文通，百新，万叶，春明，上海书

① 本书未收录。

局等十九家未送到。

廿七家同业交下认股书清单统计如下：

商务 75	中华 75	世界 50	开明 50	大东 50
龙门 5	立信 1	科学 10	广益 20	新亚 10
启明 1	基本 10	锦章 2	北新 20	海燕 1
光华 1	世知 4	文光 5	华夏 2	大学 10
光明 15	作家 15	耕耘 5	长风 1	神州 5
正风 1	华华 1			

廿七家共总认四百四十五股，原招三千股，约占七分之一。商务、中华等五家共二百股，约占十分之一。满二千股开成立会，现有股仅占四分之一，如加上新华、三联几家约四分之一，共约二分之一。（即一个股约三万令。）

（丁）六月廿三日—七月二日工作初步总结

（一）配合新民主主义教育政策，编印刊行中小学校教科书是必要的。因时间局促，必须用突击的方式加以进行。为了团结进步同业，争取中间性同业（包括十一家做审定本及准教本的同业在内）与过去专做教科书的同业共同从事此项工作，筹备的过程，也就是动员组织及教育的过程。

（二）上海环境复杂，在教科书出版方面，一切有关印刷绘图，制版，装订，供应，发行均带有封建的垄断性。其内容在基本上帮助国民党作反动统治外，“十七联”刊行的主要兴趣，靠人事关系在争取国民党政府的外汇配纸及贷款获取厚利，而坐收渔利。他们中间相互竞争，偷工减料（见基本书局意见书）。开明章锡琛六月卅日在新出版业聚餐会上，亦有身入其境，历历如绘的说明。因之，中小学生经受政治麻痹与经济的剥削。中间性同业过去有一部份做某国定本准教本（如基本万叶等），比商务中华等在排印上稍有改良，其它的多为刊行实用书、标点书、翻版书、西文书记旧小说、色情书等，一时无法转变，他们甚感彷徨。

进步的新出版业，一向处在政治的压迫下，经济基础非常薄弱，人力也少，同时在传统的看法下，认为刊行教科书的工作，还是商务等家的事。本身能力不够，并且各有出版计划故无兴趣。

（三）商务等五家，目前根本的困难，在于教科书垄断刊行及配䌷〔纸〕贷款前提已失去，而动摇其根本。（李伯嘉在座谈会上发言连称“不得了”，现每月开支一千多万，收入每日平均七八十万元。）其中的希望在：

（1）解决其存书的问题；

（2）能继续采用他们的国常史地以外的有关自然科学旧型并让他们继续刊行；

（3）所有教科书仍由他们所属厂家包办印制；

（4）继续让他们发行。

据五家的存纸报告，有五万二千余令，现认股额共三百股，不足万令，与其最初接触之口头允诺比较，出入甚大（原中华等可以拿出万令以上，世界大东并且表示可以考虑按北平比例），可以供应人力物力，因未邀其参加筹备，现在显然采取观望态度。（心里很急）

（四）现在筹备人员，对刊行教科书的经验不够，编辑上也不免粗糙；而认股并不如理想。（最初估计七万令资本，商务等约占百分之八十，新华三联约占百分之十，其它百分之十），除去现在加强主观努力筹备并实际进行排印，并需不断与个别同业往来加以说明，并动员任用优秀的技术人员分担内部工作。

（五）故目前确定待缓的步骤。

（1）成立期拟缓到七月十五日成立，一方面排印，一方面继续招股工作。

（2）供应区暂以京沪为限，杭、汉及苏南三区及华东其它各区，以代办造货为原则。但仍需多筹备纸张，为其它各区解决困难，因为这些地方在过去历来都是上海供应的。（皖北新华有人来要求）

（3）紧缩印数，不够加以再版。

（4）组织印刷制版所，布置中华等五家以外，各印制厂之印制工作。

上海联合出版社筹备工作报告※

（一）

自上海解放后，最初一个月以接管工作为中心任务。至六月中旬，即着手计划秋季开学教科用书之编印工作。由新闻出版处邀集市政教育处、华东新华书店、出版委员会等有关部门先行商讨进行办法与步骤。经决定原则为：

（一）由市政教育处陆静山同志负责编选工作，除国文、史、地各科须重新编辑，公民科废止外，其他各科仅可能由原有各家出版之旧课本中选定一种，为节省物力，又如各家旧课本有存书，而内容无重大错误者，则可同时采用几种，但新印者以一种为限；各种旧课本由各家同志负责审阅。

~~（二）由华东新华书店王益同志负责，会同汪允安、吉少甫、孙明心、章士敏等同志，□请同业座谈，征询对于今后教科书印销意见。~~

（二）仿照北平办法，邀集同业投资合作，统一印刷，统一发行。以新联为首干，团结原来经营教科书同业，以及纸行、印刷所、制版所等愿意投资合作者亦都欢迎。但应注意一定比例之表决权数。每一参加单位有一表决权。

（三）由华东新华书店王益同志会同汪允安、孙明心（致用）、吉少甫（群益）、章士敏（文供）诸同志，邀约同业座谈，并由上述五同志代表五书店作为发起人成立筹备处，交换意见。随时密切与有关部门顾问联系。

在召开同业座谈会以前，曾经由徐伯昕同志在会上邀约光明、作家、广益、开明四家先行征求意见。在会上，作家姚蓬子先生强调要打破过去的独占性，赞成组织统印统销机构；开明章锡琛先生藉词实践〔时间〕迫促，提出除文、史、地外，其他数、理、化希望各自印行。广益附和开明意见。在会上，并提供了销行的范围，为沪、宁两市，浙、苏、鄂、闽、湘、皖、赣

※ 此报告拟定日期为1949年7月12日，原文似不全。

等七省，根据上述区域以春销统计数字来看，大致要印三万五千令到五万令纸的数目，连同印刷费，假定资本额为七万五千令纸。

接着，一面由筹备处于六月廿五日、廿六日两日，分三批（教科书同业、新联、其他）邀集了新旧同业，举行会议，随发华北联合出版社章程作为参考，要求他们提供书面意见，并附送已出之国定本、审定本、准教本各二册。会后分别接洽，认定股数。一面即行调查上海各家存纸，各印刷所投印能力及装订之速度等。

三、综合各同业所提意见为：

1. 关于合作社组织与资本的意见

一、赞成合作新的组织，过去秋销书现在已准备妥当，因时间迫急关系，需要一面组织，一面排印。

二、合作社应规定有限或无限责任，因五家均为有限公司组织。

三、五家有分店的如北平分店，均参加华北联合出版社，而分店经济需总店筹付，将来可能华中等出现，在应付上感到困难。

四、先行估计生产供应需要数量，再确定资本额。

五、需要考虑退股问题，是否须要有些限制。

六、希望五家参加筹备工作。

（以上系商务、中华、世界、开明、大东等）

2. 关于编印意见

七、图书需改革，表现形式求合理，字与图需配好，字体也需改革，每本页数不应再少。（以上中华舒新城）

八、小学单册可仅量先完成、双册稍缓；初高中者也先第一册。（以上商务李伯嘉）

九、应另编新课本的教学法，因一般的乡村教师水准低，没有置备参考书的能力与机会，有数（教）学法可以补不足。（以上商务、中华）

3. 关于旧教本及存书问题

十、国定本之国常外其他等书，请明令宣布废止。

十一、据述北平教科书编审会（四、）有采用审定本的数、理、化、自然、科学，有关的课本，希望上海考虑选用，早日审查，确定后，以便早日准备印刷。

十二、希望旧存的仅量能够销售。（以上五家综合意见）

4. 关于供销发行的问题

十三、统一集中供应，外埠供应因交通运输关系时间上恐不及。

十四、目前秋季需要数，可以根据去年秋季与今年春季各家实销数作统计，参考七联七省区的数字及现在的存书报告推算，大致上小学用书最大，高小次之，中华（学）更次。

十五、发行之回佣制度需合理化，避免中间销售商的剥削。

十六、发行工作，希望能交过去经办课本各家办理，可以维持营业与开发。（以上五家综合意见）

5. 材料与印制问题

十七、过去市面纸张，以新闻界纸张最多，官方文化机关也很多，但早已抛售或运走，纸商一般存量很少，故存底很薄，中华世界等在香港有存纸，但运不来。

十八、薄型纸主要是日本货，其次为温州台湾货，教科书每本均须打型几付，此项原料恐不够，锌版过去主要靠外来配给或从香港来，市上存货恐不多，油墨有国产的可以应用。

十九、因之采用旧存书可以节省物力，免去损失。

（以上主要是世界书局意见）

6. 对方具体答复意见

二十、各家投资资本额须待正式股额股数确定，组织有眉目后认定。

廿一、印刷设备与能力待表格发下后，可以填送。

廿二、筹备工作由各家推定代表，参加筹备工作。（此点未予置答）

~~廿三、办公地点，暂借世界书局会议室，大东有一部份房子，因租权纠纷交涉成功收回后，可以借用。~~

廿三、~~廿四、~~需要技术人员可以调用。

~~廿五、各家旧有教科书清单及样本各二本送上。~~

~~（附件二）~~

此外新联同业，如光明、作家、海燕、文供、群益、致用、文化、世知、教育、时代，一般表示意见甚少，大致（一）赞成此项组织；（二）希望加快进行；（三）本身力量有限；（四）考虑一般代表一权，对认股多的权益是否不够。（此点是光明王子澄、作家周颂棣意见）

又新亚、国光、基本、启明、神州、北新、龙门、广益、立信、中国、科学、锦章、文通、百新、万叶、春明、周顺记等十七家大致意见：（一）赞成组织，不以一股为一权，以股额计算最多的有三个选举表决权；龙门及科学赞成一股一权；（二）赞成统印统销；（三）希望采用数、理、化等的旧教本。（详见附件三四五答件）

四、至今日为止认股情形如下：

商务 75	中华 75	世界 50	开明 50	大东 50
龙门 5	立信 5	科学 10	广益 20	新亚 10
启明 2	基本 10	锦章 2	北新 20	海燕 1
光华 1	世知 4	文光 5	华夏 2	大学 10
光明 15	作家 15	耕耘 5	长风 1	神州 5
正风 2	华华 1	文通 10	百新 15	万叶 2
春明 2	教育 2			

（一）以上共计48股，（每股约二十五令帋〔纸〕）可能加到一千股。新华、三联、群益、文供、峨嵋等准备投入一千股。按照原定之三千股之额，已足法定股额。俟万国钧同志到以后即可召开创立会。

五、我们的意见和做法：

（一）合作社为有限责任组织。

（二）坚持每一参加单位只有一个表决权。

（三）认股不少分别与各书店个别接洽，请他们增加股数。首先与商务谢仁冰先生洽谈，已答应增加到二百股（原75股），其他各家亦可望增多。

（四）现拟先印二万令帋〔纸〕，可供应京、沪、杭地区。汉口方面已电，请告知数量，并筹款来沪附印中。

（五）人事内定，以新华王益为董事长，三联万国钧为总经理，其余副经理以下重要部门负责人，当末月前后决定。董事十三人，内定新华、三联、群益、商务、中华、开明、作家、文供、致用、广益、北新、文光、立信。监事五人：内定世界、科学、神州、大东、上海书局。惟理监事，届时或将根据具体变动情况，期予更换。

（六）组织内定在总经理、副总经理之下分设秘书处，编审、总务、主计、供应、生产、发行等六个部。视工作需要在部之中再分科办事。力求具备要合理。

（七）制版、印刷工作，合理地分配给各家去做，藉此可以团结一部分印刷同业。

（八）发行工作，也要重新布置，不能仍归几个大同业包办。可能采用定数由各学校直接来定，以免中间商的佣扣加重成本。

附表：

（一）上海联合出版社章程草案

（二）各家所提意见原文

上海出版界大团结　四十六家合组“上海联合出版社”※

华东新闻学院讲习班已于七月三十一日开学，院长恽逸群——学生五百余人，该班课程是以政治学习、思想学习为主。范长江在学员开学典礼中说：一个人民的新闻工作者应遵循以下四点：（一）报导要真实；（二）要有思想；（三）走群众路线；（四）自我批评。

参加文代大会的吴茵、佐临、赵丹、沈浮等四位代表，已返抵沪，吴茵、赵丹为昆仑公司赶拍《乌鸦与麻雀》，沈浮为该片导演。

上海出版界具有代表性的同业四十六家（新华、商务、中华、大东、世界、三联、开明、北新、广益、百新、作家、光明、群益、大孚、文通、基本、中国科学、新亚、龙门、文光、文化供应、神州国光、致用、立信、耕耘、峨嵋、上海、锦章、世界知识、万叶、上海杂志、文化生活、春明、教育、启明、华夏、上海出版、文化工作、正风、光华、长风、海燕、鲁迅、华华、国讯、时代等），经过三个星期的筹备，于七月二十一日正式成立了“上海联合出版社”。该社为有限责任之合作社性质组织，用以团结出版业及与出版有关各业，集中力量，为新民主主义文化事业服务。主要业务为印销中小学教科书及出版委员会交印的一般图书。该社社址设四川中路二七〇号·电话一八八五三。

※ 《光明日报》，1949年8月6日，第4版。

上海联合出版社教科书出版消息（第一次）※

出版事业中的公私关系和分工合作问题
胡愈之署长在京津出版工作会议上的报告

一九五〇年七月十日

一九五〇年七月十日全国大城市解放以后，出版事业出现了新的面貌。一方面，旧的、反动的、有毒的黄色书刊逐渐在市场上被清洗；另一方面，新的、进步的、于人民有益的书刊，受到广大群众的欢迎，这一方面的出版物，虽然发行的数量并不少，仍有供不应求之势。

据极不完全的统计，本年三月底，在北京、天津、上海、南京、杭州、济南、武汉、广州、长沙、西安、重庆等十一个大城市，出版及贩卖书店共计一〇五七家。其中自行出版书刊者二六九家，计公营十九家（包含新华书店总分店六家），公私合营六家，私营二四四家。专营贩卖的书店七八八家，计公营十六家，公私合营七家，私营七五六家。此外，中小城市和乡村中的书店以及部队书店还没有统计数字。就新华书店来说，全国现有总分店、分店、支店共九四五家，平均每两个县就有一家新华书店，其中大部分是在最近一年半中发展起来的。

本年第一季华北、华东、东北出版图书统计，共出新书八百七十八种，初版及重版书共印出五二、四一一、三九〇册，其中教科用书占百分之七七·二。定期刊物不包含在内。预计本年度全国出版新书当在三千种左右，印数约近二亿册。本年第一季华北、华东、东北三地区所出新书，新华书店占百分之三一；初版及重版印行册数，新华书店占百分之七七·九。此三地

※　此为上海联合出版社 1950 年 7 月 27 日出版《教科书出版消息（第一次）》之节录。

区内所出教科书，由新华书店及联合出版社出版者占百分之八七·五，其他出版物，由新华书店印出者只占百分之五一·七。

公营书店于短期中，在广大的新解放地区内，大量供给了马列主义书籍和解释政策文件的书刊，对于帮助一般干部和知识分子的学习改造，有了相当的成绩。新华书店迅速向全国各地展开发行网，对于文化的普及也有很多便利。这些情形是很好的。另一方面，公营书店由于发展太快，有些地区没有很好地掌握政策，工作缺少计划性，内部分工不明确，干部缺乏，业务不熟练，所以不免有乱出书、随便翻印、出版物品质高下不齐，书价贵、供应不及时、对私营书店缺少合作等情形。一般读者都买不起书。特别是中小学教科书，定价太高。有些地区，学生没有书，由教师在黑板上写，或者四、五人合用一本教科书。这种情形，在乡村比城市严重，在小城市比大城市严重，在偏远地区（如西北、西南）比中心地区严重；总之，必须迅速克服。

公营书店由于在读者中间威信高，发行网广，一般的书籍，每种在一年内可销售一、二万至四、五万册。但私营书店出版的书，只能销售二、三千至一万册，有些旧的出版物无人过问，新书出版种数很少。因此，两者对比，公营书店发展得快，私营书店营业萎缩，特别是一些资本较大的私营出版业，营业清淡，几乎无法维持日常开支。这种情形，也是与人民政府的政策和出版工作的利益不相符合的，是应当改变的。

不论公营私营，在出版书籍的性质种类和数量上，依然带有盲目性，不能和国家建设事业的需要相配合。在今年出版的新书中，为生产建设所迫切需要的财政、经济、工业、技术书刊，为数寥寥。应当作为出版工作重点的适应工农兵大众和中下级干部需要的通俗读物，出得很少，印得很少。旧式的书摊书贩没有完全组织起来，以推销新的通俗书刊，因此宣传封建、迷信、色情的书刊，依然有一部分流行市上，毒害人民和儿童。这种情形，也是应当改变的。

总而言之，在目前的出版事业中，盲目性和无政府状态是存在的，而且是相当严重的。这种状况继续下去，许多私营出版事业将难于维持，出版物数量质量不能提高，书价不能减低，读者的负担很重。

最近教育部和出版总署会同作出了决定。今年秋季中小学教科书，要逐渐做到课本统一采用，并且大大减低和划一教科书的售价，以减轻学生负担。

除了这一件事已在进行之外，出版总署为了克服出版业目前困难及存在着的盲目性和无政府状态，准备采取两项方针，即：（一）合理调整出版业中的公私关系；（二）发行和出版分工及出版专业化。出版总署决定在九月间召开全国出版会议，对于这些方针办法作具体的讨论。

一、合理调整出版业中的公私关系

出版业中的公私关系，包含有三个方面：（一）公与公的关系；（二）公与私的关系；（三）私与私的关系。公营出版事业相互之间目前虽也存在着许多不合理的不协调的现象，但由于公营出版事业家数少，比较易于调整，所以不是主要的问题。目前主要的问题是在私营出版事业及公营与私营出版事业的关系上面。

依照共同纲领第二十六条、第三十条和三十一条的规定，国家应当就经营范围、原料供给、销售市场、劳动条件、技术设备、财政政策、金融政策等方面，调剂各种经济成分的出版业，在国营的出版业领导之下，鼓动其经营的积极性，并扶助其发展，使之分工合作，各得其所。

就私营出版业来说，其中又包含各种大资本的和规模较小的出版社、印刷厂及批发零售书店，乃至零售书刊的摊贩和负贩商等。对于这些私营出版业，国家都应当予以照顾。照顾的方式可以有不同，但原则是相同的，那就是：（一）分工合作，各得其所；（二）进行教育改造，使为人民服务。

目前私营出版业存在着的困难，主要的是由于旧的出版物不适合读者需要，新的出版物稿源缺乏。有些出版业，过去倚靠印行学校教科书，有些管理经营不善，书价过高，营业清淡，因此造成入不敷出、难以维持的现象。

这些在困难中的私营出版业，必须由国家予以扶助，使能维持并继续发展。原因很简单：目前出版书籍数量不是太多而是太少，发行面不是太广而是太窄。国营出版发行机关包办不了，而且也不应包办。在目前，全国出版书刊已不够供应，今后如文化建设高潮到来更不够供应。即使把现有公私出版机构都发展起来，在将来也会嫌太少，不会嫌太多。而且许多历史较久的私营书店，在业务管理和出版技术方面都各有特长，为公营出版业所不及。因此为全局打算，维持并发展私营出版业是必要的。

现在私营出版业，有一部分表示希望改为公私合营。出版总署方面，根据目前国家财政经济情况，认为在目前私营出版业仍应就其原有资金为基础，由国家加以扶助，以克服目前的困难，逐步恢复和发展。国家只对于具备下列条件的私营出版事业，可以考虑其改为公私合营，即：（一）管理经营良善，营业收入与支出大体平衡者；（二）出版有优良成绩，且已有明确的出版方向者。

除了公私合营之外，国家资本和私人资本合作，还有许多种方式。例如，就出版方面来说，国营出版发行业可向私营出版业定货或使私营出版印刷业为国营事业担任加工。最近新华书店总管理处向武昌亚新舆地学社预付书款，定购大批地图，因而解决了该社的经济困难。此外，出版总署正进行审读各私营书店的出版物，准备将其中有益人民的图书，编订目录，由新华书店大量定购。一般干部学习用书及通俗读物，需要大量印行者，亦可由国家出版机关出租纸型或委托代印，使私营出版印刷业担负起加工的任务。这些办法，有些已在进行中，有些亦在考虑中。

在发行方面，新华书店和私营书店及公私合营书店，应依平等互利的原则，互相推销各项有益人民的书刊。新华书店对于贩卖新书刊的小商人及摊贩，应予以优惠折扣及条件，使其为国营书店大量推销书刊，深入城市及农村的广大群众中间去。新华书店今后将发展为国家的书刊发行机关，担负起全国书刊的主要流通任务，但同时亦必须负责组织大的小的各种私营发行机构，与国营发行机构分工合作，以构成普遍深入的全国书刊发行网。

今后新华书店分店除推销公营出版业的出版物外，应当担负两项任务：（一）推销公私营出版业的出版物；（二）对一般的私营贩卖书店担任批售工作。这两项任务应有明确规定，切实执行。

除出版和发行方面的公私合作外，还有其他公私合作的方式。那就是由政府机关协助私营书店的业务，代为拟定出版编辑方针和计划，代为组织稿件，以使生产增多，业务改进。例如最近出版总署派员参加开明书店业务委员会，就是采取这一种的公私合作方式。

再就私营书店本身来说，教育改造，自力更生是非常重要的。国家对于私营出版业的扶助的程度，应以私营出版业本身教育改造和改进业务的程度为比例。出版总署准备开办训练班，招收公私出版业的在职及编余人员，予以政治及业务训练。对于私营出版职工失业救济办法，出版总署亦将予以考虑。但是私营出版业的干部教育、思想改造和业务改进，首先应当由私营出版业自身加以努力，政府的协助是有一定限度的。

二、发行和出版的分工及出版专业化

书刊的出版和发行，向来不分工，这说明了过去中国出版事业在经营方面的落后性。出版所担负的是生产任务，发行所担负的是流通任务。二者不分工，往往造成发行费用浩大，书价昂贵，以及粗制滥造，重复浪费等现象。在过去战争环境中，这种情形是无可避免的，但现在就非改革不可了。

出版总署决定发行和出版分工的原则，首先从国营出版事业做起。以后新华书店将专营发行，成为书刊的贸易公司，不再担任出版印刷工作。出版的任务则另行组织各种公营出版社来担任。除了新华书店以外，现有各种公营出版机关，不论是全国性的或地方性的，我们希望从现在起，逐渐将其发行任务交付当地新华书店，日后专做出版工作。至于私营书店是否实行此种分工，应当按自愿的原则办理。

新华书店专营发行之后，应减少发行层次，减低发行费用，并应当以总经售及批售工作作为重点，零售发行应尽可能利用各地现有的公私发行机构，如各种贩卖书店、学校贩卖店、文化合作社、贸易公司的书报贩卖部、摊贩及书刊负贩商等，予以优惠折扣，使其有利可图。要是国营书店包办一切书刊的零售工作，把一切中小书商挤垮，那是完全错误的。不但如此，新华书店对于书刊发行同业还应当负有领导和扶助责任，帮助其教育改造，以使其为人民服务。

出版与发行分工后，出版事业应当逐渐走向专业化。出版总署在最近时期内，将建立人民出版社，作为国营出版机关，代表国家出版政治文件性的著作及一般的时事政治读物。除了现有工人出版社、青年出版社、科学技术出版社和专出国际问题书刊的世界知识社之外，今后将分别创立人民教育出版社、地图出版社、辞书出版社等。这一类专业化的出版社，可以是公营的，可以是公私合营的，也可以是完全私营的。但公营出版社首先应按照性质及读者对象专业化，避免重复及相互竞争。各出版专业机关均应接受有关政府部门及人民团体的领导，如此方能使领导与群众结合起来，使出版配合国家的政策和人民的需要，逐步消灭目前出版业的盲目性和无政府状态。

出版专业化是使出版事业逐步走向有计划有组织的道路，但是并不是一下子就能走到的。在目前，不可能亦不应该由政府统一拟订全国范围的全部出版计划，由公私出版业分别执行。即使有了专业化的公营出版社，也并不是说在各个专业方面就可以包办一切。我们的希望主要的是由公私出版业自身努力，各自选择一定的方向，编辑出版各种优良书刊，经过一定时期后，才能达到更合理的分工合作。

总之，调整公私关系和解决出版发行的分工问题，这两件事是出版事业的大改革，这是必须进行的改革，但在涉及私营出版发行方面的工作又必须稳步前进，绝不可犯急性病。要进行这一种改革，我们出版工作同志们，特别是国营出版事业的工作同志们，首先要从思想上有所准备，那就是要克服单纯的经济观点和营利观点，要从全面看问题，要把出版发行工作看作国家的有重要政治意义的工作，时时刻刻把人民的利益和读者群众的利益放在第一位，在这样的方针下，依靠我们全体出版发行工作同人团结努力，我相信，我们的改革计划是可以顺利完成的。（新华社北京七月十七日电）

上海联合出版社教科书出版消息（第二次）※

本社的自我介绍

一、组织与性质

本社是在一九四九年七月廿一日正式成立的，虽然已经做过两学期的教科书刊行工作，但外界对于我们的情况，可能还不大明了，所以现在简单介绍一下：

本社是由上海六十二家书店联合组织而成的，其中包括国营的新华书店，公私合营的三联书店，以及向来经营教科书的商务、中华、大东、开明等书店。业务是供应华东各地区的中小学教科书。在国民党反动派统治时代，也有专门经营教科书的机构——“七联”，但那是独占专利的机构。我们则是上海主要的公私营书店，为了服务新民主主义文化，自愿组织而成的。在社员参加本社的条件上，并没有特殊的限制；任何书店或出版社，只要它愿意为人民文化服务，赞同本社的章程，我们都欢迎它来参加。在我们的书价上，虽然近来有一部份读者感觉贵了，但在基本上，我们并没有打算多赚钱。以前币值还不大稳定，由于我们要做到开学期间不调整书价，定价也许有点保留。现在币值已经相当稳定，所以我们已将门市的折扣减低。今年秋季的书价，由于有了良好的客观条件，书价就可以比春季便宜百分之三十。我们欢迎同业参加我们的供应工作，对于读者不想多赚钱，这是和以前反动派时代绝不相同的地方。

※　此为上海联合出版社 1950 年 8 月 7 日出版《教科书出版消息（第二次）》之节录。

二、生产概况

我们以前两学期刊行的教科书，大致中学书和小学史地由中央供给书稿或纸型，小学国语则根据华东区的具体情况加以修订，常识因为华北不用，在上海另编。如果华东区土改完成，小学书稿型也可能由中央统一供给。过去一本教科书往往要用好多年，往往哥哥读过的，兄弟还可以用。今后则要将现实情况，很快的在教科书里反映出来；要跟着国内外情势的不断发展，随时加以修订和补充，甚至要重编。因此每学期的教科书不能很快地出版。等西藏、台湾解放以后，全国土改完成以后，跟着经济建设高潮、文化建设高潮又要到来，还是要修改。所以我们首先要把教科书不改的观念打破。不过以后随着客观条件的具备，与主观的努力，编审机关与我们是有把握逐渐做到在上学期放假以前决定全部教科书的书名书价的。

我们今年秋季刊行的教科书，已决定的有——初小三种，二十四册（包括大东书局出版配合我们发行的算术八册在内），高小六种，二十三册（包括大东书局出版配合我们发行的算术四册在内），初中十八册，高中十三册，师范五册，大学两册，一共是八十七册。现在小学书除了高小自然第二册要等北京的新纸型外，大部分已经付印，少数未付印的也在校对或制型中。

三、供应的原则

如上所说，我们的教科书，是要随时加以修改的，所以我们不能像以前那样，预印了很多的书放在那里，这学期卖不完，留到下学期再卖。我们不能盲目生产和无计划地发行，以免积存了大批的书，浪费了人民的财力与物资。我们要向学校调查学生人数，请学校办理定书手续，主要的目的，就在于掌握正确数字，避免存书的损失。

关于这一点，我们想特别提起中学校当局的注意。根据我们以前两学期的经验，有些中学同学要买的书，学校里还是叫他们个别购买。这样就使得他们化了很多的时间，跑了很多冤枉路，结果还是买不到书。所以我们希望从这个学期起，他们能够组织起来，向本社集体定购，免得双方的麻烦。我们更希望学校当局能够领导和帮助他们这样做。现在所有的小学校都已经向我们定书了，而比小学程度高的一部份中学校还没有做到，未免说不过去。

为了要避免盲目生产和无计划的发行，所以我们的供应原则是计划生产，统一配销，方式是直接供应学校。避免中间剥削。在“公私兼顾”原则之下，我们对于贩卖书店，还得加以相当的照顾，因此在今年春季，我们采取了学校可以委托贩卖同业代办定书缴款手续的办法。这种办法也和以前的贩卖不同。以前教科书的定价高，贩卖同业所享受的批发折扣——即利润也高，我们的代办，则贩卖书店只能享受本社原来给予学校的车运费折扣，所以并不致增加学校的负担。这种办法，虽然对学校方便，但是也存在着不少的缺点。为了进一步便利学校、照顾同业，所以今年秋季，我们决定组织同业，将供应工作交给他们负责办理。

四、供应的办法

按照我们过去的供应办法，学校要经过定书、缴款、取书等手续，取书或者不能一次取齐，或者还要跑很远的路才能取到，这对于学校，无疑地是很不方便的。但在当时的客观条件之下，也只能这样做。现在我们的工作方面已经有了明确的指示，一般的服务观念也增进了，配合着客观的需要，我们今年秋季的供应办法，也有很大的改变，分别说明如下：

1. 统一配销

统一配销的原则，还是和以前一样。这就是说，凡是小学教科书，都由我们统一发行，即使不是我们出版的，如开明书店的高小自然一三册，大东书局出版的初高小算术，都由本社统一刊行或配合发行，以便利学校采购。

2. 分区供应

由本社领导组织同业，在上海市分区设立八个供应站，直接为学校和学生群众服务。

3. 定购手段

定书的原则不变，但定书单交托各区政府文教科审核之后转发给各学校。各学校于收到定书单以后，请把需要的各级教科书册数填上，盖上学校和负责人的图章，寄交它这一区的供应站。供应站收到定书单，算清书款后，至迟在两天内，开出缴款通知单，通知学校缴款。学校缴款之后，就发给收书凭单。缴款可以开五天期的银行支票，但支票背面，要加盖和定书单上同样的图章。供应站就将各书配齐，至迟在第二天，将书和发票送给学校，换回收书凭单。这样原来支票只有三天期，现在放宽为五天了。原来要走很多的路好几次才能取到书，现在第二天就可以送到学校。这些对于学校都有很大的方便。

不过我们的定书单，只发给向教育局登记过的，或与区政府文教科有联系的学校。如果将来有些学校没有收到，就要请它备一封信给我们，并且先请它这一区的区政府盖章证明，本社才可以补发。由于过去有些学校名义上虽然存在，实际上已经关了门。或者学校设在外埠，在上海挂块招牌。如果这些学校来定书，就会打破本外埠发行的预算，所以我们不得不严格限制。

4. 取消折扣

折扣本是资本主义时代商业竞争的手段之一，折扣的伸缩性越大，买东西的人就越吃亏。现在我们要老老实实地实事求是，所以中央教育部和出版总署已经决定，将学校买书的折扣取消。根据前两学期的经验，我们虽有给学校的车运费折扣，或者因为学校本有这笔预算，没有重新开支的必要；或者因为我们的发票是照实价开的，学校或同学不便额外开支，于是车运费折扣就成了有名无实的东西。现在教科书既然送到学校，当然更没有存在的理由了。

5. 减低书价

教科书是人民教育的基本读物，我们要消减文盲，就非减低书价不可。到国家财政允许的时候，还要减到成本以下。不过在目前，我们还只能做到少赚钱，因为非这样就不能维持生产，并适应客观环境的需要来扩大生产。

由于币值的稳定，以前按基本定价和倍数计算书价的办法，已没有存在的理由，所以我们今年秋季的书价，是完全遵照中央教育部和出版总署的规定，改以人民币来计算的。小学书正文每张两面，用进口报纸印的是三十一元二角，封面两张作三张计算，中学书正文每张两面是三十六元六角，封面两张作五张计算。这样书价可能减低三分之一。但是如果完全照这样计算，书价一定有畸零的尾数，收款和找款，都会发生困难，所以经我们请准出版总署截长补短，以五十元为基数，超过五十元不多的，就把它抹掉，超过得多的，就把它改成五十元。为了保护本国造纸工业，以后的教科书要尽可能采用国产纸印，但在今年秋季，由于我们还存得有进口报纸，所以还只能用进口纸来印。

五、结语

我们的教科书工作经验还不够丰富，而且我们不能无条件地接受过去教科书工作的经验，因此我们的工作做得不够理想，也是意料中的事。不过我们并不满意于我们的工作，我们要接受过去的经验教训，在工作中改进，并创造新的工作方法，这就有赖于教育行政，学校当局，教师、同学们以及同业的合作。我们派人到学校调查、访问，并不是为的推销教科书，而是为的要获得正确的学生数字和学校对于我们的意见，使得我们的工作能够做好。除了我们的访问之外，今后还希望随时向我们提意见，我们是一定乐于接受的。目前东北的发行教科书，由于学生人数的稳定，已经做到合同定书制，我们希望华东区随着土改的完成，也能做到这样！

上海联合出版社一九五〇年秋季中小学教科书本市组织同业供应办法草案

（一）本办法，遵照《中央人民政府教育部出版总署〈关于一九五〇年秋季教科用书减低并划一售价及供应办法的决定〉》及中央出版总署胡署长于七月十日在京津出版会议上所作之报告《出版事业中的公私关系和分工合作问题》指示之原则订定之。

（二）本市教科书供应工作，以组织同业，分区建立供应站，按“统印、统配、统销”原则，直接供应学校，切实为学生群众服务为宗旨，学校订购教科书办法，另订之。

（三）凡已加入上海市书业同业公会有门市或有经营教科书经验之本社社员及非社员书店均可向本社登记，参加供应工作。

（四）凡参加供应工作之各书店，须推选代表，受新华书店及本社之领导，组织供应管理委员会（以下简称供管会），按照组织章程及办事细则之规定，处理分区供应过程中之一切有关事项。各供应站之组织办事细则及工作人员名额与人选，由供管会全权负责分别决定之。

（五）凡参加供应工作之书店及工作人员须订立联系合同，规定权利与义务，以及对学校学生应有之服务态度与精神，严格执行。如有违反规定，损及本社或其他参加同业之信誉或权益时，由供管会按其程度予以警告或请其退出。如服务成绩优良，由供管会予以奖励。并可建议新华书店及本社，在日后业务往来上，给予优惠之条件，帮助其业务发展。

（六）各种教科书出版后，由本社按各区学校及学生分布实际情况，开具数字，统交供管会分配，并由本社负责将教科书送交各供应站保管，除遇人力不可抗拒之灾害外，如有虫伤、鼠咬、水湿、短少等情事，均由供管会责成各该供应站负责赔偿。

（七）书款由本社派员或委托银行派员分驻各供应站直接收账。各供应站应协助办理核对印鉴、分发凭证等手续。

（八）学校定书缴款后，各供应站应即将各书配齐，包扎妥当，至迟于次日内专送各学校，不得延搁，并不得向学校收取车运费，或给予优待折扣。各供应站负责人每日应将有关单据及业务资料，向供管会报告，不得拖延。

（九）供应工作完成后，各供应站应将余书退还本社，不得擅自收购套卖，并将有关业务单据资料，送交供管会整理汇齐后交还本社。

（十）供应工作完成后，由本社按实销书款总数，提出百分之廿，除扣下税款及代付费用外，全部拨交供管会，按组织章程处理之。

上海联合出版社教科书出版消息（第三次）※

出版总署发言人发表谈话改进中小学教科书供应工作

要求公私营书店坚决实行决定

【新华社讯】中央人民政府出版总署发言人为改进中小学教科书供应工作并减低秋季教科书售价事，发表谈话如下：

关于中小学教科书的出版和发行工作，除东北完全由新华书店负责，一年来已逐渐走上正轨外，关内各地区大都由新华书店及私营书店合作经营，北京和上海有公私合营的联合出版社的组织。他们的工作都是有成绩的。但同时他们的工作中也还有很多缺点，特别是各新解放区的教科书供应工作，在今年春季开学时，出现了许多不合理的混乱现象，应该迅速进行必要的改进。

就今年春季各地区教科书的供应情形来看，基本缺点是供应不及时，供应数量不准确和书价太高。有的学校开学已甚久，学生还没有得到某些必须采用的新课本。这虽然主要由于编辑审订工作逾期完成，但也由于出版发行工作没有抓紧时间，供应数量不准确的结果。或者积压大量存书，卖不出去，或者印数不够分配，必须添印，既增成本，又误时间。为使供应数量准确，出版者必须认真进行调查，掌握实际情况，同时也要靠教育行政当局和各学校的密切配合。由于售价过高的影响，学生买不起书，二三人合用一书，或靠教师在黑板上传抄的现象已经发生，这是值得注意的。按目前国家的财政状况，尚不可能对教科书作巨额的津贴，而对于参加教科书供应的私人资本，又须保障其一定的合法利润。但是在可能范围内，力求经营合理化，并减低利润，使教科书的定价合理地降低，仍是必要的。无论公私出版业者，在教

※　此为上海联合出版社1950年8月19日出版《教科书出版消息（第三次）》之节录。

科书工作上都有义务这样作。

今年春季的教科书书价在各地区很不一致。例如四川个别地区售价比华北高约三倍，长沙比华北高约二倍。这种不平衡现象并不都是由于各地区印书成本高下不等。广州由新华书店联合当地私营书店组织教科书供应委员会，其所印教科书定价以银行折实储蓄单位计算，以致实售价每日更动。这更显然是为出版者的利润打算，全不从购用教科书的人的利益着想。长沙公私营书店联合印行教科书投资白报纸三千三百令，结算后获净利达六千令，为投资额的百分之一百八十。汉口、杭州、金华等地公私联营获利都在一倍以上，这种在教科书上逐取非法厚利的行为是完全错误的，决不能够拿没有经验或印刷时物价正波动，计算成本时预加物价上涨的损失，而收回书款时则物价跌落等等原因作为藉口。各该地区的新华书店没有能在这工作上好好地领导私营书店，应该首先受到责备。同时，在另一方面，有些地方，又有新华书店拒绝和私营书店合作的现象。例如在重庆，新华书店未能组织私营书店参与春季教科书出版发行工作，以致一方面许多学校得不到新的教科书，一方面有六十余万册存书未能销出，这当然也是错误的做法。

在检讨了今年春季教科书供应情形后，出版总署认为，本署过去对于各地工作，未能及时预为布置，也应当负责。由于秋季教科书供应工作即将开始，出版总署特与教育部会商，颁发了《中央人民政府教育部、出版总署关于一九五〇年秋季中小学教科用书的决定》和《中央人民政府教育部、出版总署关于一九五〇年秋季教科书减低并划一售价及供应办法的决定》两个文件，通知各地统一执行，一方面即是为了使各地中小学采用的课本逐渐趋向划一,一方面也是为了改善教科书的供应工作并合理地抑低书价以减轻学生负担。《决定》规定了秋季教科书的定价标准，使教科书售价在华北、华东、中南三个地区内首先统一，同时为防止对边远农村读者增加额外费用，在运费上也规定了全国范围内百分之五的统筹支付办法，不足部分由出版总署津贴。按照新的定价标准，今年秋季的教科书售价在各地区都会比今春相当降低，有的地区并且会降低很多。

实行《决定》中的办法，对于条件特别困难的个别地方可能很吃力。而且由于中小学教科书的出版、发行是很复杂的工作，各地情况不同，也可能产生一些未及预料的困难。出版总署认为，实行这些决定对于全国一千七百万中小学生是有好处的，对于各地教育普及工作能起良好的配合作用，并且也有助于出版业公私关系的调整。因此，出版总署首先要求各地公营的，公私合营的教科书出版发行机构坚决实行这些决定，并且领导私营书店配合执行。如果遇到各种困难和问题，可以向上级请示协助解决。但决不允许藉此拒绝执行这些决定。另一方面，各地公私营书业发售教科书，如有违反上项决定，不遵照书面所标货币价格出售的，或者在教科书发行工作上还有各种缺点和错误的，希望各地学校方面及各界人士随时向当地新闻出版局、新闻出版处报告，以便督促改进。（八月三日《人民日报》）

在一九五〇年秋销工作中执行部署两个决定的情况报告（节录）

丙、一般的反映

本社与原则确定后，曾于七月三十日邀请上海市各区政府文教科负责人举行座谈会，并于八月九日在教育局举行的暑假期教学研究会上作了报告，一般对秋季的分区供应、简化手续、减低售价都表示欢迎。同时和这以前也反映了很多的意见：

1. 在出版的时间上，希望能在上学期放假以前，知道全部的书名和书价。

2. 在出版物的种类上，迫切地要求出版《教授法》之类的教学书，以及幼稚园课本。

3. 在课文上，希望要有详尽的注释，并加采用一些彩色的插图。（在这一点上，我们今年秋季已在初小常识第一册里，加了一张天安门庆祝开国典礼的四色彩图；在初小政治常识第三册里加了一张国旗图。）

4. 在教科书的发行上，希望除了本社出版的以外，能将其他书店出版的也统一发行。外埠的新华书店也同样提过这个要求，希望由此避免个别订购的麻烦。

5. 再从一般读者的态度上说，可以分成两种，一种是无条件拥护的，以为凡是人民政府编的书，一切都好；一种是瞧不起的，以为在这短短的时间内能编得出什么好书，不过总算编出了，也还不错。这种态度差不多都是从主观出发的。

此外，在秋季供应工作的决定采用课本上，在调查学生和课本的数量上，我们也都和本外埠教育行政机构取得了密切的联系和合作。在对外埠的关系上，我们也在新华书店华东区分店会议上作了报告，并建立了比较密切的关系。各分店贮备根据南京组织同业的经验，改变各地共一股脑配销办法。本埠同业特别是贩卖零售商以为教科书像解放以前一样无条件开放，经说明组织必要后，大致上已赞同目前的办法。

我们相信在这一次的分工合作、分区供应的方式上，可能建立一个比较永久性的供应基础并从这个基础上来建立与巩固合理的公私关系，扩大与加强一般同业为人民服务的观点与力量。

附华联上联出版小学课本每令成本比较表如下：

项目		华联	项目		上联
单纯成本占定价58%	纸张 82.93%	270,000	单纯成本占定价67.28%	纸张 72.8%	275,000
	纸张加放 1.65%	5,400		纸张加放 1.46%	5,500
	印工 7.63%	（小米 @1,130） 24,860		印工 11.19%	8.14@5,222 合 42,300
	浇版 0.94%	3,051		浇版 0.52%	0,378 个 = 1,974
	装订 6.85%	22,374		装订 14.03%	10,152 个 = 53,014
小计		325,685	小计		377,788
版税 2%		11,231	版税 2%		11,230
管理费 3%		16,846	管理费 3%		16,846
捐税 2.5%		14,038	捐税 2.5%		14,038

续表

项目	华联	项目	上联
损失准备 3.5%	19,653	损失准备 3.5%	19,653
运费 5%	28,076	运费 5%	28,076
发行折扣 20%	112,305	发行折扣 20%	112,305
利润 6%	33,692	利润 −3.28%	−18,418
共计 100%	561,526	共计 100%	561,518

说明：

A. 每令亏损：

1. 单纯成本：

377,788 − 325,800 = 51,988

2. 售价：

651,360 − 561,600 = 89,760

B. 每页（两面）亏损：

1. 单纯成本：

377,788 ÷ 18,000 页 = 21 元

− 31.20 × 58% = 18.10 元

2.90 元

2. 售价：

377,788 ÷ 58% = 651,360 ÷ 18,000 页

= 36.20 元

− 31.20 元

5.00 元

上海联合出版社教科书出版消息（第四次）※

华东军政委员会教育部通告（教普字　第一号）

一九五〇年秋季华东区公私立中小学及师范学校教科用书，业经本部决定，公布于后，希各地遵照采用。

部　长　吴有训
副部长　唐守愚
　　　　沈体兰
一九五〇年八月十九日

一九五〇年秋季华东区公私立中小学教科用书表

小学部分							
科目	书名	册数	编著者	原出版者	印行者	使用年级	备注
国语	初小国语	八册	上海临时课本编审委员会	上海联合出版社	上海联合出版社	初级	一九五〇年修改
	高小国语	一册 三册	刘松涛等	新华书店	上海联合出版社	高级	一九四九年底修订
	高小国语	二册 四册	上海临时课本编审委员会	新华书店	上海联合出版社	高级	
常识	初小常识	八册	上海临时课本编审委员会	上海联合出版社	上海联合出版社	初级	一九五〇年修改

※　此为上海联合出版社 1950 年 8 月 24 日出版《教科书出版消息（第四次）》之节录。

续表

小学部分							
科目	书名	册数	编著者	原出版者	印行者	使用年级	备注
算术	初小算术	八册	俞子夷	大东书局	大东书局	初级	一九五〇年新编
	高小算术	四册	俞子夷等	大东书局	大东书局	高级	一九五〇年新编
自然	高小自然	一册 三册	顾均正 贾祖璋 改编	开明书店	上海联合出版社	高级	一九五〇年出版
	高小自然	二册 四册	彭庆昭	新华书店	上海联合出版社	高级	
历史	高小历史	四册	华北人民政府教育部教科书编委会修订	华北联合出版社	上海联合出版社	高级	一九四九年修订
地理	高小地理	四册	华北人民政府教育部教科书编委会	华北联合出版社	上海联合出版社	高级	一九四九年修订
政治	高小政治常识	一册 二册 三册	上海临时课本编审委员会修订	上海联合出版社	上海联合出版社	五上用第一册 五下用第二册 六上下用第三册	第三册一九五〇年新编

初中部分							
科目	书名	册数	编著者	原出版者	印行者	使用年级	备注
国语	初级中学语文课本	一册 二册▲ 三册	宋云彬 朱文叔 等	新华书店	上海联合出版社	初中	一九五〇年出版
	初中国文	四册 五册 六册	王食三 韩书田 等	华北新华书店	上海联合出版社	初中	一九五〇年删订

续表

初中部分							
科目	书名	册数	编著者	原出版者	印行者	使用年级	备注
国语	国语文选	四册	于　敏 李克嘉等	华东新华书店	新华书店	相当于初中程度	
	开明新编国文课本甲种	六册	叶圣陶等	开明书店	开明书店	初中	
历史	中国历史课本	一册	叶蠖生	新华书店	上海联合出版社	初一	
	初级中学本国近代史课本	上册▲	丁晓先	新华书店	上海联合出版社	初二上	一九五〇年出版
	初中外国历史课本	一册	华北人民政府教科书编委会修订	新华书店	上海联合出版社	初三	一九四九年修订
地理	初级中学本国地理课本	一册	曾次亮	新华书店	上海联合出版社	初一上	一九五〇年出版
	初级中学外国地理课本	一册▲	陈　原	新华书店	上海联合出版社	初三	一九五〇年出版
	本国地理	一册	陈光祖 蔡　迪	华东新华书店	上海联合出版社	初一	一九五〇年修订
	开明新编初级本国地理	五册	田世英	开明书店	开明书店	初一 初二	参考书
	世界地理	一册	陈光祖 蔡　迪	华东新华书店	上海联合出版社	初三	
动植物学	初级中学动物学课本	上册	周建人	新华书店	上海联合出版社	初一上	一九五〇年出版
	初级中学植物学课本	上册▲	周建人校	新华书店	上海联合出版社	初一上	一九五〇年出版
	初中植物学教本	二册	贾祖璋	开明书店	开明书店	初一	
	复兴初中植物学	二册	童致棱原编 周建人改编	商务印书馆	商务印书馆	初一	

续表

初中部分							
科目	书名	册数	编著者	原出版者	印行者	使用年级	备注
动植物学	初中动物学教本	二册	贾祖璋	开明书店	开明书店	初一	
	初中动物学	二册	陈 纶 华汝成	中华书局	中华书局	初一	
	新编初中博物学教本	三册	贾祖璋	开明书店	开明书店	初一	
	复兴初中（植物）教科书博物第一册	一册	周太玄 邓仲眉	商务印书馆	商务印书馆	初一	
	复兴初中（动物）教科书博物第二册	一册	周太玄 罗世炯	商务印书馆	商务印书馆	初一	
生理学	生理卫生	一册	林 英 文彬如	新华书店	上海联合出版社	初二	
算术	中学师范适用算术	上册 下▲	史佐民 魏 群	华北新华书店	上海联合出版社	初一	一九五〇年修订
	实用算术	一册	丁 江 颜泗南	华东新华书店	上海联合出版社	初一	
	初中算术教本	二册	刘薰宇等	开明书店	开明书店	初一	
	开明算术教本	二册	周为群	开明书店	开明书店	初一	
	开明新编算术教本	二册	夏承法 叶至善	开明书店	开明书店	初一	
	开明代数教本	上下册	刘薰宇	开明书店	开明书店	初二	
	易进初中代数	上下册	郁祖同	易进出版社	易进出版社	初二	
	三S平面几何	一册			中华·开明·新亚等书店	初三	

续表

初中部分							
科目	书名	册数	编著者	原出版者	印行者	使用年级	备注
物理	实用物理	一册	江云清	华东新华书店	上海联合出版社	初三	
	初中物理学	上册	严济慈	三联书店	三联书店	初三上	一九五〇年出版
	初中理化课本	四册	严济慈	三联书店	三联书店	初二 初三	
	初中新物理学	二册	何守愚等	世界书局	实用书店	初三	
	开明物理学教本	二册	戴运轨	开明书店	开明书店	初三	
	物理学	二册	周颂久	商务印书馆	商务印书馆	初三	
	新中国物理学	上下册	常伯华	正中书局	实用书店	初三	
化学	实用化学	一册	王洪年	新书书店	上海联合出版社	初二	
	复兴初中化学	二册	韦镜权等	商务印书馆	商务印书馆	初二	
	初中化学教本	二册	赵廷炳	开明书店	开明书店	初二	
	初中化学	二册	华襄治	中华书局	中华书局	初二	
	新中国化学	上下册	李嘉谟等	正中书局	实用书店	初二	
	简易师范实用化学	二册	华襄治 蒋伯阳	中华书局	中华书局	初二及简师用	
政治	革命故事读本	第一册 第二册▲	萧垠等	新北京出版社	上海联合出版社	初一 初二	

续表

高中部分							
科目	书名	册数	编著者	原出版者	印行者	使用年级	备注
国文	高级中学语文课本	一册 三册▲ 五册	魏建功 周祖谟等	新华书店	上海联合出版社	高中	一九五〇年出版
历史	高中中国历史	上下册	华北人民政府教育部教科书编委会节录	新华书店	上海联合出版社	高一	
	高中近代本国史（上）	一册	宋云彬	三联书店	上海联合出版社	高二上	
	中国新民主主义革命史（初稿）	一册▲	胡　华	新华书店	新华书店	高二下	修改本
	高级中学外国史课本▲	第一分册（半学期）	覃必陶	开明书店	上海联合出版社	高三上	一九五〇年出版
地理	高级中学自然地理课本	一册▲	田世英	新华书店	上海联合出版社	高一	一九五〇年出版
	本国地理	一册	王成组	商务印书馆	商务印书馆	高二	改编本参考书
	新世界地理	上下册	卢村禾 陈尔寿	新中国联合出版社	新中国联合出版社	高三	参考书
	高中外国地理	上下册	丁绍恒 盛叙功	中华书局	中华书局	高三	修订本参考书
生物学	复兴高中生物学	一册	陈　桢	商务印书馆	商务印书馆	高一	
	新编高中生物学	一册	贾祖璋	开明书店	开明书店	高一	

续表

高中部分							
科目	书名	册数	编著者	原出版者	印行者	使用年级	备注
物理	高中物理学	二册	严济慈	中国科学图书仪器公司	中国科学图书仪器公司	高三	
	高中物理学	二册	仲光然	中华书局	中华书局	高三	
	新中国物理学	上下册	张开圻	正中书局	实用书店	高三	
	物理学	二册	周昌寿	商务印书馆	商务印书馆	高三	
	师范适用物理	二册	朱福炘	中华书局	中华书局	高三及师范用	
化学	最新实用化学	二册	顾均正译	开明书店	开明书店	高二	
	更新高中化学	二册	王□	商务印书馆	商务印书馆	高二	
	高中新化学	二册	魏福嘉	世界书局	实用书店	高二	
	新中国化学	二册	张江树等	正中书局	实用书店	高二	
	师范用化学	二册	储润科	中华书局	中华书局	高二及师范用	
数学	二B平面三角学	一册	王元中	开明书店	开明书店	高一	参考书
	三角	一册	李　蕃	商务印书馆	商务印书馆	高一	
	几何学	一册	余介石	商务印书馆	商务印书馆	高一	
	平面几何学	一册	余介石	正中书局	实用书店	高一	
	几何	一册	居秉瑶	正中书局	实用书店	高一	

续表

高中部分							
科目	书名	册数	编著者	原出版者	印行者	使用年级	备注
数学	高中代数	二册	陈建功等	开明书店	开明书店	高二	
	代数学	二册	虞明礼 荣方舟	商务印书馆	商务印书馆	高二	参考书
	三S立体几何	一册			中华 开明 新亚等书店	高一	
	立体解析几何	一册	余介石	正中书局	实用书店	高三	
政治	政治经济学	一册	薛暮桥	新华书店	新华书店	高中	
	中国革命读本	上册 下▲	王惠德 于光远	新华书店	新华书店	初三及高中	

师范（教育科目）部分							
科目	书名	册数	编著者	原出版者	印行者	使用年级	备注
教育概论	教育学参考资料	一册	华北人民政府教育部教科书编委会	新华书店	上海联合出版社		参考书
	现代教育原理	一册	钱亦石	中华书局	中华书局		参考书
	当前教育建设的方针	一册	教育资料丛刊社	新华书店	新华书店		参考书
教育心理学	简易师范用教育心理学	一册	陈选善	商务印书馆	商务印书馆		参考书
	学习心理学讲话	一册	林汉达	世界书局	实用书店		参考书
	学习心理学	一册	阮镜清	文化供应社	文化供应社		参考书
	学习心理之话	一册	傅彬然	开明书店	开明书店		参考书

续表

师范（教育科目）部分							
科目	书名	册数	编著者	原出版者	印行者	使用年级	备注
教育行政	小学教育理论与实际参考资料	一册	华北人民政府教育部教科书编委会	新华书店	上海联合出版社		参考书
	延安一学校	一册	程今吾	新华书店	新华书店		参考书
	苏联学校教育讲座	一册	小英等译	新华书店	新华书店		参考书
教材及教法	小学各科教材及教学法参考资料	一册	华北人民政府教育部教科书编委会	新华书店	上海联合出版社		参考书
	复式教学法	一册	教育资料丛刊社	新华书店	上海联合出版社		参考书
教育实习	小学教育典型经验介绍	一册	华北人民政府教育部教科书编委会	新华书店	上海联合出版社		参考书

附　　告

一、山东、苏北地区之小学课本，另行规定。福建初高中国文、历史课本，得采用新华春季版本。

二、上表所列各书，在册数下[①]附加▲者，纸型尚未到沪，开学时恐不能及时出版，稍缓供应。

三、各书售价，由各书店自行公布，公营书店各书售价，按照中央人民政府教育部出版总署之规定价格，私营书店各书售价，可由出版者自行规定，希望一律改为货币定价。

四、初中代数，除上表规定之两种外，流行之初中代数教本均可用。

① 版式调整后▲移至册数右侧。

上海市一九五〇年秋季上海联合出版社中小学教科书

供应管理委员会组织大纲

（一）总则

一、本大纲的基本精神，完全依据《中央人民政府教育部、出版总署关于一九五〇年秋季教科书减低并划一售价及供应办法的决定》和中央出版总署胡署长，在七月十日召开的京津出版会议上的报告《出版事业中公私关系和分工合作问题》指示的原则订定之。

二、本年秋季上海联合出版社（以下简称上联）出版的中小学教科书，凡在上海市行政区域内的学校供应工作，概由上海市各有关书店推出代表组织上海市一九五〇年秋季上海联合出版社中小学教科书供应管理委员会（以下简称供管会）担任之，但行政上之领导，仍由上联与新华书店负责。

（二）组织

三、联合供应机构之成员为上海市书业同业公会会员，但有左（注：原文竖排，“左”意为“下”，下同）列情形之一者不得参加——

1. 专营出版而无门市，或虽有门市而无教科书供应工作经验者；

2. 专营原版西书或影印西书者；

3. 专营古书或旧书者；

4. 单纯性的杂志社；

5. 专营连环图画书者；

6. 牌号为书店而实际经营文具或其他业务者。

四、为有计划地迅速普遍完成秋季教科书供应工作起见，将上海市划分为八个供应区，每区设一供应站。（另附详表。参加各站之书店由上联及新华书店核定之）。每站设主任一人，副主任二人至三人，负责主持一切业务。主任及副主任之产生，由参加该区供应工作之各书店推选之。

五、由上联及新华书店领导各供应站主任组成供管会，负责有关本市教科书供应工作之一切计划及实施，以求全市工作之统一进行。

六、各供应站办事人员之名额与人选，由各站主任视业务需要，配合职务，提名交供管会通过任用之。

（三）供应

七、本市教科书供应工作，以“统印、统配、统销”“分区负责、直接服务学校”为原则。学校订购教科书办法另订之。

八、凡参加供应工作书店及工作人员，应订立联系合同或服务公约。（另附）

九、上联教科书按各区学校及学生分布实际情况，统由供管会分配，并由上联负责径送各供应站保管，除遇人力不可抗拒之灾害外，如有虫伤、鼠咬、水湿、短少等情事，均由本会酌情责成各该供应站负责赔偿。

十、书款由上联派员或委托银行派员分驻各供应站直接收账，各供应站应协助办理核对印鉴，分发凭证等手续。

十一、各供应站于学校定书后，至迟应于两日内通知学校缴款。学校缴款后，各供应站应即将各书配齐，包扎妥当，至迟于次日责成指定书店专送各校，不得延误，并不得向学校收取车运费，或给予优待折扣。

十二、各供应站所用各种定式单据簿册等，概由上联统一印制，分发备用。

十三、各供应站于供应任务完成后（日期由本会规定）即行办理结束，将所有单据，业务资料与存书整理清点后，汇送本会转交上联保存。

（四）会议

十四、各供应站每星期举行工作会议至少二次，其主要任务为：

甲、汇报　乙、检讨　丙、有关供应工作的建议。

十五、供管会每天举行工作会议一次，其主要任务为：

甲、汇报　乙、检讨　丙、决定并指示各站工作。

（五）损益

十六、上联于供应工作结束时，依照总售价提出百分之二十，作为参加供应工作各书店之佣金。

十七、上项应得佣金内应提出书价百分之二，为代理学校订购教科书各书店之劳务费，其分配办法，以代理学校所购教科书之总金额为标准。

十八、前项应得佣金内应提出书价百分之一，为酬答各书店派赴供应站工作书店之奖励金，其分配办法按各书店参加人数及其薪额（供应站规定之薪额）比例摊派之。

十九、上联代垫之印花税及单据簿册印制费等，概于应得佣金内扣还之。

二十、各供应站员工之薪金、膳食、房租、水电、车资等开支，概归供管会统一规定与支配。

廿一、前述佣金除去一切开支后，倘有剩余，按等级分配与参加书店，其等级以劳务为标准，即多劳多得，少劳少得，概由供管会评核拨付。但在可能范围内，应酌量照顾社员书店及专营教科书之书店。

（六）其他

廿二、各供应站之办事细则另订之。

廿三、本大纲经参加供应工作之书店大会通过实施，如有未尽事宜，由本会修正，报请大会备案。

上海联合出版社的组织及一九四九年的供销情形的报告※

社字第一号

一、组织

上海联合出版社从一九四九年六月廿三日开始筹备，七月二日起正式进行招股及组织工作，七月廿一日正式成立。在成立的时候，有社员四十六家，八月二十日续招十六家，一共有社员六十二家。资本原定一百五十万个折实单位，共分为三千股（每股五百个单位），认股在半数以上就成立。在成立的时候，一共有一千六百〇三股，计股款八十万〇一千五百个折实储蓄单位，已经超过了半数。

我们组织的基本原则如下：

一、结合出版界的力量，团结同行，为新民主主义文化服务，不是利用教科书来获取暴利。

二、股权根据参加的单位决定，每个单位有一权；不根据投资额决定。

三、掌握“为人民服务”的政治领导，除理事长为国营新华书店外，副经理及各部主任，都由参加社员担任，并采取集体领导制。经济公开，生产供应都按原则及计划进行。

四、在合法利润之下，如有盈余，根据投资额分配。

五、用人精简机动，不因人设事，尽量节省开支。

在进行组织方面，有好的条件和不够的条件。好的条件是——

※　从文中内容看，该报告约写于1949年12月。

一、我们受中央出版总署的领导，总署并统一供给我们全部教科书的纸型，缩短了我们的排校时间。同业与群众，一般说来也非常拥护。

二、华北联合出版社的组织形式与经验，以及东北新华书店刊行教科书的经验，给了我们很好的参考。

三、在排印方面，与公营印刷机构以及社员印厂，有了很好的配合，一般的印刷工厂装钉工作，也尽量给了我们帮助。因此，生产力有了基本的把握。

一九四九年刊行秋季教科书的不够的条件在于——

一、时间非常紧迫，不容许从容布置。

二、没有基础，内部组织与办法，无成规可循。

三、人手是临时的组织，也缺少做教科书工作的经验与技术。

四、纸张（作为投资的）与印刷工厂是分散而不集中的。

五、供应数字没有把握，过去的数字既不正确，新的调查估计数又不容易迅速获得。

六、新编稿因为编稿人分散，没有能如期交稿，影响了生产时间。

（注：除第六点外，目前其它的不够条件都有了改进）

我们的任务的重要性在于："充实教育工作，使其能够培养出大批政治上进步的，具有中等文化程度的，和基本科学知识的人才，来补充军事、政治、经济、文化各方面工作的干部，这是一个重大的政治任务。如果不能很好地解决这个任务，就会妨碍战争的胜利与国家的建设。教科书的问题是学校教育的基本关键问题，在教育方针已经决定之后，解决教科书的任务，就成为最重要的任务，必须努力解决"。（新华社论）

因此我们虽然在进行上遭遇到若干困难，还是以最大的努力，克服了困难，在短短的两个月之内，以突击方式，完成了秋季教科书的供应工作。同时也部分地达到了组织同业，印刷厂，装钉作的目的。和在工作中贯彻了为人民服务的观点。

二、供销情形

本社一九四九年秋季教科书的生产原则如下：

一、争取时间，希望能及时供应。

二、因为供应数字的难以确定，决定“与其生产过剩，宁可不足而临时添印”的原则，以免浪费人力物力。

三、在“公私兼顾”的原则之下，预先确定和支配排、印、钉的办法。

四、为了照顾学生大众，力求内容正确，印钉精牢，和成本减低。

一九四九年秋季教科书截至十月卅一日止出版的种类册数如下：

初小教科书：二种　九册　五、六五〇、〇〇〇本

高小教科书：五种　十一册　二、八〇二、〇〇〇本

初中教科书：七种　九册　四六〇、〇〇〇本

高中教科书：五种　七册　三一六、〇〇〇本

工人文化课本：一种　六册　一〇〇、〇〇〇本

共计：二〇种　四二册　九、三二八、〇〇〇本

…………

本社的供应原则如下：

一、对本市中小学采取集体直接供应方式，不直接卖给个别学生，在开学以前，也不经过贩卖商零售。

二、外埠供应由各地教育机关会同新华书店统一办理，或由新华书店组织当地其他同业办理，不直接供应所属的学校、学生或书店。

本社供应上海市小学用书，从八月廿五日起开始供应，中学书从九月五日起开始供应。又为照顾少数没有定书的学校，和因为遗失而补购的学生，以及家庭自修等需要，从九月十二日起，开始零售小学书，九月廿一日起，零售中学书。书价在开始供应时，按基本定价一一〇倍发售，后来因为纸价急剧上涨，不敷成本，从十一月八日起，改按二二〇倍发售，从十一月二十一日起又改按三五〇倍发售。截至十月三十一日止，供应上海市的学校种类如下：

…………

三、结论

本社一九四九年秋季供应工作，因为时间的紧迫，一切准备的不充分，

还没有做到理想的程度，特别是外埠。随着解放区的不断扩大，我们一九五〇年的任务也跟着加重，我们除了直接供应华东区之外，还要间接供应其他广大的解放地区（西南、中南），或帮助他们造货。我们只有接受过去的经验教训（另有记录），并吸收各先进同业的长处，克服过去的缺点，更好地为人民服务。

外附股东名单，章程，组织细则，图书目录

上海联合出版社刊行教科书一年来的工作总结

一九五〇年八月

目　　录①

① 正文中标题与目录处不完全对应，保持文献原貌。

第一章　前言

这里所说的“刊”，是指教科书大量造货（生产）而言；所说的“行”，是指教科书大量供应（发行）而言。下面所报告的仅仅是：公私合营组织的上海联合出版社一年多以来（从一九四九年七月至一九五〇年八月），在上海这样的城市，比较讲究效率和计较时间的地方，从事大量生产和供应的初步工作和实际经验的总结。上联社的供应，对外是在一定时间内大批发出定货，如果谈发行的经验，则是在大城市直接为学校服务的经验，是城市中配销学校定书的经验。至于华东地区的中小城市（如杭州、无锡、南京、合肥等），或各个行政区（皖北、皖南、苏北、苏南、浙江、福建、山东等），或各种乡村地区（如皖北的大别山所属的小乡村）的农村发行课本的经验，就必须由华东新华书店所属的各分支店来做了。

在全国新华书店第一届工作会议上，陆部长和其他的负责同志都提到联合出版社的组织和性质，所以在这个报告中特别把上联社的工作概况介绍得比较详细些。

根据胡署长七月廿日在京津出版工作会议上演讲的精神，在本报告中，特别把“公私关系”单独介绍得详细一些，提供大会作为合理调整公私关系的材料；在本报告中，把生产和供应的实际经验分别介绍，以便作为教科书的出版和发行分工的参考。

最后提出的几个问题，是作为存在着的问题而提出来的，想中央负责同志和参加大会的诸位同志，早已料到的，但我们希望引起诸位的重视，得到一致的指示和意见。

现在报告内容如下：

第二章　一年来的工作概况

甲　本社筹备组织经过

本社从一九四九年六月廿三日筹备开始，七月二日正式进行招股及组织工作，七月廿一日正式成立。

在筹备期进行了三次座谈会，第一次邀请商务、中华、世界、大东、开明、新加坡上海书局申庄等六家，他们以前是专印教科书的；第二次邀请光明、作家、时代、上杂等十一家，他们是在解放前多少出了些思想启蒙的读物，发行了思想斗争的书刊的新出版业；第三次邀请龙门、广益、交通、万叶、基本等十七家，他们以前曾经出版过准教本及审定本的。大致的意见：（一）时间局促，需要加紧排印，或赶得上供应。按往常惯例，这时候教科书早就运到各地了；（二）赞成合作社性质的组织，但各家资本有限；（三）以前的教科书存货希望设法解决，并且希望满足其印刷生产力，能够维持开支。老资格的同业，着实担了些心，有些说："现在解放不尴不尬，恐怕赶不上供应，要就早解放两个月，不然迟两个月就好了。"对选举权和表决权每个单位都是一权，不是依照资本额的大小决定的。多少有些不同的看法，表示观望的态度。所以，在招股方面，开始有些困难，经过个别的说服和动员工作，很快的就完成了。

组织的基本原则是：（一）结合公私出版业的力量，团结有关的同业，为新民主主义的文化教育服务，不是像过去利用教科书来获取暴利；（二）掌握"为人民服务"的基本政治立场，吸收有经验同业参加业务工作，采取集体领导制，经济公开，生产供应按计划进行；（三）同业享受同样的民主权利，每单位都是同样有一个表决权，并不按投资额来决定股权多少；（四）规定合法利润，盈余按投资额分配；（五）机构精简，不因人设事，尽量节省管理费用。

在进行组织方面，有好的条件以及不够的条件。好的条件是：

（一）中央统一供给我们全部教科书的纸型或原稿，缩短了排校时间。

上海市人民政府和军管会新闻出版处，在纸张、办公屋子等方面给了很大的帮助。同业群众，一般说来都非常赞成这样的组织原则，而且积极支持。（二）华北联合出版社的组织形式与经验，以及东北新华书店刊行教科书的经验，给了我们很好的参考。（三）在排印生产力方面，经过调查研究，公营印刷机构以及社员印厂可以充分配合。因上海解放后由于敌人的封锁，经济情况表现暂时的“萎缩”现象，加之，上海的工业设备有许多情况是不合理的，需加以调整，如排字设备，就是过剩的。一般私营的印厂钉作也可以尽量给我们协助，巨大的生产力量，相当抵消时间上急迫的限制。

当时显然的不够条件是：（一）时间非常迫急，不允许从容布置；（二）没有基础，内部组织与办法，无成规可循；（三）工作人手是临时组织起来的，缺少做教科书生产供应工作的经验和技术；（四）作为投资的纸张和印刷钉作是分散而不集中的；（五）供应数字没有把握，过去数字既不正确，新的调查估计的数字又不容易获得；（六）新编小学的国语、常识等稿，因为编审人分散，没有如期交稿，影响了生产时间。

因此，在内部组织过程上，力求简化迅速，编稿、排校、集股、建制等工作同时进行。在工作过程中，加紧学习，了解过去刊行教科书的情况，特别是确定数字和争取时间的关键问题，吸收有经验的工作人员。在供应方面，缩小供应范围，供给纸型给部分其它地区，有些行政区则分别造货。

总起来说，进行教科书的刊行工作，也就是组织同业、印刷厂、钉作，取得密切合作的组织工作，也就是教育、改造、团结同业的工作；要克服那种对教科书旧的营利观点和经济观点的看法，建立为学生群众服务、把读者群众利益放在第一位的观点。

乙　投资单位及股额

在成立的时候，有社员四十六家，八月十六日续招十六家，一共六十二家。资本原定为一百五十万个折实单位，共分三千股，每股伍百个折实单位。成立时共认股一千六百另三股，计股款八十万另一千五百个折实单位，超过半数，机构即正式成立。

有一部分股东认股后，无法交足，退去一百四十二股，计世界退去一百念八股，百新书店五股，大孚出版公司五股，耕耘出版社四股。当时交通十股还没有缴来，实收一千四百五十一股，其中八十一股在结帐以后缴足。故一九四九年秋季结帐时，共收足一千三百七十股，合六十八万五千个折实单位。如以纸抵股，计三万三千四百八十六令又二百四十二张。第二次社员大会开会时，经议决将每股五百个折实单位改为一百个折实单位，除世界书局退股外，迄今计有投资社员六十一家，八千另念五股，计共八十万另二千五百个折实单位，合一九四九年七月当时人民币一十二亿二千七百另二万一千四百三十元。各单位股额细数如下：

上海联合出版社股东分户明细表 14/8/1950

股东户名	股数	单位数	金额	股东户名	股数	单位数	金额
A 大东书局	990	99,000	149,604,000	B 群益出版社	75	7,500	7,080,000
A 北新书局	116	11,600	17,235,500	B 文化供应社	25	2,500	2,360,000
A 中华书局	1,400	140,000	201,750,000	B 致用书店	25	2,500	2,360,000
A 新华书局	1,862	186,200	329,043,600	B 启明书局	10	1,000	944,000
A 龙门联合书局	58	5,800	8,588,530	B 峨嵋出版社	25	2,500	2,360,000
A 永祥印书馆	12	1,200	1,815,600	B 三联书店	506	50,600	48,104,500
A 商务印书馆	1,455	145,500	224,149,000	B 文化生活社	12	1,200	1,874,600
A 春明书店	11	1,100	1,261,500	B 华夏书店	6	600	951,000
B 长风书店	5	500	472,000	B 上海出版公司	6	600	989,800
B 教育书店	10	1,000	944,000	B 海燕书店	5	500	472,000
B 光明书店	75	7,500	6,657,500	B 文光书店	29	2,900	4,018,800
B 开明书店	582	58,200	86,455,700	B 正风出版社	5	500	390,000
B 万叶书店	23	2,300	3,440,500	B 世界知识社	23	2,300	3,112,500
B 立信会计图书社	29	2,900	4,430,000	B 三民图书公司	12	1,200	1,979,000
B 作家书屋	34	3,400	4,393,800	B 鲁迅出版社	5	500	390,000
B 新亚书店	60	6,000	9,898,000	B 基本书局	58	5,800	8,037,600
B 广益书局	94	9,400	14,770,600	B 上海书报杂志发行所	10	1,000	779,000

续表

股东户名	股数	单位数	金额	股东户名	股数	单位数	金额
B 神州国光社	29	2,900	4,431,200	B 华华书店	5	500	416,500
B 时代出版社	6	600	929,300	B 百新书店	18	1,800	24,458,900
B 光华出版社	5	500	419,500	C 南洋上海书局申庄	29	2,900	4,430,000
B 易进出版社	6	600	989,800	C 文怡书局	12	1,200	1,813,400
B 晨光出版公司	6	600	904,500	C 东新洽记书局	6	600	911,700
B 耕耘出版社	5	500	387,000	C 东新福记书局	10	1,000	779,000
B 大孚出版公司	29	2,900	4,005,000	C 东南书局	12	1,200	1,814,000
B 大中国图书局	30	3,000	4,524,000	C 苏新书社	6	600	907,300
B 儿童书局	12	1,200	1,809,000	C 吴淞万昌书局	6	600	904,800
B 上海杂志公司	11	1,100	1,291,800	C 宏文书局	12	1,200	1,809,000
B 锦章书局	30	3,000	4,947,500	C 大富书店	7	700	1,422,600
B 文化工作社	6	600	901,300	C 自由出版社	5	500	377,500
B 文通书局	5	500	472,000	A 中国科学公司	59	5,900	9,380,200
B 国讯书店	5	500	472,000	总计	8,025	802,500	1,227,021,430
备注	营业性质:（A）出版，印刷，发行计共9家。（B）出版，发行，贩卖计共42家。（C）发行，贩卖计共10家。						

内公营性质资金占三一·九四%；公私营的比例是一与三点一三之比。

丙　二季的生产工作

一九四九年秋季，因为上海解放不久，把小学各级单册及中学的教科书匆忙赶出，当时工作日程：七月二日到十五日——工作重点在调查本市排印钉生产力，及统计近似的供应数字；七月十六日到九月五日——前期工作重心在赶小学用书，后期工作重心在赶中学用书；九月六日到十月二十日——根据需要，作各书重版的工作。

并定下生产原则：争取时间，希望能及时供应；因为供应数字难以确定，为爱惜人力物力，抱定与其“生产过剩，宁可不足而临时赶印”的原则；在“公私兼顾”原则之下，预先按公私营性质，确定和支配排印钉数字。

当时调查上海市排印钉生产力不完全的统计数字：1. 调查了铅印印刷同业五十七个单位，共有米列机六十三架，全张机六十七架，对开机一百零五架，每月生产力，最低可达二万五千令到三万令。2. 排字业三十九个单位，繁用字架设备共四百四十七副，每月可排四千多万字。3. 装钉作一百十个单位，共有切纸机九十四具，三面切书机九十八具，缝机九十三具，铁丝机一百五十具，场屋三百五十三间，每月可钉二万五千令到四万令。4. 制版业二十二个单位，有照相机二十五具，烂版机三十一具，每月可制锌版一万方吋。

一九五〇年秋季小学书加了双册，较去年秋季好的条件是供应数字有了秋季供应数为标准，但交稿迟，内容时有改动，加上二月六日匪机轰炸影响，电源断绝，加上工厂春节休假，二季生产都赶不上外埠开学的时间，供应工作都不及时。二季的生产数字如下表：

教科书出版种类和印数表

类别	一九四九年秋季			一九五〇年春季		
	种数	册数	共印本数	种类	册数	共印本数
初小	2	9	5,650,000	2	16	7,039,000
高小	5	11	2,802,000	5	18	3,015,000
初中	7	9	460,000	8	21	459,000
高中	5	7	316,000	2	9	113,000
社教	1	6	100,000	3	15	484,000
大学				1	1	1,000
师范				3	4	137,000
共计	20	42	9,328,000	24	84	11,248,000

丁　二季的供应工作

一九四九年秋季，定下“统配统销”的供应原则，确定方式：1. 对本市中小学采用集体直接供应方式，不经过贩卖商，不直接卖给个别学生。学校向本社定书九五折，缴款后，由本社发给领书单，向指定社员书店取书，手续费一〇 %。2. 外埠由当地教育机关会同新华书店办理（或由新华书店组织其他同业联合办理），不直接供应其所属的学校、书店与学生。

一九五〇年春季的供应基本原则和方式依然不变，在方式上，学校可以委托书店代办定书取书的手续，规定社员书店手续费七 %，代办书店手续费三 %，车运费五 %（学校直接来办定书取书手续的，该项车运费由学校享受）。

二季本市配销学校统计以及两季供应地区、书籍种类及册数，统计如下：

供应上海市学校统计表

校别	1949 年秋季	1950 年 A	春季 B
国民学校	265	277	
私立小学	875	759	1,002
私立女小		12	
学塾		7	
儿童晚班		90	
市立中学	18	18	
私立中学	119	115	
市立女中		2	
私立女中		26	
私立中小学		83	
女子中小学		18	
市立职业学校		4	
私立职业学校	12	17	
市立工农学校	22	19	
私立工农学校	52	11	

续表

校别	1949 年秋季	1950 年 A	春季 B
市立义务学校		2	
私立义务学校	148	225	
市立补习学校		5	
私立补习学校	24	49	
小学晚班			230
中学			286
工人工农学校			95
补习学校			60
市立小学			289
共计	1,535	1,739	1,962
〔说明〕(B)项学校数字系最近本社派员实际调查所得(包括儿童晚班以及未登记的学校)			

教科书供应地区种类数目表

季别	区别	小学	中学	大学	师范	社教	共计本数
一九四九年秋季供应数	上海	1,183,998	247,992			14,730	1,446,720
	浙江	1,453,431	96,603				1,550,043
	浙一	287,981	12,062				300,034
	南京	395,800	69,550				465,350
	苏南	1,803,976	23,485				1,827,461
	苏北	2,900	54,394				57,294
	安徽	430,255	43,840				474,095
	江西	50,000	12,850				62,850
	汉口	2,521,000	145,000				2,666,000
	共计	8,129,341	705,776			14,730	8,849,847

续表

季别	区别	小学	中学	大学	师范	社教	共计本数
一九五〇年春季供应数	上海	1,418,807	129,006	260	26,834	99,063	1,673,970
	浙一	416,334	8,859		1,181	3,800	430,174
	南京	145,409	22,536		1,400	300	169,645
	苏南	639,563	52,890		1,780	900	695,133
	苏北		17,697		16,124		33,821
	皖南	463,238	12,737		1,655		477,630
	皖北	1,249,234	8,065		1,485	20,800	1,279,584
	其他	485,674	20,320		3,632	21,329	530,955
	小计	4,818,259	272,110	260	54,091	146,192	5,290,912
附印	浙江	2,188,108	54,740		12,000	85,000	2,339,848
	南京	338,650					338,650
	苏南	534,366					534,366
	湖南	2,762,010					2,762,010
	广西	520,000					520,000
	小计	6,343,134	54,740		12,000	85,000	6,494,874
	共计	11,161,393	326,850	260	66,091	231,192	11,785,786
备注	以上春季供应数字尚不完全，其中包括本社代理大东书局发行的小学算术1,763,837册在内。						

戊　盈余及盈余分析

一九四九年秋季和一九五〇年春季的十月底和四月底结帐结果，均有盈余，分析列表如下：

结算盈余分析表

情况分析 \ 结算时间		1949 年秋季（十月底）	1950 年春季（四月底）
动用资金	用纸	17,050.374 令	18,759.476 令
	人民币	（向银行贷款）342,241,429	3,348,764,187（人民，新华贷款）1,168,175,000
每季纯益	帐面	499,648,300	（退货存货未计）4,998,789,086
	折实单位	271,119 个	261,804 个
动用资金占投资额比例	以纸张计	75.4%	78.4%
	折实单位	76%	115.5%
	帐面	39.7%	305%
纯益占投资额比例	以纸张计	35.2%	18.9%
	折实单位	33.7%	32.6%
	帐面	67.5%	40.7%
纯益占动用资金比例	纸张	46.7%	24.1%
	折实单位	35.2%	22.3%
	帐面	67.6%	76.4%
开支占营业额比例		3.5%	4.5%

根据上面材料的分析，如以每年合法利润规定为二〇 % 的话，则每季利润为一〇 %。以折实单位为准，一九四九年秋季纯益占投资额为三三・七 %，超过二三・七 %；占动用资金三五・二 %，超过二五・二 %。一九五〇年春季纯益占投资额三二・六 %，超过二二・六 %；占动用资金二二・三 %，超过一二・三 %。一九四九年冬季盈余以纸张计算，计五千六百六十五・六五二令，又一十三万四千另四十八个折实单位。

二季的利润，不仅是生产利润，还包括代造货手续费，（单纯成本五 %）

及租型费（造货数二%）包括发行利润（代大东书局发行小学算术教科书），超过以当时定价与成本比例计算数以上很大。分析原因主要的在于：（一）政府帮助：房屋家具由政府拨借，没有花费很大的开办费用，纸张由贸易公司大量供给，都是在低价时补进，当时市面上是不可能大量买进的；（二）银行贷款：公营的人民银行和公私合营的新华银行二季都贷了巨款，利息低，春季造货时向人民银行借一笔三万个折实单位的一个月定期借款，归还时加上千分之十五利息，因还时折实牌价低于借款时牌价，反而赚了五百余万元；（三）物价稳定：二季在供应期间，物价都很稳定，特别是今年财经统一之后，纸价和折实单位，都比计算成本时为低，收入的书款能以低廉价格补进纸张，印刷装钉费也是以低牌价折付；（四）资金运用灵活：依照供应办法学校预先付款定书，供应一开始，即有现款收入，可作造货费用；（五）管理费用低：一九四九年秋季四个月开支占营业额的三·五%。一九五〇年六个月的开支占营业额四·五%。

除以上原因，再检查主观上犯了估计不足的经济观点毛病：一九四九年决定定价倍数应为一百倍，怕物价影响，增一〇%，定价为一百一十倍。一九五〇年春季应为八百五十倍（当时同业倍数为一千二百倍），同样怕物价影响改为九百倍。二月二十三日决定售价倍数时，纸张每令二十三万五千元，折实单位牌价六千四百三十二元，供应课本时，折实牌价三月中六二五五元，三月底六〇五七元，纸张每令三月中二十一万元，三月底十九万五千元。主观上对收益方面条件估计不足，缺少全面性，因之客观上形成书价的昂贵，造成了超过应获取合法利润的结果。

第三章　公私关系

（一）组织方面：一九四九年七月廿一日成立，定为公私营合作社性质组织。一九五〇年六月九日二次股东大会修改为公私营股份有限公司性质的组织机构。股东书店计共六十一家，股东大会为最高权力机关。董事十五人，代表单位为十五个：（上海杂志公司、大东书局、中华书局、文化供应社、世界书局、光明书局、三联书店、作家书屋、致用书店、商务印书馆、开明书店、华夏书店、新华书店、群益出版社、广益书局）；监事五人（上海书局申庄、中国科学公司、立信会计图书用品社、神州国光社、新亚书店）；公推公营新华书店为董事长，董事长职权：（一）对外代表本社；（二）召开股东大会及董事会；（三）提请董事会任免经理及副经理；（四）核准部主任以上职员之进退；（五）领导督促检查既定的业务方针，工作计划与制度之执行。经理计共四人，正经理代表单位三联书店，为公私合营，副经理代表单位群益出版社、光明书店、广益书局，均为私营。部主任均聘请有经验的同业担任。

（二）盈余分配方面：一九四九年结帐，纯益二十七万一千一百十九个折实单位，除股息七千八百四十五个外（按缴股日期计给）净余二十六万三千二百七十四个。按章程应提公积金四〇%，合一十万另五千三百十个单位；社员红利百分之四十，合一十万零五千三百零九个单位；公益金一〇%，合二万六千三百念七个单位。其余一〇%，为理监事及职工奖金，合二万六千三百念八个单位。（其中三分之一，理监事奖金计八千七百七十六个单位，购公债一千八百分，赠送职工为福利基金，三分之二合一万七千五百五十二个单位，除付职员评劳奖金外，其余九千二百九十四点七个单位，提出五〇%购公债九百五十分，作为共同的福利基金）。红利及股息共一十一万三千五百十四个单位，经决议转作资本。

一九五〇年五月十五日由新华书店提议，经第六次理事会讨论，六月九日第二次股东大会通过，因物价稳定，参照人民银行利息标准股息改为年息一分（原为五厘），并为照顾同业长久投资兴趣起见，关于盈余分配作了修改，章程第二十条："本社决算在保证折实资金之外，如有盈余，先提应交之营利事业所得税，次提付股息，其余按百分比分配为：（一）股东红利百分之五十；（二）公积金百分之三十；（三）公益金百分之十以奖学为主；（四）经副理职工奖金百分之十，按工作成绩支配之，但总数以不超过总决算时总薪额二个月为限，如有剩余，悉数归入公益金，如政府另有规定，依政府规定办理。"

（三）印钉方面：一九四九年印造一万六千四百令，承印厂家共计四十四家，内公营七家（包括新华一、二、三厂，上海市，人民监狱，六联，劳动印刷厂）占总印数百分之三十一，私营社员厂家六家（商务、中华、中国科学、大东、世界、大新）占总印数二八%，其他私营非社员厂家三十一家，占总印数四一%。一九五〇年印造一万八千八百令，承印厂家共五十家，内公营五家（新华一、二、三厂，人民监狱，上海市印刷厂）占六·五%，公私合营一家（世界）占二七%，私营社员厂家六家（商务、永祥、中华、大新、科学、大东）占一四%，私营和非社员三十八家，占五二·五%。春季印造时期，正遭遇匪机轰炸，破坏电厂，影响电源，世界印刷厂因添用马达，生产力高，所以占的比例相当大。一九四九年往来装钉作共一百十三家，一九五〇年春季共一百十六家。一般说来，印钉厂家营业都很清闲，为了普遍照顾，所以发印装钉非常分散，分配的比例均按公私营性质及设备来定的。

（四）营业方面：二季供应工作，外埠浙江、福建、长沙均通过联合发行所的组织发行。本埠采取学校订购由社员书店保管代配，手续费百分之十，社员保管代配的数字大概是按股额比例决定的。春季工作繁忙的时候，计共有工作人员八十一人，内卅二人是从社员同业方面调用来的。

第四章　生产工作经验小结

甲　生产工作的特殊情况

一九四九年秋季，生产部在五十多天内，赶印中小学教科书约九百万册，用纸一万六千多令。一九五〇年春季，在轰炸威胁下，赶印约一千一百万册，用纸一万八千令。

依据以往两季的经验，生产方面，除上海印钉生产力可以尽量利用、一般同业能够和我们合作、以及我们组织比较机动外，另外存在着比较特殊的情况：

（1）书稿方面　三季的书稿：一部分是山东或华北的本子；一部分是上海编辑的；一部分是出版总署编审局编辑的。因为时日局促，和人手关系，以及其他原因，交稿不仅一再延期，而且部分内容存在着或多或少问题。所以除生产任务外，本部对稿件尽可能“提供意见”或“代为负责改正”。这需要不少人力和时间。这方面的工作，我们已分别做有校对工作报告书，和修改记录。

（2）缮绘方面　一般教科书，尤其是初小部分，要插很多的图，部分文字还要工笔楷书缮写。缮绘工作很费时日，而且需要很仔细的校对和修改。

（3）印数方面　因为整个需要数字，无法掌握，而又不敢盲目生产，以免遭受不必要的损失；因此重版次数，每季有多到十六次之多的。追加数字越大，追加次数越多；生产方面不仅各种手续增加，而且浇版费加多，纸型损坏率也提高，成品也不容易精美。

（4）照顾排印钉方面　上海的排印钉作因一时生意清淡，对于排印钉工作的突击完成，大有帮助。但为了普遍照顾他们，在支配工作时不能集中，凭空增加了不少手续和困难。

现在将各方面的实际经验报告如下：

乙　校对方面的经验

一、校对者的责任

从整个出版工作来看，教科书校对的重要性并不在编、排之下。因为教科书如果校对疏忽，不仅会减低它的价值，甚至会发生严重的问题。陈伯达同志曾经提醒我们说："今天我们的出版工作者，不能再'为出版而出版'，必须把出版这一工作提到政治原则性的高度，除了稿件本身自应严格审慎外，第一要重视的是校对；……我们把这一工作，认为是最严肃的政治工作，对人民对革命都要负责。"我们的责任如此重大，不能不时时以高度的警惕性来进行我们的工作。我们以为校对者的任务，除掉核对文字外，还要注意到下面的许多事情：

（1）版式——是否适当，好看，怎样可以排得更好？更经济？更为读者所欢迎？

（2）字体——是否正确、清楚？前后是否统一？

（3）行款——高低阔狭是否适观？前后是否统一？

（4）标点——是否妥帖，适合？（原稿往往不甚注意，校对时应特别留心。）

（5）插图——位置是否适合？和正文是否接近？

（6）图注——字体是否醒目？位置是否适宜？

（7）中缝、页码——有无错误、颠倒、参差？

（8）目录或索引——是否和内容完全符合？检查是否便利？

二、注意原稿的内容

就各种图书来比较，无疑的，教科书最富有政治任务和群众性、重要性。教科书的文字以及插图，都须经过周详的设计、研讨和实验，尽可能精益求精。因为时间、人手和其他关系，二季所出的教科书，都是临时性的暂行本。上海编小学国常在排校过程中，采取以下的步骤：（甲）思想意识方面欠准确的，提供意见；（乙）材料内容方面有错误的，妥为改正；（丙）文字修辞方面欠妥当的，酌予润饰；（丁）标点符号方面有错漏的，代为整理；（戊）插图方面有问题的，或提意见，或代为修改；（己）因课文重复或排列欠妥的，提出意见并代为移动。

三、校对的过程和次数

校对的过程，通常在初校之前，由排版处先校一二次，把明显的错误或缺字作初步改正，改正后再打样连同原稿送校对员初校；初校校毕以后，留下原稿，将校样送还排版处，依照改正之点，逐一改正，再由排版处校对一次，打样作为二校；照此程序，进行三校或四校。最后打了清样，由校对员负责签字或交原著作人校阅签字，然后交还排版处打纸型。普通教科书校对五次到六次，如有修改，往往校到十次以上。

纸型打好以后，最好再校阅一次，因为活字版四周是用线扎的，在打纸型前，活字版可能弄松或脱落，发生铅字颠倒、走样、装错等事。如果疏忽了，就会发生意外的错误。

四、校对的方式

校对的方式，大体不外下列几种：

（1）单独校——一本书自始至终，不论次数，都归一个人负责校对。此法最为普通，也最易确定责任；但很费时间，并且容易发生各人偏向的缺点。

（2）共同校——一种校样，由二人以上分校、轮校或合校。篇幅多或是出版急的教科书，单独校无论如何不能应付，必须采用分校、轮校或合校的方式：

（甲）分校——将校样依页数或课数同时分给数人校对；工作开始之前，必须共同商定版式行款……等统一的格式，以免前后不一致的弊病。

（乙）轮校——分校完毕后，再将原校样交换轮校一次或二次，这样每一校就等于校了二次或三次，并且可以减少偏向的错误。十分紧急的稿件，第一人校了一二页，立即移交第二人复校或再交第三人复校，这样一直到校完为止，可以减省不少改版或打样的次数。

（丙）合校——也可以称为“对读校”，相当于我国古人所说的“校雠”。这种方法对于小学教科书最适用。初校时，一人看原稿，一人读校样，逐字逐句细读下去，随时改正错误。二校以后，可以两人看原稿及初校样，一人读新校样。用此法可以减少意外的错误。但办公室如人数过多，对读时容易妨碍别人的工作，应该临时想好办法。

（3）分工校——内容复杂的或包含专门知识的以及原稿过于草率的教科书，必须把三校清样分别送交原著作人或专家校阅一次，方能减少错误。

（4）特殊的校对法——除了上述的校对方式，还有特殊的校对法可以斟酌采用。如：

（甲）转筒校——凡照成书排成的校样，如果版式大小相同，或相差很微的，用此法最为便利。方法是：先把原稿（即成书的散页）卷在笔杆上，然后依照排样的行次，逐行对校，逐行展开，这样可以一目两行，同时看清两行（即原稿和校样相同的两行）的文字或标号，不必看了校样，又要看原稿，使眼睛左顾右盼，忙个不了。用这方法，很容易对出排样上的误字、脱字、多余字或标点错误等等。只要稍稍练习卷纸方法，就能照样做了。不过原书如有错误，用这方法不易发见，最后必须细读一遍才好。

（乙）临盘校——遇有紧急的小量排样，经初二校以后，可以不必再打清样，即由校者直接到排版处，当面请工友在活字版上改正错误，立即可以打纸型，最为便捷。但校对员必须有一点排字经验，而且要特别小心，方能免除错误。工场和校对处相距过远的，也有不便。

五、校对易犯的错误

平常的书本，最容易发生错误的地方，大多数是排字人排错了字，所谓“手民误植”，是常常会发生的。什么地方容易排错呢？大概不外下面几项：

（1）相似的字——这种错误发见最多，也最容易忽略过去。有的排样，经几个人校了三四次，还看不出来，这是很可笑的事情。相似的字，数目很多，例如：

（甲）普通的相似字　千干、土士、己已、戌戍、治冶、要耍、快怏、索素、责贵、薄簿……等。

这些字如上下文有关联的，尤其容易忽略，如："簿籍"误作"薄籍"，"偷懒"误作"愉懒"，"愉快"误作"偷快"……。

（乙）原稿行书误排相似的字　因行书笔划不甚分明，以致误排的字，例如：

三之　示尔　爲留　如各　光兒　澤譯　札礼……等

（丙）同音的字或字音相近的字，如：拍泊　住注　幹榦　倫論淪綸……等

（2）拆字或拼字——如：土——十一　忠——中心　姿——次女　泉——白水　三——一二　柴——此木　拿——合手……等。倒过来就成为拼字，如：十一——土　中心——忠……等。[①]

（3）因一字之差而意义大异的字——如：右倾——左倾　大师——大帅　领導——领道　幹部——榦部　伦理——论理　贷款——货款　毋许招贴——母许招贴

（4）倒排的字：

（一）原字倒排而成另一字，如：士——干　由——甲　川——川　州——州　叶——叶

（二）原字倒排不易辨别的字，如：一 二 三 十 日 曰 目 工 中 申 田 王 亚 车 亘 串 非 回……等。

（三）因倒排而意义全异的字，如：千秋——秋千　人名——名人　女子——子女　上海——海上　头上——上头　规定——定规　生产——产生　伦敦——敦伦……等。

（5）转行和转页处——多排字或少排字，有时也会和下一行的字互调。

（6）重复字句——往往看错一句，少排了字，第一句和第二句搞错。

（7）标点——应逗不逗，应点不点，或逗点互调，以及标号错误……等。

① 此类错误多出现于竖排文稿中。

（8）字体不一——同一本书中，字形宜保持统一，切不可前后互异。例如：回囘、著着、晒曬、枪鎗、却卻、胆膽、砲炮礮……等，字数很多。

（9）格式不一——用字种类、大小、行款、标题、子目……等，前后往往不能一致，几家分排或几人分排的书稿，更易参差，初校时必须仔细核定。

（10）数字及算式——大小、排列、小数点、位置、公式、方程式等，稍有上下先后，即发生错误，校对应特别小心。

（11）过小的字——如六号字七号字或小黑体字打样不清，更易错误。

（12）改动的字——初校或二三校后改动的字，往往会排错地位或改成错中错，必须仔细核对。

六、怎样核对生字表？

甲、为什么要核对生字？——在初小国语一至四各册的底封里面，都有一张生字表，把各该册各课的生字列举出来，供教师做教学参考；这原是相当重要的材料。这次我们发见原有的生字表不够精密，于是想法澈底核对一下，避免差误。

乙、核对生字表的方法：

（一）采用四角号码排列法，把各个生字编起卡片来，以便澈底核对。方法是依照各册各课逐字检查编号，就在原书上标明记号。这样既不会脱落，也不会重复。但此法很费时间，事实上已来不及了，经过几次研讨，决定采用下面的方法：

（二）利用电报号码书核对——先把各册各课依次编号，第一册 1—40，第二册 41—80，第三册 81—120，第四册 121—160，（每册原分四十课。）然后把原稿生字表的字，逐一核对原课文，并且从电报号码书上检查出来，就在该字上用红笔注明课数（如第一册第二课“拍”字，查出电报号码是手部 21，就在拍字一格里标明 2）。这样，如第二次再查出“拍”字，在原格中已有红字注明课数，一望而知重复了。

我们就用这种机械的方法，把四册一千多个生字完全查了一遍，费了五天工夫才完成。

丙　排版方面的经验

决定排版的优劣，第一在工具，第二在技术。我们觉得铅字的字体大小、高低、字迹、字谷以及字铅和标点符号、空铅材料等等的一切工具，是决定一本书好坏的重要因素。虽说是装版技术也得注意，但是没有完整工具，要高等技术人员来工作，还是不能达到理想的。

第一、注意印制厂所备铅字字体的好坏，第一步先要检查铜模的字体是不是一律，第二要督促印厂一方面剔除笔划有错的铜模，一方面补充缺字的铜模，减少临时刻字来使用的麻烦。

第二、铅字身体大小不一，完全是铸字工作过程中犯了粗枝大叶的毛病；因为同号的铸字的字盒，如果制造厂家不同，那铸出来的字也可能有大小的不同。倘若铸字工作不细心而又没有校正大小的工具时候，将新铸的字和旧字混合一起，那末排起来不但活字版扎不紧，而且每行文字，可能发生长长短短的毛病。

第三、造成铅字身体高低的原因有两种：第一种是经常用铅字来直接印刷的或经过好多次的打纸型工作，铅字受到机器的压力和胶棍或板刷的摩擦而损耗了；第二种也是字盒的不准确和缺少校正高低的分厘卡尺所形成。在一副字盘里，铅字有了高低，排成书版，就会影响到印刷生产的速度和品质，我们在校样上或纸型上如果发现这种缺点，要设法补救。

第四、照理说，整副铜模的字迹粗细应该是一律的，可是有些印制厂，因为年代太久，原有的铜模可能有散失或损坏，中途添补，不加选择，就会产生粗细不匀的现象。还有几家印制厂常用活字版印刷，那印过多次的铅字，和未印过或少印过的铅字排在一起，也就免不了这弊病。

第五、在铸字技术犯了粗枝大叶的作风之后，中国铅字，还免不了有单边的铅字，就是把铸字盒尚未校正就浇铸，结果铸成的字靠在一边，或左或右，或上或下，因此排版起来，每行文字有密有疏，或偏左偏右的现象。可是西文字母就不应该每个字母居中，那就得利用“字平”的仪器分上中下三格规定它的整齐，“acemnorsuvwxz”应齐中格；“bdfhiklt”应在上中格，字母的下半部，也要齐中格；“gpqy”应在中下格，字母的上半部，也要齐中格；只有“j”这个字母应占上中下三格地位。如果没有这种仪器，很可能排成参差不齐的行列，那是怪难看的。

第六、字谷就是所谓字脚，一个铅字的字谷深浅与倾斜度全从铜模上造成的。字谷深，就是倾斜度比较陡；字谷浅，就是倾斜度比较坦。这深浅陡坦对于制型印刷工作方面大有关系，凡是字谷过陡过坦的铅字决不是好字。我们选择排版厂家时，必须予以深切注意。

第七、字铅是合金，目的在防止铅字的热胀冷缩的物理作用；又字铅的硬度，在排印方面都有关系。所以合金的成分适当与否，也是重要的。

第八、标点符号的大小，应和各号字相称。有些厂家，常常大字排小标点或小字排大标点，以致引起头重脚轻或头轻脚重的感觉。至于人名线等，像北京寄来的纸型中所用的人名线，据一般印刷厂都异口同声的说太浅，以致单线常常会印出双线来，或线旁有残墨。这是应该设法改进的。

第九、排字的空铅材料以及铅条等名目繁多，但在书版上除了空间距离以外，没有明显的迹象。所以在这空间地位应用那种材料，在发排时或排校时就得对一切材料的大小厚薄，在事前应该深切了解，才可以运用得当。

第十、书页的配数。教科书每册的印量很大，我们尽可能将页数配成四或八的倍数，以免畸零。这样：一、可以节约大量纸张；二、节省印钉费；三、使印钉工作便捷；四、发行及运输上也可减少开支。总之，可以使整个成本减低。不过配搭页数很费功夫，有时要移行，有时要拿插图来调整。

第十一、放宽版口是为了节约纸张，减低书价。一九五〇年春季小学教科书全部由卅二开改为卅六开。同时把卅六开的版口放宽，仍相当于卅二开。中学方面仍维持卅二开，但每面行数字数加多。把版口放宽，无形中就节省了不少纸张。

第十二、本部发制铜锌版都不钉木底板。因为教科书印数多，一定要打纸型。打纸型时，所有图版的木底板，都须撬去；如果不撬去，木底版受着高热之后，就会收缩，铜锌板也跟着变样，打成的纸型，就受影响。不钉木底板，就可把锌版黏着空铅上，使它牢固；打纸型时，因为底脚结实，又无伸缩性，纸型就打得好。在保管方面，因为没有木底板，体积小，也容易储藏。

丁　纸型方面的经验

纸型是出版家的重要资产之一，我们应予特别重视。

第一、纸型的材料　材料的好坏，是决定纸型寿命的因素。重要的材料，第一是薄型纸，第二是厚型纸。目前国产薄型纸还不及日货好，我们因为教科书纸型使用次数多，不得已采用日货薄型纸，而且三层都需要日货，这样，才可以经久耐用。为防止制版处偷工减料，预先在薄型纸上分别盖上图章。

第二、打纸型的技术　须打到四面八方，不能有偏差。字行间的空白地方，剪填黄纸板要周到，烘纸型的火力须要烘到整张纸型全部干透为度。

第三、使用纸型的技术　（一）铅溶液热度，不能过高或过低，过高则容易烧坏纸型，过低则细致部分浇不出。（二）揭启须注意，不使纸型损伤。（三）浇版人须爱护纸型，不要滥浇硬揭。

第四、保留母型　从活字板（版）打纸型，大约可以制四五副，以第一二副为最好，通常称为“母型”。母型最好不作印刷用，留存起来，待别副纸型用坏时，再从母型上翻出来。

第五、收进纸型的手续　（一）如果是活字版上打成的纸型，交来时，先入帐。要和签字清样校对一下。如果仍有错误，设法挖改；若无错误，在各张纸型背面分别写上书名、面数、张数，盖上本部图章和年月日。纸型包皮纸上，也标明书号、书名、册数、面数、张数。根侧面也写上书名。另备“纸型记录卡”记载收付日期和取纸型者等。这样随时可以查出纸型的移动情形。（二）如果是从旧纸型上翻出来的纸型：（1）旧纸型上要挖改的地方，须挖好后再翻。交来时须查看已否照改。整面重排的，须把旧纸型取销，插入新排的。（2）原来坏的地方，须检查已否修好后再翻。（3）写书名编号等手续同上。

第六、纸型的收发　（一）发印时，把纸型交给印厂，由印厂检点张数和好坏程度（以作日后错印或纸型浇坏等赔补的根据）并在回单上签章。（二）印厂退还纸型，也须严格检看；倘有坏型，就要赔偿。原有的包皮纸仍须交还，以便本部查点。（三）急用时，纸版少，印厂多，不够分配。有两种办法补救：（甲）甲厂尽速把铅版浇好转交乙、丙等厂；（乙）铅版统由甲厂浇好，乙、丙等厂向甲厂借铅版用。（四）纸型发往外埠，各张纸型背面，也须写上书名、面数、张数并盖章，包皮纸上也分别写明。倘有挖改的地方，改正后才寄。倘因时间关系而不及挖改，就在纸型上用红笔圈改。第一张纸型背面须注明要改的面数，使外埠收型者容易了解本型的情况。

第七、纸型的保管　（一）纸型的保存，照初小、高小、初中、高中……

等学级分开，每类分册次排好，使井井有条，一检便得。（二）封面、版权和印在封后的目次、说明或编例等纸型，另行存放，并另备出入簿，以便收发和记录。（三）纸型最忌潮湿，务须安置在干燥的地方，并要常常察看，防止虫蛀鼠咬等事情的发生。

第八、纸型的挖改　（一）将须挖改的字、句或标点符号，在纸型上用红笔改好，交排制厂挖改。（二）挖改纸型取出后，原本纸型外面须附纸条说明，以免误当“完好的”纸型发印。待改正纸型还来时，再把纸条抽去。（三）排制厂挖改纸型，不免仍有错误，要仔细覆核。（四）页码更为重要，页码错了，就会印错。挖改的页码，须细细校勘。（五）有时封面纸型不全，不得不用别册封面来挖改；封面纸型上如附着版权页，册次改了，定价也要改过，否则便会闹笑话。

戊　印钉方面的经验

（一）因上海市印钉方面生产力比较空闲，我们突击时，就充分利用，缩短生产期间，设法弥补因交稿迟缓而脱去的时日。例如初小国语第一册有40面图稿做锌版，分了九家同时做，到第二天，同时交货，第三天就有纸型。至于排版方面，突击时候，一本书稿，规定格式，分了几家同时排。就是书里有图版，也可预留空白地位，同时制版。又如高中书页数很多，赶印时，也可拆给两家同时印，预先送印样，统一墨色。为了搞好工作，我们和排制印钉厂商，密切联系，实行定期和突击的调查和检查。每季工作总结后，更举行检讨大会。

（二）利用书封的空白面　在不妨碍内容及阅读原则下，尽可能节约纸张，是生产时目标之一。本部尽量利用前封里和底封里，来印目录和生字表。例如初小国语第一册到第四册，前封面里就印目录，底封里就印生字表。去秋和今春共印书二千万册，就节约二千万单页，卅六开，就等于一千一百多令纸，其所省的印钉及运输费还不计算在内。还有中学教科书的里封面，实际上没有多大用处，似乎像装饰品。在“此时此地”的情况之下，应该节约而且可以节约的，我们就把这里封面取销了。已往两季共印了一百几十万册，就节省了一百几十令纸。连带地节省了印刷装钉和运输等费用。

（三）计划运用尺幅不一样的纸张　三季内的用纸，全是进口纸，因种种关系，尺幅不一，有 33×44，有 30×42，有 33×35，有 $21\frac{1}{2}$ ×45，有 $21\frac{1}{2}$ ×30，有 33×22，有 $28\frac{3}{4}$ ×40，有 31×43，等八种；我们花了不少心血，设计了各种装版法，使毫不浪费。

（四）印钉联系　设计“造货联系凭单”，并订定印刷和装钉规约，以便联系和检查。印刷时，书版的装排，一定要便于装钉。

（五）采用缝机装钉　教科书学生日常使用，装钉必须坚实。解放前各家教科书，大都用铁丝架钉，封面常因铁丝生锈而脱落。一九四九年秋季一开始，本部就决定采用缝机钉，从书头钉到书脚。中学书厚本在两百叶以上的，仍尽可能用大号缝机钉；因有大号缝机的人家很少，工作多的时候，酌用三眼穿线钉。因本社这种提倡，上海其他大小出版家也纷纷采用缝机钉了。

（六）改善包扎　教科书由钉作装钉后，用麻皮扎成捆。每扎两头的书，薄本的各扎坏七八本，厚的也各扎坏一二本。学生买坏书，印象极为恶劣。本社有鉴于此，从今春起，采用黄纸板扎书，每扎用两块。黄纸板上再加贴印好了的贴头。虽然费用增加，手续麻烦，不过为了学生们的利益，我们是应该做并且要坚持做下去的。

（七）利用卷筒机的教训　一九四九年秋季，因付印期迫促，曾用卷筒机印了一部分书，大约合一千多令纸。结果比用非卷筒机浪费了一百多令，这是严重的损失，惨痛的教训。原因是这卷筒机的滚筒直径较大，只适于印报，不适于印教科书。而且印出来折好的书片，每张有同样的二份，到装钉作里，还得加工摊开来，重行折过，手续麻烦。还有一点不合时宜，卷筒机的特长在大量生产，可是目前上海印刷业生产力过剩，本社为了照顾各方面，已有“粥少僧多”之感，如再使用卷筒机，分配就更觉困难了。

（八）国产纸亟待改进　本社三季所用封面纸，都系国产，低质粗糙，拉力也差。因为粗糙，印刷困难而不易讨好。因为拉力差，所以不耐用。希望本国造纸厂，设法提高品质。至于国产报纸，因本社存有大量进口纸尚未采用，但已陆续试印国货样纸。如果各纸厂能好好体会政府提倡保护本国造纸工业之至意，设法改进，使纸质更光洁，厚薄匀称，大家必然并且乐于采用的。

己　纸张的保管和运用的经验

纸张是出版方面最最重要的原料。为了节约、减低成本、提高生产效能以及改善出版物的品质，对于纸张的保管和运用，我们时时密切的研究、检讨，积累经验。

第一、购买　本社购买的纸张，来源有这几方面：（甲）国外贸易总公司；（乙）同业；（丙）纸商。先看纸样，后议价格，然后成交。定货则另订合同。收货时则看纸质并“过磅”，有时纸质走样，很费口舌。又当初我们没有纸栈，为了节省栈租，一购进后，就须设法运送各印刷所，很多不便。

第二、不可抗力的危险　从一九四九年秋季本社成立以来，上海遭遇了台风和大水，以及蒋匪帮的轰炸。抢救搬运，真是千钧一发。

第三、运送　纸张进栈出栈或过桥，常易被“人”勾搭撕扯，要派妥人押看。

第四、切纸　切纸厂切纸，有时会出毛病，或把尺寸切小，或任意糟蹋，以致所切令数不足。最最应该注意的事，开切时候，应该把筒子拣一下，把纸色相同的筒子一齐切，万不可各种纸色夹杂；否则印起书来，一本书夹着几种颜色，很不好看。破损纸张，则打一折扣，向纸厂掉换好纸张。

第五、存放　纸栈存纸，应该把同类纸张，堆在一起，木垫脚要高。绝对不可使用“榻榻密”之类的东西，以防虫蛀。纸栈要经常通气、喷洒滴滴涕。尤须防日晒、风吹、雨淋。否则存纸就要变色、发皱或卷边。

第六、查点运送纸张到印刷厂，必须责成印刷厂当场检查张数（或抽查，或普查）和纸质，并附纸样和说明，送还本社，以供查核。有时我们还要到印刷厂举行突击检查。

第七、运用

（甲）配合印刷厂实况　有全张机的送全张纸或小全张纸或长对开纸。只有对开机的，只送对开纸。全张机和对开机都有的，酌送全张纸和对开纸。

（乙）先印对开纸　印对开纸，出货少而慢，在初印或不急时，尽可能先印或多印对开纸。

（丙）不使有白叶　书版如有畸零，印厂须利用大架子小架子同时印，绝对勿使有白叶。因为白叶留做拍纸簿等很不经济，而且跟印刷厂结算纸张为准。

（丁）申放　以前申放，常在百分之二左右，浪费很多。我们和印刷厂密切联系，规定了：

一次印刷一千本——二千本，每令申放数为十张（百分之二）。

一次印刷超过二千本——三千本，每令申放数为八张（百分之一·六）。

一次印刷超过三千本——四千本，每令申放数为七张（百分之一·四）。

一次印刷超过四千本——五千本，每令申放数为六张（百分之一·二）。

一次印刷超过五千本以上时，每令均申放五张（百分之一）。

按上列申放数，经验已经告诉我们，如果厂家规规矩矩不克扣，申张照本社规定发给印刷者，装钉时是有余书的。

（戊）每月轧存　存放印刷厂纸张，每月月底必总结一次，请印刷厂填表报告。印刷厂如有破损纸张，到每季总轧算后，收回向纸商折换好报纸。

庚　几点建议

教科书的各方面的改进工作，有的已经准备做，有的或在计划之中，或在预期之中。就我们所见到的，大约有这几方面：

第一、设立专门机构——关于全国教科书的重要决定，以及编审等工作，今后，必须有专门机构负责，统筹办理。

第二、罗致编绘等人才——教科书的重要性，是人所周知；需要编辑人才、绘图人才、缮写人才、校对人才；一方面要聘请富有经验的人员，一方面要培养优秀的青年知识分子。就目前情况来说，绘图人才尤其需要。因为教科书（特别是小学教科书）的插图，极其重要。插图要精美，要适合儿童心理，要与课文相配合。但北京的教科书，有些插图欠正确，有些嫌幼稚，有些太潦草。例如初小国语课本，画法过于草率，制版又不清楚。有关自然方面的图多不正确。初中动物学课本用纸太差，插图东拼西凑，全不清楚。为了提高文化水平，似都应设法改进。

第三、内容要适合——北京所编教科书部分材料，地方性色彩太浓，尤其是方言土语，华东区不适用。还有少数骂人的话句，已引起社会人士的责难。

例如：初高小国语中有“干活”“咱们”“拐棍”“嗓子”“娃娃”“娃子”……等；初中国文中有“咱家不值个尿泡钱”“屎格郎搬家快滚蛋”“豆秸上狗尿掐一边”“还沾点坷垃”“看着也利索”“光景可是的不赖呆”“累得

忽吃忽吃的”“你给你弟出上个道道就算啦！”“毬！麻钱，稀巴烂”……这些方言土语，南方人说起来，很不自然，而且有些莫名其妙。

又如：初中国文中有“日他姐”“好狗入的”“× 你祖宗，……揍你狗日的”“老狗日你”等，都是粗野的骂人话，教学生读了，印象很不好。

教科书的内容，比其他的书应该还要严肃。今后每次所发教科书，不论是原稿或纸型，希望可能逐渐成为定稿，无需本社临时提供意见或代为修订。

第四、交稿要订《发稿合同》——要及时供应，第一关键在交稿。如果不按时交稿，生产和供应方面，无论如何“抢救”“赶时”，都是困难而容易发生流弊的。今后，各方面都要有计划，预定工作进程，彼此订立合同，相互绝对遵守，才会搞好教科书出版工作。

第五、加强北京的排制机构——照目前情形，教科书大部在北京排版打纸型。事实上，北京的制版、排字、缮绘、校对、打纸型方面的设备和人事都须加强；不仅在量方面，尤其是在质方面，特别在铜模方面要彻底整理，以期一律。每种书，各大行政区，目前只寄一副纸型，不够用。又因为北京纸型字迹浅，人名线更浅，印书已不顶好，翻制的纸型更欠佳，应设法补救。

第六、国产纸量和质的提高——今后教科书，当然采用国产纸。造纸厂一方面要能充分供应，另方面要改进品质。定纸的时候，要订定合同；纸质的标准，尤须规定。尺幅方面，因为卅六开本，装钉费要另加；最好多定制 $28\frac{3}{4}'' \times 40''$ 的报纸。这样，印刷时可以把卅六开本印卅二块，仍照卅二开本计算钉费。装版和装钉工作都方便。

第七、掌握正确数字——要做到计划生产，今后的调查统计工作，必须健全并经常而大规模地举行，掌握正确数字，以免盲目生产，或作无谓而浪费的追印。

第八、增加彩色篇幅——小学教科书，尤其是常识，最好多加彩色插页。今秋本社初小常识第一册和高小政治常识第三册各加彩色国旗一叶，如果条件许可，希望今后能逐渐加多。

第五章　供应工作经验小结

甲　供应工作的特殊情况

过去二季的供应工作，去年秋季是解放初期，处在匪帮的封锁影响之下；今年春季受匪帮“二六”轰炸影响；二期工作基本上是完成了的，本埠配销供应及时，外埠就不够理想。

去年秋季课本未供应前，就有特务造谣，说新课本宣传：“不爱爸爸，不爱妈妈，不爱国家，只爱毛主席。”有些家长不明真相，就不让自己子女上学，经报纸驳斥，我们陆续赶着公开展览样本，用事实来证明，很快的，就澄清了这些谣言。还有一般中学生，不够了解新的配购供应办法，大部分还沿于旧的习惯。今春轰炸关系，增大市内学生的流动性，学校估计学生数字没有把握，积存了一部分书。外埠分区供应，去年秋季另售开放较早，一般私营书店，大量批销，流入外埠，影响本市数字不敷，而部分外埠如苏南存书积存，形成滞销现象。今春对外埠发货，准备不充分，人手少，组织不健全，任务观点，领导上不重视，疏于检查，发书混乱，连续发生严重的错误。

外埠如皖南、皖北地区，受灾荒影响，农村小学生无力读书，大多放弃学业，参加生产劳动，特别是高年级的，因而造成大批存书退回。当时人民币下乡还不普遍，乡村的学费、书籍费，都缴粮食，各地区因物价不稳定，收到粮食不肯马上变卖，不能如约缴付书款。而中央财经统一，物价稳定，粮价普遍下跌一半，一时难以出售，蒙受双重损失。因而就不能如期收款，其他交通也有问题，因海口匪帮封锁，海上交通阻塞，去福建的运输，更见困难，福建少数地区向上海进货之后音讯全无，弄不清楚情况。这是华东地区特有的现象。

乙　发行工作方面

发行工作由于上面条件时常变动，仅能报告一些不成熟的经验：

（1）外埠发行　外埠各地区寄来的学生人数统计表，只写几年级的学生人数，而不写几年上和几年下的人数，对于单双册的课本就很难准备。各地区学生年级的编制亦不相同，浙江区和上海市有一部份学校是春季始业的，有一部份则是秋季始业的；其他各地区大部份都是秋季始业。这些情况都需事先了解，预作准备，而外埠寄来添单都希望在开学前一次发齐，因为各地学生的习惯先看到书以后才付书款，如果课本不齐，学生就根本不买。如苏南农村就是如此。从前是完全发到各区分店再由分店分，发各支店，运费和时间上都是不经济的。现在是由各区分店把支店的数字开来，直接发书，垂直发行统一转帐。我们再根据各区路程的远近、交通的情况、支店的多寡，决定发书先后的日程。例如皖北的大别山和淮矿区交通很不方便，唯一的交通工具只靠挑夫运输，往往要花费二三天的时间，如果落雨，时间花得更多。浙江区七十六县也有同样的情形。苏南区大部份都靠沪宁线，交通最方便。在这种情况下，我们是尽先发路程远交通不便的皖北区，并且每包书都另套上一只麻袋，使书少受损失。发票开正副两页，正页寄分店转帐。副页寄支店收分店的帐。这样可以供分店了解各支店的欠款数，也可以了解欠我们的总数。

（2）发售样书　教科书每学期都是临时课本，内容自然是不同的。因此，在开学前都不能够使很顺利的看到新的样书。原因是去秋没有经验，思想毫无准备，忽视了这个工作。今春采取凭样书券的方式发售，但因限购册少数（限购两套）限期短，仍然有一部份学校买不到。在开始发售的一两天大部份一拥而至，虽然有十几位同志来搞这个工作，还是弄得手忙脚乱，这又是一件吃力不讨好的工作。从两季的经验教训中我们是这样改进：即是把书定名价册次印在样书券上，一式寄学校两纸，限购册数日期都放宽了一些，请学校将拟购的册数价钱算好，把预定为发样书券先寄本社照配，再限于某日持定购样书缴款取书凭单来付款取书，我们就可以立刻收款发书，即以订书单作票，不用另开发票，这样就可以很快供教师们看到新课本。节省了很多的时间，避免了过去手忙脚乱漫无计划的混乱现象。

（3）开放零售　我们采取统一发行，分区供应的原则，只照顾到大批定购的学生，对于塾馆的学生，或个别入学校较迟而未买到书的学生，或者遗失书的学生，因为开学期间不零售的限制，就使学生感到有钱买不到书的困难而怨声载道。在最短期内全面供应结束，很快的适时的一方面通知外埠各区，以便外埠作必要的准备。提前开放零售，是很重要的。为了防止课本流于外埠打乱各区的供应数字，开放后仅限于学生的直接零购，对同业批发暂时不予开放。

丙　本市调查访问工作方面

没有好的调查，供应工作，就像瞎子骑瞎马。要做好供应工作，就要认真调查。调查了学生数字确实是下季生产数字的根据，所以关系很大。本市调查访问的对象是卅个行政区中的各式中小学校。在我们实施“统印、统配、统销”的供应原则下，在春秋销结束后，即进行有计划有步骤的访问。目的:（一）了解学校具体情况和动态。（二）听取对本季配销教科书的方式优缺点的意见。（同时收集对课本内容的意见）。（三）适当的给以说明和解释。（四）最重要的，调查确实的全市各级学生数。一般的说来，访问的时间最好是在开学一个月后，到放寒暑假一个月前之间，原因是在这二三个月当中，学生人数比较稳定，同时气候比较适宜于访问。做调查访问工作必需有耐心，不怕麻烦，和虚心。

本市做调查工作有很好的条件:（一）教育行政机关的帮助;（二）交通和电话通讯的便利;（三）一般学校，特别是市立小学校的负责人和教师都很热忱，容易得到他们的合作;（四）参加调查的工作同志，就是春秋销做供应工作的同志，而且对本市一般情况了解。

现在把二季的调查经验，报告如下：

（A）调查前的准备工作，准备得充分，进行就容易，工作就容易深入。

（1）上海市教育局下设三个室，专门领导上海的所有学校：中教室领导已登记的中学；社教室领导补习学校，工人学校，乡郊区的工农学校；初教室及郊区教育处领导小学及公私义务学校和晚班。上海市三十个行政区，各区人民政府都设文教股直接领导该区的小学校。我们和教育局三室以及各区文教股密切联系，了解他们领导的意图，参加他们举行的座谈会（如教科书内容座谈会，老师们反映对教科书内容的意见，对我们春季访问学校时很有用处。）或者假期中的学习会。在分区访问前必须先上该区的文教科联系：一、可得到该区学校分布的资料；二、可了解学校的个别特殊情况；三、在遭遇困难问题时，可以取得他们的帮助。有时，我们可以举行座谈会，邀请文教科负责同志参加，他们所反映的意见很能代表学校中心的意见和迫急要求的。

（2）调查前必先整理材料。第一：要根据本季学校的定书单预先统计好每个学校的学生人数，收集教育局、文教股的材料先核对一下。第二：根据行政区混合了一区里各式各样的学校，分类编号（0）市立学校，（1）私立小学，（2）小学晚班，（3）中学，（4）工人工农学校，（5）补习学校。分定路线，一般的说在市中心的学校分布繁密，郊区的分散，应先由郊区开始而后到中心。第三：准备必要的工具如地图、文具、笔记本、调查表及简单的药品等。

（3）调查前后根据已有的材料开小组会讨论，交换意见，交换经验。估计反映，确定谈话内容的重点和方法。参加调查小组的，必须是参加过供应工作的同志，首先自己必须了解供应工作中的手续和细节，以及工作上发生错误的关键点，或者不可避免的误会点，以及供应前的各种情况，如春季受“二六”轰炸影响，以及各册出版先后不一等。还要充分了解临时课本内容以及每季修改与定书配销方式关系的理由等。每日调查访问后，返社整理材料汇报并交换访问技术的经验。

（B）调查访问的注意点：

（1）到每区访问之前，须先有一个概念，首先了解交通线和小块地区的地形。市中心学校是集中的，需排好路线逐校访问。

（2）学校和我们一年碰头二次（春秋二季），开始对我们印象是模糊的，而且态度可能是淡漠的，有的把我们当作兜销书籍文具的“跑街先生”。因此简括的自我介绍与表白是很重要的。干什么来的（说明身份）；做什么事（访问目的）；谈点什么（谈话内容和要求）。调查工作的同志必须作风朴实，态度诚恳，说明为了要搞好工作，更好为学生群众服务而来访问，藉以扭转对方用过去对书商累积的错误看法来看我们。

（3）谈话开始时，对方往往先提课本内容，如预先了解并懂得课本内容的各种问题各种关节，交换意见后，再把话题转到课本排印、用纸、装钉，再到供应办法上去。

（4）规模大的学校，上课时间，有人接谈，但校长，教导主任，庶务先生容易互相推诿，需有耐心。在午饭时去访问，没有人招呼。范围小的学校，校长、老师、教导、庶务，都是一个人兼任的，须在放学时间去，谈起话来容易多，要抓紧时间和谈话中心，切忌噜哆，刺刺不休的耽误了他们宝贵的时间。

（5）遇见老世故，他们虽然有满腹意见，但开始时表面上总说蛮好蛮好，我们就不能自满，信以为真，当设法引出对方的话来，套出对方的话来；否则，就要自报缺点，来发掘对方意见，抱定不得要领不罢休。遇见冷面孔不必悔恨，谈谈学校的经济状况，困难情形，打开他们的话匣子。走进弄堂、亭子间、棚户学校，不要把自己的身份抬高，免被误为什么教育局派来的调查大员，会把你当作“钦差大臣”，就不敢对你多提意见，应该同情他们的事业，诚恳地找他们谈话，是会收到更好的效果。

（6）访问前要准备一些能普遍引起该区学校兴趣的谈话材料。如郊区可以谈谈书价，领书手续，以及装钉问题；市区可以谈些用纸、排版、印刷等。

（7）利用小饭店，工作同志可以调剂一下精神，还可整理、归纳上半天调查的意见，计划一下下半天的工作怎样进行。

（8）访问的时候要随时纪录对方的意见，可是要注意几点：不要把头埋在笔记本里，全神贯注地，像纪录犯人的口供似的。一边在记，一边还得注意对方的讲话态度，并给以必要的解释和答复。在你的脸上自始至终须保持着诚恳的、友善的而不是虚伪的微笑，切忌冷然的板起面孔。

（9）碰到本社在现阶段尚不可能予以解决的问题，（如旧课本的退现问题，课本用彩色印的问题，什么时候出版新编的幼稚园课本或教学法的问题），我们就必须带着歉意的、委婉的语气，向对方解释目前为什么不能做的理由，或代为转告文教有关部门去，并请对方原谅。

实际上，开学期中的服务问讯工作，开学后对外的调查访问及对内的统计研究的工作，是为学生群众老师及学校服务的二个关节，是供应工作不断改进的二面：一方面了解情况，听取意见，归纳要求；另一方面根据已有的条件、原则，来改进方式和方法。这里所报告的只是开学后调查访问的工作，至于开学期间的服务问讯工作以及经常的统计研究工作的经验，还没成熟，还没有经过整理。

丁　宣传工作方面

宣传推广工作之于本社，可以说只有宣传的性质，而不是推广性质。进行宣传工作，要注意下面的几个原则：

一、因为教科书是有季节性的，所以我们的宣传工作，也要配合学校业务的时间进行，时间不能跟供应期隔得太远，太远了学校无从准备，也容易忘记；也不能隔得太近，太近了学校性急，等不及。最好是经常联系，逐步深入。二、学校所要求解答的问题，针对这些问题来进行宣传。三、要适当地运用各种不同的宣传方式，因为各有不同的效果。

因此，我们可以将宣传的时间，和宣传内容、宣传方式配合如下：

（一）在开学上课以后，大考以前，学校所要的书已经买到了，对于怎样买书的问题是不感兴趣的。这时候学校的问题是“书好不好，对于书的内容有什么问题或意见”。这时候，也是学生人数最稳定的时候，宜于调查学生人数，所以宣传工作应当与调查工作结合进行。宣传品的内容，最好是教科书内容，是词句的解释和问题的解答。假使以这为内容编印一种经常性的小型刊物发给学校，不但容易受到学校欢迎，并且也使调查工作易于推进。（二）从大考到放假，这是学校对于下学期的教科书开始注意的时候，他们所注意的问题，大概是“用什么书？”“什么价钿？”“怎样买？”所以书名、书价、购书办法，最好能在放假以前全部决定。这对于学校和学生的经济预算，都能早作准备。这时候的宣传品，最好是印发有这些内容的卡片，内容简单扼要，其目的只要学校得到一个概念。（三）放假期间，是学校准备的时间，同时也是教师学习的时间，这时候的宣传工作，是多样而紧张的，主要的要依据本社的生产、供应情况进行，而本社的生产、供应情况，也还是根据学校的情况而定的。学校这时候所注意的问题，是“书什么时候出版？怎样定购、缴款、取书？”“样书卖不卖？”“几时卖？”等关于手续方面的问题，这时候的宣传必须详尽而具体。关于出版消息的报导，须得编印连续性的印刷品，和发消息，登广告。关于订购手续，最好是印发小册子和手册，以便查阅。

这时候，一方面须通过学校领导上的机构——教育局的教育研究会，教育工作者协会的学习会，来做宣传工作，因参加学习的大都是校长和教务主任，所以在这次供应工作开始前，趁他们有大集会的时期，做全面的介绍，报导我们生产的进程，以及供应的办法等，使学校在供应还未正式开始前，已有了一个概念，这样会减少我们许多工作上的困难。

到了定书或缴款的前夕，为了促进读者的注意，或解释可能发生的临时问题，可以利用电影或广播，但比较起来，电影广告不如广播大，因为电影观众根本不注意广告，电影观众比较广播则听众为少。观众非识字不可，听众则不一定识字。电影一瞬即逝，广播则时间较长。再从经济方面看，则电影广告须支出大量广告费，而广播则用不着支出费用。目前教科书正在力求减低成本，我们的宣传工作，也应该争取以最少的人力物力，收到广大的效果。根据以上这些原则，对于宣传品的设计也很重要的，比如：印赠墙上挂的日历，需色彩鲜明醒目的图案底版，印上本社的出版物中心的性质、地址、电话号码等，以便学校随时留意，加深对我们的印象。

书价公布广告，要在教育局公布之后，配合供应办法同时发布。供应办法请教育局找文教股提醒学校注意。一般说，单独的价目表直接送到学校当局手里，效用超过广告。价目登广告是课本正式出版的表示，对外埠来讲是非常重要。同时配合着政府的政策，我们同时可以做宣传政策的工作，如：春季教科书开始付印时，遭到匪机的“二六”轰炸，那时电源中断，印厂大部停顿，情况非常恶劣，学校都耽心我们不能及时出书，但是我们在报上宣传，要以实际行动——及时出书供应，来答复匪帮残暴的轰炸。就结合了当时政府号召的反轰炸运动。结合推销胜利折实公债运动，我们在出版的每一本书后面，都印上了“请买人民胜利折实公债”的宣传标记，在时间效果上来说，一本书至少读半年，所以要比单纯的宣传品要收效多了。

目前的工作仅仅是本位出版物的宣传工作，如何配合政府文教政策进行普及教育扫除文盲，或推进工农速成教育的推广工作，应该是我们发行工作中准备做的重要的课题了。

戊　栈务发货运输工作方面

（1）这三件工作是对外大量供应的三个步骤，负责的人也就是全部存货的总分配人。他所考虑和留意的：（一）生产情况和进程；（二）各书印订的实际情况；（三）各埠定货或附印的数字；（四）考虑发货地点远近，以及交通运输条件；（五）本埠需要的数字；（六）供应本外埠和远近的地区数字如何支配才合理；（七）中小学书入栈确当的配合，并有专门人员负责当日收付银货联系的轧销工作，以及专人记录供应各大小地区数字。总之，即要掌握情况，合理调配。

（2）栈务工作需要注意：（一）安全——防水（注意浦江水位，以防江水倒灌，垫书的桩脚要高低适度）防火（严禁吸烟，经常检查消防设备）防漏，防阴沟阻塞，防鼠咬，虫蛀。（二）出入口——便于出入搬运，便于看守，防止窃盗。（三）设备——如桩脚，一般的以四尺见方为宜，每层可放十二捆，堆高到廿五层。其他打包台高度适中，大小磅秤，消防设备，灯光装置，适合放书的要求，并且需备有临时的照明设备（如汽灯）以防停电。（四）包装用具——大张的模造纸，纸质坚韧的重磅牛皮纸，蒲包、麻袋、苎麻绳，标签布等。一般货栈的房屋，不宜木质构造的，最好是钢骨水泥的建筑物，有防水及耐火力，货栈容积的大小，须根据生产供应的数字来决定的。如生产三万令纸张，大概需要能有二万令容量的栈房才行。

（3）栈务还包括验收和堆放的工作，验收主要是注意装钉作送来书籍的质量和数量，按照生产部门的发钉单检验规定的标准，如书的开本尺寸大小，封面的包贴，以及是否符合内容，装钉针脚的疏密、缺页、页次颠倒、倒装、破损等。教科书生产数字很大，大批验收，只有抽查，检查每捆封签与数量，种类是否符合等。教科书堆放根据实际取书方便情况来决定，初小国、常相对的放，册次顺序放，但须注意混乱，小学课本封面差不多，往往会把册次放错或拿错。

（4）发货有开单，配货、复点、打包，付运几个步骤，需要注意这中间的配合顺序。开单必须符合栈存数量，与轧销充分联系。配货和覆点必须细心，配错、覆错、增加外埠的困难，影响学生学习的进度。打包是一种机械而吃力的工作，必须注意劳动熟练配合程度，要有适当的调剂。包装应规定远方的或转运次数多的，要在蒲包外多套一层麻袋；路程近的，只用蒲包就行了。三十六开本小学书每包七捆，三十二开中学书每包六捆，约当二令全张纸的重量，符合路局规定五十公斤的包重，同时，在乡下挑成一担二包。各包标签要扣穿在绳子上。防备脱落，随运单附去各包清单。同时，在蒲包或麻包的四周加打地区标头，使转运机构易于识别。

（5）运输是发行工作中最重要的一环，预先必须经过交通运输及各地情况具体的调查研究，但目前还不能自办这项工作，只有交运输行办理，由我们监督。一般的运输公司，不明了教科书的重要性，所以常有不能及时运到的事发生。去秋运输公司运往皖南区的书，为了独取更多的利润，把交轮船运的书改装帆船运，耽搁了一个月。今春发往皖北的书被搁置在代理转运公司滞存半个多月。皖北新华书店曾为此事打了一场官司。还有一次把发往闵行的运到青浦，而青浦的则发到闵行去了。本季针对着这些缺点，派专人负责，并且和运输公司订立了运输合同，就各地区的交通情况，明文规定运输办法、交货日期和运费计算标准。书运到凭收书回单支付运费；逾期或包裹破碎，均照合同赔偿和惩罚。

第六章　存在着的几个问题

经过二季教科书的刊行工作并与各地区经验交流，结合总署和教育部二个决定，以及胡署长七月廿日的演讲指示，就将来成立“人民教育出版社”专业化的出版机构来看，提出下面几个原则性的具体问题：

一　统一领导和组织问题

教科书的出版，有强烈的季节性，再者教科书的重要已成为民生必需品。编审、出版，发行在全国范围内的分工和统一领导是非常必要的。而不断的减低书价，配合政府的文教政策消灭文盲，为争取国家的财政经济状况的基本好转而斗争，是有一定重要作用的。因之，必须考虑统一领导和组织的问题：如特定的出版任务与计划，投资的经济性质，与编审发行的关系，内部的组织与制度等。

二　教科书版本的统一固定和范围的问题

按过去情况，教科书供应不及时、不周密、不普遍，主要是新版本交稿或修订得过迟，缺少必要的生产和供应准备时间；同时版本不统一，造货分散，形成采用紊乱现象。迄今中学课本因版本不完全，数、理、化同时采用多种版本，致使原出版机构无法计划生产，免不了相互间的竞争，发行和购读都感到非常的困难。中小学的版本的统一和固定是目前急需解决的问题。同时还不得不考虑专门学校及职业学校的课本问题，也就是要考虑教科书的出版范围与性质规定的问题。

三　计划生产造货的问题

掌握造货数字，消灭存货，是资金运用灵活和建立经济核算制的必要前提。同时要编排统一，分区造货，经济上统收统支，统一调配各区的存缺。因之，如何在发行和生产分工后能紧密配合，是值得考虑的。

四　资金运用与生产任务问题

教科书的造货资金，应该固定。因为运用起来是大量的，每季约周转三个月，一年二季资金在六个月当中被动用，二季的空隙时间中是呆放着的，形成人力物力的浪费。因此必须考虑资金要在其他六个月时间的运用，而这种运用须配合一定的生产出版任务，如推进短期识字运动的课本，或者其他的速成学校的课本，以及有关教育参考书等。

五　人员培养训练和经验交流的问题

教科书出版工作人材比较专门，需大量蓄积培养：设计、绘图、缮写、校对方面的人材，旧有的不多，而且局限于过去出版教科书的书店，技术经验虽然丰富，但缺少改进；而新的人材并不是一时容易培养训练的。在专业化提高生产品质的要求下，必须慎重的考虑从事教科书出版工作者的思想上和技术上改造和培养，以及促进新旧工作人员经验交流的问题。

六　其它问题

有关的各种问题，还有不少存在着，比方教科书的税捐占定价百分之二·五，发行方面的还不放在内。如果政府要减低售价的话，可以考虑免税或减税的问题。比方，教科书的用纸问题，特别是小学教科书用纸的质是很重要，不然，小学初级课本的字与图都受影响。比方，铁路轮船和汽车运输路线，需特别照顾教科书的时间性。像这些问题看起来不大，实际上却是根本的重要的问题。如果能得到政府有关的财经、轻工业及交通等部门的注意与帮助的话，一定可以更好的改善教科书刊行工作的现有状况。

如果从一九五一年春季开始专业化，成立专门性的出版机构，把发行工作的责任归新华书店负责，那末，以上几个存在着的问题，是非常现实的问题，而且应该列入这次的会议议程上来讨论和决定的。

第七章　结语

教科书的刊行，有强烈的季节性、内容上的临时性和对读者的政治性。无论发稿、造货、生产，发货、运输、配售、资金运用等都是经过“从集中到分散”“从分散到集中”的过程。又如外埠供应工作，在供应前必须作长期的周密的准备工作，在最短的时间迅速而安全的发运到目的地，大量供应后要作长期的整理结束的工作。生产造货工作也是如此。因此说，教科书每季的刊行工作做得好不好，主要靠生产和供应前的准备工作以及之后的整理结束工作是否好来决定。准备工作的中心关键，在于掌握数字，根据数字而且懂得数字变化的规律和条件，来从事工作是非常重要的。

以上的报告内容非常不够，由于从事刊行工作的时间不久；课本内容，时常变动；最主要的由于华东地区在目前经济情况还没有基本好转，特别是广大农村的土地改革还没有开始；工作条件随时在变动，如像上海的学校，还在整理的过程中，变动也非常大；有许多工作我们很被动；有许多工作限于人力和条件，还没有主动的争取去做。在上海据我们初步调查了解，现在存有一千多个私塾，就学儿童大都是城市贫民的子弟（如踏三轮车或各种摊贩）。这些私塾，设在小的弄堂里（北方叫胡同的），或者设在棚户区（就是大城市的“贫民窟”）。这些教师可能是冬烘老先生，或从乡村流亡到上海来的地主。读的课本有伪国定本和四书五经之类。这些儿童有多少呢？我们没有详细调查过，统计不出数字来，但人数不会少的。这些儿童应该是我们服务的对象。东北的发行小学课本经验中，提到农村灾区的发行工作，需通过“勤学运动”，在城市中也得做这种工作。上海教育行政当局，现已开始注意这个问题。我们正在考虑将旧存课本（即一九五〇年春季课本）以废纸的出售代价来劝这些儿童的家长或教师来采用新内容的课本。像这种主动的发行工作，我们还没有开始做，谈不上什么经验，因之我们上面的报告只偏于报导性质了。

至于“企业的经营和管理”，我们根据“经营企业化，管理民主化”的原则，正在摸索设施中；如内部组织制度与规章等，有关人事的教育奖惩和薪给等。行政和工会配合吸收职工参加企业管理方面，我们正在开始。又由于过去物价不稳定，整个造货数字缺少把握，经济上的成本核算制没有建立起来。一九五〇年七月开始，我们整个业务，事先定了半年工作的分期计划，定下预算并作成本核算，定下三种制度：日报制，合同制，负责制来完成计划。整个说，虽然有些经验，但没有成熟，所以也不作报告了。

本社电话

经理室：九六〇一七

总　机：九八三九〇

分机	（1）秘书处（2）供应部（3）分　栈 （4）材料科（5）主计部（6）批发组 （7）生产部（8）总务科（9）发行科 （10）楼上公用（11）服务科
书栈	地址：中山东二路一号（延安东路口） 电话：八四一四八

电报挂号：二三三三四

社址：上海（11）福州路 623 号

上海联合出版社刊行教科书一周年纪念册

上海联合出版社印赠

1950.7.21

中国人民政治协商会议共同纲领

第五章　文化教育政策

第四十一条　中华人民共和国的文化教育为新民主主义的，即民族的、科学的、大众的文化教育。人民政府的文化教育工作，应以提高人民文化水平、培养国家建设人才、肃清封建的、买办的、法西斯主义的思想、发展为人民服务的思想为主要任务。

第四十二条　提倡爱祖国、爱人民、爱劳动、爱科学、爱护公共财物为中华人民共和国全体国民的公德。

第四十三条　努力发展自然科学，以服务于工业农业和国防的建设。奖励科学的发现和发明，普及科学知识。

第四十四条　提倡用科学的历史观点，研究和解释历史、经济、政治、文化及国际事务。奖励优秀的社会科学著作。

第四十五条　提倡文学艺术为人民服务，启发人民的政治觉悟，鼓励人民的劳动热情。奖励优秀的文学艺术作品。发展人民的戏剧电影事业。

第四十六条　中华人民共和国的教育方法为理论与实际一致。人民政府应有计划有步骤地改革旧的教育制度、教育内容和教学法。

第四十七条　有计划有步骤地实行普及教育，加强中等教育和高等教育，注重技术教育，加强劳动者的业余教育和在职干部教育，给青年知识分子和旧知识分子以革命的政治教育，以应革命工作和国家建设工作的广泛需要。

第四十八条　提倡国民体育。推广卫生医药事业，并注意保护母亲、婴儿和儿童的健康。

第四十九条　保护报道真实新闻的自由。禁止利用新闻以进行诽谤，破坏国家人民的利益和煽动世界战争。发展人民广播事业。发展人民出版事业，并注重出版有益于人民的通俗书报。

中央人民政府教育部出版总署关于一九五〇年秋季中小学教科用书的决定

各大行政区教育部、各省市文教厅教育局，
各大行政区新闻出版局、各省市新闻出版处，
出版总署出版局转新华书店总管理处及各总分店：

查今年春季中小学教科用书，供应情形，甚为紊乱，各地采用的版本，亦不一律，为此，特由本部、署会同拟定一九五零年秋季中小学教科用书表，分发各大行政区军政委员会教育部参考采用。并规定办法如左①：

一、表内小学部份用书，各大行政区军政委员会教育部如认为不合于本区具体情况者，可在表外斟酌另行选用课本，但此项用书决定后，应即呈报本部、署备案，并迅速通知本区内各地教育行政机关统一采用。

二、表内中学部份用书，除东北外，希望各大行政区军政委员会教育部按照本区具体情况就表内所列各书选用。（数学教科书除算术外，可自由选用表外课本。）选定后希即呈报本部、署备查，并通知本区内各地教育行政机关统一采用。如各大行政区军政委员会认为必须在表外选用课本时，应先报请中央人民政府教育部核准。

各大行政区军政委员会教育部收到上开用书表后，应即召集军政委员会新闻出版局、当地新华书店总分店负责人、联合出版社或教科用书供应机构负责人以及有关部门，开会决定本区中小学教科用书，各大行政区军政委员会教育部并应协助新华书店总分店、联合出版社或教科用书供应机构，决定本区内

① 原文为竖排，故称“如左”。后同。

各地中小学教科用书需要数量。会后希将商讨结果，报告本部、署备查。

各大行政区在确定采用课本后，必须通知各地对采用课本的内容在教学上发生的意见，要有组织的搜集反映，并随时报告本部、署。

附：一九五零年秋季中小学教科用书表一份

中央人民政府教育部部长　马叙伦

副部长　钱俊瑞　韦　悫

中央人民政府出版总署署长　胡愈之

副署长　叶圣陶　周建人

一九五〇年七月五日

中央人民政府教育部、出版总署关于一九五〇年秋季教科书减低并划一售价及供应办法的决定

各大行政区教育部、各省市文教厅教育局，
各大行政区新闻出版局、各省市新闻出版处，
出版总署出版局转新华书店总管理处及各总分店

查本年春季教科书，各地自行规定售价及供销办法。若干地区书价昂贵，供应不能及时，学生无力负担，感无书读之苦。本年秋季除中小学校采用教科书本，应力求划一，已另发通知外，关于教科书售价及供应办法，规定如下。希各地教育及出版机关，接到本决定后，遵照办理，并将办理情况随时向中央人民政府教育部及出版总署分别报告。

（一）由于全国物价基本上业已稳定，故秋季教科书除东北外应即废除基本定价，改用人民币定价，各地售与学校及学生的书价，一律按照书面标明的货币价格计算，不得根据任何理由，加成或加价出售。

（二）华北、华东（包括山东）、中南（包括华南）三地区，售价应完全划一，规定小学课本用三十六开本，每页（二面）国产报纸为人民币二十四元（进口报纸为人民币三十一元二角），封面二页作为三页计。中学课本用

三十二开本，每页国产报纸为人民币二十八元（进口报纸为人民币三十六元六角），封面二页作为五页计。

（三）西北、西南及新疆，由于造货成本及运费较高，得按当地情形另定售价标准，但不得高于上列标准百分之五十。此项售价标准，应由西北、西南及新疆教育及出版行政机关会□新华书店总分店予以规定，规定后在各地区内应求划一，并应立即申报中央教育部及出版总署。如各该地区确有困难，不能按照以上标准定价，则望由当地主管机关协助，由各地方人民政府予以适当之补贴。

（四）各地区课本货币定价确定后，应将价目在当地日报公布，并印成书目分发，中途不得加价。

（五）教科书邮运及包扎费，应由新华书店总分店或联合出版社就远近各地售出课本所得书款内，一律提出百分之五，另立会计项目。在其地区内教科书邮运费一律由新华书店总分店或联合出版社负担。各地总分店及联合出版社于结算时，邮运费如有亏耗，得呈请出版总署予以补贴。

（六）新华书店或联合出版社对各书店及摊贩批售中小学课本，一律定为八折实收。此外学校、机关或个人购书，优待折扣应一律废除。

（七）私营书店出版之课本，其售价可由出版者自行规定，但希望于本年秋季一律改为货币定价。

（八）为抑低书价并保护本国造纸工业，教科用书应尽可能采用国产纸，尤其在产纸地区，必须用本地纸造货。

（九）各地教育行政机关应协助教科书供应机构，详细调查本季中小学用书种类及需要确数，以便教科书供应机构得以掌握存销数量。本季各地存书损失，应不超过总销数百分之五。

中央人民政府教育部部长　马叙伦

部长　钱俊瑞　韦　悫

中央人民政府出版总署署长　胡愈之

副署长　叶圣陶　周建人

一九五〇年七月五日

重要纪念日一览

1月21日　列宁逝世
2月7日　“二七”惨案
2月23日　苏联红军节
3月8日　国际妇女节
3月12日　孙中山逝世
3月14日　马克思逝世
3月18日　“巴黎公社”革命
4月12日　“四一二”反革命政变
5月1日　国际劳动节
5月4日　中国青年节
5月5日　学习节．马克思诞辰．诗人节
5月9日　苏联红军战胜德寇胜利日
5月12日　国际护士节
5月30日　“五卅”惨案
6月1日　国际儿童节
6月6日　教师节
6月18日　高尔基逝世．瞿秋白殉难
7月1日　中国共产党诞生
7月7日　卢沟桥抗战
8月1日　中国人民解放军前身——工农红军诞生（南昌起义）
　　　　国际反战日
8月9日　苏联对日宣战
8月15日　苏联红军解放东北
9月1日　中国记者节
9月（第一个星期日）　国际青年节
9月3日　战胜日本胜利日
9月18日　“九一八”事变

9 月 21 日　中国人民政协开幕
10 月 1 日　中华人民共和国成立
10 月 2 日　国际和平斗争日
10 月 10 日　辛亥革命纪念
10 月 19 日　鲁迅逝世
11 月 7 日　苏联十月革命节
11 月 12 日　孙中山诞辰
11 月 19 日　毛泽东诞辰
12 月 9 日　北平学生救亡运动
12 月 11 日　广州起义
12 月 12 日　西安事变
12 月 21 日　斯大林诞辰

介绍上海联合出版社

本社的性质和任务

说起这一点，我们要先明了过去国民党反动派统治时期教科书是怎样的情形。那时候，反动派为了散播麻醉人民的思想毒素，官僚资本家如李石曾、潘公展、陶百川之流为了攫取暴利，打进各大书店，组织了教科书的独占机构“七联”，以达到其卑污的目的。本社是由上海六十一家国营、公私合营和私营书店为了服务新民主主义文化事业自愿组织而成的，专门刊行中小学教科书，在本质上和以前毫不相同，因此我们的供应原则和办法也和以前不同。

我们的供应原则

我们现在出版的教科书在目前还是临时性的，要随着客观情况的发展，随时加以修订和补充，于是就需要不断地修改，甚至于重编，所以我们不能像以前那样预印了大批的书放在那里，这学期卖不完，留到下学期再卖。因此我们就不能无计划地生产，以免积存了大量的存货，浪费了人民的财力与物资。我们要向学校调查学生人数，请学校办理定书手续，主要的目的，就在于避免盲目性的生产。

我们的任务既是为人民文化服务，本来应该尽可能设法直接供应给读者，尽力减少出版费用，节约发行费用，减低定价，提高质量；减轻同学与家长的经济负担。因此在一九五〇年春季，采取了学校可以委托贩卖同业代办的办法。不过这种代办和以前的贩卖不同，以前由于教科书定价高，贩卖同业的利润也高。春季他们只是代学校办理定书取书等手续，享受本社原来给予学校的车运费折扣。在零卖的时候，也要照本社的定价发售，不能擅自加价，所以还不致增加读者的负担。

如上所说，我们是在人民政协共同纲领的指导之下，进行为新民主主义文化服务的工作。我们的原则是：便利学校，并在不增加读者负担的原则之下，尽可能照顾同业。组织同业共同来为学校同学们服务。

我们的出版概况

一九四九年秋季，因为上海刚解放不久，教科书是匆匆忙忙赶出来的，以致不能全部如期出版。一九五〇年春季照理应该出版得早些，可是由于“二六”美蒋匪机轰炸，电力发生了问题，其中又加上春节放假。幸而得到印刷厂所尽可能设法自己发电，印刷工人和本社工作人员放弃了春节休假，连夜赶工，才能在开学的时候出书供应。我们已经说过教科书是要随时修改的，因此今后两三年内还不可能很早地出版。不过随着客观条件的改善，我们是有把握一学期比一学期做得有进步的。现在将一九四九年秋季和一九五〇年春季的刊行概况列表如下：

教科书出版种类和印数表

季别	类别	种数	册数	共印本数
1949 年秋季	初小	2	9	5650000
	高小	5	11	2802000
	初中	7	9	460000
	高中	5	7	316000
	社教	1	6	100000
	共计	20	42	9328000
1950 年春季	初小	2	16	7039000
	高小	5	18	3015000
	初中	8	21	459000
	高中	2	9	113000

续表

季别	类别	种数	册数	共印本数
1950年春季	大学	1	1	1000
	师范	3	4	137000
	社教	3	15	484000
	共计	24	84	11248000

教科书供应地区种类数目表

季别	区别	小学	中学	大学	师范	社教	共计本数
1949年秋季供应数	上海	1183998	247992			14730	1446720
	浙江	1453431	96603				1550043
	浙一	287981	12062				300034
	南京	395800	69550				465350
	苏南	1803976	23485				1827461
	苏北	2900	54394				57294
	安徽	430255	43840				474095
	江西	50000	12850				62850
	汉口	2521000	145000				2666000
	共计	8129341	705776			14730	8849847
1950年春季供应数	上海	1418807	129006	260	26834	99063	1673970
	浙一	416334	8859		1181	3800	430174
	南京	145409	22536		1400	300	169645
	苏南	639563	52890		1780	900	695133
	苏北		17697		16124		33821
	皖南	463238	12737		1655		477630
	皖北	1249234	8065		1485	20800	1279584

续表

季别	区别	小学	中学	大学	师范	社教	共计本数
1950年春季供应数	其他	485674	20320		3632	21329	530955
	小计	4818259	272110	260	54091	146192	5290912
附印数	浙江	2188108	54740		12000	85000	2339848
	南京	338650					338650
	苏南	534366					534366
	湖南	2762010					2762010
	广西	520000					520000
	小计	6343134	54740		12000	85000	6494874
	共计	11161393	326850	260	66091	231192	11785786

（以上春季供应数字包括本社代理大东书局发行的小学算术1763837册在内）

供应上海市学校数目表

校别	1949年秋季	1950年春季
国民学校	265	277
私立小学	875	759
私立女小		12
学　塾		7
儿童晚班		90
市立中学	18	18
私立中学	119	115
市立女中		2
私立女中		26
私立中小学		83
女子中小学		18
市立职业学校		4

续表

校别	1949 年秋季	1950 年春季
私立职业学校	12	17
市立工农学校	22	19
私立工农学校	52	11
市立义务学校		2
私立义务学校	148	225
市立补习学校		5
私立补习学校	24	49
共计	1535	1739

一九五〇年秋季教科书供应办法

我们今年秋季的供应办法，由于中央出版总署胡愈之署长的《出版事业中的公私关系和分工合作的问题》这一报告，以及中央教育部和出版总署七月五日的两个决定对于我们的工作有了更具体的指示，所以我们的供应办法也比前两季有点改变，分别说明如下：

（一）统一配销　这原则还是和以前一样；就是说，凡是华东军政委员会教育部选定的中小学教科书，即使不是本社出版或印刷的，也由本社统一发行，为的是便于学校采购。如开明书店出版的小学自然，由本社统一印行；大东书局印行的小学算术，本市由本社配合供应。

（二）分区供应　根据我们的调查，学校和同学都希望我们分区供应；同时为了实行公私兼顾，使得出版和发行分工合作，各得其所，所以本市教科书的供应工作，本来是由我们直接办的，今年秋季准备组织同业来办，设立供应站分区供应。供应的手续大致如下：

1. 本社将定书单托各区文教科审核之后，转发给学校，由学校将要定的教科书册数填好，盖好学校和负责人的图章，然后寄交他这一区的供应站。

2. 供应站收到定书单后，很快地算清书款，至迟在两天以内开出缴款通知单，通知学校缴款。书款可以交五天期的银行支票，但支票背面要盖上与定书单上同样的图章。

3. 学校将书款送交供应站经核收后，由供应站发给收书凭单。

4. 供应站很快地将书配好，至迟在第二天连同发票送给学校，换回收书单。

这样，学校办理定书、缴款的手续，就不必跑得很远了。在另一方面，书是由供应站送到学校的，学校也方便得多。这些都是比前两季改进的地方。

但是请注意，本社发定书单的，只限于向教育局登记过的，或与区政府文教科有联系的学校。没有收到定书单的学校，要请它备了信给我们，并且先请他这一区的文教科盖章证明，本社才能补发。

（三）取消折扣　折扣是资本主义时代商业竞争的方法之一，折扣的伸缩性越大，买东西的也越是吃亏，现在我们要老老实实的实事求是，所以教育部和出版总署指示我们，决定取消折扣。照前两季的情形说，我们虽规定得有折扣，给学校做车运费，或者因为学校已有这笔重新的预算，没有的必要，或者因为我们的发票是按实价开的，学校或同学不便额外报销，于是车运费折扣成了有名无实的东西。现在书既由供应站送到学校，当然也没有再给折扣的必要了。

（四）减低书价，改用人民币计算　教科书是人民教育的基本读物，对于国计民生，影响特别巨大，因此要逐渐做到不赚钱，再进一步要做到不卖钱。但在目前国家财政经济困难的情况下，还只能做到少赚钱，所以我们出版的秋季教科书是完全遵照教育部和出版总署决定的标准计价的。秋季课本的定价要比春季低三分之一。同时，由于币值稳定，以前用基价倍数计价的办法已没有存在的理由。所以秋季课本的定价，也遵照决定改以人民币计算。小学教科书的定价，现在已经全部决定，中学大学的书价，也将在报上陆续公布。

以上的供应详细办法，还在我们设计中，最近就可以通知各学校。由于本社是学校、同学自己的书店，所以我们希望学校、同学尽量和我们合作，并随时给我们提意见，这是我们所殷切盼望，并且是乐于接受的。

一九五〇年秋季小学教科书目录定价表

初小之部			高小之部		
书号	书名	定价 / 人民币	书号	书名	定价 / 人民币
1001	国语（一）	750	2001	政治常识（一）	750
1002	国语（二）	750	2002	政治常识（二）	550
1003	国语（三）	800	2003	政治常识（三）	750
1004	国语（四）	850	2004	政治常识（四）	—
1005	国语（五）	950	2005	国语（一）	950
1006	国语（六）	1150	2006	国语（二）	1200
1007	国语（七）	1200	2007	国语（三）	1150
1008	国语（八）	1350	2008	国语（四）	1400
1009	常识（一）	550	2009	自然（一）	950
1010	常识（二）	500	2010	自然（二）	750
1011	常识（三）	500	2011	自然（三）	1100
1012	常识（四）	650	2012	自然（四）	800
1013	常识（五）	750	2013	历史（一）	600
1014	常识（六）	800	2014	历史（二）	600
1015	常识（七）	850	2015	历史（三）	600
1016	常识（八）	850	2016	历史（四）	700
9001	算术（一）	900	2017	地理（一）	700
9002	算术（二）	900	2018	地理（二）	700
9003	算术（三）	900	2019	地理（三）	800
9004	算术（四）	900	2020	地理（四）	1050
9005	算术（五）	900	9009	算术（一）	1050
9006	算术（六）	1000	9010	算术（二）	1050
9007	算术（七）	1000	9011	算术（三）	1050
9008	算术（八）	1000	9012	算术（四）	1050

附注：本表初高小算术课本，系大东书局出版用国产纸印，配合本社课本同时供应。

各地现有之教育杂志要目

刊名	编者	通讯处
东北教育（月）	东北教育社	沈阳东北人民政府教育部
松江教育	松江省人民政府教育厅	松江省人民政府教育厅
教育通讯	热河省人民政府教育厅	热河省人民政府教育厅
教育研究	吉林市教育局	吉林市教育局
教学研究	哈尔滨市教育局	哈尔滨市教育局
辽西教育简讯	辽西省人民政府教育厅资料室	辽西省人民政府教育厅资料室
文教通讯	旅大行政公署教育厅编审科	旅大行政公署教育厅编审科
河北教育（月）	河北教育社	保定河北教育厅转
平原教育（月）	平原教育社	平原省新乡市邮局转
察哈尔教育（月）	察哈尔教育社	察哈尔省人民政府教育厅转
绥远教育通讯	绥远省人民政府教育厅	绥远省人民政府教育厅
山西新教育	山西省人民政府文教厅	山西省人民政府文教厅
教与学（不定期）	内蒙古自治区人民政府教育部编委会	内蒙古自治区人民政府教育部编委会
教育通讯（月）	教育通讯处	西北军政委员会教育部
山东教育（月）	山东教育社	济南新华书店
苏南教育通讯（半月）	苏南教育通讯社	无锡公园路31号新华书店
皖北文教	皖北文教社	皖北行署文教处转
新教育（月）	新教育社	上海（18）陕西路141号
教育报道（半月）	杭州市教育局教育报道社	杭州市（2）膺白路52号
教学生活（月）	教学生活编委会	武昌解放路417号湖北新华书店
新教师（月）	河南文教局	河南开封市人民政府文教局
洛阳教育通讯（月）	洛阳教育通讯社	洛阳专署转
中华教育界（月）	姚绍华	上海河南路221号中华书局

续表

刊名	编者	通讯处
活教育（月）	陈鹤琴	上海福州路424号儿童书局
教育与职业	钟正〔芷〕修	上海雁荡路80号中华职业教育社
现代教学（月）	现代教学编委会	上海淮海中路148号华华书店
人民教育（月）	人民教育社	北京北新华街甲1号新华书店

重要文教机构地址电话表

名称	地址	电话
华东军政委员会教育部	淮海中路1856号	63090
上海市人民政府教育局	淮海中路马当路口	88222
教育局研究室	陕西南路141号3楼	75796
上海市人民政府文化局	河南中路308号	15143
上海教育工作者工会	南京西路1288号	38626
上海市学生联合会	陕西北路128号	36363
黄浦区人民政府文教股	河南中路501号	98128
老闸区人民政府文教股	西藏中路250号	95841 96887
邑庙区人民政府文教股	南市万竹街大方弄43号	（02）71601
蓬莱区人民政府文教股	中华路警厅路47号	（02）70053
嵩山区人民政府文教股	嵩山路12号	82521
卢湾区人民政府文教股	绍兴路74号	71503
常熟区人民政府文教股	靖江路39号	77423 75339
徐汇区人民政府文教股	天平路301号	74710
长宁区人民政府文教股	愚园路1403弄68号	20784

续表

名称	地址	电话
静安区人民政府文教股	延安中路 881 号	{72497 63109
新成区人民政府文教股	石门一路 333 号	32460 31519
江宁区人民政府文教股	陕西北路 835 弄 50 号	32513
普陀区人民政府文教股	江宁路 1045 号	39164
闸北区人民政府文教股	大通路南星路 65 号	（02）60774
北站区人民政府文教股	海宁路河南北路 690 号	47354 44809
虹口区人民政府文教股	闵行路 181 号	47336 46062
北四川路区人民政府文教股	四川北路溧阳路 2009 号	44985
提篮桥人民政府文教股	舟山路 455 号	52257
榆林区人民政府文教股	江浦路 614 号	51362
杨浦区人民政府文教股	杨树浦路海州路 332 号	51909
新市区人民政府文教股	震旦中路 2 号	02—50210
江湾区人民政府文教股	江湾车站北路 1 号	02—50252
吴淞区人民政府文教股	吴淞淞兴路 222 号	02—65026
大场区人民政府文教股	大场镇场中路牛奶棚	02—62330
新泾区人民政府文教股	沪西哈密路 1330 号	
龙华区人民政府文教股	沪西漕河泾镇 191 号	02—75141
杨思区人民政府文教股	浦东杨思桥南街 292 号	02—74167
洋泾区人民政府文教股	浦东东昌路海兴路 110 弄 4 号	02—74086
高桥区人民政府文教股	浦东高桥镇西首	02—66072
真如区人民政府文教股	真如黎园浜 1 号	02—64015

本社股东书店地址电话表

店名	地址	电话
三联书店	南京东路 166 号	19460
三民图书公司	重庆南路 30 弄 47 号	84600
上海出版公司	四川中路 346 号 701 室	17126
上海书局申庄	河南路 575 弄 19 号	92115
上海书报杂志联合发行所	北京东总布胡同 10 号贺尚华转	96015
上海杂志公司	宁波路 655 号	93778
大中国图书局	四川北路 8 号	46359
大孚出版公司	雁荡路 30 号 61 室	82427
大东书局	福州路 310 号	96917
大富书店	南市陆家浜路 834 号	02—71527
中国科学图书仪器公司	延安中路 537 号	74487
中华书局	河南中路 221 号	91160
文化工作社	北京路 713 弄 520 号 2 楼	
文化生活出版社	巨鹿路 1 弄 8 号	84698
文化供应社	北京西长安街 52 号章士敏转	
文光书店	河南中路 328 号	13825
文怡书局	福州路 291 号	95547
文通书局	中州路武进路 2 号	42154
世界知识社	延安东路 172 号	10152
永祥印书馆	福州路 380 号	92213 92510
光明书局	福州路 296 号	96420
光华出版社	南京西路 587 号 200 室	37622
北新书局	淮海中路四明里 6 号	83389

续表

店名	地址	电话
正风出版社	河南路 328 号	13825
立新会计用品社	河南中路 339 号	96415
百新书店	河南中路 179 号	94729
自由出版社	四川北路 2056 号	02—60687
作家书屋	延安中路 610 号	33576
宏文书局	北京西路 614 号	62231
吴淞万昌书局	吴淞文昌路 5 号	38397 转知
儿童书局	福州路 424 号	91923
易进出版社	大通路 138 弄 11 号	36471 转
东南书局	永嘉路 307 号	70957
东新洽记书局	延安中路 310 号	32952
东新福记书局	重庆南路 17 号	83846
长风书店	山东中路 128 弄 15 号	91676
春明书店	山西路福州路口 10 弄 3 号	94812
峨嵋出版社	南京路 166 号三联书店转	
时代出版社	南京东路 377 号	90274
海燕书店	中央街 24 号 211 室	14803
神州国光社	福州路 384 弄 4 号 2 楼	96452
耕耘出版社	北京前京畿道 20 号黄宝珣转	
致用书店	联营书店孙明心转	
商务印书馆	河南路 211 号	92310
启明书店	福州路 328 弄 5 号	95967
展望杂志社	陕西南路 186 号	84817

续表

店名	地址	电话
基本书局	本社赵景源转	
教育书店	福州路 379 弄 12 号 2 楼 212 室	96015
晨光出版公司	福州路 107 号 2 楼 246 室	11947
开明书店	福州路 272 弄 3 号	93060
华夏书店	北京西路 642 号	36009
华华书店	淮海中路 148 号	
新亚书店	河南中路 159 号	94258
新华书店	福州路 390 号	92290
群益出版社	四川北路 850 号	46551
万叶书店	天潼路宝庆里 39 号	42793
广益书局	福州路 338 号	90978
鲁迅全集出版社	淮海中路 927 弄 64 号	79253
锦章书局	太仓路 135 号	82949
龙门联合书局	茂名北路 300 弄 3 号	30277
苏新书社	徐家汇华山路 1988 号	75983

意 见 表		
对小学课本内容的意见	政治常识	
	国　　语	
	常　　识	
	自　　然	
	历　　史	
	地　　理	
	算　　术	

续表

<table>
<tr><th colspan="3">意　见　表</th></tr>
<tr><td rowspan="9">对中学及大学课本内容的意见</td><td>中学国文</td><td></td></tr>
<tr><td>生理卫生</td><td></td></tr>
<tr><td>实用物理</td><td></td></tr>
<tr><td>实用化学</td><td></td></tr>
<tr><td>中学算术</td><td></td></tr>
<tr><td>外国历史</td><td></td></tr>
<tr><td>世界地理</td><td></td></tr>
<tr><td>高中历史</td><td></td></tr>
<tr><td>大学国文</td><td></td></tr>
<tr><td rowspan="3">对专用书内容的意见</td><td>师范用书</td><td></td></tr>
<tr><td>工人课本</td><td></td></tr>
<tr><td>其他读本</td><td></td></tr>
<tr><td rowspan="5">对于书的一般意见</td><td>内　　容</td><td></td></tr>
<tr><td>作　　用</td><td></td></tr>
<tr><td>装　　订</td><td></td></tr>
<tr><td>用　　纸</td><td></td></tr>
<tr><td>书　　价</td><td></td></tr>
<tr><td rowspan="5">对供应方面的意见</td><td>办　　法</td><td></td></tr>
<tr><td>手　　续</td><td></td></tr>
<tr><td>定　　书</td><td></td></tr>
<tr><td>缴　　款</td><td></td></tr>
<tr><td>取　　书</td><td></td></tr>
</table>

续表

意见表
其他意见:

校名________________________ 校长______________

校址________________________ 电话______________

1950年 月 日填

本社电话

经理室：九六〇一七

总　机：九八三九〇

分机
（1）秘书处（2）供应部（3）分　栈
（4）材料科（5）主计部（6）批发组
（7）生产部（8）总务科（9）发行科
（10）楼上公用（11）服务科

书栈
地址：中山东二路一号（延安东路口）
电话：八四一四八

电报挂号：二三三三四

社址：上海（11）福州路623号

人民教育出版社

胡愈之署长关于第一届全国出版会议的综合报告※

第一届全国出版会议按照预定计划，于9月15日至25日举行，出席列席代表共计321人，包含各大行政区、新疆、内蒙①自治区及海外代表。其中出版、发行、期刊、印刷业代表，计公营54人，公私合营10人，私营110人，出版行政机关代表60人，出版印刷工会代表36人，中央各有关机关及全国性人民团体代表37人，特邀代表14人。

这次会议举行了全体会议8次，各种分组会议100次以上。收到提案138件。出版总署及各地各业代表都分别作了书面或口头报告，并由朱总司令、郭副总理及各首长亲临讲话。

在大会开幕以前，全国新华书店举行第二届工作会议（8月29日起至9月10日止），闭幕以后中央各大行政区及重要省市出版行政机关代表又举行了出版行政会议（9月28日起30日止）。这两次会议对于改进国营出版业，加强出版行政领导和传达并执行全国出版会议决议也都作了一些重要的决定。

现在把这次会议经过及其所获重要结果综合报告如下：

※ 原文刊于出版总署《出版简报》1950年10月13日第4期。这是胡愈之署长在政务院第54次政务会议上的报告。

① 实为“内蒙古”。

一、国营出版事业的统一分工与专业化

在全国出版会议开幕之前，全国新华书店二届工作会议中对于改进国营出版事业，作了六项重要决议。此项决议全文除由出版总署审核另行呈请批准外，先将其中要点报告如下：

（一）从 1951 年起，新华书店改为全国性的专业发行企业机构，扩大发行书刊种类，加强与读者及公私出版者的联系，凡对人民有益书刊，不分公私，均应予以推销。此外新华书店并应负责组织公私书刊贩卖业的力量，构成全国书籍发行网，以使书刊供应普遍深入到各方面。

（二）原有新华书店出版部人员与出版总署编审局的部分工作人员联合筹建人民出版社，以编辑出版全国性的政治理论、政府和党的政策文件及政治时事读物为主，目前同时出版某些通俗读物和其他书刊，准备日后发展为专业的国家政治出版社。

（三）各大行政区、各省市原属于新华书店的编辑出版部门在可能条件下，分别改建地方人民出版社，出版地方需要的各种书刊。

（四）原新华书店总管理处所属京津两地印刷厂行单独成为一个企业单位，设新华印刷厂总管理处予以管理。其他各地新华书店所属印刷厂行亦分立为独立企业单位，如有困难则可暂时由地方人民出版社统一管理。

（五）新华书店总店，中央人民出版社，新华印刷厂总管理处，均直属出版总署。新华书店的各地分支机构，统一由新华书店总店管理，同时接受当地出版行政机关的领导。地方人民出版社，及地方印刷厂均受地方出版行政机关领导，但须同时分别接受中央人民出版社及新华印刷厂总管理处的领导或指导。

（六）新华书店、人民出版社及新华印刷厂为社会主义性质的国营企业，对各种公私发行出版印刷机构应负团结领导协助以调整公私关系的责任。

二、公私出版、发行、期刊、印刷业的调整和分工合作

这次会议确定了公私出版事业分工专业化的总方针。私营企业代表都同

意了在政府和国营企业领导下统筹兼顾分工合作的原则。具体实施的办法，除通过5项决议外，复经公私各企业代表分头进行协商，重要的结果有下列各项：

（一）出版分工专业化，在大体上决定商务印书馆和中华书局倾向自然科学、理工、农业、医药卫生方面。三联书店、开明书店倾向于应用社会科学，文史和中级读物。通联（通俗出版业联合书店）与连联（连环图画出版业联合书店）倾向于通俗读物。大东书局、儿童书局与童联（童联出版社）倾向于少年儿童读物。工人出版社与青年出版社分别作为以工人和青年为对象的专业出版社。中小学教科书的出版工作则以原有华北与上海联合出版社为基础，成立人民教育出版社。文学与艺术方面亦准备建立公营的或公私合营的专业的出版社。以上各种专业出版社均由各专业机关分别加以领导。如是可使各出版家各自发挥其特长，配合实际需要，有计划地出书，并减少重复浪费与乱出书的现象。但专业化是指发展的方向，要有步骤的进行，专业化也不是专利或垄断。

（二）发行方面决定团结公私发行机构（包括书摊、书贩、邮局、合作社等），组成广大发行网，以国营新华书店为领导，展开全国范围的读书运动，国内5家较大的书店，商务印书馆、中华书局、开明书店、三联书店和联营书店已同意将其发行机构逐渐合并或联合经营，与新华书店分工合作，以减低发行费用，避免同业竞争。

（三）期刊方面，在这次会议中同意趋向专业分工，消除目前存在着的重复混乱现象。

（四）印刷方面，在目前生产过剩，失业现象颇为普遍。会议建议各机关团体目前不再建立新厂，其印件可交现有公私印厂承印，原有公私印厂亦不应盲目扩充。

（五）为补救出版事业发展的不平衡现象，会议决定应有计划地建立各种地方出版机构，注重偏远地区的出版发行工作，并建立少数民族语文出版社。

（六）会议同意明年度开始全国出版事业的计划化，由出版总署制定全年出版计划，公私出版发行印刷业共同保证执行，以期在3年内克服目前存在的困难，走上发展的途程。

三、出版行政领导与工会组织的加强

全国出版会议和出版行政会议听取了各地报告之后，决定加强对公私企业的行政领导。全国公私出版社与期刊社应向出版行政机关作经常报告。其由各专业机关领导或指导者，向各专业机关同时作报告。出版行政机关应与公营企业分开。目前某些地区的出版行政工作存在着一些偏向，如进行原稿检查及不照顾私营企业等，在这次会议中也予以适当的纠正。

全国出版会议工会组在全国总工会领导之下另行开会，产生了全国新闻出版印刷工会筹备会，准备在短时期内，成立全国性的工会组织，以增加生产，协助改进出版事业。

四、会议的进行情况与决议的精神

这次会议由于上级的正确领导与事前的充分准备，进行的经过尚称满意。全国公私企业代表表现了空前的团结合作精神。私营企业方面过去抱怨政府照顾不够，公营企业有关门主义倾向，在这次会议中了解了政府的政策，对于克服困难，稳步前进，已有了信心。公营代表也从这几次会议中，总结和交流经验，纠正偏向，加强了政治责任感。

会议提高了公私出版、发行、印刷工作者的政治认识，一致同意了出版发行印刷工作是一种重要的政治工作和文化教育工作，纠正了某些单纯的营利观点，一致同意了出版事业对人民负责的原则，出版家要对出版物的内容负责，而且应当接受群众的批评意见，一致同意了在可能条件下提高著作人报酬并尽可能减轻读者负担；一致同意了今后出版事业要逐步计划化并与实际结合，以消灭目前存在着的盲目性和无政府状态，避免无意义的投机竞争。

这次会议关于分工专业化的办法，还不够具体明确，对于期刊杂志的改进和印刷业的调整也没有作具体决定，这是其中的一些缺点。但是会议通过了 5 项决议，出席公私代表把这些决议看作出版事业公约或共同工作纲领，保证共同加以执行。因此，可以说这次会议预期的两项主要任务——统一分工和调整公私关系——已得到了初步的成就。要是能够把各项决议和会议的精神贯彻下去，对于今后出版事业的改进，是会有一些效果的。

呈报出版总署改制方案并请转呈政务院备案※

我署根据建立一年来的经验，发觉在组织编制方面，存在一些缺点，上次精简节约检查时也发现有同样的情况。第一届全国出版会议后，经我署各部门共同研究，草拟改制方案（草案），决定将现有的一厅三局，改为一厅、三司、一局，实行精简。至于我署所有各直属单位，亦依分工专业化的原则予以改组。并决定从本月起筹备改制。兹将本署及直属单位的改制方案（草案）附呈二份，敬请核定。

主送：政务院文化教育委员会并转呈政务院

附
出版总署及其直属机关改制方案（草案）

本署在创办初期，因工作经验缺乏，各部门分工任务不明确，所以组织机构多未适当，干部配备亦欠均匀，经过一年的摸索，深感有调整的必要。最近举行精简节约检查结果，亦发现组织不完善，工作效率弱。这次全国出版会议决定新华书店内部分工专业化，并建立人民出版社和人民教育出版社。因此，本署认为按照实际需要，调整组织的时机已至，特由署内各部门负责同志共同研究，集中各方面意见，草定改制方案如下，拟请政务院及文委予以审核批准，以便即日施行。

（一）改制的目的

1. 使行政机关（办公厅及各司）、事业机关（编译局）和企业机关（新华书店、国营出版社、新华印刷厂）明确分工。

※　该方案由出版总署1950年11月1日报出。

2. 使本署机构精简（编制现有的四百五十五人、减为二百七十八人），直属机关采经济核算制，完成企业化。

3. 减少层次，分层负责，原则上采三级制（署、司、处或科），各级负责人尽可能兼一部门的实际领导工作，以加强上下级领导关系，使人尽其材，材尽其用。

（二）出版总署

本署现有一厅（办公厅）三局（编审局、翻译局、出版局）。改制后办公厅仍旧，取消编审、出版两局，改设出版事业司、图书期刊司、出版干部司，翻译局易名为编译局。

改制后在署长副署长之下划分为两大部门，即（1）办公室及三司为纯粹行政机关；（2）编译局，为事业机关，其经费在事业费项下开支。

厅、司、局的组织编制如下：

1. 办公厅设正副主任，辅助署长，综理全署政务及日常事务工作，下设秘书三至五人及机要、文书、会计、总务四科。办公室编制约为三十九人。

2. 出版事业司设正副司长，职掌公私营出版、印刷、发行企业的管理和领导，下设公营企业处（兼公私合营企业）、私营企业处、调查研究处、统计处、审计处及秘书。编制约为六十人。

3. 图书期刊司设正副司长，职掌图书期刊的审读、介绍、批评、调整、取缔及书籍版本的征集、搜罗、保管、研究、编目，下设图书审核处、期刊审核处、编辑室（编图书评论、图书目录等）、图书馆及秘书。各部门得设编审、编辑若干人。编制约为七十人。

4. 出版干部司设正副司长，职掌全国出版干部的调查、登记、调配、训练、教育，下设干部处、教育处及秘书。编制约为二十五人。

出版干部学校（目前先办短期训练班），由出版干部司教育处领导，其编制另定之。

5. 编译局设正副局长，翻译苏联及其他国家重要著作、外文辞书、审读并组织译稿、指导翻译工作，训练编译工作干部，设编审处、翻译处、计划处。俄文翻译训练室、俄文辞书编刊社及秘书室。编制包含编审、编辑及练习编译员，约为八十人。

以上总署编制，连署长副署长三人，约计二百七十八人。改制开始时，约为二百人。

（三）出版总署直属机关

国营出版、印刷、发行企业为本署直属机关，与司级等，直接受署长领导。其负责人及管理委员（或社务委员），均由本署提请政务院批准任命之。

1. 新华书店设总经理、副总经理及管理委员，组织管理委员会，为全国最高管理机构，经营书刊发行工作。新华书店设总店，省市分店，县镇支店三级，目前暂保留各大行政区总分店一级。

2. 人民出版社设社长、副社长及社务委员，组织社务委员会，编辑出版政治理论、时事读物及通俗读物，并对地方人民出版社负领导或指导责任。人民出版社在重要城市得设办事处。

3. 新华印刷厂总管理处设总经理、副总经理及管理委员，组织管理委员会，管理京津六个印刷厂行。其所属厂行各设厂长及管理委员会。

（四）出版总署与其他机关共同领导的企业机关

1. 人民教育出版社由教育部与本署共同领导，设社长、副社长，社务委员，由教育部与本署共同提请政务院批准任命之，并组织社务委员会，编辑、出版教科书及其他教育读物。

2. 人民美术出版社由文化部与本署共同领导，设社长、副社长、社务委员，由文化部与本署共同提请政务院任命之，并组织社务委员会，编辑、出版各种美术出版物。

（五）改制进行的程序

1. 十一月一日本署署务会议通过改制方案，呈请政务院文委批准，同时开始筹备。

2. 自十一月一日至十五日由本署陆续提出改制后各厅、司、局、店、社、处负责人名单，呈请政务院、文委批准。在未批准前，各单位负责人先行视事，并进行计划工作及配备干部。

3. 十二月一日各部门改制完竣，期前应修正本署试行组织条例，呈请政务院批准。

4. 在一九五〇年年内，本署及直属单位工作人员，除新进人员外，一律照原编制原待遇，概不变动，自一九五一年一月一日起再行按照新制调整待遇。

组织系统表（草案）

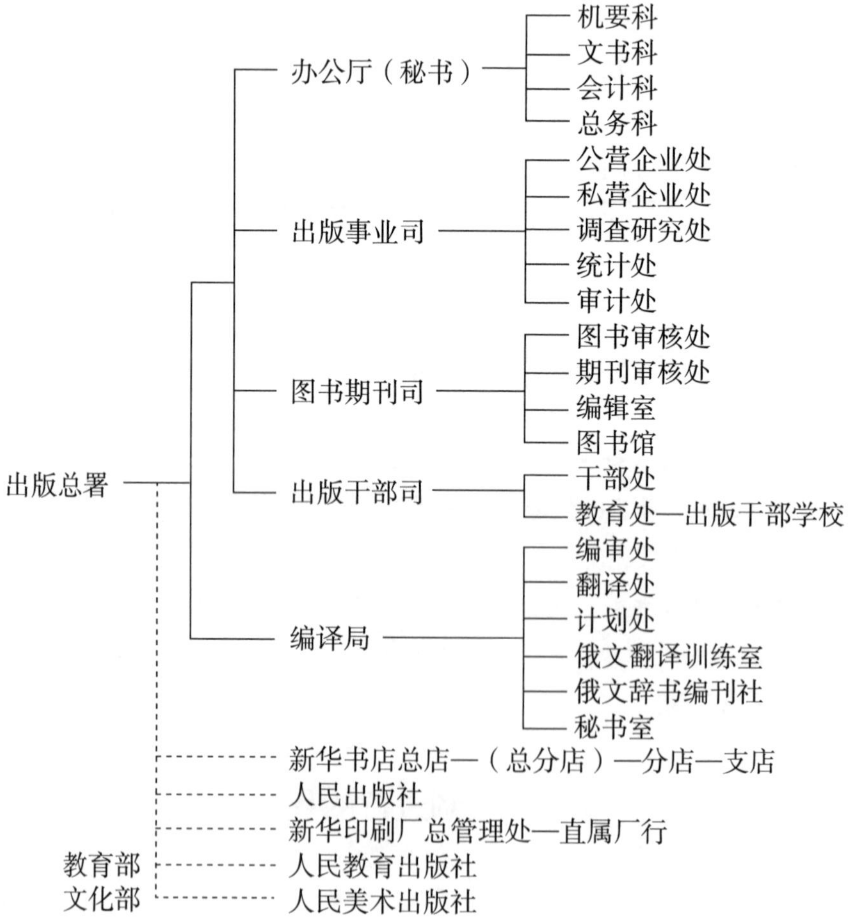

教育部、出版总署关于共同负责成立人民教育出版社的报告※

根据第一届全国出版会议出版专业化的精神与实际的需要，我部、署拟共同负责成立一个专出版教科用书及一般教育用书的出版社，定名为人民教育出版社。此社在方针政策上受教育部领导，在出版业务上受出版总署领导。并拟提请任命叶圣陶、柳湜分任正副社长，刘皑风、宋云彬、朱文叔、金灿然、吉少甫为社务委员。是否适当，谨检同此社组织条例草案二份，送请鉴核，并祈转报政务院批示！

附

人民教育出版社组织条例（草案）

（一）人民教育出版社由中央人民政府教育部及出版总署提请文化教育委员会转政务院批准成立，受中央教育部及出版总署之领导，编辑出版学校用书及教育图书刊物。

（二）人民教育出版社由教育部出版总署会同提出社长一人、副社长　人，呈请文化教育委员会转政务院批准，为领导及执行之最高负责人。

（三）人民教育出版社由教育部出版总署会同提出若干人，组织社务委员会。社长副社长为社务委员会正副主席。另由教育部出版总署会同于委员中指派秘书长一人，协助社长副社长领导全社工作。

（四）社务委员会每　举行全体会议一次，必要时得召开临时会议，其职责如下：

※　报告由出版总署1950年10月26日报出，政务院文化教育委员会1950年12月8日审批同意。

一、通过本社各项章则；

二、通过工作方针与计划，并检讨其执行情形；

三、讨论重要人员的聘任与调动；

四、讨论其他必须由会议通过之事项。

（五）人民教育出版社在正副社长领导之下，分设编审部、经理部、秘书室。各部处得视实际情况，分设组、科、室。

（六）人民教育出版社得视实际情况，于部处之外分设各种编刊社，如地图编刊社、辞书编刊社等等。

（七）编审部设主任一人，副主任　人，由社长提请教育部、出版总署任命之；设编辑若干人，助理编辑若干人，练习编辑若干人，由正副社长任用之。

（八）经理部、秘书处各设主任一人，副主任　人，由社长提请教育部、出版总署批准任命之。

（九）本条例由中央人民政府教育部及出版总署协议提请文化教育委员会转政务院批准后实行。

主送：政务院文化教育委员会

叶圣陶社长在人民教育出版社成立大会上的讲话※

今天人民教育出版社开成立大会。实际上是十二月一日就成立了，因为种种牵制，成立大会到今天才举行。人民教育出版社已经筹备了几个月。为的第一届全国出版会议决议要分工专业，而教科书关系最大，供应数量最多，尤其有成立专业出版社的必要。以前出版总署编审局担任编一部分中学文史地教科书。负责供应的，在北京有华北联合出版社，在上海有上海联合出版社。这两个出版社只负责供应华北、华东两区。对于别的地区只供给纸型，由新华书店组织同业印造，办法很不一致。为使编印统一，供应良好，所以要成立人民教育出版社。经过教育部与出版总署多次的协商，决定共同组织，共同领导。虽然在筹备期间，工作并没有停顿，编审局继续编他们的教科书。"华联"和"上联"一面结束，一面继续生产、印造明年春季的供应品。这是筹备的大概情形。

本社的组织有社长、副社长和社务委员会，下面有秘书长、编审部和经理部。编审部分语文、历史、地理、自然、教育五组，还有个总编室。经理部分生产处和经理室。另外有三个单位附在本社，就是《人民教育》社，新华地图社，新华辞书社。以上各部门负责人经教育部、出版总署磋商决定，需要呈报的已经呈报。社长由本人兼任，副社长由柳湜同志兼任，社务委员除本人和柳湜同志外，有刘皑风、宋云彬、朱文叔、金灿然、吉少甫、曾世英、魏建功七位同志。秘书长由金灿然同志兼任。编审部的总编辑由本人兼任，副总编辑是柳湜、宋云彬、刘薰宇、朱智贤、金灿然五位同志。下面五个组：语文组组长由宋云彬同志兼任，历史组组长是丁晓先同志，地理组组长是田世英同志，自然组组长是陈同新同志，教育组组长由朱智贤同志兼任。总编室主任是蒋仲仁同志。经理部主任由吉少甫同志兼任，副主任是卢芷芬同志。下面的生产处主任由卢芷芬同志兼

※　本文载于人民教育出版社《出版情况》第1期。

任，副主任是张景勋、何光两位同志。经理室主任由吉少甫同志兼任，副主任是杨定远、凌伶两位同志。另外有个上海办事处，由副主任赵景源同志暂行负责。

本社工作分为编辑、出版两大部门。编辑以中小学教科书为主。目前还不能另起炉灶，只能修修补补。已经编成的，当它是最初的草稿，听取专家、教师、同学的意见，逐步的加以修改。急于要用可是没有编成的，赶紧把它编成。这样的工作也许要经过两三年。同时，在编辑工作中进行研究，研究教科书该怎么样编才合式，才可以完全贯彻教育的方针政策。一方面吸取苏联的经验，学习他们的理论和方法，经常邀请苏联专家报告或座谈。我们的研究不仅限于社内同人，还想请社外与教育有关的同志以及优良教师一块儿来研究，多多给我们帮助。

在出版方面，一九五一年春季还只能供应华北、华东，对其他地区仍旧供给纸型，让他们各自印造。以后要逐步开展，希望尽早做到供应全国。检讨过去的几期，没有做到供应及时。今后供应的范围扩大了，必须加强调查研究和计划，才可以做到供应及时。以往排版印刷也嫌草率，今后要逐步求其精良。单说校对吧，总望做到一个标点也不错。同时，还必须做到以最便宜的价钱卖给学生。

现在全社——编审部、经理部和上海办事处工作人员有一百二十三人。编审部工作人员有从教育部来的，有从编审局来的，经理部工作人员有从"华联"来的，有从"上联"来的，上海办事处的工作人员原是"上联"的同人。这么许多来源不同的人聚在一块儿，共同来做人民教育出版社这一件大工作。我们大家知道，化学书上有"混合""化合"两个词儿。譬如一碗大米，一碗小米，可以倒在一个大碗里，把它搅和，这是混合。混合的东西不变原样儿，你有耐性细细的分别的检，还是一碗大米，一碗小米。化合可不同了。譬如脂肪和碱起了化学作用，成为肥皂，无论它结成块儿，溶成液体，总之是肥皂了，不再是脂肪和碱了。肥皂是两种物质化合之后的新东西，希望来源不同的工作同志聚在一块儿，是化合，不是混合。由于化合，大家成为更进步的新人，为编好、印好、供应好教科书而努力。

1950 年 12 月 11 日讲

教科书出版工作参考资料之一

为了与各兄弟出版社、各地造货单位工作同志们交换做出版工作的经验；同时为了提高我们工作同志们出版业务的水准，并用来训练新干部，我们特地趁这次“第一届全国教科书出版会议”的机会，编了几本参考资料贡献出来，请多多批评指正。

人民教育出版社编印

一九五一年三月廿六日

目　录

前　　言

出版工作是编辑和发行的桥梁。有了完善的稿本，如果没有适当的出版工作和它配合，那么在发行方面，也要受到影响的。所以出版工作在书刊的发行上，应该负着重大的责任。从表面上看起来，这一工作，好像没有什么奥妙之处，但是要做到完善无缺，却也不大简易。就拿一本普通书的完成来说吧，至少要经过排、校、印、钉四个以上的大阶段。如果细细地分析起来，不知要经过多少人的手，才能完成一本书，再从发行工作者那里转移到读者手里。

为了要提高出版物的品质，就得要出版工作者去努力。在解放以前，我国从事出版工作者本来不算多；解放后，出版事业日见发展，工作人员更感缺乏。而专门研讨这些实际工作常识的书籍又少得可怜，只有在报纸、期刊里，看到一些关于出版工作的片断的参考资料。要获得整个的应用知识，很感困难。现在我们把实际的出版经验，照着出版程序，择要介绍一下，以供参考。

一、整理原稿

1. 一本原稿由编著者交到出版工作者手里，首先检查原稿的页数，有无连贯的页码，页码中有没有颠倒、跳码、重复、脱码等。再核对全稿内容和目录是否相符。如果这本书里有插图和表格，那么就得注意图表的次序及图文是否相符，还要鉴别原图能不能制版，是否需要重绘或修饰，再决定拼制的办法。

2. 原稿大致分四类：（一）手写稿；（二）打字稿；（三）剪贴稿；（四）印

① 正文中标题为“一二、装钉”，此处保持文献原貌。

刷稿（书本报版油印等）。各类原稿应该检查它的标点符号是否完全。如果是剪贴的原稿，一定要检查它的衔接处有没有割裂的地方。遇有印刷模糊的印刷原稿，须把不易辨认的字体，一律标明。

3. 原稿里的名词、译名、单字、符号和章、节、款、项、子目等的规定，切实加以注意。

4. 上列各点都经过整理之后，就得批定版式、行数、字数，标明大小字体，以及行款的高低，标题的距离，行间的疏密，或插图的地位等，使排字技工按照所批注的条件排版，这样在工作方面可以获得许多便利。切勿以为排版以后，还可以改动版式，就随随便便地发了出去。

二、关于书本的术语

1. 装帧：

封面（封一）——又叫封皮。

封里（封二）——即封面的里边一面。

里底封（封三）——即底封的里边一面。

封底（封四）

封脊——又叫书脊。

书根——一本书的下脚侧面。

衬页——衬在封面里面或底封里面的一页，普通书多不用。

连环衬页——比上衬页多一页。

护书纸——又叫包书纸。

书函，书壳——书函是我国古书外面包的蓝布壳子；书壳日文书用得最多。

2. 内容：

书名、著者、出版及发行者等。

题字

插图　插表

献词　纪念词

序文　叙言　代序
绪言　引言
前言　前记
凡例　例言
编辑大意
目录　图目　表目
正文
注释　注解（页后注、书后注）
习题
扉页——俗称里封面。上面所印的是和封面相类的文字，如附录
跋　代跋　书后　后记
参考书目
索引
对照表
生字表
勘误表
中缝（直排）
书眉（横排、直排书都有）
3. 版别：
初版
原版
再版
修订版　订正版
提纲
标题
限定版
4. 装订别：
合订本
单行本

袖珍本

普及本

精装本

5. 刊期别：

周刊

旬刊

月刊

季刊

年刊

不定期刊

三、书的开本

一本书从原稿发排的第一步，就要决定“开本”——书的面积。没有决定开本之前，一切出版的工作，就无从着手。现在介绍的开本是一般图书的开本。至于我国线钉本的古书开本，暂不叙述。有了“开本”的标准，任何地区印出来的书本就不会有大小悬殊的现象。“开本”的标准，是用全张白报纸 30″×42″尺幅 31″×43″尺幅来计算的。把一张纸能够裁切长阔相称面积相等的多少小页，就是多少开本。例如裁成长 $7\frac{1''}{8}$ × 阔 $5\frac{1''}{8}$ 的小页有三十二张，那就叫做三十二开本。但是有一个原则，以不浪费纸张和便于印钉工作为最主要的条件。我们经常采用的开本和尺寸（英）举例如左：

（各种普通开本）

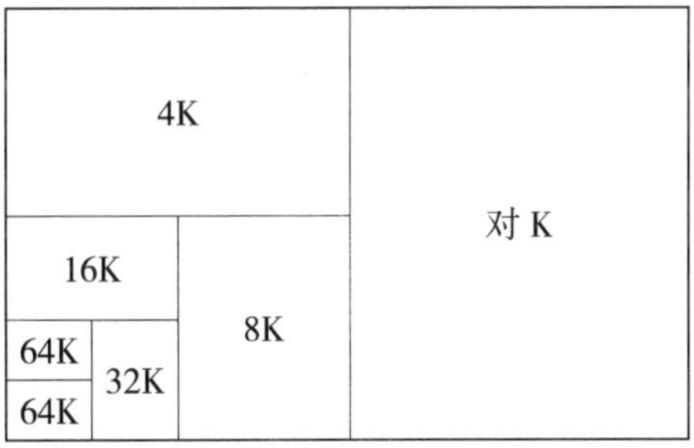

（二十三开本）

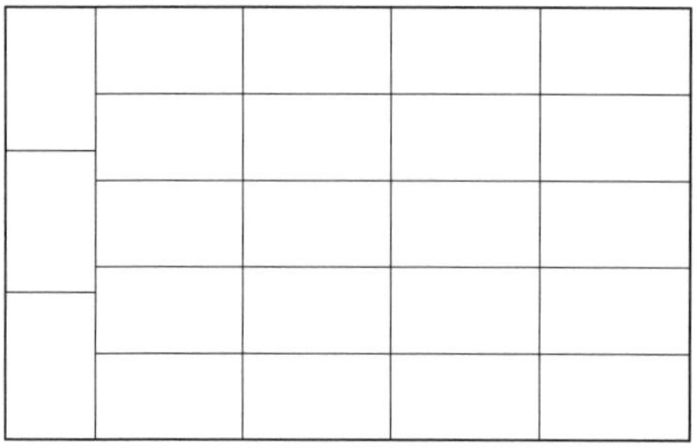

（二十四开本）

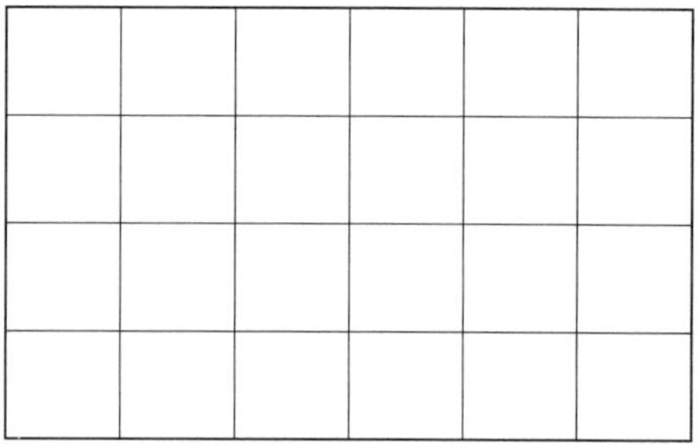

（二十五开本）

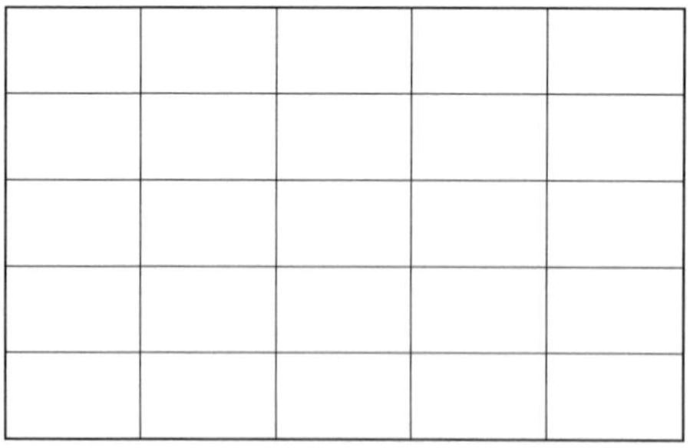

（二十八开本）

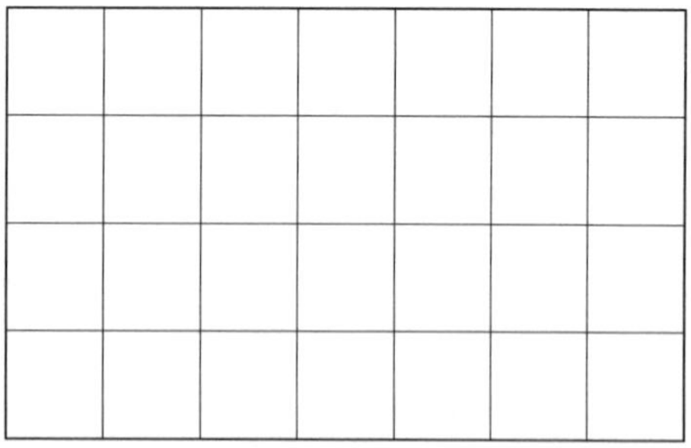

（三十六开本）

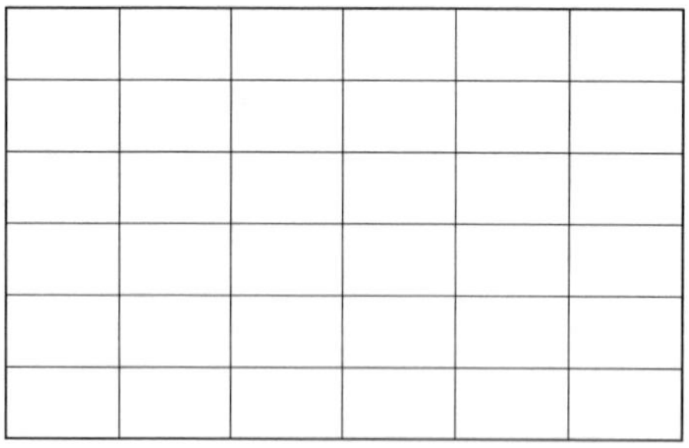

（四十二开本）

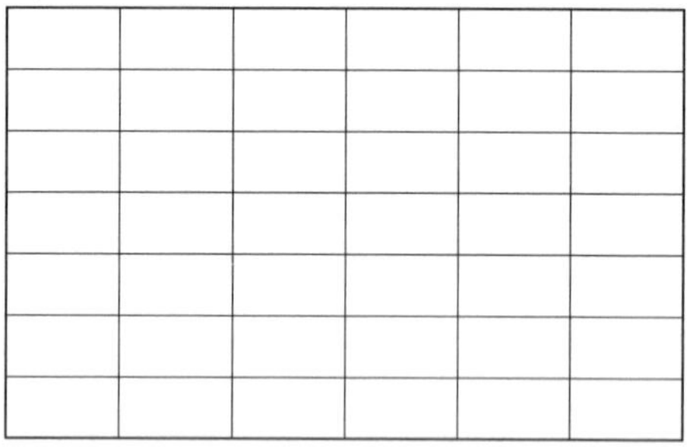

（四十六开本）

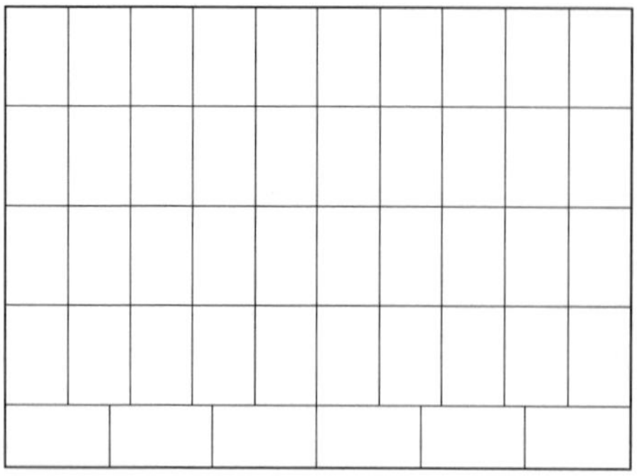

（五十开本）

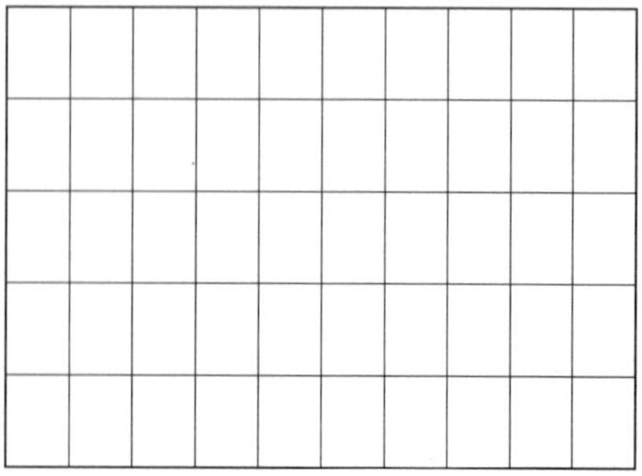

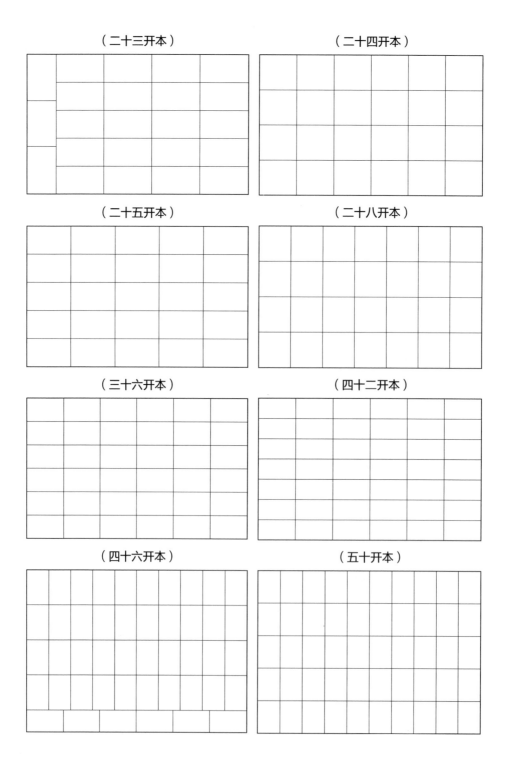

8K.	$14\frac{1''}{2} \times 10\frac{1''}{4}$	32K.	$5\frac{1''}{8} \times 7\frac{1''}{8}$ 或 $5\frac{1''}{16} \times 7\frac{1''}{16}$
16K.	$10\frac{1''}{4} \times 7\frac{1''}{8}$	36K.	$6\frac{7''}{8} \times 4\frac{7''}{8}$ 或 $6\frac{3''}{4} \times 4\frac{3''}{4}$
18K.	$9\frac{5''}{8} \times 6\frac{3''}{4}$	42K.	$6\frac{3''}{4} \times 4\frac{1''}{16}$
23K.	$8\frac{1''}{2} \times 5\frac{15''}{16}$	46K.	$5\frac{15''}{16} \times 4\frac{1''}{8}$
24K.	$7\frac{3''}{8} \times 6\frac{11''}{16}$	48K.	$6\frac{5''}{8} \times 3\frac{11''}{16}$
25K.	$8'' \times 5\frac{7''}{8}$	50K.	$5\frac{7''}{8} \times 4''$
28K.	$\frac{3''}{8}7 \times 5\frac{3''}{4}$	64K.	$5\frac{1''}{8} \times 3\frac{9''}{16}$

开本的选择，在一般说来，大致根据书的性质来决定的，可是并没有硬性规定。本社现在所采用的，不外 36K，32K，25K，16K 四种开本。但是很可能依着任务的发展，它的种类，也得随着增多。现在将各开本所印的书报来做一个统计，以便灵活运用：

2K. 4K. ——印新闻纸和挂图挂表等。

8K. 16K. 18K. ——印书报等。

16K. 18K. 23K. ——印期刊等。

23K. 24K. 25K. 28K. ——印大学用书或科技等图书。

32K. 36K. ——印小学、民校、工农、军事、中学职校等课本及一般图书等。

36K. 42K. 46K. 48K. ——印幼稚读物、连环画等。

48K. 50K. 64K. ——印字典、日记等袖珍本。

“开本”的名称，已在上面说过，但这里还要附带申述一下：一般所谓“开本”都是依 31″× 43″或 30″× 42″的白报纸、道林纸、模造纸等来计算的。如果用其他不同尺幅的纸张来印书，那开数和开本尺寸绝对不会完全相同。所以应该照实际开数来说某种纸的几开本，才不容易弄错。

四、铅字材料的种类和大小

我国发明的印刷术，最初使用雕版。到了宋[①]朝毕昇才发明用黏性胶泥制成单个活字，经过烧煅使它坚硬，然后密排在铁板上，再从事印刷。这种印刷方法，可惜未能发展。现在我们所用的合金铅字，都是采用欧洲和日本的方法。我国的铅字种类，现在所用的不外宋体、仿宋体、楷体、黑体等。宋体有方宋、长宋、扁宋。仿宋体有长仿宋、方仿宋、真宋、百宋，还有聚珍仿宋等。每种字体各有大小不同的号数。因为号数没有正确标准，以致各家不能一致。现在各大印刷机构和铅字材料行都采用美国的“点数制”来区分大小。这个“点数制”是经过欧美各国和日本的印刷业长期的研究，大家公认为最理想的标准。这点数（Point）制是每英寸七十一点，Point 现在俗称“磅”，那是译音，切勿误会为重量。

铅字种类	铅字规格	字模深度　日文	字模深度　汉文
63P	872	75	75
初号	580	70	70
36P	498	70	70
一号	380	60	60
24P	332	60	60
二号	290	50	50
18P	250	50	50
三号	220	50	50
四号	190	45	43
12P	166	45	43

① 原文为竖排繁体，私名号在文字左侧。后同。

续表

铅字种类	铅字规格	字模深度　日文	字模深度　汉文
五号	145	45	43
8P	125	36	33
9P	111	36	33
六号	110	36	33
75P	104	36	33
7P	97	30	30
6P	83	25	25
七号	72	20	20
45P	625	20	20
62P	87	25	25

大小号的关系：初、1、2、3、4、5、6、7、8

大小号的关系：初、2、5，零、新、2，1、4，特零号是 5 号 × 6.5

1Poinr〔Point〕 0.013837

铅字的标准高度：0.923 吋

1. 铅字的点数制，在一八八六年美国铅字业协会议定标准之后，日本也采用这点数制来计算铅字的大小。慢慢地就传到了我国，把原来没有标准的大小铅字逐渐淘汰，趋向一致了。

现在我国铅字的种类虽不很多，但是每本书里要求版式美观，条目清楚，也得用各种字体分别的排起来。有的科学书和译本，在中文之间还排嵌原文。过去常见的有英德法日诸国文字和数理工程等书里边常有的希腊字。从解放以后，介绍苏联各种科技的译本，逐渐增多。所以出版工作者最低限度须要认识几种基本字母，在排校方面可以有点帮助。现在把俄文字母和希腊字母列举如下，以供参考。

仅仅有了铅字，还不能直接排成书版，须要配上其他各种材料，例如标点符号、铅条、空铅、衬铅以及各种铅线花边和各种排版工具如铜模、字架、字盘、手盘等等。那些工具暂且不说，但那些材料的认识对出版工作者大有用处，应该特别说明。

2. 标点符号：书稿文字中加入各种标点符号，是我国新文化运动以后的一大进步。因为它可以确定语句的含意，增加文字的力量，帮助读者的理解力，减少许多错误。

现在我国通行的标点符号为：

,、逗点　！感叹号　。. 句点　？问号　：冒号　；分号

符号：

︶︺︼﹂﹄ 括弧　= 等号　◎ 圈里圈　+ 加号　- 减号

× 乘号　÷ 除号　≑ 不等号　★ 星标　† 剑号　§ 章节号

% 百分号　～ 差号

△ 三角　∠ 角　⊥ 垂直　≡ 全等形

＜ 小于　＞ 大于

} 包头　| 专名线　﹏ 书名线　⁞ 四连点　∶ 比号

∽ 相似形　＝ 平行号

$\frac{2}{3}$ $\frac{1}{2}$ $\frac{3}{4}$ $\frac{1}{3}$ $\frac{1}{5}$ $\frac{1}{4}$ 等分数记号

√ 根号　∛ 立方根　± 正负号　∓ 负正号

3. 铅条：行和行的距离是用铅条来隔分的，所以铅条要比铅字低。铅条的厚薄是根据每号字的开数大小而不同，也有拿“点数制”来规定的。铅条的使用对于版式上的行数很有关系，必需注意。

字号	五号	七号	五号	四号	六号	四号	五号	四号	三号	二号
开数	四开	对开	三开	四开	对开	三开	对开	对开	对开	对开
（磅）	$2\frac{1}{2}$	3	$3\frac{1}{3}$	$3\frac{1}{2}$	4	$4\frac{2}{8}$	5	7	8	10

铅条只有间隔距离的作用，因为它的高度要比铅字低，所以印不出线条来。如果要印出显著的线条，那就得用书边、花边、铅线等来排版才行。

4. 空铅和衬铅：字和字的距离和每行及每面空白的地位，都要用空铅砌成。空铅的种类，也是跟着字号大小而分别的，它的高度也是比铅字低，例如：

二号字到七号字，每号空铅有单连、双连、三连等数种。

衬铅也是根据各号字体的不同和开数的不同来分别的，各种衬铅的厚薄如下表：

衬铅	对开 二分之一	二五开 五分之二	三开 三分之一	四开 四分之二	五开 五分之一	六开 六分之一	八开 八分之一
二号	|	×	|	|	×	|	|
小二号	|	×	|	|	|	|	|
三号	|	×	|	|	|	|	×
四号	|	|	|	|	|	×	×
小四号	|	×	|	|	|	|	×
五号	|	×	|	|	|	×	×
小五号	|	×	|	|	×	×	×

续表

衬铅	对开 二分之一	二五开 五分之二	三开 三分之一	四开 四分之二	五开 五分之一	六开 六分之一	八开 八分之一
六号	│	×	│	│	×	×	×
七号	│	×	│	│	×	×	×

注："×"这记号是表示没有这种衬铅的。"│"这符号表示有这号字的衬铅。

5. 书边有铜书边和铅书边两类。各有三线书边、文武书边和双素线书边的分别。另外有各式各样的铅花边，都是排框边或广告之类用的，有时候要排表格等须用铅线来排才能合适。

‖ 文武书边　‖ 三线书边　‖ 双线书边

6. 铅线分素线（直线）、曲线（水线）、点线三种。铅素线有八号和九号之分，各有正线和反线（一根铅线一边是细的，一边是较粗的）。但也有铜制的。铜制的线比较耐用。

┃ 素线（粗）　⌇ 曲线（水线）　⋮ 点线　│ 素线（细）

7. 合金铅：上面所讲的铅字和材料，都是用合金铅来铸造的。合金铅（俗称字铅）是青铅、锑、锡三种金属合成的。它的成分有一定比例：最普通的合金，铅占 85%，锑占 11.5%，锡占 3.5%。这种合金有二种优点，第一是避免铅字的伸缩性；第二是经久耐用。所以印刷厂对于铅料的成分非常重视，尤其铅版的合金铅，更为注意。它的成分是：铅占 76.5〔%〕，锑占 15.5%，锡占 8%，这样成分的合金铅比较经用得多。

五、版心（版口）和规定版式事项

"开本"和"铅字"及材料的情况了解清楚后，对于版口大小和版式的规定，就能掌握得住。现将最通用的四号字和五号字来规定几种开本的（直排）版式列表如左：

开本	版本			版口		小五号字（九磅）				老五号字（十磅）				小四号字（十二磅）			
						每面行数			每行字数	每面行数			每行字数	每面行数			每行字数
	长度	阔度	书脊长	长度	阔度	一根对开	一根半对开	二根对开		一根对开	一根半对开	二根对开		一根对开	一根半对开	二根对开	
16 开	$10\frac{1''}{4}$	$7\frac{1''}{8}$	$8\frac{1''}{8}$	$8\frac{1''}{4}$	$5\frac{1''}{2}$	29	26	22	66	25	22	19	52	23	20	18	50
23 开	$8\frac{1''}{2}$	$5\frac{15''}{16}$	$7\frac{1''}{4}$	$6\frac{1''}{2}$	4″	22	19	17	52	19	16	14	45	17	15	13	39
25 开	8″	$5\frac{7''}{8}$	$6\frac{1''}{2}$	$6\frac{1''}{2}$	4″	21	19	16	50	18	16	14	44	17	15	13	28
32 开	$7\frac{1''}{8}$	$5\frac{1''}{8}$	$5\frac{7''}{8}$	$5\frac{1''}{2}$	$3\frac{3''}{4}$	20	18	15	44	17	15	13	38	16	14	12	33
36 开	$6\frac{7''}{8}$	$4\frac{7''}{8}$	$5\frac{9''}{16}$	$5\frac{1''}{4}$	$3\frac{1''}{2}$	19	16	14	42	16	14	12	36	15	13	12	32
42 开	$6\frac{3''}{4}$	$4\frac{1''}{16}$	$5\frac{1''}{4}$	$5\frac{1''}{4}$	3″	16	14	12	42	14	12	11	36	13	11	—	32
50 开	$5\frac{7''}{8}$	4″	$4\frac{3''}{4}$	$4\frac{1''}{2}$	3″	16	14	12	36	14	12	11	31	13	11	—	27
64 开	$5\frac{1''}{8}$	$3\frac{3''}{8}$	$4\frac{1''}{2}$	4″	$2\frac{1''}{2}$	13	12	10	32	12	10	—	28	11	9	—	24

上表的行数和字数，不过是给出版工作者做一个参考。就是横排和其他各种开本的版式，也可以按照铅字点数制的计算方法来计算每面行数和每行字数，也不会错的。

（一）每行字数计算法：

每行版口长度（英寸）×72 点（Point）÷ 要排几磅字 = 每行字数。

例如：版口长 $5\frac{1}{2}$吋 ×72 点 ÷12 点（小四号字）= 33 字

（二）每行间的距离：根据上表的规定来排，大致没有问题。如果排得太密和太疏，都是不十分美观的。但小学教科书，每课字数很少，又限于每课要占一面地位，那就得变通一点，不能作普通情形而论。

书的版式大致有下列几种排法：

（一）直排：每行铅字自上而下。

（二）横排：每行铅字自左而右。

（三）行中标点：标点符号排在每行里头，每个标点占着一个字或半个字地位。

（四）单面装：标点排在每行的右边，如有专名线（人名地名等）也排在行的右边的话，那么标点就改排在每行中间，免得专名线和标点相遇的地方发生割裂专名线的短处。

（五）双面装：标点是排在每行的右边，那专名线就排在每行的左边。这种排法，行间的距离最少要空二根对开铅条的距离。它的排工比较复杂，所以工价也贵。

（六）无标点：那是最简单的排法，每行没有分句，全部不用标点符号。

（七）加嵌装：每行中的字与字间加嵌着$\frac{1}{4}$、$\frac{1}{3}$或$\frac{1}{2}$等衬铅（司坯司），使每个字有相等的距离。这是指宋体、仿宋体、黑体等铅字而言。至于楷体，字面比较字身小些，排起来不加嵌衬铅每个字已有距离，如果再加衬铅，反而觉得散漫了。

（八）分栏装：每面分排横式或直式的两栏或三栏、四栏，每栏每行的字数可以有伸缩，但有每行每栏的字数相等的。这全在设计版式时的需要而定，这种版式以排期刊和辞书、年鉴为最多。

（九）围框装：每面文字的四边上下左右完全排着书边或铅线的边框。

（十）挂线装：凡组织系统表或历史年代表和表解等书，须要用线条来说明它的关系的时候，就得采用这种装法。

（十一）表格：一切统计、记录、表报、簿册等，各式各样的插表，除特殊情形外，都用铅线来排成。

一本书稿既经决定了开本的大小和排法之后，就得根据前面所说“整理原稿”的第四项工作，要仔细地在原稿上加以批注，主要有下列各项问题：

1. 把原稿上所有的“篇”“部”“卷”“课”“章”“节”“款”“目”“项”“条”“子目”“纲”“类”以及各小段的标题等统一的批注字体、字号，使全书前后一律。大标题排大字，小标题排小字，或用各种字体来分门别类，使大章、小节、细目很显明的表示出来。并须注明每行的高低和占行地位的宽窄，那篇章的标题，要不要另面，另页，还是接排，都得批注清楚。

2. 中缝和页码，要比正文铅字小，例如四号正文用小五号中缝。直排书的中缝排在每页靠近切口的左边或右边的最末一行，它的上半部分，单码排篇章标题，双码排书名，那下半部分就排单双页码，这页码用中文数字来排。

3. 书眉和页码是在直排或横排书每页正文的上额，直排书的单页码靠在书眉的左角，那右边或中央排篇章标题，双页码靠在书眉的右角，那左边或中央排书名。有的直排或横排的书两页书眉上全排书名，也有完全不排书名和标题而只排页码的。至于横排书书眉上的单双页码等的地位却和直排书的相反。

书眉和正文要距离一二个字，有的加长线或短线，有的只空距离来分开的。页码都排阿剌伯数字，有各种排法。例如：31、· 31 · 、−31−、31、*31*、31、(31)、〔 31 〕、$\overline{31}$。但是有的书不排书眉，那页码就按在正文下脚的左右角，或居中地位。

4. 注释注解的排法：要使读者检查方便为第一条件，最好在这页范围里的注解，就排在这页上或在直排书的单页正文后面，一检就得。如果排在每章节之后和全书的后面，都会感觉到不方便。但教科书只得排在每课文的后面。

5. 插图、插表排在正文中间的，它的四边须离开正文至少要有一个五号字地位。图表的说明要排较小一号字在图表的上下方。可以和正文有所分别。

横排书的说明，应该自左而右；直排书的说明，可以自右而左。但有标点的图注也应该自左而右，因为标点符号原则上是采用西文标点而来，排在每句的右边，在习惯上比较顺眼。

六、校对工作

校对是出版工作中最重要的一环，并且是相当麻烦和费时的工作。下列各点应该特别注意：

1. 校对时，观点立场要正确，思想要集中。书稿内容有无问题，在校对过程中，也要随处留意。

2. 文字词句有无笔误，如错字、漏字、重复等问题。

3. 标点符号有没有脱漏或用得不确当的地方。

4. 标题地位高低，字体大小等版式，是不是排得一律。

5. 字体、字号应力求统一，全书中有没有搀杂不同的字体和坏字。

6. 页码的高低、行数、字数以及版心的面积，是不是全书相同。

7. 图、表、公式的地位，是不是排得恰当和美观。

8. 校对符号是表达校对工作者意志的符号，使排字工作者看了就能了解要怎样改正。这经验积累的符号，做出版工作者，完全应该知道的，现在把校对符号用法说明于后。

校对上使用的符号，虽然没有一定，可是大体上有一个使用的习惯。现在把惯用的符号列在下边，附加说明，作为我社校对工作的统一规定。希望同志们都按这个规定来使用。至于校对工作还没有熟练的同志们，希望把这个规定当做业务学习的材料，进行学习。

（一）əб　表明某些字句或符号要删去。

（注意：在画这符号的时候，不要把圈圈带到别的文字上，以免改版的时候误会。）

（二）△　表明某些字句或符号仍旧要保留（每个字的旁边都要加）。

（注意△符号一定要画在需要保留的那个字（句）上，不可偏倚，否则改版工作，容易弄错。并且还要在删去的符号上加上 ||||||||||||）

（三）<　表明要空一格（即一个字的地位），如果需要空开半个字或者一个字的四分之一地位，就要在旁边注明“空半格或空四开”。要空多少格，就做多少个，依此类推。

（四）↖　表明指向的。如果要加进字句去，在空白上写明了，牵一条线，一头连着要加进去的字句，头上做一个箭头作指向。

（五）（ ）或｜　表明两字中间的距离要排紧一点。

（六）_⎍_　表明某些字要向下移（移多少地位，就由左右两线的长短来表明）。

对于私名号或书名号要移动，也可以用这个符号。

（七）⎺⎿⎽⏋⎺　表明某些字句要向上移。

对于私名号或书名号需向上移。用这符号。

（八）ʃ　表明专名线不应中断。

如果遇有需要断的地方而校样上却没有断，就在需要断的地方引一条线出来，写上“要断”两字。

（九）↖　表明某些字句要移到下一行行首。

（十）↘　表明某些字句要移到前一行行末。

（十一）⌇　表明某些字句或符号要向左（或向右）移动。

如果要把私名号或别的符号要靠近一点，也用这种符号。

（十二）||　表明行间参差不齐要轧紧。

（十三）×　表明这个字或符号坏了（不完整），或者模糊了（旧了），要另换完整的，新的。就要在坏字的旁边做一个 ×。

（注意：不必再牵一条线到空白处填上原来这个字，不过一定要是缺笔断划的字，方可剔出，不能因校样打得模糊而吹毛求疵地乱剔）

（十四）§　表明要使上下文颠倒过来。

（十五）⤒　表明这些字句要向上移（—表示平齐，↑表示方向）。

如果道地一点，在⤒上面再注明“另行起，低几格”。用在私名线上

浙[1]
江
的字，个桐。
乡
人

（十六）↓　表明字句要往下移。

（十七）丂　表明私名线（或书名线）太长了，要改短一点。

（十八）≣　表明这一行文字要向右移，线要做到行末，如果要向左移，可依此类推。

插图表格要移动也就用这符号，或用⸾亦可。

（十九）◎　表明要矫正倒装的字或标点。

（二十）ゾ　表明漏排了字或符号，我们要把遗漏的字（或符号）添进去，就要在上下字的中间做这符号，然后引一线到空白的地方，再把需要添的字（或符号）写出。

（二十一）改错　现在通常用的是把错的字句、符号涂掉，引一条线在空白地位，把改正的字句、符号，用箭头指示。

遇到本文上有用两种不同的字体掺杂着排的，字体弄错了，就引一条线出来注上要换的字体。其他类推。

（二十二）行间的处理：

（1）行间铅条厚薄错了，就在行间引一条线注明该换那号铅条。

（2）如果在跨页上吊一二行正文，以下是另一章节的话，在形式上就难看，就要设法把这一行（或两行）移入上页。正文可能有几种办法：（甲）在附近如果有一二个字的短行，就在前行用对开标点来轧紧，使两行并成一行。（乙）减去文句中可能省略的文字。（在一本书的末了，也要注意，如果遇到在单页码上，吊上一二行，不但难看，而且浪费一张纸。）

（3）装排时候脱漏了较多的文句，或者原稿上有文句增加，就势必加行。办法：（甲）看在附近是否能利用上述办法以减补加。（乙）增行以后，就要移

---

① 为显示与版式联系紧密的标点的特点，本书保留了原文献竖排部分文字。

行，可用）延长，加在行间，旁边再写上“移入第几页”。

（4）补足空行。遇到一节或一课末了，在全页上还空着些地位，形式上不好看，就要换较厚的铅条来排匀补足。（相反的也可换较薄的铅条来并行。）

（二十三）术语：

（1）要占两行地位，就写上“占两行”。依此类推。

（2）要另行排，就写“另起”。

（3）要用几号字，就用中国号码字如〣、〤、〥、〦等注明。写成〣号，〤号，小〥号。

（4）要低几格，只要写“低 × 格”或“低 ×”。依此类推。

（5）要用哪种字体就写明：〣仿，〢楷，〤黑等。

（6）要横排的，就写“横排”。

（二十四）检查：

一份校样虽说至少要经过三次校对，可是还不免有疏漏，在末了一校，要从头到尾检查一遍。

（1）对目录。

（2）对题目和小标题的空格（又叫低格）。

（3）对页码。

（4）对头目和边目。

（5）注意跨页的文句是否有脱漏或不衔接。

（6）图表的次序是否与正文符合与联接。

（7）避免结句标点符号放在每行的开头。

（二十五）其他：

有些人习惯在改正的字旁加上一条线或加上些圈、点，用意在使改版人注意，其实可以不用，因为易与文字上的加圈、点、线混淆的（有些文章在着重的字句上常加圈或黑点的，加线更是普遍使用的）。

9. 常用标点的种类和使用①

---

① 原版式为竖排，现改为横排。

（一）。，、；：！？　这些标点，有普通体的、黑体的两种。它的体积各有整个的或对开的。在整篇文章里大都用普通体的。黑体，只有在黑体写的标题当中使用（取其调和）。

正文不论横行式、直行式，大都用整个标点的多，用对开标点就可以取用"。；？"等。在左边的比较好看。对开标点还有直对开、横对开之分，直对开标点适于横排书及单面装的直排书格式的，横对开标点是适用于行中标点的直排格式的。对开标点调节行间上大有用处，如前章所说要避行首、避行末的时候，或并行的时候，就要利用它来调节，如果在一行中间换去两个"整个的"，就省出一个字地位了（其他类推）。

（二）!?　这是两个对开标点拼起来用的，这种双管齐下的办法，在正正式式的书本上是不采用的（尤其教本）。假使碰到，必须体会文句的意思，去掉左边的或右边的一个。

（三）。或.　这种标点有好几种：（1）普通用来断句的"。"，它的大小，是配合其他标点的（如、；），其大小与其它标点的大小一样。（2）是黑体的，大都用在目录、课、节上，这种圈圈比较大一些。（3）有一种是代替十字或零字用的，如：一九五零年（一九五〇年）　第二十节（第二〇节）圈圈的大小，要和字体的大小一样。（4）还有一种扁体的，大都用在目录下面的页码上。

（四）：　这种标点代替各种括弧的用处，如题解、作业、问题下面常用一个：标点，接着下面的文句。

（五）·　这用在着重字句旁边的，其它用处不多。

（六）？　这个标点在文句中以用普通体为合适。黑体适用于黑体字上的问句上。还有一种□体积的，在横排式上常见到用的。因和文字间分别不甚清晰，不逢尴尬时候，最好不用。

10. 其他符号的种类和使用

其他符号的使用，似乎是编撰者和整理稿件者的事情，做校对工作的只要照着对就是了。可是不知道这些符号种类和用途，可能发生搞错和无法安排以及形式上不好看的种种毛病。

现在把各种常用符号列举如下，并加以说明。

符号虽然有各种不同的形式，可是就它所占的位置来说，只能分成定型的和不定型的两种。

所谓定型的是：它的铜模有一定的大小，不可能任意使它延长、放宽或截短。不定型的就可以随便了。

先讲定型的：

（一）︻︼ 是外方内圆的括弧（亦名鱼尾弧）。体积是整个或对开大小（即占一格或半格地位）。它的用处（1）用在题示句上，如：【中国最大的邻邦】【亚洲的位置】等（括弧里的字可和正文同一号数，专名不再加线）。（2）用在题解、注释上，如：【注释】【题解】等。（3）用在注解上，如：【噬】猛兽伤人叫噬（注解可以采用的符号很多，后面要逐一讲到，可是为了醒目，用这种符号是比较相宜的）。

（二）︶（ ） 横或直的半圆形括弧，体积是整个或对开大小，它的用处（1）用在指明上，如（参阅第×节）。（见注×）（2）用在文句的夹注当中，如：晋文公（重耳）堆肥（垃圾堆成的肥料）等。

（3）同〔用〕在分项、节的数字上，如：四 甲 A 4 等。在横排式的，如：（四）（甲）（A）（4）等。

（三）︹︺ 六角弧，体积是整个或半个字，用处大概和前举两项同。

（四）「」 单引号，体积是整个或对开大小。它的用途：（1）标明对话，如他问：「你是谁」甲说：「我不赞同」。（2）引用成语，如：檀弓上有「苛政猛于虎」一句。（3）是标明有言外之意，如：

他自命为「饱学之士」。（4）是标明加重语气，如：这是他的「血汗钱」。（5）用﹁﹂号提行写，省去某某说，某某答的字样，如：「你还记得吗？」「我已记不得了。」（6）用在引用一段文字上，在开头用（﹁），末了用（﹂）。但是要注意所引的一段文字中间有提行的（另起行），那末只在提行开头用﹁号，直到引文全部完了，才用上﹂号。

因为它有整个、半个的，就要发生一种行首不平齐的毛病，如：最后，他对王………「司令员……看去像是低了半格，如果要它平齐，就要改用半个的，升高了，就和前行平齐了。

（五）『』　双引号，体积整个或对开大小。用途和﹁﹂一样，只要在使用时候规定用哪一种就行（全书要一律）。可是有些文句里是要用双引号的，如：（甲）某某说：「他是采用了李清照『冷冷清清凄凄惨惨戚戚』这句话的。」（乙）他说：「我们要学习『政治经济学』。」至于双引号用在前，或是单引号用在前，本可以随便，只要注意全书一律。不过在书写方面都是采用先单后双的，为了和书写一致起见，最好先用单引号，须再用时才用双引号。单引号写起来比双引号简单，用得多的采书写简单的单引号，用得少的采书写复杂的双引号，这是合理的。

还有一种要注意：在加专门线的书本上就不加引号，如前例（甲）。

在横排的书本上，无论是用单引号或双引号，都不很好看的。所以凡是要用引号的地方，一律改用“”，比较美观些。

现在有人采用俄文中的« »来代替﹁﹂﹃﹄号，在形式上也还好看，可是它没有« »号的铜模，要用双引号时候，就没办法。

（六）× 这种符号体积占一个字地位，大都因为某人、某事、某国不便写明，就用 × 来代替。用的时候要注意和不写明的字数相等，否则使人不易体会。

（七）□ 这种符号体积占一个字地位，大都翻印古集或引据古集版子上有些字迹已经腐蚀得看不出来，用来代替腐蚀掉的字句的，使用时也要和原来的字数相等。

（八）■ 这是字钉子。它的用处只在排字房缺少了所需要的字或标点、符号时，暂时用来占地位的。校对时候要照原稿上的字、标点、符号逐一填清楚，因为排字房在初校之后，只凭校样改，不再看原稿的了。

（九）* ※ 这种花点的式样很多，是定型的。用处（1）标明文字后面有注解。（2）标明这篇文章里有删节掉的段数。（3）文章里需要空开一行，嫌空洞不好看，就在行间加上几个花点。（4）本章文字完了，下章要另页排起，可是占不满一页的 $\frac{3}{4}$，空白太多了不很好看，就用上几个花点，点缀一下（外国书上常有，我们不常用）。

（一〇）㊀❷①❶ 这些数字符号，大都用在分项目或注释句上。采用哪种，当然随各人欢喜。可是用第二种（黑体）比较不清楚，尤其对于印数较多的课本更容易模糊，还是少用的好。

（一一）⋮ 三连点这种符号也是定型的，有三点（⋮）和四点（⁞）两种。用处（1）在文句上表示延长，大都两个连排（占两个字地位）。（2）用在删节段的空行间。（3）目录上的标题连接页码，就是这个符号的延长。

其次再讲不定型符号：

（一）﹏ 这符号是不定型的，可以随需要把它延长。用处：（1）用在专名上（书名、篇名）；（2）有时在文句中用哭声、喊声的延长（可是很少看到使用）；（3）划清界限，如正文后面加附注，中间用一条曲线分开。

（二）｜ 这种符号也是可以随需要把它延长的。用处：（1）代替“到”号用，如：在一九四四—一九五〇年间；（2）省略用，如：列表

科目	每周时数
国语	六小时
算学	—
历史	三小时

；（3）代替 ︵︶ 号用，如：高等教育机关——大学及各种专科学院（嵌在文句中间的，普通占二格；占一格的是例外）。

（三）‖ 这种双线的用处比较少，只有在讲究的书本上才把人名、地名，用单、双线来分别，现在已经不常用了。

加线在左边、右边，没有定则，可是加在右边可能有两个尴尬问题：（1）遇到有些文句既要加线，又要加着重点（·小圈黑点）就无法安排。如我们必须学习联共党史。遇到标点加在右边的就无法把线加到底，如：「我们的国都在北京。」因此线加在左边比较好。

（四）□ □ □ 这种小方框（花线种类颇多）大都用在提示句上的。

例一 巴黎的革命与凡尔赛的反革命 例二 中国最大的邻邦 等。但是使用方框会出许多毛病：提示句比较长的，一则会行间安排不匀，如例一上这些字就无法使它长短整齐。

二则有些提示太长，要排三四行地位，本文例足有二三行；那就非占去别一节地位不可，在格式上就很难看。三则恰巧逢到跨页，就只能弄成上页半个方框，下页半个方框，那就更难看了。

校对工作除了正文以外还要注意的各点：

我们的工作偏重在教本，因此只就教本来说。

11. 私名号用法

（一）人名

（1）姓、名、字、姓名、姓字、姓名字、字姓名都加私名号[①]。例：

王、杨、卢、骆、初唐四杰。（姓）

克强，你的功课准备好没有？（名）

仲甫、朴斋、子明诸先生都到了。（字）

柳宗元就是柳子厚，别弄成两个人去了。（姓名、姓字）

王粲 仲宣、孔融 文举、刘桢 公幹都是“建安七子”中杰出的人物。（姓名与字——私名号中断）

与伯纯 李文粹、宜之 王义、公朴 刘君实等时相过从。（字与姓名——私名号中断）

（2）姓名加称谓或职位

（A）一般的只有姓名加私名号。例：

毛主席　毛泽东主席　朱总司令　张先生　王同志　徐老　晓翁　王君　宋大哥　李二叔（称谓后置）

组长王克强　校长张志明　老张　小李　阿陈（称谓前置）

（B）姓名和称谓连在一起分不开的全加私名号。例：

孔子　孟子　子墨子　子程子　伊川先生　五柳先生　中山先生

（3）妇人名冠夫姓或以夫姓己姓合称某某氏，当一个名字看待，加私名号。例：刘王立明　陈朱氏

（4）别号诨名加私名号。例：

东坡居士　杜陵野叟　八大山人

---

① 竖排文献中加在文字左侧，转为横排简体后改为出现在文字下方。

蓝皮阿五　李二疙瘩　赤发鬼刘唐　四眼陈　豆腐西施

（5）以排行为名加私名号。例：

赵大（赵大哥）　王二（王二爷）　赵阿大（阿赵）　王老二（老王）王小二（小王）

（6）以地名为人名加私名号。例：

韩昌黎　袁项城

（7）庙号谥法加私名号。例：

秦始皇　汉武帝　范文正公　岳武穆　慈禧太后（本来是泛称的，但习惯上已用来专指某一人，也加私名号。例：西太后　恭亲王）

（8）公名私名化了加私名号。例：

聪明和懒惰是两个好朋友。

德先生跟赛先生都到中国来了。

（9）私名公名化了不加私名号。例：

有人说，鲁迅是中国的高尔基。（或加引号“中国的高尔基”）

张冠李戴，你搞错了。

管他张三李四，概不理会。

生张熟魏，一概欢迎。

我不过萧规曹随罢了，说不上什么改弦更张。

（10）外国人译名加私名号，名与姓间加“·”。例：

斯密·亚当　　约翰·克里斯朵夫（名·姓）

弗拉基米尔·伊里奇·乌里亚诺夫（名·父名·姓）

（又外国人译名中有非姓名的字，习惯了把它连在一起当做一个名字看待，也加私名号。例：圣约翰　　圣玛利亚　　圣士提反（“圣”非姓名）马丹波娃利（“马丹”非姓名，一译波华荔夫人）

（二）地名

（1）地名无论大小都加私名号。例：

亚洲　西比利亚　莫斯科　斯大林格勒　山东　北京　川　滇　黔

（2）地名下加普通名词，全加私名号。例：

河北省　北京市　昆明市　昆明县　吴县　杭县（假如只加上面的地名，

那么，“昆明市”与“昆明县”就说不通，“吴县”“杭县”又非全加不可，就自乱其例了。）

京沪铁路　京汉线　江南铁路　苏嘉公路　北洋线（假如只加上面的地名，那么，“京沪铁路”固然可以说是由京到沪的铁路，“江南铁路”就不好说是在江南的铁路了。）

黄河铁桥　芦沟桥（不能只加“黄河”和“芦沟”）

昆仑山　天山　泰山　峨嵋山　秦岭　黑龙江　松花江　黄河　长江　珠江

（假如“昆仑山”只加“昆仑”，“天山”“泰山”“秦岭”就不好办，“黑龙江”“松花江”更行不通。）

昆仑山脉　秦岭山脉　天山山系　黄河流域

松辽平原　四川盆地　云贵高原　对马海峡　澎湖群岛　南洋群岛　广州湾　海南岛（假如只加上面的地名，那么，“广州湾”就变成在广州的海湾，差得太远了。）

巴拿马运河　　运河（专指中国的运河，泛指向不加。）

（3）方位名词变成专用地名（有一定区域，四至分明）加私名号。例：

我国现在的行政区划有华北、东北、西北、华东、中南、西南等六大行政区。

（“我国地势西北高，东南低”就不加。）

皖北行署设在合肥。（“皖北常闹水灾”北字就不加。）

东南亚　西德　东欧　中亚细亚

（4）泛指某一带地区的名称不加私名号。例：

江南　江北　江东　岭南　迤西　迤南

（5）自然地理上的某些名词不加私名号。例：

南极（南极洲要加）　北极　赤道　北回归线　南温带

（三）国名

（1）国名全称加私名号。例：

中华人民共和国　苏维埃社会主义共和国联盟　朝鲜民主主义人民共和国　美洲合众国

（2）国名简称加私名号。例：

中国　苏联　朝鲜　抗美援朝　英国

（3）国名上加区别词，只有国名加私名号。例：

帝俄

（四）种族名加私名号。例：

中华民族　汉族　鞑靼族　唯吾尔族[①]　苗族　彝族

（五）朝代和年号

（1）朝代和年号加私名号。例：

夏　商　周　周代　汉朝　六朝　五代　太平天国　晋太原中　宣统二年

（2）年号简称加私名号。例：

乾嘉之际

（3）朝代上冠帝王姓、冠区别词连成一个名词的加私名号。例：

刘宋　赵宋　炎汉　拓跋魏　西汉　东汉　北齐　北周　南宋

（4）朝代上冠一般区别词，只有朝代名加私名号。例：

有清　晚明　逊清　初唐　先秦

以上人名、地名、国名、种族名及朝代年号等五种都加私名号。此外，这五种名词加到另一些词儿上要不要加私名号，分下面两种情形来决定：

（一）加到另一些词儿上合组成一个词儿不可再分，不加私名号。例：

马克思主义　马列主义　毛泽东思想　姚江学派　浙东学派　唐诗　宋词　元曲　直系　奉系（马克思主义毛泽东思想并不是说马克思的主义毛泽东的思想，而是一种主义一种思想体系，所以不在马克思毛泽东上加私名号。）

北京大学　中国人民大学　北京饭店　中国百货公司　华北贸易公司　石景山钢铁厂　小丰满电厂　江南制造局（北京大学不是北京的大学。中国百货公司不是中国的百货公司。）

旗袍　列宁服　中山服　绍酒　宣纸　杭纺　川芎　玉蜀黍　关刀口小米　中西文具　华洋杂货　满汉酒席　唐洋服式

① 现用名“维吾尔族”。

（二）加到另一些词儿上用来区别另一些词儿可以分开的，加私名号。例：

马恩学说　华东军政委员会　北京市人民政府　河北省立师范学校　北京市立二中　中国共产党（中共）美国共产党（美共）马来亚共产党（马共）中国民主同盟

以下的名称都不加私名号：

（一）党派名称

联共　共产党　民主促进会　民主同盟　九三学社　新民主主义青年团

（二）机关军队名称

中央人民政府　教育部　出版总署　公安局　文教局　区政府　村政府　联合国　国际联盟　中国人民解放军　第四野战军（四野）　中国人民志愿军　朝鲜人民军

（三）社团名称

全国总工会　新史学研究会　人民日报社　人民教育出版社　世界保卫和平大会　中苏友好协会

（四）学校名称

清华大学　北京大学　华北大学　育英中学　育才小学　省立第一小学　市立二小

（五）工商企业名称

新华书店　北京饭店　中国粮食公司　瑞蚨祥绸缎庄　中国纺织公司　美伦染织厂

这些名称，它的一部分已经显示出它的性质来了，例如清华“大学”，北京“饭店”，新华“书店”，所以不必加私名号。（假如要加也不是不可，而是不必，都加了就太滥了。）

12. 书名号用法[①]

（一）书名

（1）书的本名加书名号。例：

---

① 原文为竖排繁体，书名号在文字左侧。转为横排简体后，改为出现在文字下方。

论语　孟子　子夜　桑干河上

四库全书　汉魏百三家集　十八家诗钞　集外集拾遗　古书疑义举例补　新方言　新儿女英雄传　中国人民文艺丛书　教育资料丛刊

（2）非书的本名不加书名号。例：

四书　五经　十三经　（四书集注　十三经索引）　干部必读

（二）篇章名

（1）篇章名加书名号。例：

学而　子路冉有　公西华侍坐章　项羽本纪　七月　湘夫人

（2）篇章序名不加书名号

初中语文课本第二十课　中国通史第三章

（三）文件法令名称加书名号。例：

中国人民政治协商会议　共同纲领　中央人民政府组织法　中华人民共和国婚姻法　斯德哥尔摩宣言　中苏友好同盟互助条约

（四）报纸杂志名

（1）报纸杂志本名加书名号。例：

人民日报　中国青年　小说月报　文史杂志

（2）报纸杂志非本名部分不加书名号。例：

观察半月刊　新青年杂志　生活知识周刊

（五）戏剧等名称加书名号。例：

（1）戏剧：白毛女　龙须沟　打渔杀家　将相和

（2）电影：列宁在十月　青年近卫军

（3）歌曲：义勇军进行曲　黄河大合唱　田园交响乐

（4）曲牌：念奴娇　沁园春　减字木兰花

（5）绘画：晚祷　拾穗者　入党宣誓

（6）雕塑：掷铁饼　无名英雄　列宁群队

（7）舞蹈：和平鸽　冲破浪涛（崔承喜舞名）　童心（安圣姬舞名）

13. 关于版式的注意事项

（一）封面

封面上的书名有用铅字排的，有用名人或书家写的，有用美术字的，有集碑贴体的，位置、大小、横行、直行，都是封面设计者的事，似与校对者无关，但是校对者还是要注意的。举一个例子来说：文光书店出版一本《复兴顿巴斯》，封面上的美术字把“顿”写成了“蚚”，弄得人家不认识，虽然写字者的错误，校对上也要负责的。（这些例子一定还有，限于时间，不去搜集了。）

封面上除了书名以外，还要加上册数、学级、出版处或版次说明（如修订本、订正本等），这些大都用铅字排的，字号的大小，用哪种字体，位置的安排当然也是由封面设计者规定的，可是校对者也不妨贡献意见，使得封面更美观、更大方、更明晰。

（二）封脊

封脊上应注意的几点：（1）封脊上的书名要和封面上的书名一样；（2）册数、集数的数目字不能搞错；（3）出版处如果有标准字的，应采用标准字；（4）字体的大小要和这一本书的厚薄合适，过于小了不清晰，过于大了要占到封面、封底上去；（5）书名和册数以及出版处等中间的间隔要明显，切忌凑得太紧。

（三）封底

我们的教本就利用封底作为版权页。版权页的格式已经规定，因此在形式上不会再发生问题，所要注意的事项是：（1）编撰者是否有更动；（2）出版年月日是否正确；（3）修订次数项下和版次项下（如第四次修订，初版、二版）要拿发稿单来对。

（四）目录

书上如果有引言、叙文、编辑大意等等的，目录照例是装在这些文字后面的。要注意的事项：（1）目录前面必须加上全书的名称和册数，字体要比目录大一些，可以采用和目录不同样的字体；（2）篇名、页码要和书本上绝对吻合；（3）课数的数字“十”还是依进位法用“一〇”“二五”比较合理，位数排准，上面不齐，只得由它；（4）页码数字上下可以不加︵︶号。因为加了︵︶号就占去了两个字的地位，碰到题目较长的，可能弄成尴尬；（5）页码的数字采用扁体较好看（横排采用阿剌伯数字，斜体、直体、黑体，看题目的字体来决定，总之要使它显得调和）；（6）逢到题目只是个综合性的（叫它“大题目”是否比较容易懂？）后面还有逐节、逐项的个别题目，那末这个“大题目”的字体要比“小题目”用得大；小题目要比大题目低下一二格（横排推后），这在全部题目都这样分法的，还没什么问题，问题在偶尔需要这样分法的地方。如初、高中学的语文课本上“诗两首”“两封信”“故事三则”就是一个例子。还有小题目不逐一提行，不注明页码的，在两个题之间要空开两个字地位比较清楚；（7）题目少，占不满一页，偏在一边就难看，就改用大号字，加宽铅条来调剂，使它居在一页的中间。题目要占到两面的，务必利用铅条，使它两页的数目平均。不要前面一页有十多行，下页只有三四行。还有在单面上仅有二三行了，就在前面两页改用较薄的铅条把它并上去，既节省纸张又比较好看；（8）题目下边注明作者、出处的，这些注明要用小一二号的铅字排，还要加上〔〕或（）使得眉目清楚；（9）题目太长必须要转行的，转行的字数不得比前行多，也不要跟前行平齐，要低下两三个字地位。

（五）插图

对于插图方面的注意：（1）要看插图排置的地位是否与文字相符；（2）插图上的标号（图上的 1. 2. 3. 或一、二、三、）是否与注文相符（包括上下、左右、前后等）；（3）标号注文在可能范围内最好把 1 2 3 4 项目排列整齐（全部不可能，部分做到也好）；（4）图的说明跟标号之间要有小小的分界（用对开或四开铅条间隔）；（5）“图几”“第几图”等最好加上括弧比较明显；（6）安置插图，不要破坏文字排列的体例。如把提示句分成了两行，起句不跟提示句衔接，转行提格不明显，图占到了别一段文字上去；或者占到了后面的“注释”“作业”上去等。应当接排的章节，因为插图关系只得另页排起，不满一页的图，无法安排了，由它独占一页，这些都是破坏体例的，要尽可能安排得妥当。还有一句要关照，这些毛病要在初校上改正。

课文前面的“编辑大意”和“编辑例言”目录等，如果不超过一页，可以不标页码。超过一页，要标页码的话，也要各码另起，更不能和课文连续。

（六）附表

在课本上常常要有附表，关于附表要注意的：（1）不超过一页以上的表要尽可能使它不跨页，如果直排书双页跨到单页还好，单页跨到双页（不占两个页码），可以更换薄铅条，或删节行数或增加行数，改小字体等办法来处理；（2）附表外面的说明，字体要比表里面的字大一些；（3）表里的数字直排用中国数字（最好用扁体），横排用阿剌伯数字（不要用斜体、黑体），数目的进位要正确；（4）表上的分项目的字数当然多少不一，少的要用空开排匀，过分多的要用转行来调剂。

以下几种符号，在校对时有特别要注意的几点，现在逐一说明如下：

（一）﹁ ︵ ︵ ﹁ ﹃ 这些符号不能用在行末，碰到这样尴尬的时候，就要用四开衬铅在字间调节（或在句逗间加四开，或把句逗标点改用对开），不是把它移到行首，就是把下行第一个字移到前一行末了。

（二）﹂ ﹄ ︶ ﹂ ﹂ 这些符号和前条所说的相反，不能用在行首，安排方法照前一样。

（三）⋮和│通常不能放在行前首，碰到了也要设法避免（原稿上有些段落开头就用⋮或│的例外）。

上面所举的只是所谓“通常”的，至于字典、词典、音乐、数、理上还有许多特制的、特定的符号，因为比较专门，目前暂且不谈。

14. 认真严肃的进行校对，务求消灭错字，符合规格，并进一步发现原稿中的问题。要消灭错字，是相当烦难的工作。但这是校对者应尽的任务。因为有时候会因一字之错成为很大的问题。这种错误有两种因素：（一）人的视觉，因为思想不集中，精神不饱满，体力衰弱，或工作场所烦闹等原因，很容易造成错觉而致错误；（二）中国文字的相像字太多，一不留神就会铸成大错，遭致损失。所以要消灭错误，先要从减少错字做起，才会达到不错误的目的。现在把容易错的字分成八类举例如下：

（1）原稿上的行书（草体字），遇着文化较低的拣字工作者容易拣错；

手手　六六　新新　引引　口口　如如　学學　示示　留留　泽澤　礼禮　室室

（2）数目字相像的字：

王五　甘廿　三三　入八　匕七　丸九　白百　干千　方万

38　68　98

（3）从一个字拆为两个字的可能性：

土	忠	姿	泉	柴	拿	吉	三
十	中	次	白	此	合	士	一
一	心	女	水	木	手	口	二

（4）因一个字的错误而意义不同：

自治——自活　全权——金权　團体——圓体

金貨——金貸　右倾——左倾　論理——倫理

联合——联台　教育——教盲　仕官——任官

（5）字形相像：

殼穀　士土　任仕　代伐　伴件　徘俳　何向　剌刺　哀衷　名各

午牛　乩乱　太大犬　八人入　鴿鴒　牲性　狼狠　幸辛　角用

住往　延廷　户尸　拍柏　陝陜　析柝　予孑　柰李　且旦　屈屆

技枝　中申　助肋　杳香　永水　具貝　頂項　推堆　徒徙　戍戌

由田　困因　壬王　功切　别列　使便　坦垣　烏鳥　巳己已　盂盉

夭天　城域　衹祇　鐘鍾

（6）一个倒排或横排的字相像的：

干══干　　甲══甲　　早══早（倒排）

川══川　　州══州　　叶══叶（横排）

（7）有些铅字倒排后和原字不容易辨别如：

一　二　三　十　日　曰　目　工　中　申　王　壬　亞　車　米　亘
互　串　非　幸　美　圍　回

（8）有时候两个相同的字上下掉换，意义便完全不同：

千秋——秋千　上海——海上　生产——产生　画图——图画

女子——子女

我国文字极繁，有很多字同音同义，而它的写法，有正体、俗体、简写、印刷体等，因此一本书的前后所排的字，校对一不留意，就会有两种字体发现。虽不致损害原意，但严格地说，要保持全书一致，就不得不加以注意。尤其是教科书，更应力求统一。举例如后：

却——卻　教——敎　罵——駡　著——着　犁——犂　溫——温

台——臺　煮——煑　洒——灑　槍——鎗　朵——朶　挂——掛

袴——褲　虱——□〔蝨〕　嗎——麼　胆——膽　為——爲

担——擔　只——隻　強——强

现在再加上简笔字和方言字，因此更为复杂。在这方面，文教当局，不久终有整理的计划，出版工作者只要掌握住“一律”的原则，才不致混用，例如：

事叶——事業　拥护——擁護　范围——范圍　历史——歷史

囗民——國民　卫生——衛生　队伍——隊伍

书稿经排成书版以后，须将校样连同原稿送校。普通分初、二、三校，共计三次，这三次最好都照原稿校对，第四次可用读者态度来校读，不用原稿，特别细心地发见它的任何方面的错误，直到找不出错误才可以签字付印。到这里，排校工作暂告一个段落，那已经签定的书版，就可打制纸型。印数大的书，必须打制几副纸型，分发各地浇铸铅版，同时进行印刷。

七、纸型

纸型在任何一家书店都当做财产之一。除非这本书没有出版价值，才不重视。因为一副纸型的成功，费了很多排校的时间、精神和经济，而且它的优点能够应付巨大的印数，它的体积，容易保管，便于再版，在递运上又很轻便。它的寿命，只要使用的人小心，是相当长的。

纸型用久了，可能有小损坏。那时候只要有修改技术高明的工人，是修得好的。就是一副纸型里损坏了少数，也可重排几面，凑成整副，就一样的可以浇版印刷。

有了字迹较深的纸型作为母型，各地区需要纸型时，就可浇铸铅版，同样翻制纸型，迅速寄发各地区，同时进行印刷，完成任务。

制型的过程：书版经签字后，就可用活字版来制型（当然活字版也可以直接印刷，但不及打了纸型再印的数量多）。纸型的主要材料是薄型纸（又名雁皮纸），日货最好，国货较差。普通都用二层薄型纸和八九层厚型纸来制成的。开始工作时，把活字版装在长方形的铁框里，四边塞紧，不使活动。然后用稀浆把两层薄型纸粘合，铺在字版上，把大毛刷轻轻的在纸面打了几下。再用四五层厚型纸糊合起来，覆在薄型纸上面，盖上湿细布，这时候须用力的将毛刷打在字版上，而且要打得匀，打得平，打得时间要长。大约过十分钟光景，将细布揭开，在厚型纸上凹下去的部份，用黄纸板细细地一条一块地填进去，等全部填足，满涂稀浆，再用四五层厚型纸糊好，覆在上面再打几分钟，就把字版放在纸型架上烘干，约一刻钟拿出来，切去四面毛边就成纸型。

纸型的鉴别：（一）纸型材料，可以在未制型以前先行鉴定，是不是合乎我们的标准或要求？（二）纸型上字迹的深度，是不是均匀？尤其注意四边和中心的比较，才容易看出它的短处。（三）纸型表面有没有拉毛的地方？（四）纸型的干燥度是不是合适？（五）纸型中填的黄板纸有没有遗漏？（六）纸型四边的文字有没有倒侧？（七）最后根据签字清样校对一遍有没有错误？

纸型的保管：纸型须用坚韧的牛皮纸或油纸包扎，须按书号编号，并将纸型全部内容、页数、版次、日期、分别立卡记载，以便查考。关于贮藏纸型处所，应注意到防火的设备，处所的防湿和鼠伤虫蛀等各种措施。就是寄发外埠的纸型，绝对不使在递运途中受潮受压，所以装箱时必须衬上油纸，防备万一。

纸型上的铜版：有网线铜版时，在纸型上总不能够达到理想的美满。所以凡是有网线铜版的每副纸型须另附铜版一份，当浇版时，把铜版附在纸型上再浇铅版，直接印刷，才不致模糊。

翻纸型工作：纸型不够用或旧型损坏到不能用的时候，势必重翻一副。但是翻纸型必须要从母型（就是在活字版上打的第一二副较深的纸型）上翻出来，还可以用。如果随便任意翻制，字迹一定会越翻越浅而更难得到完善的印刷。纸型翻成以后，必须经过一翻检查工作，才可以分发各地使用。

八、浇版

使用纸型唯一的工作，就是浇铸铅版，代替活字版。这工作中最关重要的是熔铅的热度。因为这和纸型的寿命以及版面的光滑与否，有密切的关系。要是热度过高，纸型就容易被它灼枯，就不耐用；热度低了，合金铅里的锑不会熔化，浇出的铅版不光滑而影响印刷。

铅版字脚的深浅和铅版的硬度也关系着印刷品质的优劣。铅版过浅的，除了字脚没有办法以外，其它空隙的地位可以利用钻床把它钻深一些；没有这样设备的，就改用凿子小心地把它凿深一点，同样可以印刷。只要凿的时候不要把旁边的字和图带坏，绝对要保持版面的完整。铅的硬度高，每版印数可以增加。如果把铅版镀了铜，那就印上三四万张，也没有问题。

九、印刷

印刷可分三大类：凸版印刷、平版印刷和凹版印刷。而凸版印刷用途最广，平版和凹版都不及凸版普遍、便利。

例如日常的新闻纸、本社的教科书以及其他一般的图书杂志和零星印件，全系凸版印刷。有部份的年画、连环画以及画报等是用平版印刷的。本社教科书的封面也有凸版印刷，也有平版印刷的，至于凹版印刷就不适合普通出版图书的需要。它的最大用途是印有价证券一类印刷品。现把三种不同的印刷方法大略归纳一下，就可以比较出哪一种最适合我们的需要。

- 凸版印刷
  - 雕版印刷——是我国印刷最早的木刻印刷，因为产量少，雕板〔版〕费时，逐渐被淘汰，但可用它印木刻画、信笺、美术品。
  - 活字版印刷——铅字排成版子后，就拿活字版装在印机上印刷，尤其小件而印数少的居多。
  - 铅版印刷——凡书籍新闻纸是用纸型浇成铅版，把铅版装在印机上印刷，用途最大。
  - 铜锌版印刷——是用照相锌版，照相铜版和三色铜版等直接装在印机上印刷的画报之类。
- 平版印刷
  - 石印——制版在石版上，利用水油的反拨性，把石版上的图文经过压力之后，印到纸上。如翻印书籍及简单的广告招贴之类。
  - 影印版——就是彩色影印。用照相制版或落石制版在铅皮上。印刷时从铅皮印到橡皮上，再由橡皮转印到纸上，现在普通的彩图、画报等全是影印版，俗称胶版印刷。
  - 珂罗版——珂罗版印刷很精细，适宜于印刷美术品。

凹版印刷
- 蚀刻版——利用化学的腐蚀作用，刻成线条凹下去的铜版。然后把油墨涂上，嵌足凹下去的线条里，其他部分的油墨完全揩去，经凹印机一压，便把线条的油墨印在纸上。
- 篦齿凹版——全靠机械动作而刻划的一种凹版来印刷的。
- 飞尘式凹版——这凹版的制版方式，是在铜版上撒布树脂粉末，用火烘了，使粉末附着铜版面上，然后依图的轮廓用药品腐蚀。
- 照相凹版——这是飞尘式凹版的改进。利用网目版来照相制版，经化〔学〕腐蚀而制成凹版。像影写版画报，和杂志上的插图学，大都是这种印刷。

三种印刷方法，各不相同。那印刷机器也各有特点。在出版方面经常应用的第一是凸版，第二是平版。那凹版还不大需要。

凸版有全张机、对开机、四开机及大、二、三号圆盘机。这一类印刷机器，我国可以自己制造，无须仰求外国。但大都墨守成规，不求进步，这是应该努力改进的。

英国造的全张机俗称“大英机”（大型）可印卅二开;（小型）俗称“小大英机”可印廿四开，每小时生产量约一四〇〇——一五〇〇张。那种对开机，就抵得半数。日本式的全张机和对开机，除了机身稍为瘦削一点外，它的效率是差不多的。

美国造的全张机和对开机，在我国多数是密勒型，它的式样有几种，是美人密勒氏所发明的。这机器的原理，和大英机相同。它的特点，就是咬纸的大滚筒不歇地在转，只有一上一下的机动着，使在滚筒下面载版的平台，前后移动，不会有重印现象。它的生产量，每小时可印一六〇〇——一八〇〇张。另有一种双翻密勒机，每张纸双面一次印成，速度每小时要加倍，像这种机器，在我国还不普遍。

除了上面这类平台铅印机以外，还有各种滚筒阔狭不同（63″、44″、32″、22″等）的卷筒机。这种机器只能用卷筒纸印刷。它的速度，每分钟可印一百张左右。它的铅版是圆形的，装在滚筒上，同时两面印刷。那纸张印成以后，经过裁切机构，把它折成八开或十六开大小，从机器的下部送出来。但有的机器不用折页机构，就在印成后裁成平版纸，一叠（十张）的送出来，再经手工折纸，或另用折页机来折都可以的。这种卷筒机是英、美、德、日制造的在中国都有，尤其各大报馆里为了印数庞大，争取时间，不能不办。这种印报机和印书的稍有不同，印书不尽适用。现在所有的机龄，都已相当老了。本国已有厂家能够制造，机能怎样好，还没有十分把握。

圆盘机是小型的印刷机，因为它的打墨台是圆形铁盘，所以叫它圆盘机。这种大号机可以印报纸四开大小的印件，二号机有大小两种：大型可印六开大小印件，小型的可印八开大小印件，三号机可印十六开大小的印刷品。这种二号和三号的圆盘机，在没有电力设备的地区，可用脚踏也能印刷，所以很便利。如果用电力拖动的话，每小时可印一千张，用人力的便要减少产量。这机器颇适于印刷一切零件图表簿册和小量的书封等。因为成本轻，开办也容易，因此小型的印刷所到处都有。

那种平版印刷的石印和胶版等机器，也有多种。除了机件构造上和印版制作上的不同以外，它的原理，完全一样，不再细说。

一〇、装版

装版的方式：不论是平版或凸版，凡是印书版的，对装版或拼版的工作，是首先应该注意研究的。这里不拿机器来分，我们只拿全张纸的三十二开和三十六开的装版法略举几个直排书的例子。其他各种开本和横排书的装版法当然很多，只能从略。

在印机上的老练技工一定很明了装订全面的情况，所装拼的印版和印成的书片很合适装订条件。既使开料不浪费人工，又使折书和排书都省事，而且钉成的书本，又没有歪斜脱页的不好结果。

要是没有研究精神的技工，提起“装版”就觉得头痛，他不管装订怎样工作，凭他个人方便，装得鸡零狗碎，第一就使开料的多开几刀，折书排书的也跟了多增了几道手脚，浪费时间，影响出版和供应，像这种情况之下，出版工作者不能让他发展下去，急须纠正他不负责的态度。

在下面三十二开本的装版法举例 A、B、C、D、E、F、G、H 八种，在这几种装法中的 A、B、C 三种装法都是翻版印，而且是最标准的装版法，既经济，又方便。那 D、E、F 三种是套版印，在开料方面费了人工，在折书方面还没有脱页的可能，但在排书方面，要增加手续。至于 G、H 两种装版法，那不是理想的装法，要绝对避免，虽则同是套版，那 G 版在开料工固然还算省事，但是有四张横六页，装订时可能有脱页的毛病。这 H 版的装法，那是最要不得的装法，里边有横三页、横六页、五页、九页等。如果开料折书不小心，都有脱页歪斜可能。

三十二开本的装版法

A（翻版）

开料二刀或三刀

17	32	29	20	19	30	31	18
24	25	28	21	22	27	26	23
1	16	13	4	3	14	15	2
8	9	12	5	6	11	10	7

B（翻版）

开料三刀或四刀

5	4	1	8	7	2	3	6
12	17	24	29	30	23	18	11
13	16	25	28	27	26	15	14
10	19	22	31	32	21	20	9

C（翻版）

开料三刀

1	16	17	32	31	18	15	2
8	9	24	25	26	23	10	7
5	12	21	28	27	22	11	6
4	13	20	29	30	19	14	3

D（套版）

开料四刀

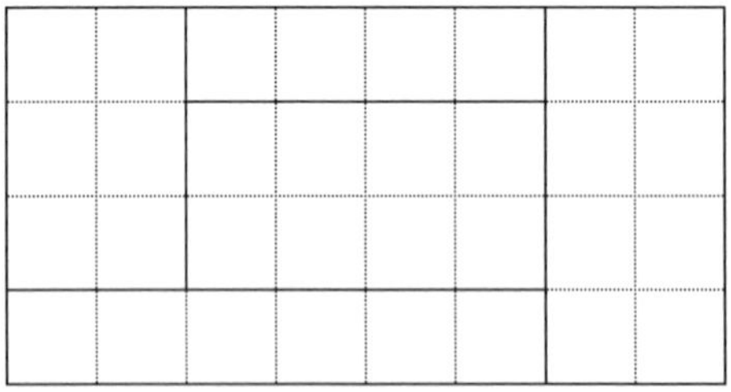

E（套版）

开料四刀或五刀

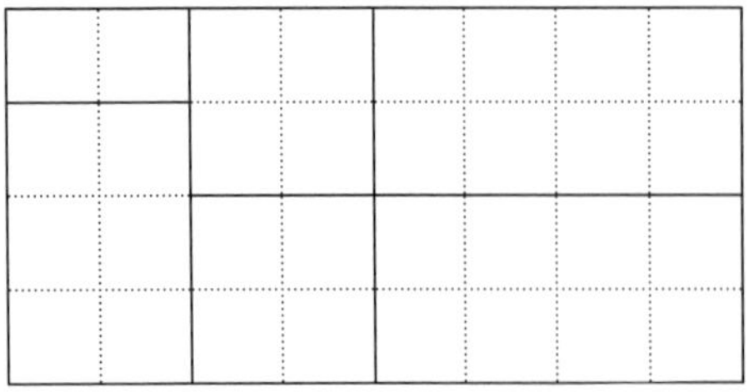

F（套版）

开料六刀

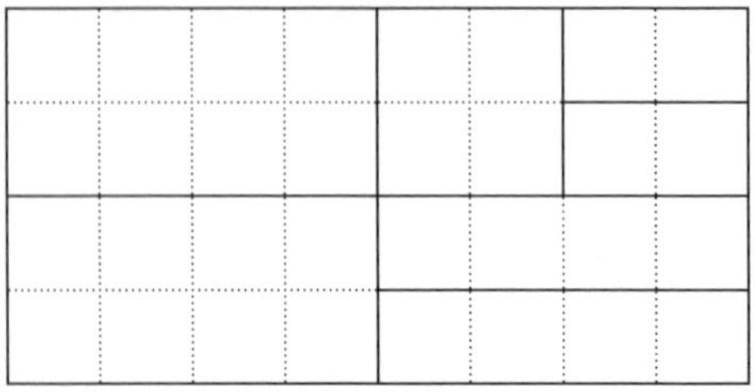

G（套版）

开料四刀

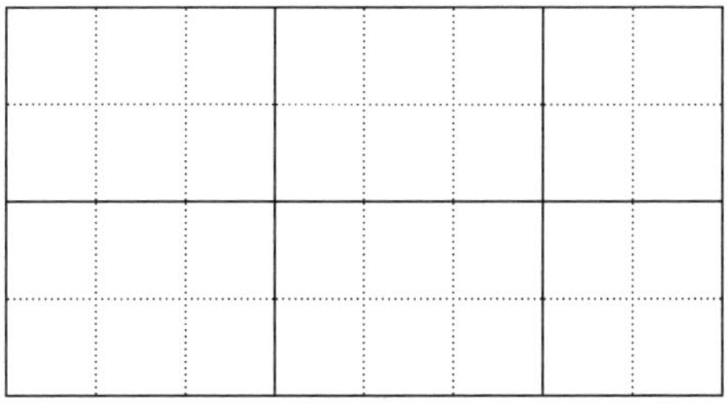

H（套版）

开料五刀

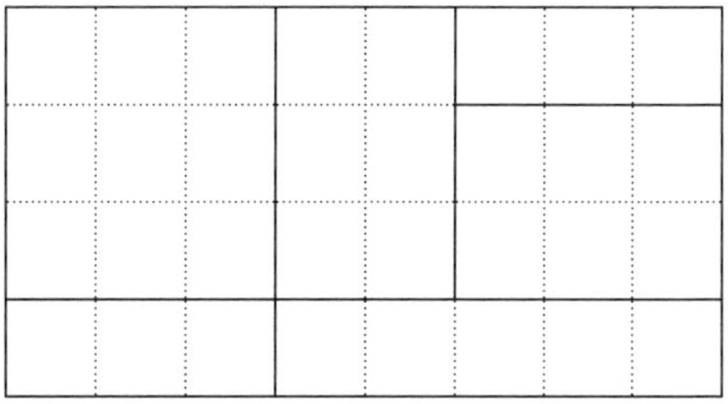

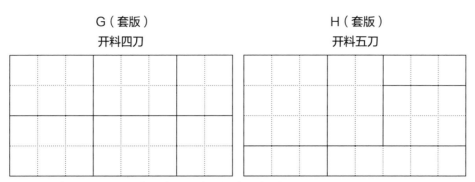

注：表上的点线是折痕，直线是截切线（开料线）

再说三十六开本的装版法，因为它的开数不同，版子的排列也有差别。如果装版不注意，就要增加装订工作的困难。

三十六开本的装版法

A（翻版）

开料四刀或五刀

10	16	17	18	15	9
3	25	24	23	26	4
6	28	21	22	27	5
7	13	20	19	14	8
2	30	31	32	29	1
11	35	34	33	36	12

B（翻版）

开料三刀或四刀

36	31	34	33	32	35
25	30	27	28	29	26
24	19	22	21	20	23
13	18	15	16	17	14
12	7	10	9	8	11
1	6	3	4	5	2

C（套版）

开料四刀

48	41	44	45	60	71
33	40	37	36	49	62
32	25	28	29	54	65
17	24	21	20	55	68
16	9	12	13	58	69
1	8	5	4	51	64

D（套版）

开料四刀

49	56	53	52	68	65
64	57	60	6	69	72
40	33	24	17	8	1
41	48	25	32	9	16
44	45	28	29	12	13
37	36	21	20	5	4

E（翻版）
开料二刀或三刀

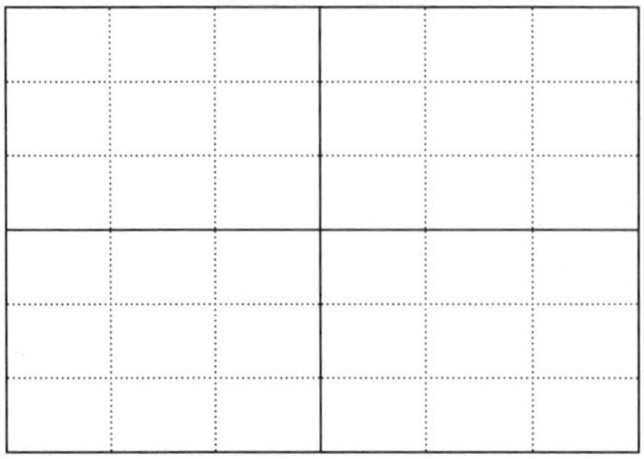

F（套版）
开料六刀

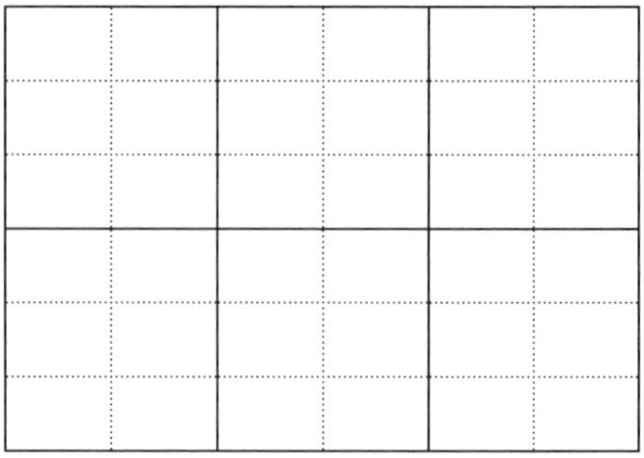

G（套版）
开料五刀

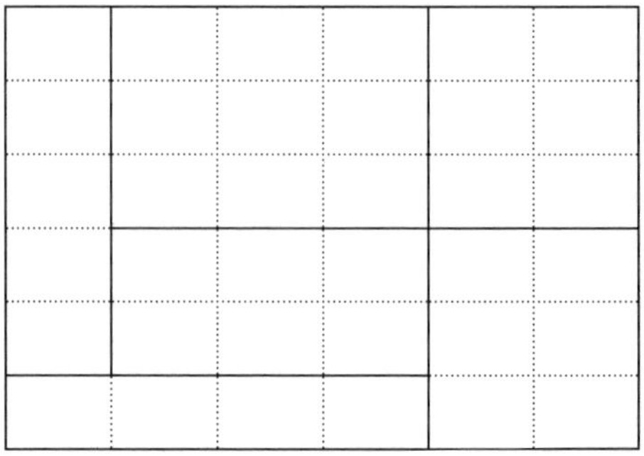

注：表上的点线是折痕，直线是截切线（开料线）

这七种的装版法，如 A、B、C、D 四种，在开料方面似乎费了功夫，而实际上对于折排钉三方面都有好处。那 E、F、G 三种装法，像 E 版开料是很便当的，而折书方面要多加一折，只多得一张小叶，并且四张九页，折起来很不容易对准，使书页有歪斜的倾向，还有脱页的可能。F 版有六张横六页，和 G 版的有横六页、五页、九页等。都于钉书方面有很多缺点，我们对于这一类的装版，应该用说服方法去纠正过来。

要是一本书是精装的穿线装钉或骑马钉，那末非要双页对折不可。如果不是这样配好后印刷，必须花费黏贴单页人工的损失。

装版方法：有的可以装翻版的版子，有的只能装套版的版子。凡是双数的开本如 16K，18K，36K，24K，48K，64K 等，都可用两种装法。如果是单数开本如 23K，25K 等，绝对不能装翻版的版子，这是应该注意的，至于翻版和套版的区别，也需解释一下。

（一）翻版装法：因为印书终是双面印刷的，所以双数开本的版子，用翻版装法是很好的，尤其是页数少，印数多的书本最合适。它的装法，假定是三十二开本，全张纸两面印就得要六十四个码子，如果这书根本没有这么多码子，不是费事吗？要免去这困难，就装翻版的版子。这种版子，很有伸缩性，可以有三十二码子的一副铅版，就能印刷，它的印数就该印半数就够。再少有十六个码子的版子，只要两副同样的铅版，也可印刷，它的印数只印四分之一就够了。因为这版子的装法，把页码一——十大的铅版，装在上半张纸的部位，页码十七—三十二的铅版，装在下半张纸的部位，等一面印完，把纸张翻转来就在原版上再印，不必另装版子。印下来一张纸上有同样的书片二份，如果是十六码子，就有四份了，这样可以随印随钉，不致耽误时间。

（二）套版装法：装一副版子，先印一面，等一面全数印完就把印版拆去，再装不同（背面）页码的版子来印没有印过的一面，待全数印完后，这张纸的两面印刷工作才算完成。可是印套版的张数，是不能减少的。

一一、纸张

印书的纸张：印书纸张的计算是应该仔细准确。因为白纸印上黑字就没法挽回。计算印书用纸的数量，先要明确知道下列三项：

（1）书的页数 （2）开本 （3）印数

根据上列三项要点就可列出计算用纸的两种公式如下：

甲 （印数 × 本书页数 ÷ 开数）÷ 500 = 应用的纸张令数

乙 $\dfrac{\text{印数} \times \text{本书页数}}{\text{开数} \times 500}$ = 应用的纸张令数

上面两个公式，虽有不同，事实上是一样的。为了更迅速而求非常准确的用纸数量起见，特拟定采用“基数计算法”，经试验结果，既迅速又准确，现把基数表及公式写在下面。

基数的产生，是从各种开数的一小页，计算它占全张纸的多少分数。例如：

8K 就是 $\frac{1}{8}$ 的分数，它的计算公式：$\frac{1}{8} = 1 \div 8 = .125$

64K 就是 $\frac{1}{64}$ 的分数，它的公式：$\frac{1}{64} = 1 \div 64 = .015625$

计算印书纸张的基数表：

开数	印一页的基数	开数	印一页的基数
8	0.125	36	0.027778
16	0.0625	42	0.02381
23	0.043478	46	0.021739
24	0.041666	48	0.020833
25	0.04	50	0.02
28	0.035714	64	0.015625
32	0.03125		

（甲式）对开纸计算法：

印数 × 页数 × 基数 ×2＝实际纸张令数（每令 1000 方）——十进位

（乙式）全张纸计算法：

印数 × 页数 × 基数 ÷500＝实际纸张令数（每令 500 张）——五进位

依据甲乙两式“基数计算法”，结算出来的不足令的纸张完全是对开纸（对开以“方”计数，全张纸以“张”计数，以资区别）数量，不是全张数量。要减半后，才是全张数量，这是一定要弄得很清楚，免得总结纸帐时候成问题。

印数过程中，纸张的破损、缺耗以及准备抵补不足额等的消耗，都要出版者负担，所以每印一令纸，须有加放纸张，普通制定是 1%，一百张放一张，每令放五张，如果印数过大时，或可减少。纸质较差的，就该增加。计算加放纸张，就是按照印书实际令数乘以每令加放数，才可知道应放总数。

凡计算每令纸价、印工、税率以及纸张加放等，遇有不足令的全张纸时，应先将不足令的张数加倍（对开纸不要加倍）后，再乘单价或单位，方得确实数字。

封面纸的开数和正文用纸的开数不同，薄书的封面纸，只照这书的开本减半计算，大致可以合用，例如三十二开的薄书，封面纸可以裁十六开，那书面和书底都够用。如果这是厚书，书脊加厚了，仍把十六开的封面纸配上去，一定是不够的，就得把封面纸放长些，它的开数便要减少。还有单数开本像二十五开本那封面，就不可能开十二张半，所以封面纸的开数，须要顾及到书脊的厚薄，就是书的页数和纸的厚薄来决定。现拿尺幅 31″ ×43″的封面纸为标准，将各种开本的封面纸开数与书脊厚度，确定如下：

开本	书脊厚度	封面纸开数
十八开	1″ 寸以内	八张
三十三开	$1\frac{5''}{8}$ 以内	十张
二十四开	$\frac{3''}{4}$ 以内	十二张
二十五开	2″ 以内	十一张
二十八开	$\frac{1''}{2}$ 以内	十四张
三十二开	$\frac{1''}{2}$ 以内	十六张
三十二开	$1\frac{3''}{8}$ 以上	十四张
三十六开	$\frac{1''}{2}$ 以内	十八张
三十六开	$\frac{1''}{2}$ 以上	十六张
四十二开	$\frac{1''}{4}$ 以内	二十一张
四十二开	$\frac{5''}{8}$ 以内	十九张
四十六开	$\frac{1''}{4}$ 以内	二十二张
五十开	$\frac{1''}{4}$ 以内	二十五张

封面纸开数，因为受书脊厚薄的牵制，便影响了开纸规律。有几种开法，不经精密打算，准会给印刷厂技术不熟练的技工糟塌的。现将比较难开的几种方式，介绍如下：

二十三开本的封面

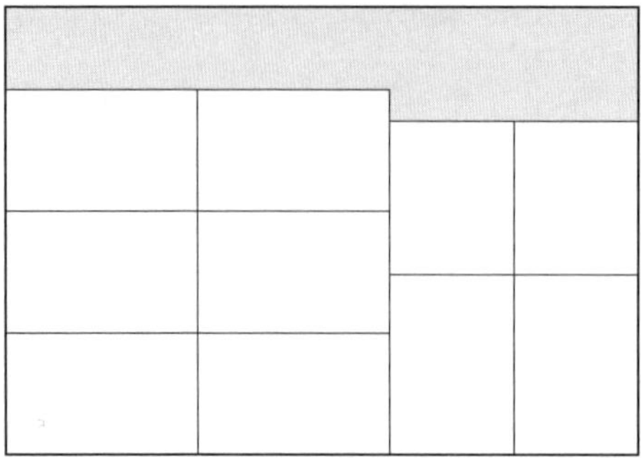

二十五开本的封面

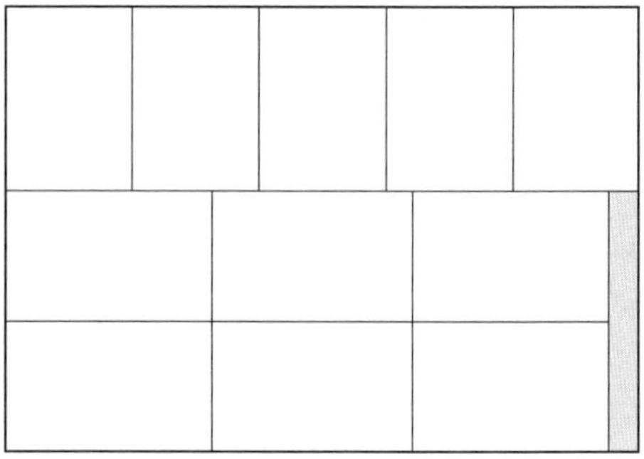

二十八开本的封面

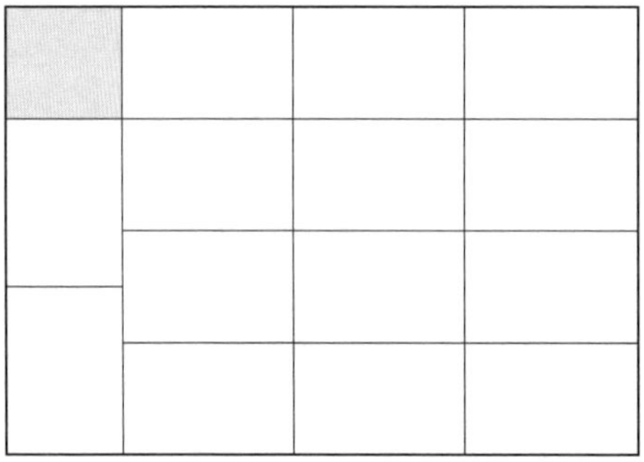

四十六开本的封面

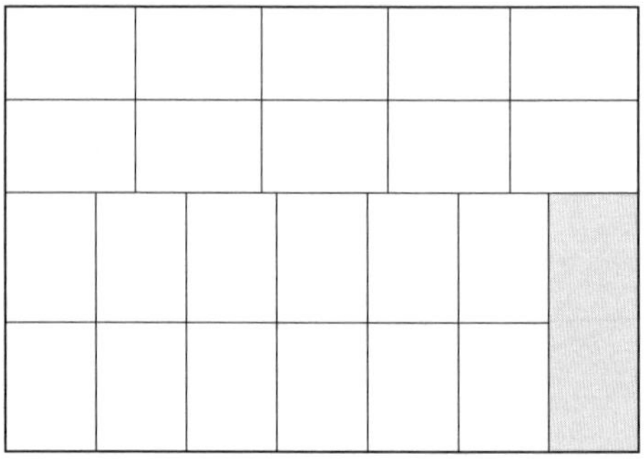

上面这几种开法，多有富裕的纸边，而且很可以利用作小本封面卡片等零星印件的用途。如果印数多的话也是一笔相当的收入，应该加以细算一下，多花一些计算时间还是值得的。

纸张的种类繁多，尺幅不一，便于我们工作起见，将社会上经常需要的，各种纸名及尺幅列表于左：

各种纸张尺寸表（英寸）

纸名	尺幅	纸名	尺幅
道林纸	31×43	玻璃纸	40×60
全张报纸	30×42	透明纸	27×39
对开报纸	21×30	透明纸	$36 \times 29\frac{1}{2}$

续表

纸名	尺幅	纸名	尺幅
牛皮纸	35×47	吸水纸	$17\frac{1}{2} \times 22\frac{1}{2}$
打字纸	22×34	蜡光纸	20×30
铜版纸	31×43	各色绉纸	20×30
白卡纸	$22\frac{1}{2} \times 28\frac{1}{2}$	绘图纸	$23\frac{1}{2} \times 30$
书面纸	31×43	绘图纸	23×30
书面纸	23×35	白凡纸	25×44
书面纸	$27\frac{1}{2} \times 39\frac{1}{2}$	柏油纸	36×48
二号纸	22×34	淡蓝棉纸	19×48
各色有光	25×44	淡蓝棉纸	26×33
洋连史	25×44	淡蓝棉纸	20×40
拷贝纸	30×44	淡蓝棉纸	28×34
拷贝纸	25×44	淡蓝棉纸	24×38
富士纸	25×36	汽水纸	17×22
模造纸	31×43	黄板纸	25×30
小道林	27×40	中纸名	
冲二号纸	31×43	本毛边纸	23×52
夫士纸	$26\frac{1}{2} \times 33$	大海月	31×42
小铜版纸	21×33	本海月	29×19
彩纸	25×44	连海月	25×44
黄表古	25×44	白开纸	14×23
白版纸	31×43	贡川纸	10×23
招贴纸	31×43	贡川纸	$9\frac{3}{8} \times 21\frac{1}{2}$

续表

纸名	尺幅	纸名	尺幅
鸡皮纸	30×48	重纸	24×52
C 字模造	31×43	厚型纸	18×23
玻璃纸	20×30	薄型纸	18×23

黄版纸号数及每令张数表

号数	每令张数
0	300
6	150
8	112
10	90
12	75
14	64
16	56
18	50
20	45
24	37
28	32
30	30
32	28
36	25
40	22
48	19

（一）黄版纸尺幅：25″×30″

（二）每令张数计算法 900÷号数＝该号一令的张数（余数四舍五入）

（三）每吨计 40 令

一二、装钉

“装钉”是一本书印制过程中的最后一个阶段。装订工作的考究与否，关于书的成本，很有关系。我们所要说的，就是目前一般的情形。目前装订方式有两种：一种是精装，一种是平装。中小学教科书还没有达到精装的条件，所以一律采用平装。

在订书之前，先要经过（一）开料：把印机印成的书片，查看它的版子如何装法，然后开切成二页、三页、四页、五页、六页或八页等小版书片，分别堆放。开料时候，应注意到书的四边的空白地方，不能随便乱开，造成大错。所以这一工作是要上手工人担任的。

（二）折书：将切成的小版书片，分发折书工作。折书时候，要看页码有无遗漏，是否顺次排列，每页书版的高低是否相同，而且一定要对准页码。每版书片经折成后，随即扎好，不得混乱。

（三）排书：书片折成后，就将全书的书页一帖一帖地配合起来。这项工作叫做排书工作（又叫配页）。薄的一本书有三四帖书页就可配成了。如果这本书有几百个码子的话，那排书工作相当费力，有时限于工场面积，只得分段排书，到最后把几个小段凑起来，才成功全书。将配成的毛书，放在扎书架上一叠一叠地扎起来。前面说的开料，折书，排书三个步骤，不论是什么装，都是必须做的工作。到排书捆扎之后的工作，就要看装订方法而定，现在先说平装：

平装方式是从日本传来的，装订简捷，式样美观，目前所流行的，什九都是平装。不过平装方法，也有三种，在外表看起来，是差不多，可是揭下封面来一看，就有个比较，这三种方法如左：

（一）敲眼穿线钉：将配成的一本书，在书脊边二分左右敲上两个或三个小眼子，拿纱线钉起来扎紧，翻上书封再来切成规定开本的尺寸便成。一般用手工敲眼子，那粗的锥子把眼子敲得很大，穿一根细纱线，尤其敲两个眼穿线更马虎，真不好看；有的用三眼打洞机，比较眼子小些。

（二）铁丝钉：把配成的书，用铁丝车钉起来，速度相当快。铁丝车装订，有平钉和骑马钉两种，平钉须先钉书芯，再翻书封面。骑马钉有的不用封面，有的连封面同时钉起来。

这种钉法以杂志为最多。铁丝车上用的所谓铁丝，它的质地约有三种：就是铁丝、铅丝和铜丝，其中铁丝最坚牢，用途最广，但是碰到翻封面的浆糊以后，就会生锈，后来会把封面都锈坏的。那铅丝质地太软，虽不会生锈，但价格比较铁丝要贵，并且厚书或纸质坚韧的书，不容易钉穿，就会使钉蜷曲。要避免铁锈和蜷曲的弊病，只有用铜丝最好。不过铜丝价钱更贵，另有一种镀铜的铁丝，经济合用，可惜国货还没有代替品。

铁丝、铅丝或铜丝的粗细，和书本的厚薄，很有关系。一寸以上的厚书，用三十号的铁丝，它的钉脚要湾〔弯〕曲的。二三页的书用十八号铁丝，也是不合适。兹拟定比例表于左，以作参考。

书的厚度	铁丝号数
二页—六页	用三十四至二十八号
六页—二分厚	用二十八至二十四号
三分—四分厚	用二十四至二十三号
四分—五分厚	用二十三至二十一号
五分—六分厚	用二十一至二十号
六分—一寸二分厚	用二十至十八号

（三）缝纫车钉：是二十页—六十页的薄书，都可以用脚踏缝纫车钉。如果较厚的书，脚踏觉得费力，用电力带动的比较适宜。像这种钉法，是靠近书脊二分地位，从头钉到书脚，一行直线钉下来，相当牢固。有的钉作，会偷工减料，只钉一道月牙形长不到三寸的线，那就要不得，须严格检查。内地对于这种钉法，还没有十分注意它的优点，采用的还不多。在本社上海办事处已经做到小学书全部用这种钉法，中学书十之八九也是这种钉法，中学书所以没有全部做到的理由，大都是时间迫促，要是出版时间充裕，那是没有什么问题的。

平装的钉法，大要如上。现在再说精装的工作。

凡是精装的书页，每帖须要双页的。要是单页，就没办法穿线钉，必须经过黏贴单页的手续之后再钉。至于书芯的钉法:〔第〕一种是锯书脊法，就是排好的书，几本一叠用夹板夹起来，把书脊露出夹版〔板〕一分的样子，先用手锯在书脊上锯出距离相等的槽道五六条，然后拿下在每本槽道嵌一段较粗的麻线，把每帖书页另用细线挨着次序钉起来，每穿一帖，那细线必须绕过麻线，等全书穿齐，就用厚纸板夹住书的两面，再用夹板紧紧的夹住，使书脊露出夹板四、五分距离，再用木锤把书脊敲圆，涂上牛皮胶，然后托上较书脊两边阔半寸的麻布，保持书脊不再走样。锯的槽道不宜太深，太深了，牛皮胶会渗入到书里，反而累及书本的纸张。并且锯眼太大，把书翻开来便看见嵌的麻线，那不成样子。所以只要锯到可以钉的程度就够了。

第二种是把几帖书或几本书整齐以后，在靠书脊二分半的地位，用锥子打上三五个眼子，用线钉牢，要钉平脊的书，就该扎紧。要钉圆脊的书，就不宜太紧，免得敲脊时断线，而且圆书脊敲成后，也涂牛皮胶或浆糊和前面相同的处置。这种方法，那杂志和讲义等合钉本，最为合用而又迅速。

第三种是穿线钉，这是比较考究的钉法，普通以前面两种为最多。这种钉法，大体上和第一种差不多，就在穿线方式有点不同而已，它可分单帖钉和双帖钉的两种方式，其他手续大致相同。

书芯钉好以后，就把面底的衬页先贴上去不用线钉，照开本尺寸切齐，然后装配书壳。

书壳也要事前准备，例如上面□硬印、金色、银色和各种色粉的书名和图案等都要预先做好。那书壳外面包的有冲皮、绉纸、漆布色，细布和细绸或用布面皮脊、纸面布脊等，式样繁多，总之以书的性质和价值而决定，没有固定的标准。

一三、照相制版

照相制版也是属于凸版印刷的一种制版法，就从排书版来说，不只用铅字，像教科书里有很多插图，须得制铜锌版后，排在书里的。尤其初小教科书头几册，全部是锌版，人民教育期刊，有时候也有铜版插图，所以我们也要明白照相制版的经过。

照相制版有几种，例如无网锌版，网线锌版，无网铜版、网线铜版和三色铜版等，这里只说无网和网线的铜版或锌版。

做铜锌版的原稿，事前须仔细校对，修饰一遍，因为做错了，不能像排字那么容易改，势必重做，就要多损失。

选制何种图版的先决条件，须看原稿来决定。凡是图稿是用点或线条来表现的，可以发制无网锌版或铜版。如果图稿是用深浅色调来表现的，就得发制网线锌版或铜版。锌版和铜版的区别，是铜版较细致和质地较坚硬，锌版就不能比拟了。

网线版有粗细之分，根据每方寸之面积内以容纳线条的密度来计算的。例如每方寸容纳八十条细线，就叫八十网线，要作那种网线是须预计到印图纸质的粗细而决定，这里略有一个规定如下：

60 线——75 线　印粗质的新闻纸

80 线——90 线　印光洁的新闻纸

90 线——100 线　印道林纸

120 线——130 线　印铜版纸

网线过细的图版，须做铜版，因为锌版的成分组织较粗，只能做粗网线，细网线是不容易印得好的。

图版的缩小和放大，凡懂得摄影的人，都能了解其中情况。因为图稿的尺寸，不就是书里所需要的尺寸，非经过出版工作者来计划应缩应放的尺寸，是不容易配合的。

如果只限制横要多少尺寸而不管直的尺寸，那就在图的上下方划一长线，注明尺寸。或要直不管横，就在图边划一垂直线，注明尺寸就是。切不要横直都注尺寸，反使制版时无所适从。

假使你一定要规定横直的尺寸，那就得把图稿先来检查它的横直比例，是不是符合你需要的比例？如有不符的地方，须把图稿修改后制版。否则没有办法照规定尺寸做图版的。

例如有一张图稿横是二寸，直是一寸半，现在要缩制横一寸，直一寸又四分之一的图版，但它的比例是不对，须得修改直的尺寸才是。

检查方法：用细铅笔轻轻地在原图 $ABCD$ 的一边 AB 线上，画一条所需要的长度 AE，次在 AD 线上划〔画〕一条所需要的高度 AF。自 E 和 F 各作一垂直线，二线相交于 O。则长方形 $AEOF$，就是所需要图版的面积。再画直线 AO 并延长和 BC 的延长线相交于 C'，自 C' 画直线平行于 DC，和 AD 的延长线相交于 D'，则长方形 $ABC'D'$ 就是所需要的图形按照比例放大的图形，而 $CDC'D'$ 也就是照原图要修改放大的部份。

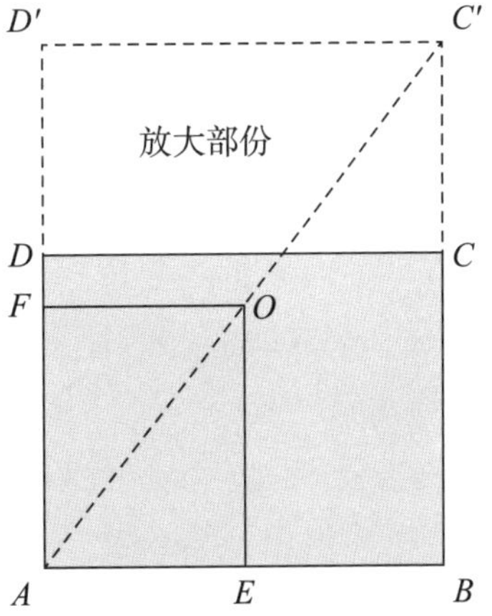

凡是已经知道图版一边的尺寸，想同时了解另一边的尺寸时候，都可以利用这个原理能预测到很准确的尺寸。使排字方面当图版没有做好之前，便可放心装书，不必顾虑到装好后，再移动活字版或重排的麻烦。

附录

新华印刷厂总管理处

北京区工价单（一九五一年一月一日起实行）

一、正文排工

排法	计算单位	五号字 九磅字	六号字	四号字 十二磅字
直排普通装	每千字	一八斤	二二斤	二四斤
直排单面装	每千字	二三·四斤	二八·六斤	三一·二斤
直排双面装	每千字	七二斤	三三斤	三六斤
横排普通装	每千字	二三·四斤	二八·六斤	三一·二斤
横排单面装	每千字	三〇·四斤	三七·二斤	四〇·六斤

附注：

（1）计算字数系按版面可能容纳字数计算，空白插图均不予剔除。

（2）排版超过二〇〇字者作一〇〇〇字计，不足二〇〇字者不计。

（3）统改排工照各项工价加 30%—50% 计算。

（4）一般印件均送三次校样，政策文件得送五次。超过时另加，每次按排工百分之五计算。

（5）校样一般均送一份，经协议后得送二份或三份，超过时另加，按所用纸张照市价实计。

二、图表公式等排工

（1）表格：普通者（如本单所有各种表格）每方寸照五号字六四字计算，复杂者（字密，或大格内加小格、斜格，或有数种不同字体字号）照六号字八一字计算，最复杂者（半数以上之密排字系对开者）照六号字一二〇字计算。

（2）加注文，均以面为单位，另加 10%—20%（特殊者另议），嵌西文以行为单位，每一行以两行计，文字中夹注者另加 30%，行间加不同号字体之注文、引文等，按实际情形酌加 10%—20%，书后加注者另按实际情形计算。

（3）算术、小代数、无机化学之算式及公式等照所用字号按所占地位折成字数照双面装加 100%，高等代数、微积分、物理算式及有机化学公式等照普通算式加 100%。

（4）歌谱排工

<table>
<tr><td>三二开</td><td rowspan="4">每面</td><td>二七斤（特殊者面议）</td></tr>
<tr><td>一六开</td><td>五四斤</td></tr>
<tr><td>二五开</td><td>三六斤</td></tr>
<tr><td>五〇开</td><td>一八斤</td></tr>
</table>

（5）西文排工

一二磅	每英寸	○・三二四斤	西文字夹排中文者照西文计
一○磅	每英寸	○・三七八斤	
八磅	每英寸	○・四三二斤	

（6）拼图按实际情形计算

一六开	每面	九一一五斤
二五开	每面	七一一二斤
三二开	每面	五一一○斤
不足三二开	每面	三一七斤

三、正文印工

种类	册数	计算单位	印工
内文白报纸黑色印文字	一○○○—一九九九册	每令	五六斤
	二○○○—四九九九册	每令	三八斤
	五○○○—九九九九册	每令	三二斤
	一○○○○—九九、九九九册	每令	二八斤
	一○○、○○○册以上	每令	二六斤

附注：

（1）报纸对开印者每令加 20% 计算。

（2）道林纸黑色印文字者加 20% 计算。（特殊者另议）

（3）片艳纸及纸质较坏者印工加 20% 计。（四○磅新闻纸不包括在内）

（4）毛边、连史单面黑色印文字照报纸价计算。

（5）报纸、招贴纸单面印每令照七五折计算。

（6）以上各种加成或折减均按不同印数之各种单价为基价。

（7）四○开以上每全版每次加装版费二○斤，五○开以上加三○斤，六○开以上加四○斤，八○开以上另议。（不足全版者以全版计，次数按浇版次数计算。）

四、封面插图印工

<table>
<tr><th rowspan="2">种类</th><th rowspan="2">书本开数</th><th rowspan="2">计算单位</th><th colspan="3">（普通）</th><th colspan="3">（满版）</th><th colspan="3">（半满版）</th></tr>
<tr><th>一千印</th><th>二千至四千</th><th>五千及以上</th><th>一千印</th><th>二千至四千</th><th>五千及以上</th><th>一千印</th><th>二千至四千</th><th>五千及以上</th></tr>
<tr><td>（一）封面</td><td>四二开、四六开、五〇开书
三二开、三六开书
二四开、二五开、二八开书
一八开、一六开、一二开书</td><td>每千张
每千张
每千张
每千张</td><td rowspan="3">照五千张印工加百分之八〇计</td><td rowspan="3">照五千张印工加百分之二〇计</td><td>一五斤
一七斤
二〇斤
二三斤</td><td>照五千张印工加百分之五〇计</td><td>照五千张印工加百分之十计</td><td>三三斤
三六斤
四四斤
五一斤</td><td>照五千张印工加百分之六〇计</td><td>照五千张印工加百分之十计</td><td>二三斤
二六斤
三〇斤
三四斤</td></tr>
<tr><td>（二）封里（普通黑色印，如彩色印照封面普通版计算）</td><td>四二开、四六开、五〇开书
三二开、三六开书
二四开、二五开、二八开书
一八开、一六开、一二开书</td><td>每千张
每千张
每千张
每千张</td><td>一四斤
一六斤
一七斤
二〇斤</td><td>—
—
—
—</td><td>—
—
—
—</td><td>—
—
—
—</td><td>—
—
—
—</td><td>—
—
—
—</td><td>—
—
—
—</td></tr>
<tr><td>（三）（普通单色报纸印，如道林纸印照封里印工计，均作单版计算）</td><td>四二开、四六开、五〇开书
三二开、三六开书
二四开、二五开、二八开书
一八开、一六开、一二开书</td><td>每千张
每千张
每千张
每千张</td><td>一〇斤
一二斤
一三斤
一六斤</td><td>—
—
—
—</td><td>—
—
—
—</td><td>—
—
—
—</td><td>—
—
—
—</td><td>—
—
—
—</td><td>—
—
—
—</td></tr>
</table>

（封面印数不足一〇〇〇印者作一〇〇〇计算）

附注：

（1）凡具备双版印之条件并经通知者，印价应以双版计，即按实际开数照实印数计算。如三二开一万印，双版时照一六开五千印计算。

（2）插图印工照封面印工减20%计算。

（3）封面如能上大机器印者照下列办法计算：

单面印照双面印七五折，单面色墨印照双面印加50%（普通版为限，特殊者另议），对开印者再加20%。

上列加成或折减均按其印数照内文印工各项不同印数之单价计算。

（4）杂志内加印报纸或道林纸插图而能上大机器印者照下列办法计算：

对开印者加20%（四开印者加80%）

双面印者加50%（即单面印七五折计）

道林纸印加20%（报纸印不计）

报纸铜图黑色印或一般彩色印加100%须夹衬纸者加150%

上列加成或折减均按其印数照内文印工各项不同印数之单价计算。

其他彩色印及指定墨色者另议。

五、装钉工价

开数	计算单位	平装	骑马钉	索线
一二开	每万页	—	—	六〇斤
一六开	每万页	一三斤	一四·三斤	四〇斤
二三开及二五开	每万页	一三斤	—	三九斤
三二开及六四开	每万页	一〇·五斤	一一斤	三五斤
三六开	每万页	一三斤	一四·三斤	三九斤
四二开	每万页	一三斤	—	三九斤
四八开	每万页	一三斤	一四·三斤	三五斤
五〇开	每万页	一三斤	一四·三斤	三五斤

（布面做工及装工）

开数	计算单位	封面布	漆布
一二开	每百个	一一〇斤	一二〇斤
一六开	每百个	九〇斤	一〇〇斤
二五开	每百个	七〇斤	八〇斤
三二开	每百个	六五斤	七五斤
三六开	每百个	六五斤	七五斤
四二开	每百个	四五斤	五五斤
四八开	每百个	四〇斤	四五斤
六四开	每百个	二五斤	三五斤

附注：

（1）封面底每页以二页计。

（2）贴页不贴封每页以一·五页计，贴页贴封以二页计。

（3）骑马钉每本一六页以下者，价目另议。

（4）烫金工价另议。

六、纸型浇版工价

开数	计算单位	纸型		浇版
		一付	一付以上	
一六—一八开	每页	一四斤	一二斤	三斤
二三—二八开	每页	九斤	八斤	二斤
三二—四二开	每页	七斤	六斤	一·五斤
四八—八〇开	每页	五斤	四斤	一·五斤

附注：

（1）浇版每块印一五、〇〇〇份计算。

（2）挖改每字〇·二斤。

七、胶印工价

<table>
<tr><th>计算单位</th><th>说明</th><th>彩色</th><th>单色、黑色</th><th>附注</th></tr>
<tr><td>一令</td><td>每令每面每色印工</td><td>一五〇斤</td><td rowspan="6">一律八折计算</td><td rowspan="6">特殊者另议</td></tr>
<tr><td>二令</td><td>每令每面每色印工</td><td>一一〇斤</td></tr>
<tr><td>三令</td><td>每令每面每色印工</td><td>一〇〇斤</td></tr>
<tr><td>四—五令</td><td>每令每面每色印工</td><td>九五斤</td></tr>
<tr><td>六—九令</td><td>每令每面每色印工</td><td>九〇斤</td></tr>
<tr><td>一〇令及以上</td><td>每令每面每色印工</td><td>八〇斤</td></tr>
</table>

附注：

（1）二令以下不足一令者照一令计，五令以下不足半令者以半令计，五令以上照实数计。

（2）实地满版作$1\frac{1}{4}$—3色印工计。

（3）揩金作二—四色印工计。

（4）晒版费照像制版每次印四〇〇〇〇计（以全张计算）落石制版每次印二〇〇〇〇计每块工价八〇斤（以全张计算）。

（5）原版需要保留者以六个月为限，如须继续保留时应付清铅皮玻璃成本费用或保管费用，如原版在保留期内发生化学作用而损坏者，本厂不负赔偿责任。

上海市铅印工业同业公会筹备会书刊组工价表（草案）

一九五一年二月二十八日草稿

种类	名称及工价（单位：人民币）							附注
		字体		排式 \ 排法	中间圈点 圈点排在字中无装工者	单面装工 圈点人名线排在一面者	双面装工 圈点人名线排在二面者	一、空铅插图，亦照正文字数计算。 二、中西扁码，另照实际字数计算。 三、重排（即统改排工），照各项排工加五成。 四、如须活字版印者，排工加一成半。 五、表格如单排横线或直线者照表内所用字号满版加倍计算如横直线俱排者加二倍计算过于复杂再行另加。 六、中文中夹排西文者，以全书行数点算，每五行为一面，照每面正文加一成。 七、各种古诗文、字典或其他多部位字者，排工加二成。 八、直排之字中圈点，其标点装在字下右角上者，排工加一成。 九、数、理、化、工等之复杂书籍者，如间有算式者，依排式所用符号单行加一倍计算，叠排算式或较复杂之化学式加三倍计算，全书复杂者，排工另加。 一〇、嵌司配司排工照文字实数加倍计算。 一一、刻字另加刻工。
排工	中文（每千字）	老宋体	小五号字及五号字	直	二六·〇〇〇元	三三·〇〇〇元	三七·〇〇〇元	
				横	三〇·一〇〇元	三六·〇〇〇元	三八·〇〇〇元	
			六号字	直	三〇·〇〇〇元	三九·〇〇〇元	四三·〇〇〇元	
				横	三七·〇〇〇元	四三·〇〇〇元		
			小四号字及四号字	直	三七·〇〇〇元	四七·〇〇〇元	五二·〇〇〇元	
				横	四四·〇〇〇元	五一·〇〇〇元		
			其他	直	排工另议			
				横				
		正楷及仿宋体			照老宋体加一成			
		长仿宋黑体及注音符号			排工另议			

续表

种类	名称及工价（单位：人民币）							附注
排工	西文（每英寸）	字体＼排法			机器排者	手工排者	花体西文	一、西文中夹排少数中文者，照西文计算。 二、□纳印铸机排浇西文统改者，排工加五成。 三、玛拿排浇机重印者，排工加五成。
		八磅			四五〇元	六□〇元	排工另议	
		一〇磅			四〇〇元	五二〇元		
		一二磅			三五〇元	四五〇元		
印工	正文（每令）	数量	一·〇〇〇本	二·〇〇〇本	三·〇〇〇本	四·〇〇〇本	五·〇〇〇本	一、印数不满千本者，作千本计算。 二、装版费：五〇开以上每版加四六·〇〇〇元，一〇〇开以上每版加九二·〇〇〇元，一五〇开以上每版加一三八·〇〇〇元，二〇〇开以上另议。 三、如须活字版印者，印工加一成半。 四、大于对开纸者，照全张计算。 五、报纸、招贴纸单面印者，印工以六折计算。 六、书版中图版较多另加印工三成。 七、全部锌版（如连环图画之类）印黑色者加一成半用颜色墨印者加倍，全部铜版黑印色者加倍用颜色墨印者加两倍。
		工价	九二·七〇〇元	六四·〇〇〇元	五六·〇〇〇元	五四·〇〇〇元	五三·〇〇〇元	
		数量	六·〇〇〇本	七·〇〇〇本	□·〇〇〇本	九·〇〇〇本	一〇·〇〇〇本以上	
		工价	五二·〇〇〇元	五□·〇〇〇元	四九·〇〇〇元	□八·〇〇〇元	四□·〇〇〇元	
	封面插图（每千张）	类别＼开数		一六—一八开	二三—二八开	三二—四□开	四六—六四开	
		满版浓墨		一五〇·〇〇〇元	一〇〇·〇〇〇元	九〇·〇〇〇元	六四·四〇〇元	
		满版淡墨		九·〇〇〇〇元	六五·〇〇〇元	六〇·〇〇〇元	四五·〇〇〇元	
		网纹浓墨		三〇·〇〇〇元	四三·〇〇〇元	四三·〇〇〇元	二二·〇〇〇元	

续表

种类		名称及工价（单位：人民币）					附注
印工	封面插图（每千张）	网纹淡墨	四〇·〇〇〇元	三二·〇〇〇元	三〇·〇〇〇元	二八·〇〇〇元	八、铜版为主之书籍（如画报之类）用报纸黑色印者加二倍半用颜色墨印者加三倍。 九、道林纸、海月纸、连史纸、毛边纸、招贴纸等印工加两成。
		套字	二七·〇〇〇元	二五·〇〇〇元	二二·〇〇〇元	一八·〇〇〇元	一、印工按国产色墨计算。 二、印特殊色墨者，印工另议。
纸型		每页（二面）	一六——八开	二三—□八开	三二—四〇开	三二—八〇开	一、报版及四开大小，价目另议。 二、挖补另加挖工，每字五〇〇元。
			一七·〇〇〇元	一四·〇〇〇元	一一·〇〇〇元	八·五〇〇元	
浇版		每页（二面）	一六——八开		三二开以下		一、挖字、改字另加挖工，每字六〇〇元。 二、铜图另加焊工，每块一·二〇〇元。
			五·六〇〇元		三·□〇〇元		

上列工价照成本，加入合法利润百分之十五后的草案，须待全组会员商讨后再行决定。

上海市彩印工业同业公会筹备会通告

上海市彩印工业同业公议印价单

种类 令数	普通商标类	精细商标类
	凡普通商标烟□火柴盒日历芯子等属之	凡照相版画片丛刊精细烟壳股票支票布牌子袜牌子地图挂图日历底版等属之
一令	二一〇·〇〇〇元至 二七〇·〇〇〇元	二四〇·〇〇〇元至 三〇〇·〇〇〇元
二令	一七五·〇〇〇元至 二二五·〇〇〇元	二〇〇·〇〇〇元至 二五〇·〇〇〇元
三令	一四〇·〇〇〇元至 一八〇·〇〇〇元	一六〇·〇〇〇元至 二〇〇·〇〇〇元
四令	一一二·〇〇〇元至 一四四·〇〇〇元	一二八·〇〇〇元至 一六〇·〇〇〇元
五令以上	九八·〇〇〇元至 一二六·〇〇〇元	一一二·〇〇〇元至 一四〇·〇〇〇元
七令以上	八四·〇〇〇元至 一〇八·〇〇〇元	九六·〇〇〇元至 一二〇·〇〇〇元
十令以上	七〇·〇〇〇元至 九〇·〇〇〇元	八〇·〇〇〇元至 一〇〇·〇〇〇元
廿令以上	六〇·〇〇〇元至 八〇·〇〇〇元	七五·〇〇〇元至 九五·〇〇〇元
备注	凡书版墨色十令以上及上列各种商标印数特多在三十令以上者印价为五万至七万元	凡上列各种商标印数特多在三十令以上印价为七万至九万元

附注：

（一）金银色一色作三色至六色计算满版面议

（二）深色满版作三色至六色计算

（三）淡色满版作二色至四色计算

（四）绘稿费制版费及打样费另加

（五）上项公议印价各类最低与最高之间得与客户视印件工作之繁简自行协定惟不得低于每类最低议价印制组会员应一律遵守如有违反按照公约议处

公元一九五〇年十二月十六日

上海市簿册装订商业同业公会订书组公议装订工价

名称	每万页 每百本 计算	价格	备注
纸面平装精装（内心□□订）	三二开，六四开，每万页一六，一八，二〇〇开以上	各开 四·七单位 五·六四单位 七·〇五单位	一、不满二十页者作二十页计算 二、做□□每页本另加2.89单位 三、包套子或包玻璃纸每页本另加1.34勒口每页本0.□□单位 四、接面子□□□□单张每十页另加2.44单位 五、□□□□□□□每万页另加1.55单位 六、上下用衬页者每本另加0.44单位 七、各开指23、25、36、42、50、72、80、100开 八、89开照三二开另加一倍
纸面平装穿线订	三二开，六四开，每万页一六，一八，二〇〇开以上	各开 九·七八五单位 一一·七四单位 一四·六八单位	
平装（内心穿线订） 精装（内心穿线订）	三二开，六四开，每万页一六，一八，二〇〇开以上	各开 八·八二单位 一〇·五七单位 一三·二三单位	
全布面精装做工	每百本	二一·八四单位	此价以二百页为标准如□二百页至四百页者每本另加一成半四百页至六百页者每本另加三成六百页以上者每本加四成十六开另加三成影印西书毛本送还局家者另行作价烫金铜锌版等归局家供给如背脊用纱布绳头布者由局方供给揩红头另加一成
全纸面精装做工	每百本	一八·二八单位	
布腰纸面精装做工	每百本	二四·八单位	
影印西书精装做工	每百本	五四·七七单位	
影印西书平装做工	每百本	二四·五三单位	
折图	四开每百张	一·四八单位	上项价目均连做地图封袋在内袖珍折叠图每张以九折为限如其超过九折以上每张另加二成
	对开每百张	一·八八单位	
	全张□拼每百张	五·二四单位	
	全张每百张	二·四二单位	
	袖珍折叠每百张	三·三七单位	

续表

<table>
<tr><th>名称</th><th>每万页
每百本 计算</th><th>价格</th><th>备注</th></tr>
<tr><td>沿订平装袖珍图</td><td>三二、六四开每百本</td><td>八·七四单位</td><td>此价以六十页为标准如其超过六十页另加一成半其他各开另加二成</td></tr>
<tr><td>各种单片本地图</td><td>三二、六四开每万页</td><td>一四·八四单位</td><td>其他各开另加二成九开以下价目面议精装本做工照上项价目七折计算</td></tr>
<tr><td>杂志
期刊 铁丝骑马钉</td><td>三十二开每百本</td><td>一·三一单位</td><td rowspan="4">每本以二帖为限，每加一帖另加三成，如有单页每千页另加二·四四单位，接面每千另加二·四四单位，用线订另加二成</td></tr>
<tr><td>杂志
期刊 铁丝骑马钉</td><td>十六开每百本</td><td>一·八二单位</td></tr>
<tr><td>杂志
期刊 铁丝骑马钉</td><td>十二开每百本</td><td>二·一五单位</td></tr>
<tr><td>杂志
期刊 铁丝骑马钉</td><td>九开每百本</td><td>二·五七单位</td></tr>
<tr><td>画图书·书宝</td><td>不满二十页每万页</td><td>一〇·三二单位</td><td rowspan="2">十六开至二十五开另加二成接面子每千加二·四四单位穿丝带另议</td></tr>
<tr><td>画图书·画宝</td><td>二十页以上者每万页</td><td>七·八单位</td></tr>
<tr><td>本装有光纸</td><td>六开每万页</td><td>一六单位</td><td rowspan="2">三开加五成四开加三成单衬加五成双衬加八成包套每十六·五二单位拍上加三成每本小满十五页者每万页加二成连史毛边海月加三成折订及单页照本装价目计算</td></tr>
<tr><td>本装农历报纸</td><td>六开每万页</td><td>七·四单位</td></tr>
<tr><td>日历</td><td>六四开
八〇开
九六开　四连每百只
一〇〇开
一二〇开</td><td>七·〇一单位
七·六单位
九·〇二单位</td><td>三连八·六六　二连九·四九
单连一·七七　台历二三·五一□书每万只三六·二四单位
八十等连一律每百只七·〇一单位，连史毛边有光道林照加三成铜钉在外其余各连各连另议</td></tr>
</table>

包书纸一律由局方供给如要订作代理的概照市价计算

如有不载在本价目单内之珍贵书籍订价面议

精装书籍所用金叶、钢精、书面布、冲皮、纸板、衬纸等如欲代料的须预付全部价格的百分之八十

公元一九五〇年一月一日印发

上海市铸字制版工业同业公会

照像制版组价目表

锌版	每英方寸	人民币	三千二百元
网线锌版	每英方寸	人民币	三千五百五十元
套色锌版	每英方寸	人民币	三千八百五十元
铜版	每英方寸	人民币	三千八百五十元
锯铜版	每英方寸	人民币	四千二百五十元
烂深铜版	每英方寸	人民币	七千六百五十元
三色锌版	每英方寸	人民币	一万九千二百元
三色铜版	每英方寸	人民币	三万八千四百元

（二色四色类推）

注意：各种制版起码以六英方寸计算

三色版起码以十英方寸计算

公元一九五一年二月一日订

上海市铅字铜模工业同业公会公订

三月六日

代铅实价人民币每斤按市价

基价合售价倍数计四九八倍

铅字材料门售铸工基价单

所有各种基价概以折实储蓄单位为基数按照当日解放日报公布之折实牌价结算兹将各项工价基数列表如左：

各号楷书真宋黑体字工价

种类	每市斤工价	每枚工价	每斤约数	全副重量
六十三标特大号	二·七六	〇·五七六	五个	
四十五标特号	二·七六	〇·二八八	一一个	
三十六标初号	二·七六	〇·二〇〇	一六个	
二十八标大号	二·〇七	〇·〇八六	三〇个	一五四〇斤
二十四标小一号	二·〇七	〇·〇五七	四〇个	
二十标二号	二·〇七	〇·〇四三	五〇个	九五〇斤
十六标三号	二·〇七	〇·〇二八	八八个	九七〇斤
十四标四号	二·〇七	〇·〇二一	一二〇个	一二〇〇斤
十二标小四号	二·三〇	〇·〇二一	一五〇个	一一二〇斤
十标五号	二·三〇	〇·〇一四	二〇〇个	一二五〇斤
九标小五号	二·七六	〇·〇一四	二七〇个	一一二〇斤
八标六号	二·七六	〇·〇一四	三三〇个	一二〇〇斤

各号长宋字工价

种类	每市斤工价	每枚工价	每斤约数	全副重量
二十八标大号	二·五三	〇·〇七二	四五个	一二〇〇斤
二十标二号	二·五三	〇·〇四三	七〇个	一二四〇斤
十六标三号	二·五三	〇·〇二八	一二五个	九五〇斤
十四标四号	二·五三	〇·〇二一	一六〇个	一〇〇〇斤
十标五号	二·七六	〇·〇一四	二六〇个	一二八〇斤

各号老宋字工价

种类	每市斤工价	每枚工价	每斤约数	全副重量
六十三标特大号	一・八四	〇・四三二	五个	
四十五标特号	一・八四	〇・二一六	一一个	
三十六标初号	一・八四	〇・一四四	一六个	
二十八标大号	一・四四	〇・〇五七	三〇个	一五四〇斤
二十标二号	一・四四	〇・〇三六	五〇个	九五〇斤
十八标小二号	一・四四	〇・〇二八	六六个	一〇五〇斤
十六标三号	一・四四	〇・〇二一	八八个	九七〇斤
十四标四号	一・四四	〇・〇一四	一二〇个	一二〇〇斤
十二标小四号	一・六一	〇・〇一四	一五〇个	一一二〇斤
十标五号	一・六一	〇・〇一四	二〇〇个	一二五〇斤
九标小五号	一・八四	〇・〇一四	二七〇个	一二〇〇斤
八标六号	一・八四	〇・〇一四	三三〇个	一二〇〇斤
六标七号	三・五四	〇・〇〇七	六〇〇个	一三五〇斤

各种对开书边工价	每根	〇・八六
各种对开花书边工价	每根	〇・三〇
各种空铅壳太兴铅条工价	每市斤	一・〇〇
各种衬铅工价	每市斤	一・四四
各种标准铅条工价	每市斤	一・七二

铜模基价单

号别	老宋体全副铜模每个价目	正楷方长宋方头体全副铜模每个价目	正楷方长宋方头体另售每个价目	老宋体另售每个价目
七行头	四・三二	五・一八		八・六四
五行头	二・八八	三・四五		五・七六
四行头	一・八七	二・三〇		三・七四
大号字	一・〇九	一・二九	二・五八	二・一八
二号字	〇・七二	〇・八六	一・七二	一・四四
小二号字	〇・七二	〇・八六		
三号字	〇・六三	〇・七二	一・四四	一・二六
四号字	〇・五一	〇・六三	一・二六	一・〇二

续表

号别	老宋体全副铜模每个价目	正楷方长宋方头体全副铜模每个价目	正楷方长宋方头体另售每个价目	老宋体另售每个价目
小四号字	〇・五一	〇・六三	一・二六	
五号字	〇・四三	〇・五一	一・〇二	〇・八六
小五号字	〇・四三	〇・五一		〇・八六
六号字	〇・四三	〇・五一	一・〇二	〇・八六
七号字	〇・八六	另配铜模刻字另加刻工		

西文铜模价目：六磅至十二磅，每个一・四四；一四至二四磅，每个二・一六；二四磅以上另议。

附注：

一、如蒙订购各种铜模请按全部货价先行如数付清

二、定制各货业已工竣不来提取系属寄存性质其间以六个月为限在寄存期中倘遇非人力所能抵抗因遭损失出售人不负赔偿责任

三、主客委托将货代运至外埠所有装箱纳税水脚等费概归主客负担照付

四、代运货物需要保险须事先言明可代为办理设或运货在中途发生不测等情则出售人不负赔偿损失责任。

五、各式特制铜模面议。

书版印工成本计算材料

一九五一年三月十日（上海）

一、设备：以全张大英机一架，对开机一架之印厂作标准。

二、工时：每月工作以二十五天计算，每天工作八小时半。

三、人员：技工（上手）三人，（下手）三人，学徒二人，什务一人。

四、装版印刷：三十六开，三十二开本每版装工三小时半计，每小时印一〇〇〇张（单面）计（即双面一令）。

五、生产量：以一〇〇〇本单位计算，每月生产令一五二令。

Ⅰ. 工资		Ⅱ. 财物料		
管理部分	400 单位	油墨 76，磅 22,000（1）	1,672,000	（1）月产 152 令，每磅可印 2 令
上 手 三 人 @130 单位	390 单位	火油，车油，揩布（2）	650,000	（2）装版 152 次，每次火油 2 两，304 两 ÷6＝19 斤，作 20 斤每斤 8000 元，计 160,000 元。 车油每机每天用油 6 两，18 两 ×25÷16＝28 斤，每斤 11,000 元，计 308,000 元。 揩布每天 $2\frac{1}{2}$ 磅，每月 60 磅，每磅 3000 元，计 180,000 元。
副 手 三 人 @110 单位	330 单位			
学 徒 二 人 @50 单位	100 单位			
什务一人	80 单位	滚筒布，牛皮纸（3）	100,000	（3）滚筒布每机尺计 21 尺 ×4200 元＝88,200 元，牛皮纸月计 20,000 元。
共计	1300 单位	电力，电灯（4）	400,000	（4）电力每令耗 1,5°＝228°，984 元＝225,000 元。 电灯 8 只 40 支光计共 320 支光，25 天合计 8000 元 × 8 $\frac{1}{2}$ 时＝682,000 支光 ÷1000K＝68@29,50 元＝200,600 元。
每单位以	5000 元			
6,500,000 元 加失业救济社保 6% 390,000 元		房租，房捐，房损，	400,000	
		洋钉，底版，钉条（5）	396,000	（5）洋钉每斤可钉版 10 付＝$15\frac{1}{4}$斤每斤 1,000 元＝152,500 元 底版每副 260,000 元可装 200 副 152 副 $\left(7\frac{1}{2}\right)$＝195,000 元。
Ⅰ. 共计该 6,890,000 元		草纸，肥皂，茶水	100,000	木条，木塞等约 50,000 元。
		胶耗（6）	500,000	（6）三机每年须 200 磅，30,000 元＝6,000,000÷12＝每月胶耗 500,000 元
		修理	300,000	
		浇胶柴火	60,000	
		电话，自来水（7）	200,000	（7）电话以帐起码基数为 148,050 元，自来水十人计每人 5000＝50,000 元
		什费（车资等）	500,000	
		折旧（8）	1100,000	（8）三机连马达附属品等合计 440,000,000，以工人二十年每年 22,000,000，每月 18,400,000 元除废□ 60% 计实 1,100,000 元
Ⅱ. 共计			6,378,000	

（Ⅰ）6,890,000 元 +（Ⅱ）6,378,000 元 +（营业、印花税等 3%）400,000 = 13,668,000 元 ÷152 令 = 每令约需工本费 90,000 元

附注：

1. 如以 2,000 本单位计每月可生产 220 令，除略加油墨一项外其余费用增加不多，则每令工本费 62,000 元。

2. 如以 5,000 本单位计每月可生产 300 令，财物料（Ⅱ）增加 30% 则每令工本费 51,000 元。

3. 如以 10,000 本单位计每月可生产 400 令，工资（Ⅰ）增加 20%，财物料（Ⅱ）增加 30% 则每令工本费 44,000 元。

装订工资分析表

一九五一年三月五日（上海）

一、本表工作概照普通熟练工人之能力估计。

二、假定书本开本为三十二开，每册平册四十页，封面上有中缝字。

三、假定每日工作九小时，每月工作二十六天。

项目	每日可做工作	每万页合人工数	附注
开料	每工开四〇万页	合〇·〇二五〇工	
折书	每工折五〇〇〇帖，合四万页	合〇·二五〇〇工	
排书	每工排二二〇〇〇帖，合一七·六万页	合〇·〇五七〇工	
包封面	每工包三五〇〇本，合一四万页	合〇·〇七一四工	
订书	订工订三一五〇本，合一二·六万页	合〇·〇七九一工	
切书	每工切四五万页	合〇·〇二二二工	
合计		合〇·五〇四七工	

平均每工可做 10000 ÷ 0.5047 = 19810 页

目前上海区装订工价每页三十二开每万页为四·七单位，九折实付计四·二三单位，除材料及管理费用一·三六六单位外，工资部份应为

二・八六四单位，根据工资二・八六四单位的占重给付工资可得下表之结论：

给付方式	合每万页工价（单位）	平均各种工人每日实得工资	平均工人工资每月可得（单位）
实付	2.864	2.864 × 1.981 = 5.6736	5.6736 × 26 天 = 147.5 单位
90%	2.5776	2.5776 × 1.981 = 5.1062	5.1062 × 26 天 = 123.8 单位
85%	2.4344	2.4344 × 1.981 = 4.8225	4.8225 × 26 = 125.4 单位
80%	2.2912	2.291 × 21.981 = 4.6287	4.6287 × 26 = 120.3 单位
75%	2.148	2.148 × 1.981 = 4.2552	4.2552 × 26 = 110.6 单位

（以上未将纸脚所得计算在内）

装订材料及管理费用分析表

一九五一年三月四日

成本项目及费用摘要	每万页合算	每万页合单位数	
		分计	小计
直接用料：			0.150
纱线：每包 32 支，每支订 4000 本，@268,000 元	每包订 32 × 4000 × 40 = 512 万页，每万页 268,000 ÷ 512 = 522 元	合 0.120	
面粉：每万页约用 $\frac{1}{10}$ 斤，每斤 1500 元	$\frac{1}{10}$ × 1500 = 150 元	合 0.029	
麻皮：每斤扎 50 捆，每捆 6000 页，每斤 2900 元	2900 元 ÷ 30 万页 = 97 元	合 0.019	
直接消耗及费用			0.350
单面刀：每把刀价 580 万元可切 6 亿万页	580 ÷ 60000 万页 = 97 元	合 0.019	
三面刀：每把刀价 290 万元可切 1 亿万页	290 万 ÷ 10000 万页 = 290 元	合 0.057	
磨刀：每百万页磨 3 次	约 218 元	合 0.043	
修配另件：	假定 250 元	合 0.049	
税捐	4.7 单位 × 4.3% = 0.202（9 折）0.182	合 0.182	

续表

成本项目及费用摘要	每万页合算	每万页合单位数	
		分计	小计
间接工资及伙食 老司务：每百万页 20 单位，每月 40 单位 练习生：每月 18 单位 伙食：2 人每人每月米 5 斗 管理部份开支	 40 ÷ 200 万页 = 0.20 18 ÷ 200 万页 = 0.09 230,000 元 ÷ 200 万页 = 1150 元	 合 0.200 合 0.090 合 0.226	0.516 0.350
房租（25）水电（25） 房捐（5）杂费（10）	60 位万 ÷ 200 万页 = 0.30 10 单位 ÷ 200 万页 = 0.05	合 0.300 合 0.250	
合计			1.366 单位

附注：

一、上表系假定书本为三十二开本每册厚四十页计算。

二、价格满一九五〇年九月份为标准，折实单位牌价照九月七日五〇九四元计算。

三、伙食及管理费用照每月做二〇〇万页分摊计算。

四、税捐栏内四·七单位系根据该业现时装订三十二开本书之定价。

五、上表分析未将作主之纸脚收入计算在内。

六、其他开料，折书，排书，订书，包封面，切书等熟练工人之工价另表分析之。

教科书出版工作参考资料之二

目　　录

人民教育出版社编审部发稿程序（草案）

一、定稿

一、本社自编稿、社外约稿及投稿，已出版书刊改编本及修订本均须完成下列手续始为定稿：

1. 组长审核；

2. 领导本组之副总编辑审核；

3. 总编辑核定。

二、总编辑于核定前如认为必要，得约请社外专家审核，并得委托副总编辑就稿本政治思想、文字或其他特殊问题分别校订。

①② 正文中标题与目录处不完全对应，保持文献原貌。

三、教科书稿本经总编辑核定后须送中央人民政府教育部核定。

四、各种稿本在送核之先及核定之后，须由各组加以整理：

1. 改动处不清楚者，填写清楚；

2. 审订者签注之意见应据以改正原稿者，应一一改正；

3. 审订者注有“？”号或批注应加查核者，应一一查核改正；

4. 原稿上有待查之空白，应一一填上；

5. 批明原稿页码并开列目录。

五、稿本经各组整理后，由各组检齐稿件全份，连同送稿单（新编及改编稿填送稿单甲，式样见附件一；修订本填送稿单乙，式样见附件二）送总编室编务组。

六、编务组按照送稿单检查：

1. 正文页数是否符合；

2. 目录页数是否符合；

3. 序文、后记、插图、插页、附表、附录等页数是否符合。

检查时发见不符，应向发稿者查询补齐。检查齐全后签字收讫，登入收发稿件登记簿（式样见附件三）。

二、整理

七、编务组将收到稿件进行整理：

1. 统一目录上的章节序数和文字与正文内的章节序数和文字。

2. 如本稿有上册者，下册之章节序数应与上册衔接；一稿分次发排者各次章节序数应相衔接。

3. 统一全稿的体例：例如“某人著”与“某人作”，“注解”或“註解”与“注释”，“山东概说”与“河南概况”，“——选自《人民日报》”与“（选自《中国青年》）”，“第一五节”与“第十六节”等等岐出之处，均应求其统一。

4. 统一成套的书（如“教育资料丛刊”）各册的体例。

5. 修订本增删处，体例应求其与全书统一。

八、统一稿件内的文字：大要有译名的统一、数字（如人口、人口密度、面积，如表上的共计数……）的统一和核算，年代的一致等项。此数项原属于稿本内容上的检查，不在整理工作范围之内，但整理稿件时应尽可能加以注意，如发现疑问，记入疑问记录表（式样见附件四），送发稿者斟酌处理。

九、原稿如有文字模糊，或次序凌乱致整理工作不能进行者，或插图不能制版者，编务组得退回发稿者重抄重绘。

一〇、已出版书刊重版时需要修订者，各组应先与总编室联系，了解旧纸型情况，对于全部重排或部分重排及挖改纸型等技术问题商量解决。

三、版式设计

一一、编务组依照本社《出版物版式规格》，视稿件性质，参酌发稿者在送稿单上提示的意见，决定稿件版式。（开本、版口、排法、字数、行数、中缝、页码、接排或另面等具见《版式规格》。）

一二、版式设计除正文外，应注意序文、目录、后记、附录插页等件的排印格式。

一三、版式设计应注意题、副题、附注、习题、提纲等款式的统一。

一四、图表排列的地位，应注意与正文的联系及版面的匀称与调和，并注意图表名称及序数的字体、字号及地位。

一五、封面、扉页、书脊等均应分别设计，并得约请社外美术工作者代为设计，如《版式规格》已有规定者从其规定。

一六、版权页应一律依照《版式规格》之规定。

一七、设计完竣，分别在稿本各部分用红笔标明，编定原稿页码，检查正文及其他各件齐全，准备发排。

四、发排

一八、编务组填写发排单（新编及改编稿填发排单甲，式样见附件五；修订本填发排单乙，式样见附件六）连同稿件全份交总编室主任核阅签字，并转总编辑（或总编辑委托之副总编辑）核阅签字，此项核阅，指对于版式设计之审查，稿件内容之审查，于定稿前行之。

一九、编务组登入收发稿件登记簿（式样见附件三）将稿件全份及发排通知单送经理部签收付排。

二〇、编务组以发排通知单副张交校对组，以便校对组估计人力时间，分配工作。

五、校对

二一、校对组收到发排通知单副张，应与经理部联系，如系发交沪处排印，应在单上注明，如系在京排印，应随时催送校样。

二二、校对组收到经理部送来校样，登入校样收到登记簿（式样见附件七），进行校对，并于其上附黏校样记载单（式样见附件八）。一般稿本校次如下：

1. 初校　发稿之编辑组自校，校对组覆核；

2. 二校　校对组校；

3. 末校　校对组校，发稿之编辑组覆核。

二三、校对组将校样送发稿之编辑组及校毕退回经理部均须登记校样送出登记簿（式样见附件九），送受收人签字。

二四、初版出书后经理部应检取样书两册连同清样送校对组覆核。校对组登入收发样书登记簿（见附件十）。覆核后，以一册附黏样书校阅通知单（式样见附件十一），送总编室主任覆核签字后送经理部签收，以一册存备查考。

二五、校对组应将每种稿本之原稿，迭次校样及样书整理装订登入原稿校样登记簿（式样见附件十二），编号分类，妥为保存。

六、考查

二六、编务组应将发排到付印过程填入稿本排印考查表（式样见附件十三），随时考查，发现问题，随时处理。

二七、校对组应将初校到样书校阅过程填入稿本校对考查表（式样见附件十四），随时考查，发现问题，随时处理。

七、版本和样书

二八、书刊出版后，经理部应将各种版本（包括各种版次、印行区域不同的版本，同一区域纸质及装订不同的版本）各检一本送总编室妥慎庋藏。

二九、总编室庋藏版本，应视为重要工作，收到后应登入版本登记簿，编列总号，并按书刊性质分类，编列分类卡，登入分类卡，庋藏版本概不出借。

三〇、经理部应依照《样书处理办法》将应送样书送交总编室分送编校者及有关部门。

生产处排制印订工作细则（草案）

一、检查原稿

（一）编审部总编室以新编或改编或修订之原稿，连同发排单交到生产处，生产处即按各书性质，分发各主管科。各科收到原稿，首先检查原稿页码。

原稿页码应不分大意、目录、序跋、附录，一律一贯编写。并注意其有无颠倒、跳码、重复等等。原稿页面之大小，字数之多少，或有图无字，或两面书写，均以一页编作一码。原稿末页应写上一“完”字，表示终了。如为先发部份，则在稿末注明未完字样。

（二）注意原稿中所有剪贴的部份，有无脱落。原稿两面书写（尤其是印刷品）转面时，是否标明，原稿中附图的图次，有无颠倒、跳码、重复。

（三）检查原稿中所附插图。插图在原稿中只注明尺寸、图次，其正式图稿由总编室整理编号另册黏附。如系借用其他图籍，总编室应将书名、页码、图次在图稿册子中注明，并将原书一并附来。

（四）依据总编室之发排单，检查正文、注文、章节、标点符号之字号名称与原稿上之批注，是否相符，有无脱漏。

（五）原稿检查完毕，然后登记“排版纸型总册”。

（六）期刊之原稿，直接送交生产处，不经总编室处理。

二、制版

（一）依照总编室发来之图稿，及标明之尺寸，开具“发制图版凭单”，委托厂商制版。

（二）图版制成后，厂商以图稿、图版、凭单以及图样四份，一并送交图型科。图型科核对验收后，于凭单上填明块数、寸数并以图样一份附入凭单之后，交还厂商，以凭结帐。图型科将图版登记后，连同图样一份，送交应用主管科。应用主管科依照图次，以图样黏入原稿之中，图型科自留图样两份备用。

（三）一切插图图版均不用木底，但直接印刷之图版不在此例。

三、发排

（一）检查原稿和制版工作完成之后，依照总编室发排单之指示，确定版式（另详出版物版式规格）。

（二）各主管科依据总编室之发排单另开“委托排版凭单”并与图型科联系，在凭单中注明需要纸型副数，连同原稿图版，一并发给承排印厂。同时填入“排校进度登记表”。并另开拟造图书通知单三联，一联留存，二联送交发行机构参考。发行机构以一联签注意见送回，以作将来决定印数之凭单。

（三）承排厂商接到原稿以后，根据凭单试排样张四面，转送总编室签字。签字样张三份：一份留总编室，一份留主管科，一份交还印厂。

（四）排成书稿之版式，主管科应与样张核对相符后，送交总编室校对之。

（五）每次收发校样时，均应在“排校进度登记表”上按次记载校样及原稿的起迄页码，待全书排成，确定页码后，即应算出定价记入表内。

（六）校对由总编室负责进行，由总编室逐页签字，然后付印。签字样子共三份，总编室留一份，主管科自留一份，交印厂一份。

（七）书稿进行校对时，应根据“版权页规格”及“总编室发排单”，排成版权页，并送总编室审核签字。该版权页样张应与清样一并附入纸型。

（八）期刊及有时间性的书稿，可能因突击关系简化工作，但事后应追补手续，以期符合规程。

四、制型

（一）校对签字后，即可发制纸型。每副纸型，须附清样一份。以备各该纸型印刷时核对之用。

（二）教科书之纸型，须特制母型一副。母型以活字版第二副打出之纸型为之。母型之工料，须特别注意。母型制成后，每张纸型上须加盖母型图章，以资识别。

（三）全书均为铜或锌版者，用铜或锌版直接制型，不需另制母型。

（四）翻制纸型时，由图型科取出母型并开明翻制副数，提交各主管科。各主管科另开“添补纸型凭单”发交印刷厂翻制。

（五）挖改纸型时，图型科根据总编室交来之修改标准本或文件，将所存纸型应挖改各页，逐副检出，并注意留存印厂之纸型，亦须收回检出。检查后，用红笔将挖改部分标明，送交主管科办理。各主管科另开“挖补纸型凭单”发交印厂挖改。同时图型科检查各地存型副数，通知一律照改。通知发出后，务使收到对方“满改”回文，如无回文者，即须追询。

（六）部份重排制型时，各主管科依照修改样张开具“添补纸型凭单”发交印厂重排。依照新编排书办法，进行校对制型。重排部份纸型插入原纸型时，原纸型作废各页，务须换出，用粗线加 ×，注明“本页作废，改用新型”，或截角破坏，以免混淆。

（七）挖改铅版翻制纸型时，图型科依照总编室交来之修改样本，检取母型修改各页交各主管科另开“添补纸型凭单”发交印厂。印厂须将挖改铅版，先行打样送校，经总编室签字，然后可以制型。挖改铅版后之母型，最好重排。否则须在该纸型上、包皮纸上及一切有关之记录上均须特别用红笔标明。

（八）部份重排制型及挖改铅版翻型，所需要之份数，由图型科查明自存及外存之纸型副数，通知各该主管科决定之。

（九）新制纸型、翻制纸型、挖改纸型、重排部份纸型、挖改铅版翻制纸型完成后，印刷厂以成品清样及凭单一并送交图型科验收，图型科验收后，即在凭单内填明交纸型日期等，并签收盖章。

五、印刷

（一）各主管科依照发印通知单所开列之书名、数量等等，即向图型科领取纸型（或图版）准备付印。

（二）付印之纸型必须附有样本。付印前，各主管科主任必须亲自将纸型样本核对，然后依照版式规格，开具“付印凭单”一并发交印厂签收。同时另开“用纸通知单”交材料科连同应需纸张，送交印刷厂。

（三）纸型送交印刷厂时，须将纸型包外之“记录卡”取下，在“记录卡”上填明月日、印刷厂名、经手人姓名等项。

（四）各书发印后即填写“印订检查卡”，以后印刷进程，应随时填入备查。

（五）印厂装版印刷时，先打成大样送交各主管科负责人审核签字。签字后，印刷厂始可开印。

（六）每书正文付印前后，应另开“封面付印凭单”，将该书封面、版权同时付印，并必须将封面先正文印好，以便配合装订。封面尽可能用大架印刷，以节省印费。封面可另行委托他家担任，或采用平版印刷，以省费美观为主。

（七）印厂将印成之正文、封面送交指定之装订作点收。装订作应在“付印凭单”背面签盖图章，交还印刷厂，以作印刷厂结算印工之凭证。

（八）各书印制完成，应即向印刷厂收回纸型，并将“记录卡”填明收回月日，重新系于包外。

（九）开出正文付印凭单、封面付印凭单后，即凭存根登入“印刷总册”。

（十）各书用纸，正文不论多少，一律申放 1%；杂志插图、图书封面申放 1.4%；杂志封面申放 2%。

（十一）新书开“付印凭单”时，应照发印通知单数量加开“样书”二百本。修订本初版时加开“样书”壹百本。重版时加开“样书”二十本。此项样书照实际成本报销开支。

（十二）地图之发印，另行规定之。

六、装订

（一）各书付印后，即开“装订凭单”二联：一联交承装人向印刷厂提取书页，一联存根，凭以记入装订总册。

（二）各书装订过程中，应将进程逐日填入“印订检查卡”。

（三）装订作取齐书页，不论初版重版，先送毛样二本，经主管科负责人检查后，将毛样交还订作。订作再依照规定开本切裁成样书五本，交主管科负责人检查合格后，以一本签字发还装订作照样装订；一本加开“出版通知单”送发行机构作收书标准；一本留存参考；二本送经理部，经理部以一本留存，一本转送总编室。

（四）出版通知单三联：一联留存，二联送主计科。主计科以一联作统计，一联连同样本送发行机构。

（五）装订完成各书，依照凭单指示，由装订作径送各发行机构。发行机构点收后，开具收书单交与装订作。装订作以收书单送还主计科，主计科在凭单背面签收，凭单交还装订作，以作结算订工之凭证。

（六）装订作送书数量，应与“装订凭单”所开列数字相符。如溢出原有数字，可照实际成本收购；如有短缺、欠缴情形可照批发给新华的折扣结算。若装订、印刷不合规格，则应查究原因及时设法补救，或令印刷厂及订作赔偿。

（七）小学书以缝机订为原则，厚本书暂以穿线订为原则。

七、结算生产费用

（一）各承制厂商工作完成后，开具收据、发票连同各种凭单送交本处审核。本处加开“支付造货工价费用通知单”，经负责人覆核签字，交与承制厂商向主计科支取。

（二）凡因特殊情形不及依照前条办理，须由各主管科主任签章，负责保证补缴凭证，得酌予通融，但不得经常破例。

（三）核付造货费用，应逐项记入各种总册，作为销号的记录。

（四）凡须预付者，由行政与各厂商订加工合同。

（五）详细手续另见主计科生产费用支付办法。

材料管理细则（草案）

一、一般管理

按照生产计划，配备需用纸张，得定购期货或采购现货。由经理部主任一人，生产处一人，主计科一人会同办理之。

定购期货，必须订立合同，合同须经经理部主任签字。

选购纸张须有发票、纳税凭证等完备手续。并交定货样两份，一份留秘书科附入合同或文件中，一份留材料科，作验收时核对之用。

货样上须标明厂名、纸名、尺幅、数量、色泽、重量等等。

纸张之验收、储藏、调运、保险统由材料科掌理之。

验收时，核对是否与货样相符外，并应注意有无水渍、破坏、死折等等。验收后，经手人应在货样上签字以明责任。

已购之各种纸张，应存自有仓库中。自有仓库不能堆置时，可选租干燥坚固、仓库低廉之仓库。亦可要求纸厂交付栈单，随时提取。栈单均存秘书科保管。

栈库中存储纸张，每一种纸应悬挂“栈存记录卡”，卡上标明纸名、规格、来源、数量。纸张收付时，均应按项记入，俾便随时稽查。

进行造货时，纸张应作适宜之调度，分存各可靠之印厂。送到印厂后，应经常检查存放地点，是否安全？造货时所用纸张，有无与别家纸张混淆。

存放自有仓库、租借仓库以及存放在印刷厂里的纸张，均应按照时值投保火险。投保火险之数量、单价、地点，由材料科提出交秘书科办理之。

二、收付手续

一切纸张之收入均须开“收纸通知单”，付出开“用纸通知单”，凭单记入纸张收付日记簿，纸栈分户帐，并以一联交主计科入帐。调运、借还开“调拨通知单拨”凭单记入纸栈分户帐。

纸张移动时，须有收纸通知单或用纸通知单，或调拨通知单一联随行，以便收货人凭单点收。

各主管科印制图书、杂志需用纸张，均凭“付印凭单”交材料科加开“用纸通知单”，材料科开单后即调度纸张，供应印刷。

本社各部、组、处、室、科因公领用各种纸张，均须填写领物单，交秘书科，由秘书科签准后交材料科，材料科即加开“用纸通知单”发纸。

纸张售出，其数量、价格，均须于事前得经理室同意。售出时开“用纸通知单”入帐。

每月终材料科应将各种破纸汇总造表，破纸出售时，须得经理室同意后，开“用纸通知单”入帐。

各印刷厂印造时发现存纸中有短数情形，材料科得要求各该厂提供证件或派员调查实际情况，认为无法追究时，得开“用纸通知单”报请经理室批准核销。

卷筒纸切成平版纸先开“用纸通知单”，作为纸已用去。待切成后，再开“收纸通知单”收入。收纸通知单上应详注用纸通知单的日期、号码及数量、重量，并说明开切情形，送请经理室同意。

三、调拨手续

总社、办事处所存有纸张，各自立帐册，主计部份记载纸张价值，材料部门记载纸张数量。造货站所存有之纸张，为其直接领导之总社或办事处之一部份，在造货站只记载纸张数量。其总社或办事处以造货站作为分栈，亦记数量，并于主计科并记造货站之纸张价值。

总社各办事处间调运纸张，调出之材料部份开“用纸通知单”，主计部份开内部往来咨单寄交调进者。调进者根据对方之“内部往来咨单”代作收纸通知单，记入纸张数量帐，以及纸张价值帐。即发货者等于售出一批纸张，收货者等于购进一批纸张。

在当地调运纸张开“调拨通知单”。

总社或办事处以纸张调往各所属之造货站，开调拨单三联，一联运出部份留存，记纸张数量帐。一联随纸作点收凭证，一联寄收纸之造货站，造货站即作“收纸通知单”记入纸张数量帐。

各造货站所存纸张调运与所领导之总社或办事处，造货站开调拨单三联，一联留存作用纸通知单记纸张数量帐，一联随货作点收凭证，一联寄受纸部份，受纸部份记纸张数量帐。

造货站因造货而用去之纸张，造货站开调拨单，以一联附付印凭单交总社或办事处。收单部份凭其调拨单另开用纸通知单记数量帐及价值帐。

总社及办事处各所领导之造货站间，调运纸张均须转其领导部份转帐。

四、借还手续

其他机构向本社借用或本社向其他机构借用纸张，均须得经理部同意。借出借入、收还付还均开“调拨通知单”。借出作为存纸，另立纸栈分户帐。借入亦另立分户帐，在分户帐以红笔记载，表明为欠数。

借入后付还、借出后收还，如发生质量不同，则各按时值，照“出售存货，补进新货”办法办理。即另开“用纸通知单”、“收纸通知单”转帐。

五、未达纸张

两地调拨在运送中之纸张及已付款购进而在运送中未达之纸张，材料科应即开“收纸通知单”收进，而在纸栈分户帐中立未达纸张户记入之。纸张到达后，另开调拨单转回之。

预订纸张仅签订合同尚未付款者，另设参考簿记录，不正式入帐。

六、报表

总社、办事处、造货站各所存纸张，有收付行为时，应各按当日填写“纸张收发日报表”分送主管人参考。

总社、办事处、造货站每月月终应各填“纸张收付月报表”送主管部份外，并交主计科一份，以凭核对。

报表中未达纸张与实存纸张须分别列开。预订纸张则列入备注项内。

图书校对科工作细则（草案）

一、任务和目的

根据原稿和书籍的排印式样，认真严肃的进行校对，务使错字消灭，规格符合，并进一步的从原稿中发现问题，提交编辑部门改正，完成为编辑加工的任务。

二、组织与分工

为便于工作上的相互配合，目前暂分设三个组及统计员一人，每组设一组长，必要时得设副职。工作采取专责制。每书从初校到付印，由一组负责，每校由个人负责。分配工作时应充分注意使稿件的性质能与各组（人）的擅长相结合，同时亦要照顾到工作负担的均匀及时间的要求。规定科、组等负责人的职掌如下。

1. 科负责人的工作

A. 主持召开科务会议。

B. 制订计划及总结工作。

C. 分配检查与督促各组及统计员工作。

D. 检查付印清样。

E. 与有关部门的联系工作。

F. 领导并处理有关学习、生活、思想等问题。

G. 其他。

2. 组长的工作

A. 主持召开小组会议。

B. 分配检查督促组员工作，帮助组员提高业务水平。

C. 校对及检查付印清样。

D. 经常关心组员之学习、生活、思想情况。

3. 统计员的工作

A. 登记收发稿件。

B. 统计工作数量、质量。

C. 保管原稿、校样及参考资料。

D. 领发及保管办公用具。

三、工作的程序、要求和标准

一般书籍以三校付印为原则（不包括工厂及作，译者校）。每书每校以一人为主，避免重校，急件可由数人合校。如初校错误不多，可连续进行二校及三校。

A. 程序

接到印刷厂送来校样经统计员登记，检查原稿及校样是否齐全后，经科长分给各组，由组长再分配组员校对。

初校校完后，在目录上贴上书签，如有疑问时须填写疑问表，同时填个人工作日记表及排校进度表一并交给组长。组长根据初校校样错误的多少，决定送改或连续进行二校。

二校校完后的手续与初校同。填写质量统计表，连同校样通知初校人后，交给组长。组长收到二校校样后，如发现错误尚多，即送印刷厂改正（交统计员发出），印刷厂改正送来后，是否送作者校对抑内部进行三校，请示科长决定（清样须送著作人校对者，如改动不多时内部可同时连续进行三校）。

三校校完后，照上例手续填表，负责校对者如认为可以付印时，即签注“改正付印”字样交组长，组长经认真检查认可付印后，送科负责人。科负责人接到组长送来校样，应作最后检查或重点抽查或全部检查，视具体情况决定。尤应注意于改动处，以及疑问表解决是否正确，格式、目录、封面、扉页、版权有无错误。检查完后，如发现问题，随时通知参加本书校对同志，避免以后发生同样错误，进行认真注意和学习。

B. 要求

初、二、三各校之时速与质量，均采各校之平均数字。由于实际上有翻印、抄写、剪报等稿件的清楚与不清楚之不同，政治理论、文艺小说、快板诗歌、自然科学等稿件有校对比较难易不同，各人业务水平熟练程度之不同，为此，当另订数质量等级标准。现就一般情况，作如下之规定：

〔初校〕不掉句、行、段，不多句、行、段。无另行、接排错误，版式统一（根据发排通知单格式统一）。缺字补齐，无倒空及代用符号。质量草稿四千分之一，每小时三千八百字，翻印稿质量五千分之一，每小时四千五百字。

〔二校〕除作到初校要求外，版式绝对统一，错字大部消灭，并将初校所提出的问题加以解决。草稿质量一万五千分之一，每小时三千八百字，翻印稿二万分之一，每小时四千五百字。

〔三校〕基本上消灭错字和标符错误，并注意发现稿误，对初、二校所提出的疑问加以解决，不能解决者提交编辑部，质量五万分之一，数量一般书籍每小时四千五百字。

〔成品检查〕为了检查质量及准备再版时作必要之修正，须进行成品检查，先核对与付印清样是否符合，再对照原稿并参看付印前各校校样校对一次。成品检查后一般说不应再有错字。成品检查后通知该书的签字付印者，再交小组长，组长交科负责人，科负责人检查所改是否无误，如有疑难问题提交编辑部，然后转总编室。

C. 标准

1. 通用字、多体字不算错。

2. 统一字一般说不算错，前后已统一但其中有疏忽处应提起注意。

3. 明显的非改不行的一律算错，标题、字号、字体不对，目录与正文不符均算错。标点错漏及倒字应算错，外文草写、楷写均算错（原稿不清难以辨认者，须填疑问表）。

4. 送校校出错和下一校校出错统算为上校的错（改原稿不计）。

5. 格式一般说不算错，但应向校对者指出以后加以注意。

6. 标点与引号之关系不算错。

四、改动原稿守则

1. 原稿中凡属同一意义，同一用法之字、词而前后不统一者，应根据多数与习用原则，由校者统一。

2. 原稿中标符、名线用法前后不统一者，以绝不影响文意为原则，由校者予以统一。

3. 原稿中凡可以明白辨认，属于誊写笔误，并在上下文意上有充分理由证明其为错误的字、词、点、线，由校者改正并登入疑问表。

4. 凡变动原稿（一般稿件）文意之字、词的改动，均须事先征得作者或编译者之同意。

5. 急件中个别字、词之改动，如来不及征询作者或编译者意见时，须经过编辑部有关负责同志之同意。

五、校对工作一般注意事项

1. 校者接到校样后，根据发排通知单检查原稿页数并检查清样页数是否衔接（包括封面、扉页、版权、目录、序言、正文、附录、后记、前言、声明、插页、插图、题字等），以使分清责任。

2. 初、二、三校均须依据原稿校对。

3. 校时先校正文（包括序言、例言、前记、后记等），次校篇名和标题格式，再次校页码书眉（中缝），最后于全书校完后在目录下填注页码。目录文字与正文标题核对。再后校书脊、封面、扉页、版权等的文字及格式。

4. 进行二、三校时，应先核对上校改出的是否已经改正，然后再校。

5. 校样或检查成品，划出之错字及符号，必须按照规定力求线路清楚，缮写端正，不得潦草乱划。

6. 一面只一行而该行仅二三字者，缩回与上页合并。

7. 校样系分批送校者，须特别注意原稿清样页次是否衔接，如不衔接须加以查明。

8. 核对付印清样，除应注意错字之绝对改正外，尤须注意因增删字句之版面变动处，须将变动处及前后数行详加校正。

9. 检查注意事项：

A. 内容方面——改动的字、句、行、页；每页首尾，每段首尾；目录与正文标题及页码，边注与有关正文；文与图；插页、插图，文字与有关文字；人名、地名、用词、用字（指易错者）；外文与译文；注释与正文及其页码；文中序数；题注、目注；引文出处，封、脊、扉、权、声明等之文字时间，数字及其互相对照；抽查若干页码及引文与原书。

B. 格式方面——目录及正文内标题（及题序）之体号、位置、回行；篇章节之接排，另面或另页起；页码之起迄（讫），体号、位置、空码、推移、行数、条空、推行、推码；插图、插页之位置；插页上的字体位置；直行、左行、右行；扉页、版权、前页、前言、声明、题字等之体号，位置、式样、直行、左行、右行；序文、编例、书后、附记、附录、注释等题文之字号、位置、另面、另页；引文之体号、位置、出处；引诗（歌）之体号、位置、分段、另行；目录及文内之引号、括号、名线、破折号、省略号、着重点、标点装法、分栏花等之体号、位置、长短；背题、顶头点、符。

六、表格使用说明

1. 书签——不论分割校对或连续校对，校完后均须填好贴在所校校样上面。（见表9）

2. 质量统计表——以书及校次为单位，各校（从二校到付印）填表通知上校校者，以引起注意并进行学习，再交给统计员。（见表2）

3. 数量时间日记表——当日的工作数量、用时、时速，公私假填在备注拦〔栏〕内，经组长签字，在下班发给统计员。（见附8）

4. 月终质量统计表——质量计算以书为单位，把本月所付印之书籍，算出质量后汇总之。（见表6）

5. 月终数、时统计表——将表3汇总后，制成此表。（见表5）

6. 校对疑问记录表——校对过程中发现的疑难问题，填在此表上。（见表4）

7. 成品检查统计表——将表3下半部所列各项汇总制成此表（必须经科负责人看过）。（见附7）

8. 校样登记卡——登记工厂送来校样事项。（见表1）

9. 送校单——单中各项照填，以便今后查阅。（见表3）

七、本办事细则，经科务会议讨论通过，送图书出版部批准后实行之。

附录：

服务公约

1. 工作时间内认真工作，不吃零食，不打闹喧哗，保持肃静。

2. 行政规定的上下午工作时间内各可休息一刻钟，好好休息，不影响他人工作。

3. 自觉遵守工作态度。

A. 准时上班，下班，不无故迟到早退及旷工，工作时间内，非公会客先经组长许可，并不超过半小时，否则按手续请假。

B. 请假填写请假单，当经主管人员批准（特殊情况先用电话联系事后补假）。

C. 认真执行值班，签到制度。

4. 其他按制度办事。

书号　　　　　　**校样登记卡**　　　　　　年　　月　　日发排

<table>
<tr><td>书名</td><td colspan="13"></td><td>字数</td><td></td></tr>
<tr><td>著译者</td><td colspan="9"></td><td colspan="2">送校地址</td><td colspan="4"></td></tr>
<tr><td rowspan="7">本部校对</td><td rowspan="2">原稿页数</td><td rowspan="2">校样页数</td><td colspan="3">初校</td><td colspan="3">二校</td><td colspan="3">三校</td><td colspan="3">四校</td><td>附件</td></tr>
<tr><td>收到</td><td>校者</td><td>送改</td><td>收到</td><td>校者</td><td>送改</td><td>收到</td><td>校者</td><td>送改</td><td>收到</td><td>校者</td><td>送改</td><td rowspan="6"></td></tr>
<tr><td></td><td></td><td></td><td></td><td></td><td></td><td></td><td></td><td></td><td></td><td></td><td></td><td></td><td></td></tr>
<tr><td></td><td></td><td></td><td></td><td></td><td></td><td></td><td></td><td></td><td></td><td></td><td></td><td></td><td></td></tr>
<tr><td></td><td></td><td></td><td></td><td></td><td></td><td></td><td></td><td></td><td></td><td></td><td></td><td></td><td></td></tr>
<tr><td></td><td></td><td></td><td></td><td></td><td></td><td></td><td></td><td></td><td></td><td></td><td></td><td></td><td></td></tr>
<tr><td></td><td></td><td></td><td></td><td></td><td></td><td></td><td></td><td></td><td></td><td></td><td></td><td></td><td></td></tr>
</table>

<table>
<tr><td rowspan="5">作者校对</td><td>原稿</td><td>校样</td><td>收底</td><td>送出</td><td>退回</td><td>送改</td><td>收到</td><td>送出</td><td>退回</td><td>送改</td><td rowspan="5">备注</td><td rowspan="5"></td><td>付印日期</td></tr>
<tr><td></td><td></td><td></td><td></td><td></td><td></td><td></td><td></td><td></td><td></td><td rowspan="4"></td></tr>
<tr><td></td><td></td><td></td><td></td><td></td><td></td><td></td><td></td><td></td><td></td></tr>
<tr><td></td><td></td><td></td><td></td><td></td><td></td><td></td><td></td><td></td><td></td></tr>
<tr><td></td><td></td><td></td><td></td><td></td><td></td><td></td><td></td><td></td><td></td></tr>
</table>

（此表系正面）

校1

质量统计卡

校样数页　　　　　　　　稿别

月	日	校对者	校别	数量				质量							
				字数	用时		时速	错字	掉字	颠倒	标符	多字	格式	共计	万分比
			成品检查					稿误		工厂改错		尚属疑问		未校出	

（此表系背面）（此表与质量统计表格式相同）

校2

个人工作日报表　　　　月　　日星期

书名	稿别	校别	页码起迄〔讫〕	字数	用时	时速
共计						
备注						

校 8

书名：　　　　　　　　　　校次：

页次：		注意之点
收样日期	年　月　日	
校样异日期	年　月　日	
送校改日期	年　月　日	
付印日期	年　月　日	
校者		
核对者		
检查者		
本书次序		

校 9

书名：

校对疑问记录表

年　月　日

原稿		清样			原文	疑问	未已改	后一校者意见	编者或作者意见
页	行	页	栏	行					

校 4

月终数时统计表

年　月　日至　年　月　日

姓名	校书			成品检查			小计			检核用时	公假用时	私假用时	小计
	字数	用时	时速	字数	用时	时速	字数	用时	时速				
总计													
备注													

校 5

月终质量统计表　　　　年　月　日至　年　月　日

书名	校对者	稿别	校次	字数	用时	时速	错字	质量
总计								

校 6

成品检查统计表　　　　年　月　日至　年　月　日

书名	稿别	字数	用时	时速	稿误	工厂改错	尚属疑问	付印校者	检查者	未校出	质量

校 7

同志：

送上下列原稿、校样各一份，务希于　　　月　　　日以前退回，以便早日付印出版为要。此致

敬礼！

启

月　　日

书名			
原稿页数		校样页数	
附件			
备注			

校 3

版权规格的说明

中小学教科书的编印，为了对教育对学生负责，每季都要作些必要的修订。小学方面又为了适应各地方的生活习惯，各地方也各自作些必要的修订。这就使修订的版本很多，不容易辨别清楚。为了避免出版上的混乱和错误，拟从一九五一年春季用书开始，把版权页确定一个格式。

版权页上首先应该有“编者”或“原编者”或“改编者”。一般新出版书用“编者”，重版时候编者自己作了修订，仍应改为“编者”。如果重版时候已有另外的人修订。那末“编者”改为“原编者”。像高小地理。如果修订的程度到了把原来的骨架完全重新组织，仅仅吸取一点材料，那末“原编者”列名，像高小国语二、四册。

第二可以有“助编者”。一部书有帮助编辑的人，就列入“助编者”，像初中语文。

第三可以有“修订者”或“校订者”。修订是就原来骨架改动较多的，像初小国语。校订是仅作个别的改正的，像初中植物。不管修订或校订多少次，

参加的多少人，由最后一次修订或校订的列名。

第四是“出版者”。出版者指现在办理排校、制型、计划印刷的机构，像关于中小学教科书的这些事情，是由“人民教育出版社”办理的。

第五是“印刷者”。印刷者是实际担任印刷工作的印刷所，像新华印刷厂。为明确责任，还要加注印刷厂的地址。

第六是“发行者”。书印成了，就交给专门发行的机构。人民教育出版社出版的书，是交给新华书店发行的，所以“发行者”应为新华书店。

“编者”“出版者”“印刷者”“发行者”是顺着生产顺序排列的。这些以外，还要印上人民币的定价，这是确定书的价格的。还要印上印数。同一版本，在同一地区，印了若干版次，这若干版次的总印数，要逐次累计标明。（如初版 1—10,000，再版 10,001—20,000）印数可以帮助社会上了解文化教育发展的情况。

最重要的是版本的说明。说明版本可以用三行文字。第一行说明这本书最初原版的年月和出版者。如果是改编的，就以改编本为最初原版。第二行说明最后修订的年月和次数，不管它修订过多少次。最后修订的次数，也就是上面“修订者”列名的这一次。第三行说明这一次根据最后修订本付印的版次。为了分区造货，各地有各地的版次，所以还要加上地名。

每种书上都要有书号，以便各地电报添货。

版权页上有许多年月、印数、次数、书号、定价等数字，为便于阅读，一律用自左而右的横排格式。

书号编排的规格

一、为了便于统计，便于各地电报接洽，每一单本书，均给有一个书号。书号是用四个码子组成，可以配合电报号码。

二、每个书号的第一个码字（即千位）作为类别，分配各类如次：

0　幼稚园用书　　　1　初级小学用书

2　高级小学用书　　3　初级中学用书

4	高级中学用书	5	师范用书
6	大学用书	7	职教用书
8	社教用书	9	（未定）

三、每个书号的第二个码子（即百位）作地区性出版的分别，拟定如次：

0	全国性	1	华北
2	华东	3	华南
4	中南	5	山东
6	东北	7	西北
8	西南	9	（未定）

四、每个书号第三及第四个码子是种数，是顺着册次或出版先后次序的种数。如华东的初级小学常识第四册，书号应即编为1212。又如华北区的初小算术第七册，书号即应编为1115。又如全国性的初中语文第五册，书号即应编为3005。

五、一般教育参考用书，为了种类较多，以第二第三第四个码子（即百位十位个位）编种类，以第一个码子（即千位）照前办法代表地区。另在书号之前加“参”字代表类别。

六、同一版本而各区分印，该书号应依原出版地之编号为准，不需另编。凡属全国性的书号，统归总社编号，各地区分印者仍用该书号。

七、不同版本（各地区自编之课本），其书号可以自编（个位十位）。但代表地区性的“百位”和代表类别的“千位”，则必须依照总社规定。

八、目录内除列书号以外，应将代表四个码子的中文电文也一并刊载。

九、各书的书号编写之后，各书的内容如有修订或改排或更换书名，该书号仍照旧不变。

一〇、已编书号的各书，如已绝版，该书号以不再使用为原则。如必须使用时，应在该书号前加一“重”字，以资分别。

教科书出版工作参考资料之三

前　记

这本小册子，是继续“第一届全国教科书出版会议”时所印赠的参考资料后的第三种参考资料。

《版权页的规格及说明》《课本分类编号办法》在本社内部刊物《出版情况》第十四期上发表过，现在刊登的略有修改补充。《书刊印刷规格（草案）》《书刊装钉规格（草案）》是根据现在印刷生产条件，拟定一些较比〔比较〕可行的规格标准，加了一些文字说明。《书刊成品验收办法（草案）》是本社在北京初次试行的暂行办法，兄弟单位如采用的话，请与当地新华书店取得联系和配合；并且要看当地印钉厂一般的水准，加以适当的变更。验收办法对“提高出版物的质量”说，只是一种消极的防止办法。在积极方面说，还要我们本身重视教科书的出版工作，克服“重量不重质”和“任务观点”；更要通过工会的组织，加强对印钉工人的教育，提高他们的认识。并加强印钉工作的检查，提出改进的意见和方法。亲密合作，及时地消灭事故，以达到我们所定规格标准的要求。其他四篇关于轮转机印刷等初步经验都很肤浅，所看到的方面也很狭窄，可能存在一些错误，希望兄弟单位多多指教。

教科书出版工作参考资料之三

目　　录

人民教育出版社纸张收发保管办法

一、采购

一、本社纸张材料之采购，由出版部依据全国教科书及本社其他生产计划之需要，按年编制全国用纸预算。预算内须详细开列品质、规格、数量，并应包括备料在内。预算编就后交材料科，由材料科剔除年度开始时之

---

①②③④⑤⑥　正文中标题与目录等处不完全对应，保持文献原貌。

余存额，计划订购数字；经部主任审核批准后，即报请出版总署主持，向国内外统一订购之。但少数特种或急待应用之纸张，本社得向百货公司或市场收购。

二、订购纸张须与厂商或进口公司订立合同，合同内须载明纸张之种类、名称、规格、色泽、数量、单价、总价、交货、付款期数等项，并须检附货样，以备收货时检验品质。合同由秘书室保存，但材料科、主计室均须留存副本。

三、订购纸张须按分批或一次交货，向卖方索取与纸数相同之税照、发票，于发货同时交收纸单位执存，以备税务机关查验。

二、提运

四、订购纸张出厂或到进口口岸，材料科即按照生产计划分配数量，并估计地点远近，运输便否，通知各地造货机构，依次付款提货。

五、订购纸张之运输，争取厂商代办。不能代办者，委托运输公司办理。运输公司争取以国营者代办为原则。无运输公司可委托者，本社用纸由材料科提运；各造货机构用纸，通知其派人自行提运。

六、纸张之运输，应预先计划。其交铁路运输者，应填具要车计划表，按照规定期间，向铁道部运输总局或铁路局申请拨车。各造货机构之要车计划，由本社材料科代办。

三、收储

七、为使纸张之保管严密，本社应有自备仓库。在此项条件未具备前，应选租安全、交通便利而收费低廉之仓库，或向兄弟出版社租借仓库，或商请纸厂交付栈单。

八、纸张之可以立即应用者，为节省运输手续与费用起见，以运到后立即有限度地转送印厂，并以送厂后不再他运为原则。其须加以开切方可应用者，则以存库为原则。统由材料科与出版部经常保持密切联系，妥为掌握，以免辗转搬运造成浪费。送存印厂之纸张，如并不立即应用，应随时加以检查。

九、纸张于入库或送交印厂时，应检查其规格、品质、数量等是否与合同规定及货样相符，有无水渍、破损、死折、搀杂、不纯等情形。如有此类情形，应视其严重程度，向各用纸单位调查纪录，以便及时汇总向厂商提出交涉。

十、种类、品质、来源不同之纸张，应分类依次堆置整齐。每堆应悬挂“纸栈纪录卡”，卡上应详细标明种类、名称、规格、来源、收付日期、收、付、存量等，以便稽查统计。存纸应每月盘查一次。

四、发用

十一、印制书刊、内部刊物所用平版纸及包扎所用之黄纸板，由出版部开“用纸通知单”交材料科办理。

十二、卷筒机印刷书刊之卷筒用纸，材料科依照出版部所开“用纸通知单”估计数量、重量酌发卷筒纸。此项酌发之卷筒纸在“纸张分类帐”中，立“在制卷筒纸户”记入之。印制完成后，开“纸形变更单”，并凭原“用纸通知单”在“在制卷筒纸户”中转出之。

十三、单据表格稿笺等自用纸张，均由总务科开“用纸通知单”向材料科领用。

五、切用

十四、卷筒纸之开切，须由材料科拟具计划报请经理部核准后方可进行。

十五、卷筒纸之上卷筒机使用或开切平版纸使用。均以重量计算掌握之。卷筒纸未开切前之重量。必须与切开为整令、卷面、纸边、纸花、筒皮、筒心等重量之总和相符。

十六、卷筒纸开切成整令纸，及由卷面、纸边等整理为整令或纸花时，均开“纸形变更单”在“纸张分类帐”中转帐。“纸张分类帐”中应立卷面、纸边、纸花、筒心、筒皮等帐户。

六、调拨

十七、纸张在当地仓库印厂之间互相调拨，由材料科掌握之。纸张在总社与造货站之间互相调拨，由材料科会商出版部掌握之。纸张在总社与办事处及各造货机构间互相调拨或向兄弟出版社借贷，均由经理部主任掌握之。

十八、仓库、印厂、造货站间之调拨，开“调拨单”执行及记帐。

十九、社与办事处、造货机构间之调拨，须凭发票开用纸通知单作为售出纸张。

二十、借贷纸张应开“调拨单”，并在“纸栈分户帐”中立户，借出作为存纸，借入以红笔记载，表明欠数。

七、保险

二一、本社所有之一切整批纸张，必须遵照政府规定保险。投保数量及金额。由材料科报请经理部主任核准执行之。

二二、纸张保险之种类如下：在本社仓库者保流动险。预存印厂纸张或堆存其他仓库者保短期险。纸张在运输途中者，保运输险。必要时应加保兵险，保险时，纸张价格照当时进价为标准。

二三、纸张材料保险单应作为密件处理，由材料科妥为保存。

八、售料

二四、废料、冷料均应及时处理出售之。

二五、纸花、筒心、筒皮、纸夹板等由材料科交与总务科出售之。

二六、纸边由材料科报请经理部主任批准后交与总务科出售之。

二七、卷面必须将可以装作对开者加工裁出，始可出售，出售时由材料科报请经理部主任批准后会同总务科出售之。

二八、平版残破纸张，由材料科报请经理部主任批准后会同总务科出售之。

二九、冷料（即不用纸张）由材料科提出请出版部研究在本社生产上是否有用，送经理部研究政策上是否可售。决定出售后。由材料科会同总务科招商承购。其出售价格须经部主任之批准。

三十、本社各办事处、造货站所有纸边、破纸（包括坏纸），应由生产部门研究是否确系不用或无法使用，然后会同材料、主计（及秘书）部门拟订出售方式，经处、站主任决定后出售。并报本社备案。

九、在途货

三一、两地调拨或已付款购进尚在运送中之在途纸张，材料科应凭原始凭证开“收纸单”收进，在“纸栈分户帐”中立“在途纸张户”记入之。纸张到达后另开“调拨单”转回之。

三二、预订纸张仅签订合同尚未付款者，另设备查簿记录，不正式入帐。

十、单帐表卡

三三、纸张之收入开“收纸通知单”，付出开“用纸通知单”，移动开“调拨单”，卷筒纸使用开“纸形变更单”。

1. 收纸单三联，由材料科开单，一联存根，一联交材料科记数量帐，一联交主计科记价格帐。

2. 用纸单四联，由用纸部门开用，一联存根，一联交材料科发料后记数量帐，一联由材料科于发料后加盖印章转主计科记价格帐，一联交领料印厂，由领料印厂加盖印章后向材料科领料。

3. 调拨单四联，材料科开单，一联存根，一联交拨出部门，一联交调进部门，一联由调进部门盖章交还材料科凭此联记帐。

4. 纸形变更单三联，由材料科开单，一联存根，一联存材料科记数量帐，一联交主计科记价格帐。

三四、凭“收纸通知单”“用纸通知单”“纸形变更单”记入“纸栈分户帐”“纸张收付日记帐”，并备制“纸张收发日报表”，凭日报表记入“纸张分类帐”。“调拨单”只记入“纸栈分户帐”。

三五、“纸张收发日报表”四联，一联存根，一联交出版部参考，一联交经理部参考，一联交主计科核对。

三六、根据“纸栈分户帐”编制：

1. 保险金额计算单　投保火险用
2. 存纸核对表　核对帐存、实存数量用
3. 纸栈记录卡　纸栈中用
4. 纸栈存纸日报表　送出版部发印参考用

三七、根据“纸张分类帐”，编制纸张盘存月结表四联，一联存根，一联送出版部参考，一联交经理部参考，一联交主计科参考核对。

三八、单据表卡的系统关系如下：——

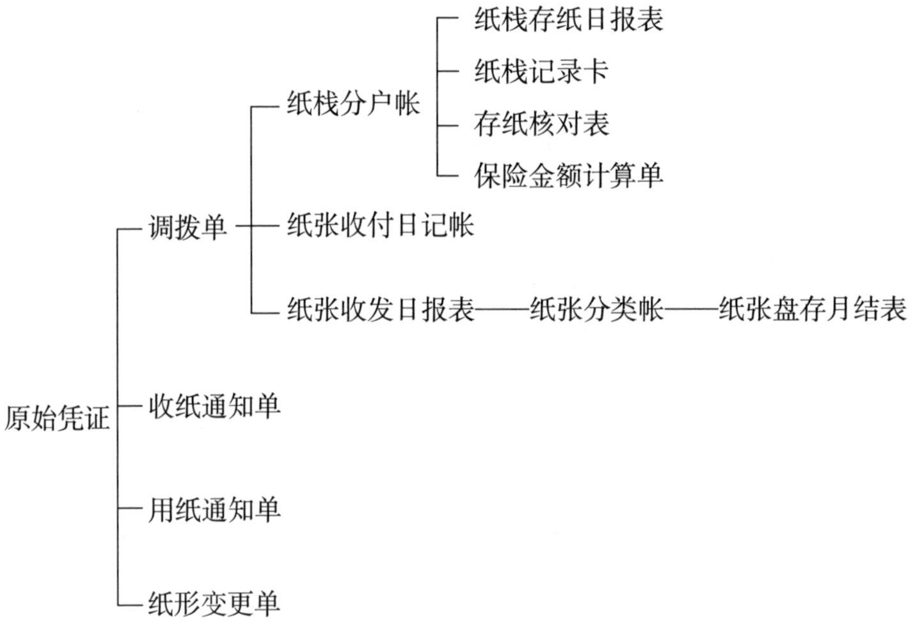

十一、附则

三九、本办法经部务会议通过后，经部主任批准实行，并报请社长备案。

版权页的规格及说明

（一九五一年九月一日改订）

一、本社出版各书，均以统一格式的版权页载明编辑、出版情况。

二、版权页的形式是自左至右横排，分上、中、下三栏，每栏以横线隔断。版权页印于每本书底封下角偏钉口处，字体及大小见附样。

三、版权页的上栏排书名及册次。

（说明）书名用新五号黑体字靠左边排，册次用六号宋体字靠右边排。

四、版权页的中栏，依生产工作的顺序，排列以下各个项目：

1.“著者”或“编者”或“译者”或“编译者”；

（说明一）一般书的著者称“著者”。

（二）凡教科书不用“著者”字样，一律称“编者”。

（三）由外国书翻译的书，应将“著者”“译者”同时排列，“译者”排在第二行。

（四）依据外国书，更动其一部分，直译其一部分，谓之“编译”。“著者”“编译者”同时排列，“编译者”排在第二行。

（五）翻译书所据原版本出版的情况，应在正文前另插扉页加以说明，不须载明于版权页上。

（六）一书有编者及助编者共同编成的，于“编者”的次一行排列“助编者”（著、译、编译、改编均同）。

2.“原编者”与“改编者”；

（说明）新出版的书称“编者”，重版时由原编者加以修订，仍称“编者”；如由他人依据成书作部分的改动，谓之改编，应将“编者”改称为“原编者”，并将“改编者”排列于第二行。

3.“校订者”；

（说明）校订原稿中的错误，不论校订多少，一律称“校订者”。如因原版校对错误，原稿笔误，而加以校正者，排版形式变更，但内容不改者，均不作“校订”处理。

4.“绘图者”；

5.“装帧者”（包括封面设计者及装钉设计者）；

6.“原出版者”“出版者”；

（说明）办理排、校、制型工作而不担任计划印钉工作的机构称“原出版者”，只担任计划印钉工作的机构称“出版者”。如计划印钉工作由中南人民出版社担任，则本社为“原出版者”，而中南人民出版社为“出版者”（如样式一）。但如上项工作均由本社担任，则本社仍为“出版者”（如样式二）。

7.“印刷者”；

（说明）指实际担任印钉工作的印刷厂，如“新华印刷厂”。

为求印刷上之方便，印刷厂名可印在正文最末一页下角靠钉口处，版权页上仅表明“见正文最后页”字样。

8.“发行者”。

（说明一）指发行机构，一般即为“新华书店”。

（二）无论出版、印刷、发行机构，均仅列名称，其地址、电报挂号及电话号码均不须列于版权页上。

五、版权页的下栏包括下列各项：

1.“书号”，代表本书的编号，可作电报代号之用，排在靠左端的第一行；

2.“印数”，排在靠左端的第二行；

（说明）印数应包含这一版的印数和这一个版本（原版或校订版）的累计印数。初版如印两万本，其式为00,001—20,000。再版又印一万本，其式为20,001—30,000。

3.“定价”，排在靠左端的第三行；

4.“原版的年月、出版者名称”，排在靠右端第一行；

（说明）如为改编本，以改编本为“原版”。

5.“校订版的年月、次数”，排在靠右端第二行；

（说明）“校订版”指最后一次的校订版，即由中栏“校订者”所校订的版本。

6.“本版出版年月、地点、版次”，排在靠右端第三行；

〔附版权页样式两份〕

小學課本 算術 第一册

編　者：劉 松 濤
改編者：悳 頫
校訂者：黃 雁 星
繪圖者：陳 聖 西
裝幀者：古 元
原出版者：人民教育出版社
出版者：中南人民出版社
印刷者：見正文最後頁
發行者：新華書店

書號：0000　1949年3月華北新華書店原版
1—300,000　1951年3月第三次修訂原版
定價1,200元　1951年7月漢口初版

初級中學語文課本 第一册

編　者：宋 雲 彬
改編者：王 泗 原
校訂者：× × ×
繪圖者：× × ×
出版者：人民教育出版社
印刷者：見正文最後頁
發行者：新華書店

書號：0000　1950年3月原版
1—5,000　1951年7月第二次修訂原版
定價2,200元　1951年10月北京初版

人民教育出版社课本分类编号办法

一、兹因本社出版的课本种类日多，重行统一分类如下：

0 幼儿园用书　幼儿园所用画册及书籍。

1 小学用书　小学学生所用的各科课本。

2 中学用书　中学学生所用的各科课本（不分初中、高中）。

3 高等学校用书　各种高等学校（即大学、专门学院和专科学校）学生所用的各科课本。

4 师范用书　师范学校（并包括初等师范学校、幼儿师范学校及师范速成班）学生所用的各科课本。

5 中等专业学校用书　技术学校（工业、农业、交通、运输等）医药及其他中等专业学校（贸易、银行、合作、艺术等）学生所用的各科课本。

6 工农速成初等学校用书　工农速成初等学校学生所用的各科课本。

7 工农速成中学用书　工农速成中学学生所用的各科课本。

8 业余学校用书　识字学校（以扫除文盲为目的），业余初等学校（相当于小学程度）及业余中学学生所用的各种课本。

9 未定

二、上列各类课本名称前面所冠的号码（0—9）为本社出版课本编号的第一个号码（千位），也就是类号，其以下的三个号码（百位、十位、单位）为书的号码，统由本社编定之。

三、一般教育参考书，及地方自编的课本均不适用本办法。

四、本办法自一九五二年春季实行，以前规定的“书号编排的规格”及原编书号同时作废。

人民教育出版社书刊印刷规格（草稿）

一、调查与登记

承印本社书刊之印刷厂，须将生产力状况包括全部设备情况，填具登记卡，连同印件样品，送经本社调查考核认为合格者，始可进行签订承印合同。

二、发印单

承印合同签订后，于本社每一书刊付印时，应根据发印单所列各项工作进行，不得随意变更。承印厂如发现发印单有错误或有其他意见时，应于工作开始以前，与本社协商解决。

承印厂于接受印件后，不得私自转移他厂代印，一经查觉，立即取消订货并停止以后往来。

三、开本

本社发印之课本，其开本尺寸暂定为左列[①]四种。如有其他开本尺寸之书

① 原文为竖排，故为“左列”。后同。

刊经本社临时决定后，即在发印单上另行注明。

十六开本	$7\frac{1''}{4}\times10\frac{1''}{8}$	二十五开本	$5\frac{7''}{8}\times8\frac{1''}{8}$
卅二开本	$5\frac{1''}{8}\times7\frac{1''}{8}$	卅六开本	$4\frac{7''}{8}\times6\frac{7''}{8}$

四、印刷用纸

1. 印刷用纸，由承印厂凭本社提纸凭单向仓库支领，保证纸张平整合用，如印刷时发现破缺，可用书面通知本社经派员查看后按实际情况酌予掉补，未经此项手续者不予考虑。

2. 印刷用纸经印厂领去后，如有私自挪用或掉换情事，一经查觉属实，即停止往来，并追缴原纸。

3. 所领之印刷用纸，如尺寸稍有大小不同者，即应作好计划，先尽尺寸较小者装版，即对开机用纸需裁切时，也根据小纸裁切，以免影响开本规格。

4. 纸张所附的夹板，铁丝或铁皮、破纸、纸皮、纸心等，应注意妥为保存交还本社，不能私自挪用。

五、纸型图版

纸型、电镀铜版、锌版及印刷所用的图版等，皆应有一定标准，承印厂领用时须仔细检查，如有品质低劣不堪使用者，应即退回另制。型版使用完毕，须及时送还本社点收、倘因工作疏忽致使型版损毁时，承印厂即应负责赔偿，但使用超过限度或过失不应由承印厂负责者例外。

六、准备工作

承印厂于用纸及纸型图版领齐后在浇版及开印以先，应先做下列之各项准备工作：（1）铅料成分的检查；（2）机件及动力的检查；（3）用胶的检查；（4）纸张的检查。

七、铅印用纸加放率

纸张加放标准，暂照左列各项办理，承印厂不得将加放纸移作别用。加放纸除消耗外，应全部印好，交与本社指定之装钉厂，以免缺书：

<table>
<tr><th>印数</th><th>书版</th><th>零件</th></tr>
<tr><td>二〇〇〇以内</td><td>加放率 1.6%　每令八张</td><td>每千张加 2%</td></tr>
<tr><td>二〇〇一—三〇〇〇</td><td>加放率 1.4%　每令七张</td><td>每千张加 1.5%</td></tr>
<tr><td>三〇〇一—四〇〇〇</td><td>加放率 1.2%　每令六张</td><td rowspan="2">每千张加 0.7%</td></tr>
<tr><td>四〇〇一—五〇〇〇</td><td>加放率 1%　每令五张</td></tr>
<tr><td>五〇〇一—一〇〇〇〇</td><td>加放率 0.9%　每令四张半</td><td>每千张加 0.6%</td></tr>
<tr><td>一〇〇〇一—五〇〇〇〇</td><td>加放率 0.8%　每令四张</td><td>每千张加 0.5%</td></tr>
<tr><td>五〇〇〇一以上</td><td>加放率 0.7%　每令三张半</td><td>每千张加 0.4%</td></tr>
</table>

如印数在十万本以上而使用电镀铜版时，其加放率改为 0.5%，即每令二张半。

胶印用纸的加放率规定如下：

二令以下	每色令	加放率	0.9%
二令	每色令	加放率	0.8%
三令	每色令	加放率	0.7%
五令	每色令	加放率	0.6%
七令	每色令	加放率	0.5%
十令以上	每色令	加放率	0.4%

八、质量标准

承印厂应不断地提高质量标准，目前暂以左列各项为最低标准：

（1）墨色——应采用品质优良之油墨，墨色须匀净而有光泽。

（2）版面——力求整洁，图文清晰。

（3）套版——表里准确，页码无误。

（4）装版——照顾折装方便，四边空白边缘相称，版心高低适度，保持美观。如分机同印一本书时，各机装版须取得一致。即另印单页也按照大样规格印刷，并须预留断料部位。

九、废品剔除

承印厂必须高度负责，对左列各项毛病，绝对避免，如有发现，应即作为废品剔除。

（1）印斜;（2）露钉（钉铅版的钉子印在纸面上）;（3）飞墨（版子未经修凿，版上印出多余的墨痕）;（4）残破;（5）走版（套版不准，参差一分以上）;（6）糊版（版面模糊不清）;（7）白页（整面漏印）;（8）油污。

十、样张

承印厂于开印前所送样张或成品如不合标准，或发生错误，本社得拒绝接受，并限期修理或补印，其无法修理不堪使用者，承印厂应赔偿实际印坏数量加以重印，不计印工，并通知本社派员将废书版全部销毁，其废料可由承印厂自行处理。

十一、承印责任

承印厂为明确责任，应在所印书刊最后一面末行，加印厂名地址，以凭稽考。例如：

“本书系……承印　地址……”

十二、驻厂监印

为检查规格便利计，本社得派工作人员经常在承印厂进行检查印品。

十三、兼办装钉

承印厂如兼有装钉设备并愿担任装钉工作时，经本社许可，遵照本社装钉规格，得承做所印书刊之装钉工作全部或一部，其数量及办法，以本社所开发装单为凭。

十四、样书数目

承印厂兼做装钉工作者所送样书数目，应按照左列规定办理，所送样书不得在印数内抵扣：

印一〇〇〇—五〇〇〇	送样书二本
五〇〇一——一〇〇〇〇	送样书三本
一〇〇〇一—四〇〇〇〇	送样书四本
四〇〇〇一——一〇〇〇〇〇	送样书五本
一〇〇〇〇〇以上	送样书六本

十五、其他事项

印刷工价计算、结算工价手续、延误交件日期问题、存纸存料保险问题及其他有关事项，均在承印合同内规定之。

人民教育出版社书刊装钉规格（草稿）

一、了解情况——调查与登记

承装本社书刊之装钉厂，须将生产力状况包括全部工具设备，厂房大小以及技术工人、事务人员等情况，填具登记卡，连同成品样张送经本社调查考核认为合格，先行试发试装认为符合标准后，才能按每月发装计划分发工作。

二、发装手续——发装单

装钉厂于本社每一书刊发交装钉时，应根据发装单所定各项进行工作，不得随意变更，装钉厂如发现发装单有错误或有其他意见时，应于工作开始前与本社协商解决。

三、基本规格——开本尺寸

十六开本	$7\frac{1''}{4}\times10\frac{1''}{8}$	二十五开本	$5\frac{7''}{8}\times8\frac{1''}{8}$
卅二开本	$5\frac{1''}{8}\times7\frac{1''}{8}$	卅六开本	$4\frac{7''}{8}\times6\frac{7''}{8}$

上列四种开本是本社经常采用的，此外如有临时规定之其他开本，即以发装单所规定的为根据。

四、装钉过程——领料及检查

（1）装钉厂接到本社领料通知后，即应派妥靠人员携带印章或收据，按照应装数量向印刷厂（由本社指定）洽领书页、封面或图片等，并依照本社书刊成品验收暂行办法第五条规定，详细点查，妥慎搬运，避免污损。运回后须存放安全干燥处所，防止缺破变色，并不应积压搁置延误交货日期，更不能私自转移他厂装钉。

（2）开料：开料前应检查书页或封面的装版是否符合开本规格。直排书应注意“天头”❶和左边“切口”❷横排书应注意“书脚”❸和右边“切口”。如发现印刷装版不能符合开本规格即停止开料，随时与本社联系解决，以免造成“挂空”❹等毛病。如若短页稍多，便会影响书角的完整。开切封面，除注意开本尺寸外，还须照顾到书本的厚薄和封面上图案边缘应留应切等问题。

（3）折页：手工折页，第一须对准页码和版心，注意高度适宜，不能有高有低。第二在折页时应随时注意剔除“走版”❺“糊版”❻“白页”❼“破页”“绉页”“重印”等。

（4）排配：排配书页，应注意前后页码的衔接，力避错配、漏配、重配等现象。绝对不许有故意将余页抵冲缺页来凑数的不良行为。

（5）浆背：书页排配后，须以扎书机紧压，在书脊上浆，俟浆干燥后始可分本装钉，以免书脊起绉。

（6）装钉：课本一律用缝纫机装钉，要从头直钉到书脚，不能偷工减料，以免脱线断线，并须注意书页厚薄，使用适当号数之缝纫机（例如十五种及四十四种缝纫机针眼较为适宜）。

其他书刊，平装五十页以内的，应用缝纫机装钉。超过五十页的，争取用缝纫机装钉或用三眼穿线钉，但三眼距离不得短于四寸。

凡指定可用铁丝装钉的，最好用机器钉，并不能少于两只钉子。铁丝必须是坚韧不锈。精装本一律采用索线装钉、线眼多少，按开本来决定，至少不得少于四个眼。

（7）翻面：翻上书封，应注意不要误翻或倒翻。

翻面浆糊须富有黏性并应点得均匀适当，不能黏住版面或露线以免损坏书页。浆糊中须掺和一定比例的石炭酸，以免鼠伤虫蛀。

（8）书脊：书脊的文字应居中直立，不可偏左偏右，移上移下，头脚距离，规定如左：

三十二开头 $\frac{5''}{8}$ 脚 $\frac{4''}{8}$，二十五开头 $1''$ 脚 $\frac{6''}{8}$，十六开头 $1\frac{1''}{4}$ 脚 $\frac{6''}{8}$，保证书脊平贴不起绉纹。

（9）裁切：开本尺寸，按照第三条规定装切，不论用单面刀或三面刀裁切书本，要绝对保证尺寸一致，不得任意放大或缩小。翻面浆糊未干透以前，不要裁切，以免书脊发生绉痕。

天头或书脚和切口，要避免“挂空”，书页应避免“出血”❽；封面必须避免“露白”❾并注意上下刀和头脚大小等不合规格的现象。

切刀刀口，应妥为保护，防有缺口，以免切书时发生“刀花”❿影响品质。

（10）整理：装钉初步完成后，扯线要用剪刀剪断，以免针缝脱线。全书要检查一过，注意有无挂空、出血等事。书脊字高下以及切裁刀口是否大小合式，有无歪斜情形，也要加以检查和整理。在毛样书脊上，应照本社规定地位划上不同颜色的条纹，作为装钉厂的负责标志。各厂不需另加其他记号，以免混乱。

（11）样书：每一书刊，先钉样书，送本社出版科检查，经覆准后始可装钉。凡先行装钉后送样书，如发生不合规格情事，其责任由装钉厂自负。

样书本数规定印五〇〇〇本以内者送两本；印五〇〇〇——〇〇〇〇本，送三本；印一〇〇〇——四〇〇〇〇本，送四本；印四〇〇〇〇——〇〇〇〇〇本，送五本，在一〇〇〇〇〇本以上者送六本。此项样书，印刷厂原有加放数抵充，不得在实钉数内扣除，亦不另计装钉费。

（12）捆扎：每捆书本，两端衬垫黄纸板各一块（黄纸板由本社供给）；并加贴头，详填“书名”“册次”“数量”“印刷厂”“装钉厂”和“交货日期”。捆扎时必须选用较粗而韧性较有拉力的麻绳交叉捆紧，以免搬运时散捆。

每捆书本数量，依书的厚薄来决定，根据发装单所定规格而决定每捆高度，此项高度以四十公分至四十五公分为标准。

（13）送书：按照发装单所规定的日期，如数送交本社指定之处所验收。应绝对保证所交之货与样书相同，倘有差别因而退货时即由装钉厂负责。交货经验收后必须掣取收书回单以凭结帐。

（14）多书：本社所印书刊，均有加放纸规定，除印缴数量以外，如有余书，可一并送交本社，按本社与新华书店所订之产销折扣收购，以作奖励，但失去时效的余书例外。

（15）缺书和坏书：缴数不足或有坏书被剔除，应按新华书店与本社所订产销合同的折扣赔偿，并须说明缺书原因。如因不重视工作而造成大量损失，即按定价十足赔偿，并须及早通知本社设法补救。其情节严重的即应按照“本社书刊验收暂行办法”，酌议处分。

五、其他事项

装钉工价计算、结算工价手续、延误交货日期问题、奖惩问题及其他有关事项，均在发装单及成品验收办法内规定之。

六、附注

（1）装钉厂一般的工作过程，分列如左：

一、领料检查	二、开料	三、折页
四、排配	五、浆背	六、装钉
七、翻面	八、书脊整理	九、裁切
十、整理	十一、样书	十二、捆扎
十三、交货		

（2）正文中所用的术语或习惯语，解释如下：

❶ 天头：每本书的上端叫做天头。

❷ 切口：一本书没有经过装切的叫做毛书。这时书页是没有裁开的，必须加以装切后，才便于翻阅，这裁切的部位叫做切口。

❸ 书脚：就是书本的下端，书脚侧面叫做书根。

❹ 挂空：又叫做短页，就是同一本书里的少数书页，比多数书页面积短小些的现象。造成的原因，由于开料不小心居多数。

❺ 走版：由于印刷时没有把两面套印准确，因此两个版心有高有低，偏左偏右，以致折书无从依据。但有时同在一帖书页中偶有一二页有上述情形，那不是走版，而是由于装版不细心，或排制的书版有大小所致，应该加以区别。

❻ 糊版：就是印刷的模糊。造成的原因不出以下几点。(1)印版印数过多，使铅版上的字迹磨蚀了;(2)印机上平台下面的百脚牙齿年久磨蚀，在走动时摇撼不定;(3)胶辊因温度高熔化;(4)油墨粗劣;(5)纸质粗松等。

❼ 白页：只印一面，漏印了另一面，造成文字前后不衔接。

❽ 出血：这毛病是把书版的文字裁去了，使文字内容不完全。由于开本小，版心大，再加上印刷时装版不注意，或把钉口地位装得太阔所造成。

❾ 露白：是书面和书心尺寸不一致，也就是封面小于书心。这种缺点，多数发生在底封上，由于开切封面时，没有预计到书脊的厚薄而随意裁切所致。

❿ 刀花：裁书刀片上有了缺口，裁切时书的切口上便发生斜线形缺口刀痕，俗称刀花。刀片缺口大小，刀痕就有粗细的不同，细的刀花尚无妨碍，粗的刀花，就很不美观。

人民教育出版社书刊成品验收办法(草稿)

(一)本社出版之课本、图书、期刊等，或装钉完成每次交货时，均须经验收人员详细点查验收。

书刊印刷完成交付装钉时，装钉者(或本社指派之监印人员)应按照本办法第五条规定，负责检查，其有不合规定者，应随时向本社出版科汇报。

(二)验收以前，须查询样书已否如数送到，如未经先送样书即行交货，不论所送数量多少，均应拒绝验收。

(三)验收时须注意交货是否延期，数量是否相符及捆扎情况如何，分别登记。

(四)验收标准，暂照左列各项分别检查：

(1)来货与所送样书质量是否符合。

(2)开本尺寸：

十六开本 $7\frac{1''}{4}\times10\frac{1''}{8}$　　二十五开本 $5\frac{7''}{8}\times8\frac{1''}{8}$

卅二开本　$5\frac{1''}{8} \times 7\frac{1''}{8}$　　　　卅六开本　$4\frac{7''}{8} \times 6\frac{7''}{8}$

大于右列①尺寸半分以上或小半分以上，而未经出版科批准者拒绝收货。

如有其他开本，其尺寸即以发装单所批定者为根据。

（3）配页（书帖排配）：注意页码、缺配、多配、错配、倒配、破页、绉页、重复等。

右列任何错误经查出后，均应剔出重装，其数量甚多或情节重大如故意将余页抵冲缺页凑数者，即应加重予以处分。

凡在验收时发现配页错误情况，应全部退装钉厂彻底检查后再行收货，第二次收货仍发现配页错误或情节严重者，再加重处分。

（4）书心格式：书刊正文中如发现印刷走版或印斜在一分以上，装钉者未能查出，或装钉者在折页时歪斜在一分以上者，均应拒绝验收并分别登记，数量过大时，得予以处分。

（5）装钉：注意缝线长度、穿眼距离、线眼数目、针眼粗细、浆糊黏度等是否合于规格，有无偷工减料情事；并须注意书面及侧背等处，有无显著污痕。

（6）裁切：注意尺寸大小，天头或书脚和切口有无挂空，封面封底有无露白，有无出血、刀花等。

（7）书脊：注意有无绉痕及书名位置是否居中直立，高低是否一律。

（8）捆扎：注意两端衬垫纸板，包扎是否坚实，贴头是否填明，捆扎线绳及捆法（交叉十字形）是否合于规定，捆扎高度须按本数厚薄以四十至四十五公分为标准。

如有不合规定因而不便装袋运送者，均应退回另行捆扎。

（9）其他不合规格之事项。

（五）装钉者（或本社指派监印人员）于书刊印刷完成：移付装钉以前，应按照左列各项负责检查。

（1）版式：一、版心必须端正不斜，高低适度。二、注意套版必须准确，

---

① 原文为竖排，故为“右列”。后同。

表里版页码必须正确无误。三、版心的天地头、切口、钉口、四边空白地位必须匀称，保持美观。四、照顾折装方便，尽量避免单页。

（2）色泽：一、印刷油墨必须鲜明匀净，图文完全清晰。二、版面必须整洁，不能稍有油污墨痕。

（3）剔除标准：一、版心歪斜在一分以上者。二、版面露出钉头或有飞墨。三、走版、糊版、漏印及残破。四、纸面有显著污痕。

（4）其他：一、每书末页须加印厂名及地址。二、注意印数有无短缺。三、纸质是否相符。

（六）依照前列（三）（四）两条所列各项，除退货另装者外，均应按照检查情况登记，照左列奖惩办法分别予以奖惩：

奖励办法：通报表扬　奖状奖旗　升级　增加业务往来。

惩罚办法：检讨　警告　书面道歉或登报道歉　赔偿　停止业务往来。

依照前列（五）条所列印刷成绩的检查，经装钉者或本社监印人员查过，除剔除者外，根据其他成绩亦适用本条所定之奖惩办法。

（七）凡能经常按时交货，数量从无短缺，质量符合规格从无错误，多书多纸照数交回爱护国家财产者，均可按照情形，分别予以奖励。

（八）凡系经常延误交货日期，交货常不足数，工作态度不好，质量不合规格在三次以上或有其他重大错误者，均按情节轻重分别予以惩处。

（九）验收人员于工作时，随时将情况登记，每日汇编日报表（附表一）一式三联，一联存根，一联送出版科，一联送出版部。

同时以每一装钉厂或印刷厂作单位，于每一书刊印钉工作完成后，汇编成绩考核表（附表二），一式三联，一联存根，一联送出版科，一联送出版部。

（十）每月验收情况，应做出总结；必要时可邀请印刷厂装钉厂代表开会协商具体改进办法，以收提高质量之效。

（十一）本办法如有未尽事宜，或有应加修改必要时，得随时修订之。

（注）本办法已在北京试行，我社派员在新华书店栈房验收。主要在检查质量。数量方面的验收，由新华书店负责。

附表一

人民教育出版社书刊验收日报表

第　　号　　　　　　　　　　　　　　　　　　195　　年　　月　　日

送书厂名	书名	册次	承装本数	已交本数	本日送到本数	验收本数	欠交本数	检查记录	处理情形	印刷厂

填表员：

附表二

人民教育出版社印钉成绩考核表

第　　号　　　　　　　　　　　　　　　　　　195　　年　　月　　日

厂名		地址		电话		代表人	

承（印）（装）书名	

承（印）（装）本数	
实交本数	
验收本数	
短缺本数	
短缺数百分比	

约定交货日期	
交货次数	
交货日期	
延误日期	

质量检查		处理办法
1		
2		
3		
4		
5		
6		
7		
8		
9		
10		
质量不合规格百分比		

填表员：

电镀铜版的制作过程

电镀铜版的制作过程，是比较镀铜铅版的手续要繁复得多，而且它的使用价值也不同。镀铜铅版仅在一副版子上增加印数，最多不过四五万印，而电镀铜版除了当母版翻制纸型以外可以用来直接印刷，它的版面光滑，空地特别深而铜质较厚，比较铅版镀铜或镀铁的不同，一副版子的印数能够印二三十万至五六十万印，全以镀铜成分的厚薄来决定铜版使用价值，而且较细致的大量印刷品不用电镀铜版来印刷，终是不会讨好的。

我们试用电镀铜版的动机，正因为各地区反映课本纸型太浅或纸型表皮拉毛，以致浇出铅版来毛病百出，因此纸型问题相当严重，就打算用电镀铜版来改进纸型的缺点。同时为了使各地区工作同志对电镀铜版有初步的认识起见，特把它的制作过程来概括地介绍一下，希望富于电镀铜版经验的工作者加以指导。制作程序大致可以分三个阶段：第一阶段——制造蜡模；第二阶段——修整蜡模和镀铜工作；第三阶段——浇铅底与整版。关于工具、机器和电镀液以及电学原理等等说明，在这里只好从略。

一、制造蜡模

制造蜡模之前，第一步必须准备蜡版，把黄蜡、白蜡、巴拉芬、威尼斯特本真油、石墨等材料，按一定成分用温度融合以后，把蜡液倾注在青铅皮盆里，倾注时，须轻轻地在盆中心部分倒下去，防止发生气泡。注满以后，其次检查蜡版表面不易看得见的而存在于内部的气泡。用热的尖头烙铁，插入气泡的地位，轻轻移动，除去这种不利于工作的气泡。然后静静地放置一边，让它凝固成为褐色的平滑的蜡版。蜡版制成了，还得鉴定够不够合乎制作蜡模的硬度。蜡版的大小，随需要而定型，面积过大是妨碍工作的，大致和一张纸型面积相同最合适。其次就是准备制造蜡模的原版，例如锌版、木刻版、铅版或铅字排的活字版等。将原版按住在长方形的铁框里，不使移动，然后用毛刷蘸汽油洗刷版面上的字迹间和空地的龌龊，务须完全洗净。最要紧的是把原版在未压蜡模以前，要面面顾到，例如坏铅字和轮轴有无歪斜，铅字和图版的高低必须要检查一致。因蜡模从原版而产生，所以原版不好蜡模不能比原版更优美，它只能保持和原版一样的特性。制成铜版之后，在空间地位（即铅条和空铅所在的地位）是可以比原版加深，不像铅版那样另加钻工或凿工。

原版准备完成之后，就把原版和蜡版的版面上用驼毛刷，轻轻地涂布石墨粉，将原版面对合着蜡版，要很平正的放在压模机的平台上，蜡版背面衬上一、二层的黄纸板，然后加以压力，使原版凸出的字迹等压到蜡版里去，要达到充分的深度，经过半分钟之后，就赶快把压力松开，这样使蜡模得到很正确的结果，压模机有用电力的，有用手扳的，或靠水压式的。小范围的工厂，用手扳的压机较多。

经过重压之后，原版和蜡版合得很紧，但是不能只在单方面用强力向上硬撬，这样撬出来，会使蜡模受伤或致字迹模糊，所以必须从四方面慢慢的向版与版的隙缝里，平均的撬动，等到四面松动了，再把原版和蜡版两分开，这样得来的蜡模，就是在精细部分的凸凹地方，也很清晰了。

蜡模做成，须用放大镜检查版面和字面，有没有不平的地方，或有皱形的疙疸。如果有的话，一定要把原版和蜡模重涂石墨粉，很小心的重新压榨，使蜡模做到完美无缺，否则镀成的铜版也是失败的。

二、修整蜡模和镀铜工作

蜡模是经过原版压过的，所以蜡模的版面上有被压余的蜡块堆拥在四边，和版面中间也有高低不平的地方，像这些地方，一律要削括光滑，那版面上空白宽阔的地位，必须用尖头烙铁把蜡堆积相当高度。使做成铜版之后有相当凹度。免掉印刷时的版面上发生飞墨痕迹。这项堆蜡和修版工作也要细心，不可粗手粗脚把蜡模搞坏，如果蜡屑和流蜡嵌在字迹里边，也必须用针尖取出来。

修整之后，再经一度检查，然后在蜡模版面上，把石墨粉用很软的毛刷涂抹，必须要均匀地薄薄地满布模的版面和字迹里边，这是电镀工作好坏的基本条件，如果没有刷周到的地方，是镀不上铜的，因此铜壳上会发生细小的洞眼。石墨粉是良导体，能够在电镀液里起电解作用，那蜡版是不良导体，本身不能起电解作用，所以没有石墨粉处就不能吸收铜的分子。这样用手工来涂抹石墨粉要费很长的时间，需要反覆的涂抹。规模较大的就采用“石墨粉涂抹机”，那就比较省事，经过涂抹之后，把版面上残留的粉末，用吹风器吹净，不使堆在凹下去的线道里。

在未正式下镀铜液以前，必须先经过初步上铜手续，将蜡模挂在电镀液里约一刻钟，提出来用清水洗净，细细检查版面上初步镀的铜膜，是不是合适，有没有沙眼。要是一点没有毛病，便可以正式继续镀铜，这样使工作上比较顺利。

因蜡版不能导电，所以要用挂蜡模铜钩上面凸出的铜夹头，夹住涂有石墨粉的蜡模上端，联结导电体，这样装置之后，把蜡模挂在电缸上的阴极铜棒上，须把镀铜部分完全浸没在电镀液里，那阳极铜棒上挂铜板一块，通以电流（直流电），即起电解作用，阳极的铜渐渐分解到电镀液里去，而阴极的蜡模相反地把铜的分子吸收在涂抹石墨粉的部位，大约要经过三十六小时，便完成电镀工作。

电镀工作完成，即将蜡模从电缸中提出，用清水冲洗后，把铜壳从蜡模上小心地剥下来，或撬开二三分，再用热水浇上去，使蜡软化，便于剥落。

三、浇铅底与整版

剥下来的铜壳，好像碟子形状，把它仔细检查一遍，看它有没有小的洞眼，如果铜壳里面还有蜡屑黏附着，须用热水把它溶解去净，其次就是浇铅底工作，开始在浇铅底时候，把铜壳放在铁台上，铁台下面须有加热设备，用毛笔蘸稀盐酸涂遍铜壳里面，除去粘附着的油质使它露出铜的本质，然后把它烘干，注以焊料，（焊料是以青铅六分，锡四分合成）使铜壳里面普遍地注到焊料，把剩余的焊料，仍旧倒回焊料锅里。等铜壳一冷，焊料也固着铜壳的里面。焊料是结合铅底的接合剂，所以是浇灌合金铅的铅底必要的手续，（合金铅的成分大约铅占 90% 锡占 5% 锑占 5%）浇底时，铅要保持适当热度，过温过冷都不能获得好的成品。

铅底浇后，就把铜版放到水里洗去表面的蜡屑，再用煤油在上面磨擦洗干净，并将背面也揩抹干净，然后在锯版机上一面一面的锯开，分成单面来整理，使版面四平八稳，如果有不完美的地方，须用雕刻方式来修整。

浇的铅底厚薄不一，必须把背面加以刨削，使每块铜版的厚度相同，不得参差，这种刨削工作，有粗削和平削两种手续，都要靠机器来进行的，经削平以后，再把每面四边不需要的铜版截去，并须刨光，便告完成。

电镀铜版的优缺点

电镀铜版的制作过程已在前面介绍，这种电镀铜版的使用价值，比较普通浇制的铅版，或是镀铜铅版，都要高得多。如镀铜铅版仅在一付版子上增加印数，并不很多，而电镀铜版除了可当母型翻制纸型以外，还可以用来直接印刷，版面光滑，空地特深，印数可达四十万印以上。需要大量的细致书本，如我社出版的课本等，用电镀铜版来印刷，在质与量两方面都可以比较适合目前我们的要求。

现在因为各地设备和生产力的限制，电镀铜版还不能普遍地大量使用。我们已经试用的，有初小国语、初小算术及农民课本等，根据在北京和上海印刷的初步经验，就它的优点、缺点和应加注意事项，综合简述如下：

一、优点

（一）印刷数量，比较普通铅版或镀铜铅版要大得多，一副电镀铜版，如镀铜成分较厚，同时机器、油墨、纸张和技术又能配合适当，可以印到四十万印，甚至可达五六十万印。

（二）电镀铜版可以直接印刷，而且能代替活字版来翻制纸型。

（三）用电镀铜版大量印刷，质的方面亦佳，能使图文字迹或线条等轮廓清晰，笔划细致。

（四）从锌版翻型，常因锌版本身比铅字低浅，又因锌版字迹边缘不光滑，所成纸型，字迹容易拉毛，浇成之版，又须另加凿工，如凿工不小心易把版子字迹弄坏，个别地区没有修凿工具，就更感困难。若用锌版制成蜡模，浅的部位再用蜡堆高，然后制成电镀铜版，再行翻型，图文笔划光滑，自然深而清晰。

二、缺点

（一）使用电镀铜版时由于版子还不甚润滑，质量比较差些，印到几令以后，版面受了胶辊的不断摩擦，才使版面光滑，或先在铜版上打过纸型以后再印刷也是很好的。镀铜较薄处也可发生字迹模糊现象，课本书眉上小字就常有此种毛病，因而有时品质也受影响。

（二）从锌版或活字版翻制电镀铜版，其线条图纹字迹笔划在蜡模上经过一次镀铜之后，不可能继续使用，必须加以检查修理或予以重压蜡模，所以生产量目前不能提高，也是原因之一。

三、注意事项

（一）制电镀铜版的设备，须力求完备，如电刨机，蜡模压版机等均须全备。如改用手工操作，往往力量不匀，不能耐用。而且生产力很低。

（二）电镀时间的长短，影响铜壳的厚薄，如图省料省时，那就会使版子厚度不够，则印刷数量也就要减少。

（三）电镀铜版背面用青铅作焊料，铅质须纯，否则韧性不够，厚度也不合规格，直接影响印数。

（四）铜质不纯，则版的韧性不强。

（五）印刷用纸不能过劣，如纸内杂有灰砂等杂质，会擦坏版子，印品就不能印好。

（六）机器上的胶辊及车间温度等，均须注意，如胶辊过硬，则易使版面受摩擦，以致字迹模糊。

总起来说，为了配合课本大量生产的需要，电镀铜版的采用，今后必须逐渐推广，倘能全面采用，则今后课本印刷的质和量两方面，一定可以大大地前进一步。

试用轮转机的初步经验

为了配合中小学课本和工农课本的大量需要，用轮转机来加强印刷生产量，已成为出版方面当前重要的课题。现在把轮转机简要的工作过程，和我们所得的初步经验略述于后，以供参考。

一、简要工作过程

（一）浇版　用平版纸型先浇铅版，根据轮转机上的折法、格式、尺寸从新排列版次，对准页码。然后再打轮转机所需要的纸型（用电镀铜版可直接打轮转机纸型），再用轮转机铅版架子浇制弧形铅版。

（二）修版　浇版完成，先锯去版上多余的铅块，并用刨子刨光，此时须注意版的天地头，切口钉口的版本距离。再经钻凿，修整版面的高低。字划如有损伤，即须用焊锡修补，然后注意版的厚薄，如稍有差别，即应在版后面刨刮整齐。

如制成圆铅版在增加印数条件下可将铅版镀铜，每块铅版是具有卅二开本八面，镀铜时间长短普通在三小时左右，印数为十万张左右。

（三）装版　轮转机装版，必须仔细注意页码配备、版本规格以及版面高低等问题，需时往往较长，通常每装好一版，常需四小时。尤其贴滚筒工作需时较多。

（四）开印　开印前：（1）整理卷纸，须将纸皮、破纸先行裁割，再校正纸架子的平准度，并须按照版的尺寸，调整机上纸刀。（2）试样，先检查页码次序，及是否套准，再看版的高度是否齐一。（3）调整墨斗内油墨，开慢车校正全版墨色，务须深浅合度。试样完竣正式开印以后，还须随时调整速率，经常注意墨色、版面及纸张进行情况等。

（五）速率　轮转机种类很多，速率也有不同。通常轮转机上多附有速率表，表明速率高低。例如某机速率表有十二个数字，开到（12）时，每分钟可出 180 全张纸，改开到（1）时约仅出 110 全张。在变更速率时，须注意纸的质量，防止断纸。开印时如能保持适当速率，机件正常转动，普通轮转机每小时平均约可印纸二十余令。

（六）纸张和油墨　轮转机可径用卷筒纸，而卷筒纸必须圆整并注意纸与印机的尺寸是否适合。纸在上机前须存放安全及湿度适宜的地方。筒数、筒号及重量（毛重及净重）均须逐项登记。开始使用后，每筒纸皮、破纸（白破及黑破）及筒心等均须同时过磅详加记录。筒纸如在印刷完成时尚有余剩，当从机上卸下后，应将纸封口签章，过磅记录。油墨须采用专供轮转机印刷之用者，用量视书版吸墨量而略有不同。通常每磅墨双面印可印纸三令左右，那是以书版的耗墨程度来决定的。此外用胶、电力设备及室温调节等，也就是开印时应当注意之事。

二、北京试用经过述略

在北京曾用军区政治部印刷厂四十四吋印机及人民日报，工人日报的印报机，试印过农民课本及工农通用算术等。政治部印机，原亦是印报机，经过改装，把折叠机拆卸，适合印双数版，如八开、十六开、卅二开、卅六开、六十四开等开本，均可适用，机身尺寸，可上四十三吋卷纸。版筒全周卅二吋，半周十六吋，因尺寸稍大，纸的损耗不免稍多。每小时平均印数六千—七千全张。我们试用此机时，除装版时间需时较长外，其他经过照前列工作过程均尚顺利，惟装版时因页码套不准，曾重打纸型一次。此外因装版页数是整数，与书本实际页数不符，须用平版机补印零页，耗时费工。又因未及时派人监印，纸张实际用量及损耗数不很正确。又工价成本虽有一个概算，但不甚精确，还需要再加研究。在人民日报试印的课本，工人同志工作热情高，生产力强，但墨色不甚匀净，字迹亦有不清楚。在工人日报所试印的，墨色尚好，惟工人印书版经验较少，技术稍觉生疏。试用政治部印刷厂的轮转机时的纸型，是拿锌版来翻纸型的，其结果不及人民与工人两厂用电镀铜版制型来得优良。

三、天津试用经过述略

在天津曾用新华厂六十四吋轮转机试印小学课本。该机系美好埃公司出品，敌伪时由日本运来，经过修理，性能尚好。机身宽七十吋，适合装六十三吋或三十一吋两个筒纸，每小时速率可印对开纸四万张，速率稍低，每小时印对开二万四千张（即廿四令），较为适宜。附有装折机两付，可将对开纸折成八开，每五十份传递一次，并可把对开裁成四开，经工人折成书本。我们试印小学课本，工作过程良好，每天生产量可印纸一百令。天津日报也有同样的机器，但本社没有试印过。

四、上海试用经过述略

上海方面曾在中华书局试印高小自然及小学算术课本等，该局轮转机的滚筒圆周是四十三吋，可用三十一吋卷纸。工作过程大致顺利，惟装版时间较长，如试印高小自然就装了十个多小时。又因轮转机不能垫版，只能贴滚筒，比平版机难贴，又不易正确看准贴处，一面开慢车校版校对页码，因而耗纸较多。在上海试印的经验，希望用电镀铜版打纸型，并尽可能用好的卷筒纸，必可减少消耗，质量亦必较好。

五、优点和缺点

用轮转机印刷课本，据试用的经验，初步可以决定的优点和缺点，约可分如左述：

（优点）:（一）用帮浦打墨，墨胶辊又多，因此印品墨色比较匀净。

（二）速率快，生产力大，印刷大量课本时，可以解决生产力不足的困难。

（三）用机器折页，在装钉方面可以省去开料工作。

（四）一般质量较平版机优良。

（五）可以免去将卷筒纸裁切平版纸的人力、物力与时间的损耗。

（缺点）:（一）印数必须较多，最好在十万份以上，否则不甚经济。

（二）纸的消耗较多，尤其不好的卷筒纸，断纸情形严重。

（三）装版印刷等技术必须经常地留意和检查，偶有疏忽，容易造成很大损失。

六、监印人员的经验点滴

综合我们在北京、天津、上海试用轮转机印刷课本监印人员在工作中所得的经验点滴，按照工作程序先后，就应加注意各点，略述如左：

（一）纸的管理：注意纸的存放储运地点，注意纸与印机尺寸是否适合，计算实际用纸量和变形的记载，每令纸的重量，纸的消耗量以及纸的附件收回问题等。

（二）制型前校阅版口尺寸，检查书版的页码，注意装版时版心四边白纸地位，注意套版是否正确。

（三）检查试印样张，在版上作最后一次校对，如发现短行缺字，即应设法补救或重浇。

（四）注意图文字迹，是否明朗清晰，墨色是否匀净，版面有无污痕以及有无坏字等。

（五）开印过程中，不断检查印品，注意有无漏字、坏字、走版、糊版等。

（六）与装钉部门密切配合，须使工作无脱节积压现象。

总起来说，用轮转机来印刷课本，已是我们今后必然应趋的方向。从过去所得的初步经验来看，缺点当然很多，但今后为了配合生产需要，却应当立即重视这个问题，各方面应当努力学习，积极准备。有领导地有组织地把企业单位的有关部门和技术部门有机地组织起来，并须对印机设备问题，原料问题，适合轮转机印刷的基本问题以及管理问题等等作有系统的研究和准备，将来印刷的生产量必然需要大的生产力，才可以配合着顺利进行。

胶版印刷封面工作的初步经验

课本印数比较大，封面多用国产重磅纸一色或彩色印制。用平台机铅印不容易印好，用圆盘铅印机一张一张地印，事实上又缓不济急，因此必须采用胶版印刷。华北一开始印教科书时，封面就用胶版印刷，因各地设备和条件的不同，所以印成的质量颇有高低。

北京胶版印刷厂的印制过程，约分为三个阶段:（一）制版打样，根据封面原样的纸型浇版，注意纸型字体要好，打样机墨滚要新的，黑墨要好的，打出样来才能字体清晰，然后修版。若用原稿照相，效果比较好。（二）做大版，采用药纸制版，注意伸缩及用墨大小，再用药纸订大版时应该对格式尺寸必须依照规格，不能稍有疏忽。（三）印刷，印版制好以后经过校正即可开印，输纸时要规矩准确，尤其注意套色版的绝对准确，不然的话不是品质不好就是浪费纸张。墨色要与原样相同，且须前后一致。

现在把胶印制版过程和印刷时应注意的事项，根据我们初步的经验，分述如下，以供参考。

制 版 过 程

制版分单色及彩色，视稿的结构再分照相制版与手工制版。

一、照相制版必须具备的条件

单色照相稿纸，分有网与无网两种。有网的画稿，铅画、炭画、淡墨水画，（蓝墨水不能用）均可。最好避免有硬线条或图中嵌有很小的或个别的文字。无网的稿纸，要黑白分明，线条清楚，不宜有灰色或淡黑墨水画面。间或有铅笔线，亦须擦除。纸质和色泽，均宜一律，切忌在一张稿纸上，有各种色泽的纸粘在一处。

彩色照相制版的稿纸，是要没有太硬性线条的彩色原稿，因为彩色照相制版，完全是用网线组织成功的，所以要制成硬性的线条画面的轮廓是不可能的。

目前照相制版的过程如下：拿到稿纸后，先摄制分色干片，每色一张，摄得后，先在干片上进行整修，增减需要的部分色调。其次是用湿片来摄制阳图，即是用网线拍出干片上的画面，亦是每色一张。拍得后在阳图玻璃上，根据色稿再进行一次增减。再用阳图玻璃拍成阴图。在阴图玻璃上，还得整修一次，这样，照相制版的手续算告一段落。接着就是晒版和打样了。

二、手工制版必须具备的条件

手工制彩色版的原稿，以有硬性线条的轮廓画为最适宜。如果是软性画面，就很难获得美满的成果。所以最好是手工制的原稿，在绘稿时，留好原有的基本黑稿，则在手工制版的手续上，无须再重绘一张黑稿了，并且重新绘出的，是根据原稿的笔划钩出来，往往会把很生动的笔调，变成呆板，把强而有劲的，变成软绵无力。这种原因是制版者普通多不能深入了解画面的艺术性，同时在石版或锌皮（俗称铅皮）上绘制时，没有在纸上绘来得随意，尤其是要照顾到各个颜色版的准确。所以最好的办法，是作者画好原稿后，上颜色另用一张纸，保存原有黑稿，这样在制版工作上，就可以拿原黑稿来照相，再根据上色的稿纸做版，这样就不会变质也不会有遗漏不到的地方。

（1）一般手工制版，在取得稿纸后，先依照原稿钩出轮廓，落版印红粉后，再根据原稿分别色调，逐一制成版子，经过上墨整修，然后印出样子来。

（2）如来稿有黑色的画稿，则不须依照原稿钩轮廓，仅须将黑色稿先行照相，用照出的黑版，印红粉，制色版，这样就不会失真，各个轮廓和表情，是完全可以和原样符合的。

三、照相制版与手工制版的不同点

照相制版的手续比较繁复，成本也高，可是照相制版制出的色调准确细致，层次也比较多。手工制版的成品，宜于粗画面，比较粗草〔糙〕，层次也少。例如同样制的四色印件，照相制版制出的层次色调，都比较细致匀润。用手工制版制出的，就比较生硬且显得单调。同时照相制版是色少层次多，如用手工制版来做，则必须增颜色，才能相似照相版的印成品。例如彩色伟人像，用照相制版，制六色已经非常的饱满、细致、匀净、美观了。如果用手工制版来制，要像照相制版的成果相似，则非十色以上不可。

就成本来讲，多数印刷品，用照相制版，制版费虽然比手工版高，可是印刷费就比较少得多，原因是颜色可以少做，印工也就省了。

四、炭精灯与日光晒版的比较

炭精灯晒版，光度平准，时间容易掌握，成果也好。日光晒版，结果本可同炭精灯一样，但日光强弱不定，时间很难判断，同时晒版机必须迎合日光，如稍有斜度，则晒出版面必有粗细不匀之弊。炭精灯晒版在室内工作，光度及时间，容易操纵。且可以分计时来规定时间。日光晒版，则须在室外工作，天空有云层或早午晚的光度不能一致。如目前最好的气候下晒版，必须以秒计时，且操纵困难。所以日光晒版，不如炭精灯好。

五、落石版与照相版的成效

落石版易走样，粗糙不光洁，稍一操纵不好，不是糊涂就得花掉。原因是靠人工的部分居多，化学部分为少。照相制版比较细而光洁，版面保持得好，不易走动或伸缩，它的版面构成，大部是化学构造，人工仅有辅助操纵的作用。所以一般有艺术性的印刷品最好是用照相制版，可以保持原有风度，而一般性比较粗简平淡的印刷品，手工制版，也是可以醒目的。如卫生画，其他一般性的宣传招贴等，用手工制版较好。如风景画、人物画、像片画等，用照相制版比较好。

六、印制各种课本封面

用纸型来翻成胶版印刷，是不够好的，最好是用原来做锌版的原稿，重行照相，这样做一定比从纸型上翻制出来好得多。发稿或发印时，最好是一切都规定好，不宜中途修改，因为修改一次，必使版子损耗一次。版权格式是否一律，背脊厚薄等，亦宜同时说明，以便制版时可以一律，最忌是规定了一部分，其它有连带关系的稿迟迟再规定，这样就浪费了时间和材料。

胶版印刷时应注意事项

制版完成后，即可上版付印。胶印印机的种类很多，国内各地现有的，分全张两色自动机，全张一色自动机，全张一色人力输纸机，对开自动机，对开人力输纸机和其他小尺寸的胶版机等。我们常用的是对开机和全张机。胶印成品好不好，首先要看墨色，胶版机有专用的油墨。其次是认真校样。再次是注意规格，印机上版规矩，如不照纸的面积配合，就是走规矩，特别是人力输纸机常有走规矩的事，因此要特别注意版子是否做得准确，如是套色的印件，一走规矩就完全作废。例如北京有一家出版社印一种杂志，封面四色套版，印到最后一套红色，由于套版不准，红嘴唇印到鼻子上面，红领巾印到脸上去了。印时未发觉，装钉完成发出后，才被人发现，只好把发出去的全收回来重印，损失了几千万元。所以胶印在上版开印时校小版样，校大版样以及套色时，都要仔细认真，不能稍有疏忽。

胶印所用的纸，也是很重要的问题。纸如受潮，上版印刷时易有伸缩，就容易走规矩，所以印时必须把纸晾干，减少伸缩性，大规模的印厂有电力吹风机，小厂只好吊空吹干。纸质粗松易于掉毛也是严重的毛病，这是由于重磅纸上胶的成分不够，又没有经过压光机的缘故。遇到掉毛的纸，最好先用凡立水走一次白版，再行付印。国产纸张中还有砂子石屑，这是很可能弄坏版子和橡皮，使出品变质，应该先整理一次再印，可以减少损失。

总起来说，目前用胶版印课本的封面，因各地设备不同，技术条件还未达一定标准，所以印品成绩尚诸待改进。将来为了使出版物艺术化，为了不断地提高出版物的质量，用胶版印刷书刊正文，也是很可能的事，因此胶版印刷的未来发展，是不可限量的。

北京新潮印刷厂承印　地址前外李铁拐斜街六三号